UTB

UTB 8304

Eine Arbeitsgemeinschaft der Verlage

Böhlau Verlag · Köln · Weimar · Wien
Verlag Barbara Budrich · Opladen · Farmington Hills
facultas.wuv · Wien
Wilhelm Fink · München
A. Francke Verlag · Tübingen und Basel
Haupt Verlag · Bern · Stuttgart · Wien
Julius Klinkhardt Verlagsbuchhandlung · Bad Heilbrunn
Lucius & Lucius Verlagsgesellschaft · Stuttgart
Mohr Siebeck · Tübingen
Orell Füssli Verlag · Zürich
Ernst Reinhardt Verlag · München · Basel
Ferdinand Schöningh · Paderborn · München · Wien · Zürich
Eugen Ulmer Verlag · Stuttgart
UVK Verlagsgesellschaft · Konstanz
Vandenhoeck & Ruprecht · Göttingen
vdf Hochschulverlag AG an der ETH Zürich

Studienbücher für soziale Berufe; 1

Hrsg. von Prof. Dr. Roland Merten, Friedrich-Schiller-Universität Jena, und
Prof. Dr. Cornelia Schweppe, Johann-Wolfgang-Goethe-Universität Frankfurt

Johannes Schilling, Susanne Zeller

Soziale Arbeit

Geschichte – Theorie – Profession

4., überarbeitete Auflage
Mit 37 Abbildungen, 5 Tabellen und 160 Übungsfragen

Ernst Reinhardt Verlag München Basel

Johannes Schilling, Dr., ehemaliger Professor an der Fachhochschule Düsseldorf, Fachbereich Sozial- und Kulturwissenschaften; insbes. Didaktik/Methodik; Jugendarbeit und Freizeitpädagogik

Susanne Zeller, Dr., Professorin für Theorien, Professionalisierungsgeschichte und Berufsethik der Sozialen Arbeit als Wissenschaft an der Fachhochschule Erfurt, Fakultät Sozialwesen

Außerdem sind folgende Bände lieferbar:
Schilling, J.: Didaktik/Methodik Sozialer Arbeit (978-3-8252-8311-7)
Schilling, J.: Anthropologie (978-3-497-01821-5)
Schilling, J./Muderer, C.: Der Clown in der sozialen und pädagogischen Arbeit (978-3-497-02129.1)

Bibliografische Information der Deutschen Nationalbibliothek

Die Deutsche Nationalbibliothek verzeichnet diese Publikation in der Deutschen Nationalbibliografie; detaillierte bibliografische Daten sind im Internet über <http://dnb.d-nb.de> abrufbar.
UTB-ISBN 978-3-8252-8304-9
ISBN 978-3-497-02198-7

Einbandgestaltung: Atelier Reichert, Stuttgart
Cover unter Verwendung eines Bildes von © theimagestreet – Fotolia.com
Satz: Fotosatz Reinhard Amann, Aichstetten
ISBN 978-3-8252-8304-9 (UTB-Bestellnummer)

Ernst Reinhardt Verlag, Kemnatenstr. 46, D-80639 München
Net: www.reinhardt-verlag.de E-Mail: info@reinhardt-verlag.de

Inhalt

Einleitung

Werbung

Soziale Arbeit?

Ach, die Drogenberater
Und die Eheberater
Und die Bewährungshelfer
Und die Gerichtshelfer …

oder?!?

oder auch *Ihre* Kindergärtnerin und
Ihre Jugendleitenden und
Ihre Freizeitgestaltenden und
Ihre Betreuer im Alter und
Ihre Sterbebegleitenden und
Ihre Gesundheitserhaltenden

Soziale Arbeit geht alle an!!!

Hilf Dir selbst, sonst helfen Dir SozialpädagogInnen/-arbeiterInnen!

Warum studieren Sie Soziale Arbeit? Was verstehen Sie unter Sozialer Arbeit?

Die Antworten der Studierenden auf die beiden Fragen verdeutlichen, dass sie das Studium vor allem aus persönlichen Motiven heraus aufnehmen. Ihr Wunsch ist es, Menschen zu helfen. SozialpädagogInnen/SozialarbeiterInnen „arbeiten" mit/an Menschen, indem sie ihnen professionelle Hilfe zukommen lassen. Dieses Buch versucht eine Antwort zu geben, was Soziale Arbeit heißt und welche Ziele und Aufgaben sie in unserer Gesellschaft hat.

Das Buch versteht sich als Arbeits- und Studienbuch vor allem für Studierende. Es wird keine eigene Theorie der Sozialen Arbeit entwickelt, sondern es werden unterschiedliche Aspekte dieser Disziplin im Überblick dargestellt. Ziele dieses Buches sind:

- Den LeserInnen den geschichtlichen Zusammenhang von Sozialpädagogik/Sozialarbeit/Sozialer Arbeit aufzuzeigen. Dies ist unmöglich ohne den historischen Prozess, der sie hervorgebracht hat, zu begreifen. Wenn ich nicht weiß, woher ich komme, welche Wurzeln meine – auch berufliche – Identität hat, kann ich auch nicht wissen, wohin ich gehen soll (Kapitel 1 und 2).
- Hilfestellung zu geben bei der Erklärung, was Sozialpädagogik/Sozialarbeit/Soziale Arbeit eigentlich will. Sind Sozialpädagogik, Sozialarbeit, Soziale Arbeit identisch? Gibt es Unterschiede? Wie soll man das Verhältnis dieser beiden Berufszweige zueinander sehen (Kapitel 3)?
- Theoriemodelle – Basis zur Erklärung von Sozialer Arbeit – vorzustellen. Denn es existiert eine Vielfalt von Theorie-Ansätzen für den Kern von Sozialer Arbeit und ihrer Aufgaben in der Gesellschaft (Kapitel 4).
- Das Eigentliche und Typische von Sozialpädagogik, Sozialarbeit darzulegen. Die beiden Berufszweige haben sich inzwischen allerdings zum Bereich der „Sozialen Arbeit" mit Bachelor/Master-Studienabschlüssen verbunden und werden nicht mehr als getrennte Bereiche gesehen. Die Frage nach den Zielen, Aufgaben und Methoden Sozialer Arbeit muss gestellt und beantwortet werden (Kapitel 5).
- Soziale Arbeit und ihre Akteure kritisch zu beleuchten. Das Bild, das die Öffentlichkeit von Sozialer Arbeit hat, ist inzwischen viel positiver, als gemeinhin innerhalb der Berufsgruppe selbst bekannt ist. Dennoch sollten SozialpädagogInnen/SozialarbeiterInnen weiterhin selbstkritisch an ihrem Selbstbewusstsein und Selbstbild arbeiten. Wie soll man von Außenstehenden erwarten, dass sie wissen, was Soziale Arbeit ist, wenn die Berufsgruppe diese Frage selbst für sich und die Öffentlichkeit nicht befriedigend beantworten kann (Kapitel 6)?

Auf einige Besonderheiten sollen die LeserInnen an dieser Stelle aufmerksam gemacht werden: Am Anfang des Kapitels steht jeweils so genannte „**Werbung**". Diese Texte entstanden bei der Arbeit mit Studentinnen und Studenten – sie sollten auf einem Plakat darstellen, wie sie der Öffentlichkeit Soziale Arbeit erklären bzw. nahe bringen würden.

Einige Textstellen sind z. T. mit Zeichen/Symbolen versehen, die einer schnelleren Orientierung dienen sollen. Hier ihre Bedeutung:

?	Immer, wo Sie dieses Zeichen sehen, werden *Fragen* formuliert, die der Leser zunächst für sich beantworten soll.
•	Wichtige Inhalte sollen leicht zu erkennen sein. Sie sind eingerahmt und durch dieses Zeichen markiert. *„Auf den Punkt gebracht."*
!	Am Ende einer Ausführung werden die wichtigsten Überlegungen noch einmal zusammengefasst. *„Halten wir fest."*
SP	Jedes Kapitel soll Antwort auf die Frage geben *„Was heißt Sozialpädagogik oder Sozialarbeit/Soziale Arbeit?"*. Am Schluss eines Kapitels werden jeweils die Überlegungen in einer Antwort zusammengefasst.
L	Hier werden *„Lernfragen"* gestellt. Anhand der Fragen können die LeserInnen ihren Wissensstand überprüfen.
	Am Schluss eines Kapitels finden sich Hinweise auf *„Weiterführende Literatur"*.

In der Fachliteratur werden die Begriffe Sozialpädagogik, Sozialarbeit, Soziale Arbeit immer noch recht willkürlich benutzt, wobei sich allerdings inzwischen überwiegend die Begrifflichkeit „Soziale Arbeit" durchzusetzen beginnt. So kommt es vor, wenn aus Büchern zitiert wird, dass dieser „Wortsalat" auch hier Eingang findet. Eigentlich aber müsste es konsequent nur Sozialpädagogik, Sozialarbeit oder Soziale Arbeit oder Sozialpädagogik/Sozialarbeit heißen.

Johannes Schilling bedankt sich bei seinen Studierenden der Fachhochschule Düsseldorf, die in den Seminaren zu den ersten Auflagen dieses Buches sehr viele Anregungen gegeben und die im Wesentlichen den Inhalt dieses Buches miterarbeitet haben. Wir haben voneinander viel gelernt. Vor allem gilt der Dank auch meiner Frau. Sie hat die ersten Auflagen sorgfältig und mit viel Engagement besonders auf inhaltliche Stringenz und auf den Sprachstil korrigiert.

Dank sei auch der Kollegin Susanne Zeller von der Fachhochschule Erfurt, Fakultät Sozialwesen ausgesprochen, die die Umarbeitungen der 3. und auch dieser 4. Auflage des Buches vorgenommen hat.

Donaueschingen und Berlin, im Juli 2010

Johannes Schilling und Susanne Zeller

1 Armenpflege und Armenfürsorge/ Wohlfahrtspflege

Werbung

Schon ´mal was von **Soziale Arbeit** gehört?
Wir sind nicht so schlimm wie unser Ruf!
Von uns gibt es mehr als Sie denken.
Falls Sie uns suchen, wir arbeiten z. B. im:

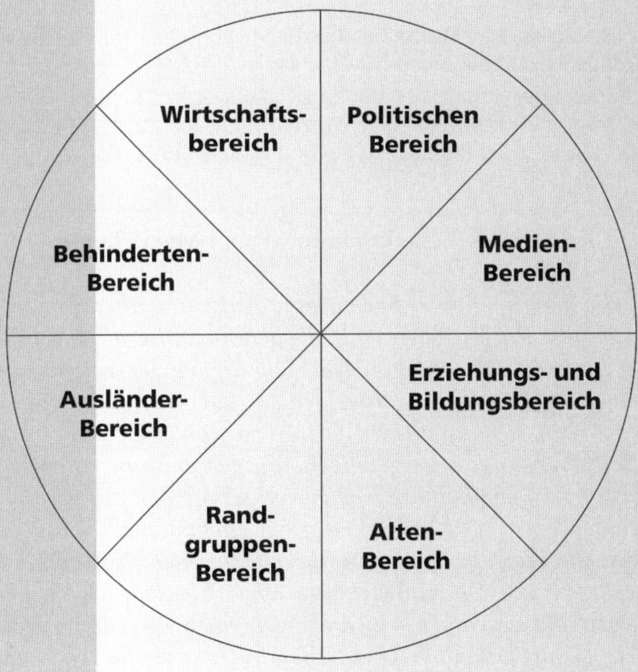

Abbildung 2

1.1 Warum überhaupt Berufsgeschichte?

Warum soll man mit der Frage nach Sozialpädagogik/Sozialarbeit/Sozialen Arbeit mit einem Rückblick in die Geschichte unserer Profession beginnen? Warum beginnen wir, zumal unter dem Zeitdruck einer modernen Welt, dem wir alle unterliegen, nicht gleich damit, die gegenwärtigen Herausforderungen Sozialer Arbeit in Angriff zu nehmen? Der Grund liegt nicht darin, weil viele Bücher diese Art des Einstiegs wählen. Sondern weil es von großer Wichtigkeit ist, dass SozialpädagogInnen/SozialarbeiterInnen, die sich mit ihrem Berufsbild identifizieren wollen, sich der historischen Wurzeln ihres Berufes bewusst sind. Dies bedeutet: Wir müssen für die Entwicklung einer spezifischen Berufsidentität erst einmal zurückblicken, um überhaupt vorwärts gehen zu können. Eine komplexe Gegenwart kann ohne historische Rückgriffe gar nicht verstanden werden. Gegenwart, und Zukunft(sgestaltung) ist ohne das Verständnis vergangener, prägender Epochen also nicht denkbar.

historisches Bewusstsein

Die geschichtliche Entwicklung der Sozialpädagogik/Sozialarbeit/Sozialen Arbeit ist Grundlage für ein berufliches Selbstverständnis. So wie andere Berufe, etwa die Medizin oder Jura grundlegende Positionen im Rückgriff auf ihre Geschichte bestimmen (Humanmedizin auf Paracelsus, Jurisprudenz auf das römische Recht), hat auch die Sozialpädagogik/Sozialarbeit/Soziale Arbeit eine hochinteressante und wechselhafte Entwicklung hinter sich.

- „Es ist unmöglich, eine Institution ohne den historischen Prozess, der sie hervorgebracht hat, zu begreifen." (Münchmeier 1992, 372)
- „Ein Studium der Sozialarbeit und Sozialpädagogik, das geschichtslos vermittelt wird, also nicht nach den Wurzeln fragt, bleibt weitgehend nur an der Oberfläche seiner Professionalisierung." (Zeller 1994, Vorwort)

Eine weitere Erklärungsebene könnten wir bei Maja Heiner (2010a) finden:

„Berufe, die gesellschaftlich bedeutsame Aufgaben übernommen haben, versuchen sich als ‚Professionen', d.h. als gehobene Berufe mit besonderer, anerkannter Expertise zu etablieren. Die Vielfältigkeit der Aufgaben, Auftraggeber, Organisationen, Organisationsformen und Methoden erschweren es der Sozialen Arbeit, sich als eine Profession zu etablieren und zu einem einheitlichen Selbstverständnis zu gelangen, um gemeinsame Anliegen berufspolitisch (also z.B. auch über ihre Fachgewerkschaft, d. V.) zu vertreten.

Die einzelnen Fachkräfte entwickeln zwar eine tätigkeitsbezogene Identität, z.B. als SuchtberaterIn, ErziehungsberaterIn, oder als MitarbeiterIn der Bewährungshilfe (…). Die Entwicklung einer Identität als Fachkraft der Sozialen Arbeit fällt wesentlich schwerer. Nicht nur wegen dieser Heterogenität ihrer Wissensquellen und Wissensbestände, ihrer vielfachen Anleihen bei anderen Wissenschaftsdisziplinen (Psychologie, Soziologie, Politologie etc.)

ist der Professionalisierungsgrad der Sozialen Arbeit (leider immer noch, d. V.) umstritten.“ (Heiner 2010a, 17

Der Rückgriff auf die Geschichte in ihren verschiedenen Entwicklungslinien soll somit deutlich machen, dass Soziale Arbeit einerseits aus ihrer Geschichte heraus zu verstehen ist, andererseits heute z. T. mit den gleichen Worten neue Inhalte verbunden sind, was zu zahlreichen Missverständnissen führt. Es sollen Leitlinien herausgearbeitet werden, anhand derer aufgezeigt werden kann, wie die Profession in ihren unterschiedlichen Entstehungsepochen zu begreifen ist. Armenpflege/Fürsorge (Erwachsener) und Jugendfürsorge haben zwar vergleichbare geschichtliche Wurzeln, entwickelten sich jedoch mit dem ausklingenden Mittelalter zu eigenständigen fürsorgerischen Einrichtungen, was in den ersten beiden Kapiteln kurz skizziert werden soll. Die Darstellung erfolgt unter Bezugnahme auf Persönlichkeiten und Orte. Es geht um die markanten Stufen einer langfristigen Entwicklung kommunaler bzw. staatlicher Armenpflege- und Fürsorgepolitik im Kontext gesellschaftlicher Transformationsprozesse.

Der geschichtliche Verlauf der zunächst ehrenamtlichen sozialen Tätigkeitsbereiche durch öffentliche Armenpflege und Fürsorge/Wohlfahrtspflege hin zu einer eigenständigen Profession kann grob in folgende **Zeitabschnitte** eingeteilt werden:

1. Almosenwesen im Mittelalter (um 12.–13. Jh.)
2. Armenpflege zu Beginn der Neuzeit (14.–16. Jh.)
3. Armenpflege zur Zeit des Absolutismus und der Aufklärung (17.–18. Jh.)
4. Armenpflege/Armenfürsorge im Zeitalter der Industrialisierung (19. Jh.)
5. Wohlfahrtspflege/Fürsorge/Sozialpädagogik/Sozialarbeit/Soziale Arbeit im 20. und 21. Jh.

1.2 Entstehungsgeschichte der Armenpflege und Fürsorge

Unter den Grundkonstanten der Armenpflege und Fürsorge wurden die beiden Begriffe *Armut* und *Hilfe* verstanden.

Hilfe, eine Urkategorie

„Hilfe ist eine Urkategorie des menschlichen Handelns überhaupt, ein Begriff, der nicht weiter zurückzuführen ist, außer auf den des gesellschaftlichen Handelns überhaupt … Hilfe ist eine gesellschaftliche Kategorie. Ihr Begriff bezeichnet ein Verhalten im menschlichen Zusammenleben.“ (Scherpner 1962, 122)

„Hilfsbedürftig und damit Gegenstand der fürsorgerischen Hilfe sind also diejenigen Gemeinschaftsmitglieder, die aus irgendwelchen Gründen den Anforderungen der Gemeinschaft gegenüber versagen, die nicht imstande sind, den Platz im Gemeinschaftsleben zu behaupten, an den sie gestellt sind, und die daher in der Gefahr sind, aus der Gemeinschaft herauszufallen.“ (Scherpner 1962, 138)

Die Urgeschichte der Menschheit (Phylogenese) zeigt, dass die Menschen die Hilfe ihrer Gruppe, Familie, ihres Clans oder Stammes brauchten, um zu überleben. Und die Ontogenese eines Menschen belegt, dass ein Baby, Kleinkind, Kind ohne die Hilfe seiner Eltern bzw. Erwachsener und der sozialen Umwelt nicht existieren kann.

> Somit ist (gegenseitige) Hilfe eine *natur- und lebensnotwendige Kategorie der Menschheit.*

Armut

Armut begleitet die Menschheit von Beginn an und begegnet uns in unterschiedlichen Formen. Weitgehend wurde Armut jedoch innerfamiliär versucht aufzufangen, d. h. die Großfamilie, das „ganze Haus", die Verwandtschaft, die Zunft etc. war verantwortlich, wenn jemand in Not geriet. Armut wurde als Problem der sozialen (Klein-)Gruppe verstanden und es wurde darauf entsprechend reagiert. Die Hilfe und Unterstützung durch die sozialen Primärverbände (Familie, Verwandtschaft, Nachbarschaft) sind typische Hilfeformen einer agrarischen Gesellschaft. In den bäuerlichen Großfamilien und überschaubaren Dorfgemeinschaften half man sich gegenseitig.

öffentliche Armenfürsorge

Erst seit dem Zeitpunkt, als die sozialen Primärverbände die Armut aufgrund von Kriegen, Krankheit etc. nicht mehr intern beheben konnten und die Armut „öffentlich", bzw. zu sozialen Problemlagen wurde, gab es Armenpflegemaßnahmen durch die sich entwickelnden Städte und Kommunen als eigenständige Hilfsangebote, d. h. die Familien- und Nachbarschaftshilfe wurde zunehmend durch ein öffentlich-hoheitliches Leistungs- aber auch Kontrollsystem abgelöst.

Diese neu entstandene öffentliche Armenpflege, die nach und nach zur öffentlichen „Fürsorge", dann Wohlfahrtspflege wurde, lässt sich nach Inhalt und Zielgruppe unterscheiden:

- Erwachsenen-Fürsorge: Bei „Unangepasstheit" an die materiellen Lebensbedingungen, wirtschaftlichem Versagen, materieller Not wurde Hilfe angeboten.
- Kinder-Fürsorge: Bei Unzulänglichkeiten gegenüber der moralischen Ordnung, Verwahrlosung wurde Hilfe angeboten und man begann ab dem Ende des 19. Jahrhunderts von Jugendfürsorge zu sprechen.

Unter *Verwahrlosung* verstand der Frankfurter Fürsorgetheoretiker und Hochschullehrer Hans Scherpner (1898–1959) „jedes individuelle Versagen gegenüber den moralischen Anforderungen, das aus einem Mangel an Erziehung und Bewahrung, aus dem ‚Wahr-los-Sein' hervorgeht." (Scherpner 1962, 138)

Grundtypen der Hilfsbedürftigkeit

Die beiden Grundtypen der Hilfsbedürftigkeit stehen zwar in Wechselbeziehung, dennoch kann man sie deutlich voneinander unterscheiden: Unter Armut wurde in ihrer typischen Ausprägung ein Notstand des Erwachsenen, unter Verwahrlosung dagegen eine typische Erscheinung jugendlicher Hilfsbedürftigkeit verstanden.

Halten wir fest

Diese Unterscheidung von Scherpner in „Armut" und „Verwahrlosung" begründet die Aufteilung in (Erwachsenen-)Fürsorge und *Kinder-* (bzw. Jugend-)*Fürsorge*. In dieser unterschiedlichen Form der Armut bzw. Hilfe liegt nun auch die Entstehungsgeschichte von Sozialpädagogik und Sozialarbeit. Erwachsenen-Fürsorge ist das, was wir heute z. T. mit Sozialarbeit und Kinder-(Jugend-)Fürsorge das, was wir z. T. mit Sozialpädagogik bezeichnen würden (Abbildung 3).

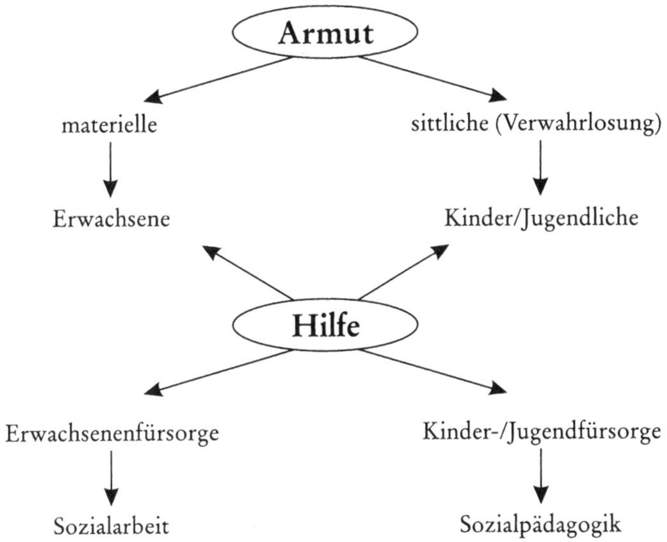

Abbildung 3: Entstehungsgeschichte

Hilfe als Urkategorie menschlichen Handelns hat viele Facetten und nicht jede Hilfe ist Fürsorge. Scherpner bezeichnet im Unterschied zu anderen Hilfeformen die „fürsorgerische Hilfe" als eine Form, aus der im Verlauf der Zeit die Hilfseinrichtungen planmäßiger Art hervorgegangen sind, die wir herkömmlich als „Fürsorge" bezeichnen.

Als Ergebnis dieser Differenzierung gelangt Scherpner zu folgender Umschreibung von Fürsorge:

Außerhalb dieser Ordnung stehen die Ehrlosen (öffentliche Sünder wie Diebe, Ehebrecher, Mörder). Diese natürliche und soziale Ordnung ist ursprünglich von Gott gewollt. Armut war hiernach Ausdruck einer ewigen Ordnung, ein notwendiger Stand.

2. Arbeit: Der Mensch definiert sich durch seine Hinordnung auf das Jenseits; das eigentliche Leben beginnt nach dem Tod. Deshalb geht es im Leben des Menschen auch primär um die Verherrlichung Gottes und um das Seelenheil. Die Arbeit ist in diesem Zusammenhang sekundär, sie dient dem Erwerb des Lebensunterhalts. Allerdings entspricht es einem natürlichen Gesetz, dass der Mensch für seinen Lebensunterhalt sorgen muss, es ist zugleich ein göttliches Gebot. Aus dieser Überlegung heraus begründet Thomas von Aquin eine Verpflichtung zur Arbeit für diejenigen, die nicht eigenen Besitz haben und davon leben können.

3. Armut und Betteln: Für den Aquinaten erhält Armut und Betteln vom Evangelium her seine Bedeutung.

Die Notleidenden haben in der mittelalterlichen Gesellschaftsordnung einen unentbehrlichen Platz. Sie sind für die reichen „Sünder" wichtig. Arme bieten den Reichen Gelegenheit zu verdienstlichem Tun, zum Almosengeben. Das Almosen war neben Beten und Fasten eine Möglichkeit der ‚satisfactio', der Genugtuung für begangene Sünden, zudem war es unbedingte religiöse Pflicht eines jeden Christen (Marburger 1979, 48). Das Almosen ist verankert im Bußsakrament. Durch Beten, Fasten und Bußetun konnte der Sünder Genugtuung erreichen. Durch das Bußsakrament wurde der Sünder auf die Notwendigkeit des Almosengebens verwiesen. Hierin lag die Ausdehnung der Liebestätigkeit jener Zeit. Im Mittelpunkt steht allerdings nicht der Empfänger der Gaben, sondern der Geber. Not und Elend werden religiös-ethisch gesehen und nicht ökonomisch-gesellschaftlich. Deshalb gab es auch keinen Grund zur Änderung der Gesellschaftsordnung oder zur Abschaffung der Armut. Der Umfang der zu gebenden Almosen richtete sich nicht nach der Notlage des Armen, sondern nach der Lebenssituation des Spenders. Es geht nicht um die Beseitigung der Armut, sondern um die Erhaltung des Armen in seinem Stand der Reichen wegen.

Almosen

1.3.2 Institutionen, Träger und Zielgruppen der Hilfe

Zwei Formen der Hilfeleistung gab es im Mittelalter: 1. die spontane und persönliche Hilfe durch Almosen und 2. eine organisierte Hilfe durch das *Hospital* für diejenigen, die nicht von ihrer Familie oder Verwandtschaft unterhalten werden konnten: Alte, Sieche, Kranke, Irre, hilflose Kinder wie Findlinge, Waisen usw.

Hospital

Unter einem Hospital/Spital verstand man nicht ein Krankenhaus in unserem heutigen Sinne, sondern eine Anstalt, in der Kranke, insbesondere aber Arme verpflegt (nicht gepflegt) wurden. Es ist die erste Sondereinrichtung mittelalterlicher Armenpflege, als Ausganspunkt für ihre weitere Institutionalisierung (Scherpner 1962, 169). Die Hospitäler waren umfassende Einrichtungen des Mittelalters für alle Hilfebedürftigen, die sich aufgrund körperlicher und geistiger Gebrechen nicht durch Bettelei ernähren konnten.

Im letzten Drittel des Mittelalters übernahmen immer mehr städtische Obrigkeiten die Aufsicht über die Spitäler. Damit entstand die Möglichkeit, die spätere Organisation des armenpflegerischen/fürsorgerischen Handelns unter die politischen Ziele der Gemeinschaft zu stellen (Scherpner 1962, 169). Als eigentliche Träger der Armenpflege und Fürsorge lassen sich vier große Gruppen nennen:

Träger der Fürsorge

Kirchen: An den Kirchportalen wurden regelmäßig oder auch nur gelegentlich Almosen ausgeteilt.

Klöster: Nach den Regeln des Benediktinerordens ist z. B. jedermann, Fremder oder Armer, wie Christus selber zu empfangen und zu bewirten.

Orden: Johanniter (1099), Templer (1119), Deutschordensherren (1191). Sie verbanden Kampf gegen die Ungläubigen und Pflege der Hilflosen.

Begüterte Einzelpersonen: Sie engagierten sich persönlich in der Armenpflege oder stifteten zu Lebzeiten oder nach ihrem Tode Teile ihres Vermögens für wohltätige Zwecke.

Im Mittelalter unterschied man noch nicht zwischen armen Erwachsenen und armen Kindern. Nicht weil es keine armen Kinder gab, sondern weil die Kinder wie Erwachsene behandelt wurden. Dies galt auch für die Hospitäler, in denen Erwachsene wie Kinder gleichermaßen versorgt wurden, die Kinder allerdings nur solange, bis sie sich durch Bettelei selbst helfen konnten.

Halten wir fest

Nach christlicher Auffassung, entscheidend geprägt von Thomas von Aquin, galten die Armen als ein eigener gesellschaftlicher Stand. Er wurde um der Reichen willen erhalten, damit diese sich durch Almosengeben den „Himmel verdienen" konnten. An eine Abschaffung des Standes der Armen war nicht gedacht.

1.4 Armenpflege zum Beginn der Neuzeit (14.–16. Jh.)

1.4.1 Veränderte Sicht des Bettelns

Humanismus, die sog. *protestantische Arbeitsethik* und *Calvinismus* trugen progammatisch dazu bei, das Betteln in einem anderen Licht zu sehen. Man fand in der Bibel Belege für die neue Betrachtung von Armut, z. B.:

- „Doch mahnen wir euch, Brüder, darin weiter voranzuschreiten und eure Ehre dareinzusetzen, in Ruhe zu leben, eure eigenen Aufgaben zu erfüllen, mit euren eigenen Händen zu arbeiten, wie wir es euch anempfohlen haben, auf dass ihr ehrbar wandelt vor den Außenstehenden und auf niemanden angewiesen seid." (1. Thess. 4,11–12)
- „Wer zu stehlen pflegte, stehle nicht wieder, sondern mühe sich ab und erwerbe sich durch seiner Hände Arbeit ehrlichen Verdienst, wovon er dem Notleidenden noch mitteilen kann." (Eph. 4, 28)
- „Wer nicht arbeiten will, soll auch nicht essen. Und nun hören wir, daß einige von euch ein unordentliches Leben führen. Statt zu arbeiten, machen sie sich unnütz. Solchen Leuten gebieten wir nachdrücklich im Herrn Jesus Christus, sie sollen sich in ruhiger Arbeit ihr eigen Brot verdienen." (2. Thess. 3, 11–12)

Im ausgehenden Mittelalter nahm das Bettelwesen durch die sich dramatisch verändernden ökonomischen Verhältnisse immer stärkere Ausmaße an. Bettler waren zu einer „anerkannten Berufsgruppe“ geworden und hatten sich in manchen Städten zu regelrechten Zünften zusammengeschlossen. Bettler verfügten z.T. sogar über zu versteuerndes Vermögen (Scherpner 1962, 29–30). Das berufsmäßige Bettlertum bediente sich häufig eines alten Gaunertricks – Kinder wurden scheinbar oder tatsächlich verstümmelt, um so das Mitleid des Spenders zu erregen.

In Straßburg (1523) zum Beispiel wurden 69% aller Frauen als bedürftig eingestuft; in Luzern (1574) betrug der Anteil etwa 85% und in Freiburg im Breisgau etwa 83%. Über die Hälfte dieser Frauen waren alleinstehend und hatten zudem noch Kinder zu versorgen (Barabas/Erler 1994, 25).

Gegen Ende des Mittelalters und mit dem Beginn der Neuzeit entsteht eine neue Einstellung gegenüber dem Bettelhandwerk. Das Ideal der Armut verliert an Gültigkeit.

Geiler von Kaysersberg (1445–1510)

In Straßburg entwickelte der Münsterprediger Geiler von Kaysersberg (1445–1510) die Almosenlehre des Thomas von Aquin dahingehend weiter, dass die weltliche Obrigkeit, vor allem die Städte, das Recht und die Pflicht zur Versorgung und Kontrolle der Armen hätten. Kaysersberg ist damit einer der Begründer der neueren Fürsorge, die im Spätmittelalter ihren Ausgangspunkt hat. Zur neuen Sichtweise auf Armut und Betteln haben wirtschaftliche, religiöse und gesellschaftliche Entwicklungen beigetragen. Durch sie trat eine Veränderung der Wahrnehmung und auch Bewertung des Bettelns ein. Betteln wurde verboten.

1. Wirtschaftliche Lage: Im 16. Jahrhundert wuchs die Bevölkerung bei stagnierender Produktionsentwicklung. Die Folgen waren eine Teuerungskrise und als Folge davon eine Hungerkrise, was zu einer merklichen Verschlechterung der Lebenssituation der Bevölkerung führte. Die Zahl der Armen nahm sprunghaft zu. Zum Beispiel erhielten 1679 im Armenhaus in Frankfurt a. M. etwa 2000 Arme eine Wegsteuer, gegen Ende des Jahrhunderts waren es etwa 30000 Arme (Belardi 1980, 13).

2. Religiöse Veränderungen: Der Theologe Martin Luther stellte sich gegen die Auffassung des ehemaligen Bischofs von Karthago und Kirchenlehrers Caecilius Cyprianus (200–258), der bereits im 2. Jahrhundert die Meinung vertreten hatte, man könne sich den Himmel durch Almosengeben und Kauf von Ablässen „verdienen" und dadurch seine Sünden tilgen: Luther beruft sich vor allem auf die Bibelstelle im dritten Kapitel des Paulusbriefes an die Römer: „Wo bleibt nun das Rühmen? Es ist ausgeschlossen. Durch welches Gesetz? Durch das der Werke? Nein, durch das Gesetz des Glaubens, denn wir sind überzeugt, daß der Mensch durch den Glauben gerechtfertigt wird, unabhängig von Gesetzeswerken." (Röm 3, 27–28). Nicht durch Werke, also auch nicht durch Werke des Almosengebens, können die Wohlhabenden nach Luthers Auffassung durch das Nadelöhr ins Himmelreich gelangen. Sondern er lehrte, dass man sich den Himmel nicht verdienen, sondern nur durch den Glauben und die Gnade Gottes gerettet werden könne.

Martin Luther (1483–1546)

Die calvinistische Arbeitsmoral veränderte ebenfalls die Beurteilung des Bettlertums. Statt der thomistischen Almosenlehre galt jetzt der Satz des Apostel Paulus: „Wer nicht arbeitet, soll nicht essen". Nach der Auffassung des Anhängers von Luthers Lehre Johann Calvin ist nicht jeder Mensch von Gott erwählt. Er nahm an, dass Erfolg im irdischen Leben ein Zeichen der besonderen Erwähltheit sei und somit bereits das Unterpfand ewiger Bestimmung darstelle (Buchkremer 1982, 34). Die Arbeit sei somit Gott wohlgefällig, betteln aber eine Verletzung der Nächstenliebe. Armut wurde als selbstverschuldet angesehen und geächtet. Man trachtete danach, durch harten Zwang die sündigen Müßiggänger zu bessern, bis „ihre Hände so viel zu tun und ihre Körper so viel zu ertragen gelernt haben, daß ihnen Arbeit und Lernen leichter erscheinen als Müßiggang" (Scherpner 1966, 43). Denn „Müßiggang ist aller Laster Anfang".

John Calvin (1509–1564)

3. Humanisierung: Der Humanismus (vetreten v. a. durch Erasmus von Rotterdam 1466–1536, Thomas Morus (1477–1535) und Juan Luis Vives (1492–1540) war in erster Linie eine religiöse und bildungsmäßige Reformbewegung, eine „katholische Reformation" vor der eigentlichen Reformation Luthers. Der Humanismus hielt an wesentlichen Aussagen der katholischen Kirchenlehre fest, wollte die Kirche jedoch von dem „wirren Geschnörkel scholastischer Spitzfindigkeiten" des Mittelalters befreien und sie mit Bezug auf die alten Texte der antiken Philosophen in ihrer praktischen Einfachheit wieder allen zugänglich machen. Bezüglich der Sozial-

Humanismus

lehre des Humanismus verlangte z. B. Thomas Morus in seiner „Utopia“ die Arbeitspflicht für alle Arbeitsfähigen.

Als Beleg für die praktische Umsetzung dieser neuen Sichtweise können die Bettel- bzw. Armenverordnungen genannt werden. In den ersten städtischen Armenordnungen der Stadt Nürnberg (1370/1478/1522) geht es um die frühesten Versuche, der Armut vorbeugend zu begegnen. Bettelnden Eltern sollten die Kinder weggenommen und diesen dann durch die Obrigkeit Dienst- und Arbeitsplätze vermittelt werden. Durch vorbeugende Maßnahmen wollte man Kindern beibringen, durch Arbeit ihr Brot zu verdienen. Nach und nach wurden alle Bettler in ersten Armenverzeichnissen erfasst. Eigens dafür eingesetzte Armenpfleger sollten den Kindern Arbeit in den handwerklichen Berufen vermitteln. Wer von den Erwachsenen die Erlaubnis zum Betteln erhalten hatte, musste ein sichtbares Armenabzeichen tragen. Das Almosengeben sollte mit dem Beginn der frühen Neuzeit und der entstehenden (protestantischen) Arbeitsethik nach und nach nur noch als letzte Möglichkeit angesehen werden, Armen zu helfen.

1.4.2 Städtische Armenpflege

vier Aspekte der Armenpflege und Fürsorge

Sachße und Tennstedt (1980, 30–34) zeigen vier Aspekte der Entwicklung hin zur städtischen Armenpflege und Fürsorge:

1. Kommunalisierung: Zunächst wurde die Zuständigkeit für die Vergabe von Almosen allmählich von den kirchlichen Einrichtungen auf die städtischen Räte übertragen. Damit erhielten die Städte auch vermehrt Stiftungen, die früher der Kirche zugesprochen worden waren. Die Armenfürsorge geht in die kommunale Zuständigkeit über. Das hat zur Folge, dass die Gemeinde als Gebietskörperschaft darum bemüht war, nur für die eigenen Armen aufzukommen. Fremden wird das Betteln in der Stadt verboten. Der Zuzug Fremder wird dadurch erschwert.

2. Rationalisierung: Das Ziel der Rationalisierung einer Armenfürsorge war einmal die Herausbildung von feststehenden Kriterien, die zum Empfang von Unterstützungsleistungen berechtigten wie z. B. Arbeitsfähigkeit, Familiensituation, Arbeitseinkommen. Diesen Kriterien entsprechend erfolgte die finanzielle Unterstützung. Sachße und Tennstedt bezeichnen diesen Vorgang als Wandel „von einer religiös motivierten Mildtätigkeit zur zweckrationalen, sozialpolitischen Strategie“ (Sachße/Tennstedt 1980, 33).

3. Bürokratisierung: Das grundlegend Neue, das diese Entwicklung mit sich bringt, ist, dass mit ihr die Einrichtung eines Verwaltungsapparates einhergeht. Es entsteht eine Sozialadministration. Erst mit der Entstehung feststehender Kriterien der Bedürftigkeit und der Einrichtung von überprüfenden Instanzen wird die Gruppe der Bedürftigen auch deutlich abgrenzbar. Armut tritt als soziales Problem ins Bewusstsein der Bürger. Durch die Verteilung der Bettelzeichen werden die Armen stigmatisiert, sie werden zur gesellschaftlichen Randgruppe, die man meidet und ächtet.

4. Pädagogisierung: Mit der Vergabe von materieller Unterstützung werden den Armen gleichzeitig Verhaltensregeln zugedacht, die sich an den Werten und Normen der städtisch-handwerklichen Mittelschicht orientieren: Fleiß, Ordnung, Disziplin und Mäßigung. Die städtische Ordnung wurde somit zum Instrument einer Arbeitserziehung. Es ging dabei nicht nur um die Unterdrückung von Nicht-Arbeit, sondern auch positiv um ein Arbeitsbeschaffungsprogramm. Während vom mittelalterlichen Armen für das Almosen keinerlei Gegenleistung (außer ein Gebet für das Seelenheil des Spenders) erwartet wurde, musste jetzt der Almosenempfänger sich der Gabe als würdig erweisen. Ein Moral- und Verhaltenskodex für Unterstützungsempfänger wird aufgestellt.

Halten wir fest

!

Zu Beginn der Neuzeit änderte sich aufgrund wirtschaftlicher, religiöser und gesellschaftlicher Entwicklungen die Beurteilung von Armut vollständig.

Die Entwicklung weg von der kirchlichen, hin zur städtischen Armenfürsorge hatte eine Kommunalisierung, Rationalisierung, Bürokratisierung und Pädagogisierung der öffentlichen Hilfeleistungen zur Folge.

1.4.3 Theoretisches Modell der Armenpflege: Juan Luis Vives (1492–1540)

Aufgabe

?

Wie schätzen Sie folgende Überlegungen ein:
Jeder Mensch soll arbeiten. Wer keine Arbeit hat, soll einen Arbeitsplatz vermittelt bekommen (Arbeitsbeschaffungsmaßnahme). Es soll sich dabei um einen Beruf handeln, den man früher gelernt oder an dem man Freude hat.

Jeder Betrieb soll Arbeitslose aufnehmen. Bei öffentlicher Vergabe von Aufträgen soll die Stadt diejenigen Betriebe berücksichtigen, die Arbeitslose eingestellt haben. Wer sich von den Arbeitslosen selbständig macht, soll durch Aufträge der öffentlichen Haushalte unterstützt werden.

Diese Überlegungen klingen sehr modern und zeitgemäß. Sie wurden jedoch bereits im 16. Jahrhundert von dem Humanisten Juan Luis Vives entwickelt, um damit der Armut seiner Zeit zu begegnen.

Juan Luis Vives (1492–1540)

Vives (geboren in Spanien, Studium in Valencia und Paris, Lehre in Löwen und Oxford) war der, in Deutschland in Vergessenheit geratene, dritte große Humanist neben Erasmus und Morus. Der Gelehrte Vives hat sich besonders auf den Gebieten der Philosophie, Philologie und Pädagogik hervorgetan. Für die Geschichte der Sozialen Arbeit ist er von größter historischer Bedeutung, weil er 1526 mit seiner „de subventione pauperum" (Die Unterstützung der Armen) die erste neuzeitliche Armenpflegetheorie vorgelegt hat. In ihr hat sich die gesamte Opposition der beginnenden Neuzeit gegen die armenpflegerischen und pädagogischen Missbräuche des späten Mittelalters gebündelt (Engelke 1999, 41; Zeller 2006a). Sein *Humanismus*, der auch von Einflüssen der jüdisch-biblischen Sozialethik durchzogen ist, hat für die Entwicklung der Armenpflege in der Neuzeit ganz entscheidende Impulse gegeben und ist bis heute in vielen Punkten immer noch hochaktuell. Vives hat ein System der Armenfürsorge entwickelt, in dem alle Bereiche der Armenpflege von der materiellen Unterstützung bis zur bildungsmäßigen Förderung von Kindern/Jugendlichen in einem einheitlichen Sinnzusammenhang stehen. Er geht in seinem Theoriekonzept von vier Grundsätzen aus:

Arbeit, ein Wert an sich

1. Arbeitspflicht für Arme: Vives war der Überzeugung, dass der Mensch eine natürliche Veranlagung zur körperlichen und geistigen Aktivität hat. Arbeit war mit der „protestantischen Arbeitsethik" ein Wert an sich geworden. Deshalb forderte er eine Hingabe an die Arbeit um der Arbeit willen. Nicht mehr, weil sie als göttliches Gebot verordnet, nicht mehr, weil sie als Mittel zur Erfüllung wertvoller Zwecke notwendig sei, sondern weil sie dem Menschen seiner Anlage entsprechend an und für sich ein erstrebenswertes Gut vermittelt, kann man vom Menschen erwarten und verlangen, dass er seinen Kräften entsprechend arbeitet (Scherpner 1962, 91). Daher lehnte Vives auch das Betteln als Broterwerb ab. Betteln sollte möglichst ganz abgeschafft werden. Der Humanist Vives lehnte die mittelalterliche Glorifizierung der Armen und Armut ab und wandte sich ersten säkularen Prinzipien eines neuen Armenpflegewesens und frühneuzeitlicher Sozialpolitik zu (Zeller 2006a, 156–212).

2. Versorgung der Armen mit Arbeit: Die Arbeitsvermittlung wird bei Vives zum wichtigsten Mittel der Unterstützung der Armen. Der erste Schritt der Vermittlung ist die Prüfung der Arbeitsfähigkeit. Die begutachtende Instanz soll ein Arzt sein. Da es bei der Vermittlung arbeitsfähiger Armer um eine möglichst dauerhafte Aufhebung der Armut geht, sollten die Betroffenen in einen Beruf vermittelt werden, den sie früher erlernt hatten. Falls Handwerksmeister die Vermittlung von Armen ablehnen sollten, schlug Vives vor, dass durch Anordnung der städtischen Verwaltungen den einzelnen Handwerksmeistern eine bestimmte Anzahl von Armen zugewiesen werden soll, die selber keine Arbeitsstelle finden können. Die wirtschaftlichen Schwierigkeiten einer solchen Zwangslösung will Vives dadurch beseitigen, dass der Rat der Stadt alle öffentlichen Aufträge außer an die zur Selbständigkeit gelangten Armen auch an die Handwerksmeister vergeben soll, die Arme und Lehrlinge aufgenommen hatten (Scherpner 1962, 96). Wer trotz aller Anreize als arbeitsfähiger Armer nicht arbeiten will, für den sieht Vives strenge arbeitserzieherische Maßnahmen vor, wobei er aber ungeachtet dessen die Würde des Armen nicht verletzt sehen wollte.

3. Individualisierungsprinzip in der Armenpflege: Dieses System der Armenversorgung setzt eine Untersuchung der besonderen Notlage des einzelnen Armen voraus. Alle Armen sind sorgfältig in ein Armenverzeichnis einzutragen. In diesem soll festgehalten werden: die spezielle Notlage der Armen, die Art ihres früheren Lebensunterhalts, der Anlass der Verarmung, ihre Lebensart, ihre Moral. Die Entscheidung über die Arbeitsfähigkeit liegt bei einem Arzt. Vives System will Rücksicht auf den ganzen notleidenden Menschen nehmen, damit ihm eine gerechte Hilfe zuteil wird. Umfang, Art und Dauer der Unterstützung soll ganz individuell ausgerichtet sein. Sie orientiert sich an den geistigen, leiblichen und materiellen Bedürfnissen eines Menschen.

4. Erziehungsprinzip in der Armenpflege: Die Hilfeleistung enthält nach Vives grundsätzlich einen erzieherischen Charakter, der den vornehmsten Aspekt der Unterstützung darstellt. Vives fordert eine allgemeine Institution der Erziehungsaufsicht auch für Erwachsene. Mit der Armenpflege will er nicht mehr bloß die Armen aus ihrer Notlage befreien und damit eine Gefährdung des gesellschaftlichen Lebens beseitigen. Armenfürsorge strebt zugleich auch die moralische Förderung des Einzelnen, seine Erziehung zum guten Bürger an. Die fortschrittlichen Ideen dieses Voraufklärers und Humanisten kann in einem Zehn-Punkte-Sozialprogramm zusammengefasst werden.

Das Zehn-Punkte-Sozialprogramm aus der frühen Neuzeit von Juan Luis Vives 1526

- Anlegen von Verzeichnissen zur Erfassung und individualisierenden Bedürftigkeitsprüfung
- Ausweisung ortsfremder Bettler
- Erziehung der Arbeitsfähigen zur Arbeit
- Rückführung und Arbeitsvermittlung in alte Berufszweige
- Arbeitsvermittlung für Ungelernte und Jugendliche
- Bevorzugung von Handwerksmeistern, die Arbeitsplätze schaffen, bei öffentlichen Aufträgen
- Durchsetzung des Arbeitszwangs für Arbeitsverweigerer
- Versorgung von nicht mehr Arbeitsfähigen
- Versorgung und Erziehung von Findelkindern
- Ausarbeitung von Finanzierungsplänen

(aus: Zeller 2006a, 187)

Halten wir fest

Die Almosenlehre von Thomas von Aquin erfährt durch den Humanismus und Calvinismus grundlegende Veränderungen. Arbeit wurde zu einer Gottespflicht und Betteln sollte verboten werden.

Nach Juan Luis Vives sollte den arbeitsfähigen Armen Arbeit vermittelt werden. Jeder Arbeitslose wurde als Einzelfall behandelt, um eine gerechte Hilfe zu gewährleisten. Durch die Hilfeleistung wollte man auch die Armen zu „guten Bürgern" erziehen. Unter einem „guten Bürger" verstand der Humanist Vives einen Menschen, der sich auch für die Belange des Gemeinwohls engagiert.

1.5 Armenpflege zur Zeit des Absolutismus und der Aufklärung (17.–18. Jh.)

1.5.1 Entwicklungslinien

Die Städte waren seit dem Spätmittelalter zunehmend darangegangen, über zentrale Verwaltungseinheiten erste systematisierte Formen von Armenbetreuungen einzuführen. Bis dahin flossen in die städtischen Kassen und Kirchengemeinden wahllos beispielsweise sämtliche Einnahmen aus Stiftungen, Spenden, Brückenzöllen und Privaterwerbseinkünften zusammen, um gleichermaßen Pfarrer, Instandhaltung von Kirchengebäuden und das Schulwesen zu bezahlen, zinslose Darlehen an Handwerker zu vergeben, oder auch Gelder an Spitäler, das Waisenhaus und in Obdachlosenasyle abzuführen. Jetzt wurden Teile von Kirchenvermögen und städtische Mittel ohne religiöse Einflussnahme in einer gemeinsamen Kasse zusammengeführt. Diese Aspekte eines neuen Armenpflegesystems in Form von Fonds hatten zu den oben skizzierten ersten zentralisierten Strukturen der frühen Neuzeit geführt und dann schließlich im Zeitalter des Absolutismus zu einem vollständigen Paradigmenwechsel innerhalb armenpflegerischer Strukturen geführt.

Entwicklung der Armut

- *Ländliche Bevölkerung:* In Sachsen z. B. verminderte sich der Anteil der Bauern von 49,5% (1550) auf 24,6% (1750). Im gleichen Zeitraum wuchs die Zahl der Landarmen und Landlosen auf 38,5%. In der Mark Brandenburg zählten um 1800 die Landarmen und Landlosen 74% und in Mittel- und Hinterpommern 61%. In Schlesien schließlich standen sich um 1767 Bauern und Landarme und Landlose im Verhältnis 1 zu 9 gegenüber.
- *Städtische Bevölkerung:* Auf der einen Seite steht das städtische Patriziat sowie das Mittel- und Kleinbürgertum, das quantitativ die absolute Minderheit darstellte, allerdings im Vollbesitz der städtischen Bürgerrechte mit allen Vorrechten und Pflichten war. Auf der anderen Seite gab es die zahlreichen Einwohner minderen Rechts. Je nach Region wurden sie Schutzbürger bzw. Bei- oder Hintersassen genannt. In vielen Städten machte diese Gruppe etwa 50% der Einwohnerschaft aus. Unterhalb der Voll- und Schutzbürger lebten die völlig Rechtlosen, die städtische Unterschicht. Zu diesen gehörten die Dienstboten, das Gesinde, Handlanger, Tagelöhner, Arbeitslose, Bettler, Almosenbezieher u. a. Diese Unter-

schicht machte in den Städten im 15. Jahrhundert ca. 30–50% aus, im 16. Jahrhundert sogar 50–60% der städtischen Bevölkerung. Hinzu kamen noch etwa 10–15% der Gesamtbevölkerung, die zu den Vagabunden und Nichtsesshaften zählten (Barabas/Erler 1994, 24–26).

Die eigentlich neuen Einrichtungen auf dem Gebiet des Armenwesens, die das Zeitalter des Absolutismus hervorgebracht hat, sind die Werk-, Zucht- und Arbeitshäuser. Die ersten Zuchthäuser wurden in Bremen (1609), Lübeck (1613), Hamburg (1620) und Danzig (1629) gegründet. 1786 gab es in ganz Deutschland bereits 60 Zucht- und Arbeitshäuser. Sachße und Tennstedt sehen vor allem vier Entwicklungslinien, die zur Entstehung der Zucht- und Arbeitshäuser führten (Sachße/Tennstedt 1980, 115):

Zucht- und Arbeitshäuser

1. die Tradition der „stationären" Armenpflege, der Hospitäler, Armen- und Waisenhäuser;
2. der Gedanke des Arbeitszwangs;
3. die beginnende Ablösung von Todes- und Körperstrafen durch Freiheitsentzug und Zwangsarbeit als Instrumente des Strafvollzugs;
4. das landesherrliche Interesse an der produktiven Nutzung möglichst aller verfügbaren Arbeitskräfte im Dienste merkantilistisch-absolutistischer Wirtschaftsförderung.

Die Landesfürsten kopierten den aufwendigen Lebensstil Ludwigs XIV. und benötigten deshalb neue Einnahmequellen. Die Werk- und Zuchthäuser versprachen, den erhöhten Geldbedarf zu decken. Es waren also primär wirtschaftspolitische und merkantilistische Überlegungen, die zur Gründung von Werk- und Zuchthäusern führten. Betteln war grundsätzlich verboten.

Die Zusammensetzung der Insassen eines Arbeits- und Zuchthauses war sehr heterogen. Alle „Randgruppen" der absolutistischen Gesellschaft wurden eingewiesen: Arbeitsscheue, Bettler, gerichtlich abgeurteilte Verbrecher, unbotmäßiges Gesindel, aufsässige Kinder, gebrechliche Alte, verarmte Witwen, Waisenkinder, Prostituierte, Wahnsinnige und Kranke. Somit wurden die neu entstandenen Arbeits- und Zuchthäuser zum Kristallisationspunkt für eine Vielzahl ungelöster sozialpolitischer Probleme und zum Bezugspunkt ganz unterschiedlicher sozialpolitischer Anforderungen. Ziele der Einweisung in eine dieser Einrichtungen waren von unterschiedlicher Art:

Ziele der Arbeitshäuser

1. Es ging zunächst um Arbeitsbeschaffung. Betteln war verboten, also galt es, den Armen durch Arbeitsbeschaffungsmaßnahmen oder die Einweisung in die Arbeitshäuser Arbeit zu verschaffen.
2. Die Arbeitshäuser übernahmen eine Pionierfunktion in ihrem Beitrag zum Aufbau und der Weiterentwicklung einer gesellschaftlich neuartigen Produktionsform, der Manufaktur. Die Großbetriebe konnten sich in den Anstalten die erforderliche Anzahl von Arbeitern beschaffen. Die

Insassen der Arbeits- und Zuchthäuser waren begehrte Arbeitskräfte für das sich allmählich entwickelnde Manufaktursystem.

3. Das eigentliche Ziel der Zwangsanstalten lag in der Disziplinierung der Arbeitskräfte durch staatlichen Zwang. Diese Disziplinierung der unteren Bevölkerungsklassen der absolutistischen Gesellschaft hatte auch einen erzieherischen Charakter. Es sollten handwerkliche Qualifikationen vermittelt und zugleich durch öffentliche Zwangssozialisation Gehorsam und Moral durchgesetzt werden.

Gegen Ende des 18. Jahrhunderts entstanden Reformansätze im Armenwesen. Es wurde in diese Überlegungen auch die Hausarmenpflege miteinbezogen. Den Armen sollte Arbeit verschafft werden, die sie auch zu Hause ausüben könnten.

1.5.2 Theoretisches Modell der Armenpflege: Thomas Robert Malthus (1766–1834)

In der Zeit des Liberalismus nahm man zur Armut folgende Position ein.

?

Aufgabe

Diskutieren Sie folgende These:
Armut ist auch immer eine Frage des Bevölkerungsgesetzes. Deshalb geht es darum, die Armen anstelle von Armenpflege und Unterstützung aufzuklären und sie über die Wirkung des Bevölkerungsgesetzes zu informieren. Arme sollten weniger Kinder zeugen, um dadurch die Armut zu verringern.

1. Liberalismus: Wirtschaftlicher Ausdruck der Aufklärung war der Liberalismus, der besagt, dass der Staat in wirtschaftlichen Angelegenheiten eine passive Rolle einnehmen solle. Der Staat habe nur für die Einhaltung der allgemeinen bürgerlichen Gesetze zu sorgen. Anders als die Überlegungen zur Armenfürsorge des Absolutismus tritt der Liberalismus für eine Beseitigung der gesamten öffentlichen, gesetzlichen Armenpflege ein.

Hauptvertreter dieses Ansatzes war der Engländer Thomas Robert Malthus. Seine Theorie ist insofern bedeutsam, weil sie während des ganzen 18. und 19. Jahrhunderts einen ungeheuren Einfluss auf die praktische Gestaltung der Armenpflege und der Fürsorge überhaupt ausgeübt hat. Seine z. T. provokativen Thesen werden bis heute diskutiert, die Diskussion ist noch nicht abgeschlossen und gehört zu den zentralen Themen Sozialer Arbeit.

2. Bevölkerungsgesetz: Grundlage seiner Überlegungen ist das Bevölkerungsgesetz. Malthus geht davon aus, dass die Vermehrungskraft der Bevölkerung unbegrenzt größer ist als die Kraft der Erde, Unterhaltsmittel für die Menschheit hervorzubringen. Die Bevölkerung wächst in geometrischer

Reihe (z. B.: 2–4–8–16–32–64 …), die Unterhaltsmittel nehmen dagegen nur in arithmetischer Reihe (2–4–6–8–10 …) zu. Die natürliche Folge ist, dass beide Reihen wie eine geöffnete Schere immer weiter auseinander gehe (Sachße/Tennstedt 1980, 182). Diese Entwicklung ist für Malthus ein Naturgesetz, das notwendigerweise zu Elend und Not führt. Not und Elend sind aber auch das einzig wirksame Mittel, das die Bevölkerungsentwicklung bremst. Diese Entwicklung führt zur Verarmung, zur Wohnungsnot, zum Nahrungsmangel, zur erhöhten Sterblichkeit, und damit wird die Bevölkerung dezimiert (Scherpner 1962, 115).

Malthus verdeutlicht diesen Gedanken an einem Bild: Auf der Tafel des Lebens sind nicht genug Gedecke aufgestellt, wer sich daransetzt, verdrängt einen anderen. Folgerichtig kommt Malthus zu dem Schluss, jede Bemühung um den Armen, vor allem jede planmäßige, vom Staat garantierte Armenpflege ist abzulehnen. Denn die Armenpflege hilft nicht, im Gegenteil, sie steigert die Not.

3. Ablehnung der Arbeitsbeschaffungsmaßnahmen: Malthus lehnte entsprechend jegliche Armenunterstützung ab, so z. B. die Arbeitsbeschaffungsmaßnahmen, denn jede Neueinstellung von Arbeitern führt zur Arbeitslosigkeit anderer Arbeiter. Die Beseitigung der gesetzlichen Armenpflege schränkte er in zwei Punkten allerdings ein:

- Einige Werk- und Arbeitshäuser könnten bestehen bleiben, allerdings mit harter Arbeit und kärglicher Kost.
- Die Armen sollten der privaten Wohltätigkeit überlassen werden, da sie doch unausrottbar sei, trotz ihrer bedauerlichen Auswirkungen (Scherpner 1962, 117).

4. Enthaltsamkeit: Durch die Armengesetze werden nach Malthus die Familien unterstützt, z. B. werden Kinder den Eltern entzogen und in Waisenhäusern untergebracht. Dies hätte für die Bevölkerungsentwicklung verheerende Folgen: Die Familien würden noch mehr Kinder zeugen und die Bevölkerung würde sich weiter vermehren. Deshalb schlug er vor, der Vermehrung des Menschen bewusst Schranken entgegenzusetzen. Er forderte moralische Zurückhaltung, die Armen sollten die Ehe hinauszögern, nur spät oder am besten gar nicht heiraten. Anstelle der Armenpflege und Unterstützung der Armen trat Malthus für die Aufklärung der Armen ein, um sie über die Wirkung des Bevölkerungsgetzes zu informieren (Scherpner 1962, 186).

Halten wir fest

In der Zeit der Aufklärung und unter den beginnenden liberalen Wirtschaftprinzipien des merkantilistisch-absolutistischen Staatswesens war Betteln streng verboten und führte zur Einweisung in Arbeitshäuser. Eine planmäßige, vom Staat garantierte Armenpflege war abzulehnen. Denn sie half nicht, sie steigerte vielmehr noch die Not.

1.6 Armenpflege und beginnende Armenfürsorge im Zeitalter der Industrialisierung (18.–19. Jh.)

Mit zunehmend sozialpolitisch ausgerichteten Konzepten und den im 19. Jahrhundert hinzukommenden neuhumanistischen Bildungs- und Erziehungsidealen auch für die unteren Schichten sowie im Zuge der Verweltlichung der Armenpflege wurde der alte polizeiliche Armenpflegebegriff schließlich immer mehr von dem Begriff Armenfürsorge, noch später Wohlfahrtspflege abgelöst. So wurden Sozialpolitisierung, Sozialdisziplinierung und im 19. Jahrhundert durch die Entstehung von freien Wohlfahrtsverbänden auch Konfessionalisierung wesentliche Meilensteine des Armen- und Fürsorgewesens in die europäische Moderne.

1.6.1 Industrielle Entwicklung – Pauperismus

Der *Pauperismus* ist keine Folge der Industrialisierung, sondern bereits früher durch folgende Entwicklung entstanden: Mit der Bauernbefreiung (1807–1811) und der Einführung der Gewerbefreiheit (1810/11) wird den abhängigen Bevölkerungsschichten erstmals die Möglichkeit zu ungehinderter Familiengründung gegeben, was bei gleichzeitiger Abnahme der Sterblichkeit als Folge hygienischer Maßnahmen zu einem erheblichen Geburtenüberschuss und damit zu einer Überbevölkerung führte. Überbevölkerung und große Geldknappheit des Staates führten zu einem Mangel an Arbeitsplätzen und zu einer bis dahin nie gekannten Massenverarmung. Das bedeutete, dass nicht die Industrialisierung, sondern gerade ihre Verzögerung bei gleichzeitiger Überbevölkerung zum Pauperismus oder zur Verarmung ganzer Bevölkerungsschichten führte. Mit der Entstehung der Industriezentren kam es zu einer Binnenwanderung unbekannten Ausmaßes.

Seit etwa 1820 verläuft die industrielle Revolution in einem rasanten Tempo. Die rapide Umgestaltung Deutschlands zu einer Industriegesellschaft nach der Reichsgründung (1871) hatte weitreichende soziale Folgen. Gab es zu Beginn des Jahrhunderts etwa 300.000 Fabrikarbeiter, so waren es 1872 bereits sechs Millionen und um 1900 sogar zwölf Millionen.

Sachße und Tennstedt belegen den **sozioökonomischen Strukturwandel** dieses Jahrhunderts mit empirischen Daten:

1. Um 1750 lebten in Deutschland um 16–18 Millionen Einwohner, um 1900 waren es 56 Millionen.
2. Um 1800 lebte der größte Teil der Bevölkerung auf dem Lande. Von den 1016 Städten waren 998 noch typische Ackerbürgerstädte, d. h. Einwohner, die von landwirtschaftlichen Betrieben lebten. 1910 hatten 66% der Bevölkerung ihren Wohnsitz in der Stadt (Sachße/Tennstedt 190, 179–180).
3. „Die Anteile der Beschäftigten innerhalb der einzelnen Wirtschaftssektoren verschoben sich entscheidend vom primären Sektor (Landwirtschaft, Gartenbau, Forstwirtschaft, Fischerei) zum sekundären Sektor (Industrie, Handwerk, Verlag, Bergbau, ...) und tertiären Sektor (Dienstleistungen, Handel, Verkehr, Banken, ...): 1800 waren von 10,5 Mio. Beschäftigten 62 v. H. im primären, 21 v. H. im sekundären und 17 v. H. im tertiären Wirtschaftssektor beschäftigt, 1914 waren von 31,3 Mio. Beschäftigten 34 v. H. im primären Sektor, 38 v. H. im sekundären und 28 v. H. im tertiären Sektor beschäftigt." (Sachße/Tennstedt 1980, 179–180)

Die städtischen Ballungszentren boten ein Bild der Armut, des Elends und der Verwahrlosung. Industrie und Markt brachte nicht Harmonie und Wohlstand, sondern spaltete die Gesellschaft.

Das Bevölkerungswachstum war für den Übergang vom agrarisch-handwerklichen zum kapitalistisch-industriellen Wirtschaftssystem, für die Wandlungen im Bereich von Armut und Armenwesen deshalb von entscheidender Bedeutung, weil zunächst die Bevölkerung schneller wuchs als die Wirtschaft (Sachße/Tennstedt 1980, 181).

Einstellung zu den Armen

Bezüglich der Armenfürsorge handelte der Staat weniger im Interesse der Armen, als vielmehr in seinem eigenen Interesse. Die Einstellung zu den Armen fassen Christoph Sachße und Florian Tennstedt in drei Punkten zusammen:

1. Die Armen hatten keinen Rechtsanspruch auf Unterstützung. Die Unterstützung galt mehr im Sinne Polizeirecht vor Fürsorgerecht. Es ging um die Aufrechterhaltung der öffentlichen Sicherheit und Ordnung, um Gefahrenabwehr.
2. Die Armen, d. h. wer öffentliche Hilfe in Anspruch nahm, war von der Mitwirkung an den drei Gewalten des konstitutionellen Rechtsstaates (Legislative, Exekutive, Judikative) ausgeschlossen.
3. Neben diesen allgemeinen diskriminierenden Beschränkungen der Armen konnten die einzelnen Staaten des Deutschen Reiches weitere, ergänzende Eingriffe vornehmen. So durften z. B. in Bayern Ordnungskräfte die Wohnung der Armen jederzeit betreten, in Sachsen über Tun und Lassen im häuslichen Leben Rechenschaft fordern (Sachße/Tennstedt 1980, 212–213). Arme mussten die ihnen zugewiesene Arbeit verrichten, im Weigerungsfall wurde Arbeitsscheu unterstellt und Haftstrafen verhängt.

Interessant ist aus heutiger Sicht, dass bis zu Beginn des 20. Jahrhundert die Versorgung wie auch die Disziplinierung und Kontrolle Hilfsbedürftiger durch öffentliche Armenverwaltungen nicht von Frauen, sondern ausschließlich von Bürgern mit Wahlrecht, also nur von ehrenamtlich tätigen Männern durchgeführt werden durften. In der Regel waren es ausgediente Soldaten oder Polizeidiener, welchen die Verteilung von Almosen übertragen wurde. Sie erhielten für ihre Tätigkeit etwa ab dem letzten Drittel des 19. Jahrhunderts von den Kommunen eine – mal mehr, mal weniger hohe – Aufwandsentschädigung. Man bezeichnete diese Tätigkeit regional unterschiedlich: Armen- und Bettelvögte, Gassendiener, Almosenknechte, Almosenpfleger, Kostendiener, Polizeidiener, Polizeisoldaten, Revierdeputierte, Armeninspektoren oder Armenpfleger. Ehrenwerte Bürger konnten nur dann ehrenamtlich in der Armenfürsorge tätig werden, wenn sie Mitglied eines städtischen Rates waren. Die Armenfürsorge galt dann als bürgerliches Ehrenamt.

Bettelvögte, Armenpfleger

1.6.2 Elberfelder und Straßburger Quartiersysteme (1867/1905)

Aufgabe

Was halten Sie von folgendem Vorschlag, die Armenpflege in Quartieren bzw. Bezirken zu organisieren?

1. Man teilte eine Stadt in Bezirke auf und diese wiederum in Quartiere.
2. Jedem Bezirk stand ein ehrenamtlicher Vorsteher und jedem Quartier ein ehrenamtlicher Pfleger vor.
3. Jeder Pfleger hatte 2–4 Arme zu betreuen.
4. Den Armen sollte durch Arbeitsbeschaffungsmaßnahmen geholfen werden.

Frage: Worin sehen Sie Chancen und Probleme bei dieser Form der Neuorganisation der Armenpflege?

Der *Pauperismus* in der ersten Hälfte des 19. Jahrhundert zwang die Städte und Kommunen, gegen die Armut etwas zu unternehmen, zumal die notdürftige Unterhaltung der Armen z. T. bis zu zwei Drittel der aufzubringenden Gemeindesteuer umfasste.

Elberfeld war eine große Industriestadt. Um 1800 hatte sie etwa 12.000 Einwohner, 1852 bereits 50.364 und 1885 schon 106.492. Elberfeld gehörte damit zu den am raschesten emporwachsenden Fabrikstädten Deutschlands (Landwehr/Baron 1995, 22–26). Das Elberfelder System, von Daniel von der Heydt, Gustav Schieper und David Peters konzipiert, war zu seiner Zeit das wirksamste und fand in weiten Teilen Deutschlands wie auch im Ausland große Anerkennung und Nachfolger. Es gilt bis in unser Jahrhundert als Vorbild für die Organisation der Armenpflege. Ziel war es, die zu Armenzwecken verfügbaren Mittel mit größtmöglicher Sparsamkeit zu verausgaben. Sachße und Tennstedt fassen die Grundsätze der Organisation und die materiellen Ziele in vier Punkten zusammen:

1. Ehrenamtliche Arbeit in der öffentlichen Wohlfahrtspflege: Die verantwortliche Armenbehörde stellte eine große Anzahl freiwilliger Helfer und Helferinnen in ihren Dienst, die die Armen aufzusuchen, zu kontrollieren und nach Maßgabe ihres Befundes Unterstützung zu beantragen hatten;
2. Individualisierung der öffentlichen Wohlfahrtspflege: Keinem Armenpfleger sollten mehr als vier Familien oder alleinstehende Arme unterstellt werden, damit gründlich geprüft und kontrolliert werden konnte;
3. Dezentralisierung der öffentlichen Wohlfahrtspflege: Die Armenpfleger sollten nicht als ausführende Organe im Dienste der Stadtverwaltung tätig sein, sondern in den Bezirksversammlungen selbständig Unterstützung beschließen; die Armenverwaltung regelte die Tätigkeit der Pfleger durch genaue Instruktion;
4. Vermeidung von Dauerleistungen: Jede Unterstützung sollte möglichst nur auf 14 Tage bewilligt werden." (Sachße/Tennstedt 1980, 215–216)

Bezirke und Quartiere

Um diese Ziele zu erreichen, war die Stadt Elberfeld in Bezirke eingeteilt, die wiederum in Quartiere unterteilt waren. Jedem Bezirk stand ein ehrenamtlicher Vorsteher, jedem Quartier ein ehrenamtlicher Pfleger vor. Die 60 Quartiere waren so organisiert, dass jeder Pfleger nur 2–4 Fälle pro Hausbesuch und nach vorgedrucktem Fragebogen zu bearbeiten hatte (Hering/Münchmeier 2000, 30–31). Es entstanden die ersten allgemeinen Richtlinien. (Vorläufer heutiger Sozial- und Fürsorgegesetze), die von der Verwaltung festgelegt wurden. Die Armenpfleger hatten diese Richtlinien dann in die Praxis umzusetzen (Belardi 1980, 40). Es ging bei diesen Überlegungen nicht darum, die Ursachen der Armut zu ergründen und sie zu bekämpfen, sondern Menschen aus der Armut zu befreien.

Die Wahl der Armenpfleger erfolgte auf Vorschlag der Kirchen. Die Armenpfleger waren im Hauptberuf Handwerker oder Industrielle. Bei der Armenpflege handelte es sich um ein Ehrenamt, das jeder Bürger für drei Jahre übernehmen musste (Kühn 1994, 5f).

Die Industriearbeiterschaft hat sich an der bürgerlichen Armenpflege nur in geringem Umfang beteiligt, weil sie das System als ein Instrument der bürgerlichen Gesellschaft ansah, das die soziale Ungleichheit und ihre Folgen nur verschleierte und grundlegende soziale Reformen verhinderte. Das Elberfelder System verfolgte seine Ziele v. a. durch zwei Methoden:

- *Arbeitsbeschaffung:* Die Stadt Elberfeld versuchte Arbeiter zu vermitteln, indem sie den heimischen Unternehmern Aufträge erteilte. Wo dies nicht ausreichte, ordnete die Stadt eigene Tätigkeiten an (Straßenbau, Eisenbahnbau usw.).
- *Arbeitsanweisungen:* Nach dem Motto „Arbeit ist besser als Almosen" mussten Hilfsbedürftige jede ihnen zugewiesene Arbeit annehmen. Sollte eine Arbeitsvermittlung nicht so schnell gelingen, bekam der Hilfs-

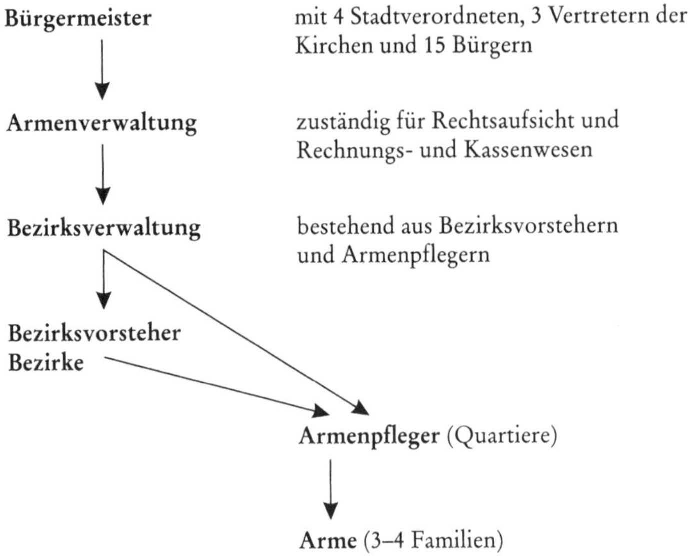

Abbildung 5: Organisation des Elberfelder Systems

bedürftige eine Unterstützung. Diese war aber so knapp bemessen, dass er den Antrieb zur Arbeitsaufnahme nicht verlieren würde.

Das Elberfelder System war bezüglich des Abbaus der „Armenlast" sehr erfolgreich. Die Zahl der Armen in der Stadt Elberfeld sank von etwa 4.000 auf 1.460 (über 50%). Die Bettelei nahm rapide ab. Ähnliches wurde auch von anderen Städten gemeldet (Bremen, Krefeld, Leipzig, Dresden, Gotha u. a.), die das Elberfelder System übernommen hatten (Kühn 1994, 6).

„Straßburger System"

Die rasante ökonomische Entwicklung und die in ihrem Gefolge sich immer dramatischer stellende soziale Frage überholte die im Elberfelder System angelegten Möglichkeiten der Wohlfahrtspflege. Bei den – gegen Ende des 19. Jahrhundert – erreichten Größen der Industriestädte musste das Quartiersystem versagen. Die hohe Mobilität der potenziellen Erwerbsbevölkerung und der verelendenden Schichten machten eine ehrenamtliche und individualisierende Wohlfahrtspflege unmöglich (Erler 1993, 68). 1905 entwarf der Straßburger Rudolf Schwander in seiner berühmten Denkschrift das Straßburger System, das einen wesentlichen Schritt in Richtung einer modernen Sozialpolitik darstellte. Ähnlich wie im Elberfelder System wurde auch in Straßburg das gesamte Stadtgebiet in Bezirke eingeteilt, eine weitere Quartiereinteilung aber entfiel. In einigen Prinzipien wurde das Elberfelder System entscheidend reformiert.

1. Es wurden hauptamtliche Berufsarmenpfleger eingesetzt.
2. Man wich von der Dezentralisierung ab und führte die Kompetenzen im Armenamt zusammen.
3. Eine klare Arbeitsteilung zwischen beruflichen und ehrenamtlichen Kräften wurde vorgenommen. „Die beruflichen Kräfte waren für die polizeilich-administrativen Aufgaben zuständig, die ehrenamtlichen dagegen für die pädagogische Beratung und Betreuung der Unterstützung." (Sachße/Tennstedt 1988, 26)
4. Die Armenpflege wurde in einen Innen- und Außendienst aufgeteilt. Dabei wurden die Entscheidungsbefugnisse auf die Innenbeamten der zentralisierten Armenverwaltung übertragen. Die Armenpflege vor Ort (Außendienst) wurde ab 1893/1899 allmählich durch in speziellen Kursen ausgebildete sozial engagierte Frauen ersetzt.

Durch die Verlagerung der Entscheidungsbefugnisse vom Außen- auf den Innendienst und den Einsatz von Berufsbeamten verlor das Fürsorgesystem seinen früheren Charakter. Und die Einteilung in Innen- und Außendienst wurde erst 1970 abgeschafft (Kühn 1994, 7). Mit dieser Neuregelung begann die moderne Sozialpolitik. Das klassische Prinzip der Bürokratie wurde auf die Bearbeitung der Armenfrage angewandt. Die Hilfesuchenden sollten nicht mehr auf Willkür und Wohlwollen ehrenamtlicher Armenpfleger angewiesen sein. Sondern sie trafen stattdessen auf ein – an zunehmend verrechtlichte Prinzipien gebundenes und für die Allgemeinheit zuständiges – öffentliches Fürsorgesystem.

1.6.3 Die Sozialgesetzgebung Otto von Bismarcks (1815–1898)

Bismarck ging es in seiner berühmt gewordenen Sozialpolitik um zwei Fragenkomplexe:

1. Wie kann man verhindern, dass die parteipolitisch organisierte Arbeiterschaft die bestehende Gesellschaft umstürzt?
2. Wie kann man die Staatskasse von den hohen Kosten der Armenfürsorge entlasten?

Die Gefahren, die Bismarck in dem Zusammenschluss des „Allgemeinen Arbeitervereins" (gegründet 1863 von Ferdinand Lasalle) mit der „Sozialdemokratischen Arbeiterpartei" (gegründet 1869 von August Bebel) im Jahre 1875 in Gotha sieht, soll das Sozialistengesetz von 1878 bannen. Es verbot die Parteiorganisation und alle sozialpolitischen Vereine. Zur Bekämpfung der Not und der sozialistischen Gefahr wurde eine Reihe von Arbeiterversicherungsgesetzen erlassen, die später (1911) in der Reichsversicherungsordnung (RVO) zusammengestellt wurden. Die RVO ist seitdem das grundlegende Gesetz für die Sozialversicherung in Deutschland; sie wurde schrittweise in das neue Sozialgesetzbuch (SGB) integriert.

Zu den **Bismarckschen Sozialgesetzen** zählen:

1883 Einführung der Krankenversicherung
1884 Einführung der Unfallversicherung
1889 Alters- und Invalidenversicherung

Vor- und Gegenleistung

Das Kernstück der Sozialgesetzgebung liegt auf der Verknüpfung des Versicherungszwanges mit einem Rechtsanspruch auf Unterstützung. Bei der Versicherung gilt das Prinzip der Vorleistung und Gegenleistung. Anstelle öffentlicher oder privater Armenfürsorge tritt jetzt das Recht auf Versorgung, das der Arbeiter durch seine Beitragszahlung erwirbt. Es ging Bismarck darum, dass die Arbeiter den Staat als eine wohltätige Einrichtung kennen lernten. Er dachte die Arbeiterklasse durch die Sozialgesetze für die gegebene gesellschaftliche Ordnung zu gewinnen oder wenigstens in sie einzubinden (Wendt 1985, 183).

zwei Hilfsprinzipien

Durch die Arbeiterversicherung hat Bismarck verhindert, dass die Arbeiter der öffentlichen Armenpflege zu Last fielen. Nur die Armen, die keinen Versicherungsschutz besaßen, hatten auch keinen Rechtsanspruch auf Unterstützung. Sie erhielten Hilfe nach dem Bedarfsprinzip. Somit gab es zwei Hilfsprinzipien: 1. die generelle Hilfe der Sozialpolitik und 2. die sich individuell orientierende Armenfürsorge.

Subsidiaritätsprinzip

Bis 1918 verstand sich der Staat als liberaler Rechtsstaat, der möglichst nicht in die sozialen und ökonomischen Prozesse eingreifen wollte, sondern nur für rechtliche Rahmenbedingungen zu sorgen hatte. Nach dem Subsidiaritätsprinzip überließ er die konkrete Ausgestaltung der Sozialfürsorge den privaten – meist kirchlichen – Wohlfahrtsorganisationen.

Halten wir fest

Von der Armenpflege zur Armenfürsorge

Armenpflege wurde im 19. und beginnenden 20. Jahrhundert nach dem Elberfelder bzw. Straßburger System durch kommunale Verwaltungen organisiert. Zuerst kümmerten sich ehrenamtliche, dann hauptberuflich tätige Armenpfleger um die Hilfsbedürftigen und versuchten vor allem durch Arbeitsbeschaffungsmaßnahmen der Armut zu begegnen. Durch die Sozialgesetzgebung von Bismarck entstanden zwei neue Hilfsstrukturen: die staatliche Sozialpolitik und neben der privaten auch die öffentliche Armenfürsorge.

1.7 Armut und Wohlfahrtspflege im 20. Jahrhundert

1.7.1 Kaiserreich und Weimarer Republik (bis 1933)

Nach der Entlassung Bismarcks durch Kaiser Wilhelm II. wurden in die Reform der Sozialpolitik viele Erwartungen gesteckt, doch sie blieb aus. Lediglich die Reichsversicherungsordnung wurde 1911 rechtlich neu organisiert. Ein Ausbau der kommunalen Armenversorgung fand statt. So wurden eigenständige Ämter organisiert, z. B.: Gesundheitsamt, Kinder- und Jugendwohlfahrtsamt, Arbeitsamt und Wohnungsamt.

Erster Weltkrieg

Der Erste Weltkrieg bedeutete einen zentralen Einschnitt in die Entwicklung der Fürsorge in Deutschland. Dies vor allem in zwei Bereichen:

- Versorgung der Familien, deren Ernährer eingezogen waren. Sie wurden durch eine Familienunterstützung und Wochenhilfe aus der Kriegsfürsorge unterstützt.
- Versorgung der Kriegsbeschädigten- und Kriegshinterbliebenenfürsorge von 1919/1920. Damit veränderte sich die Zielgruppe der Fürsorge entscheidend.

Man musste nun zwischen Armenfürsorge und Kriegswohlfahrtspflege unterscheiden. Wer Kriegsfürsorge erhielt, brauchte nicht die Voraussetzungen einer Armenhilfe zu erfüllen. Die zum Militärdienst eingezogenen Männer hinterließen in der Regel Familien ohne angemessenen Unterhalt. Damit erweiterte sich der Kreis der Unterstützungsberechtigten. Der Kriegshinterbliebenenfürsorge sollte jedoch im Gegensatz zur Armenfürsorge nichts Diskriminierendes anhaften. Im Gegenteil, der Begriff „Fürsorge" erhielt eine Veredelung der Klangfarbe durch die Kriegswohlfahrtspflege: Es galten besondere Maßstäbe, die dem Opfer, das die Kriegsteilnehmer dem Vaterland gebracht hatten, Rechnung tragen sollten. Begrifflich und sachlich wurde deutlich zwischen „Kriegsfürsorge" und „Kriegswohlfahrtspflege" unterschieden. Der Unterschied zwischen diesen beiden Einrichtungen bestand darin, dass Erstere einen versorgungsähnlichen Charakter hatte und letztere eine freiwillige Unterstützungsleistung darstellte. Im Lauf des Krieges wurde eine Reihe von sozialpolitischen Forderungen der Gewerkschaften und der Sozialdemokratie verwirklicht: Anerkennung der Gewerkschaften, Koalitionsfreiheit, Tarifvertragswesen, Schlichtungswesen. Die Organisation des Arbeitsmarktes wurde als Staatsaufgabe anerkannt, Arbeitsnachweis und Erwerbswesenunterstützung wurden eingerichtet, der Mieterschutz und eine Wohnungspolitik des Reiches aufgebaut. Insofern erwies sich der Krieg als Schrittmacher der Sozialpolitik (Sachße/Tennstedt 1988, 64).

Kriegsfürsorge, Kriegswohlfahrtspflege

Weimarer Republik

Nach dem Ersten Weltkrieg sollte der neue Volksstaat (Ausrufung der Republik am 9.11.1918) nicht mehr bloß ein Rechtsstaat sein, sondern ein Staat, dessen Bürger Gleichheit vor dem Gesetz erhielten und dem es um die *Volkswohlfahrt* als *Sozialpolitik* ging. Man wollte nicht zu dem alten System der Armenpflege zurückkehren, sondern der Staat übernahm mit der 1919 erlassenen Verfassung die Zuständigkeit für die Regelung der gesamten Sozialpolitik und insbesondere der Fürsorge.

neue Sozialgesetze

Die Gesetzesinitiative der Nachkriegszeit ging zunächst vom Reichsarbeitsministerium aus, mit spezifischen Sonderfürsorgen für die verschiedenen Gruppen der Opfer von Krieg und Inflation. Es wurden eine Reihe von Gesetzen erlassen, z. B.:

- Kriegsopferversorgung für Kriegshinterbliebene und Kriegsbeschädigte
- Sozial- und Kleinrenten für Inflationsopfer
- Regelung für den Erwerbslosen in der „Verordnung über Erwerbslosenfürsorge" von 1918, Neuregelung 1923
- Kinder- und Jugendfürsorge – „Reichsjugendwohlfahrtsgesetz" (RJWG) 1922/1924
- Regelungen der sozialen Hygiene und Gesundheitsfürsorge mit der Zielvorgabe der Prophylaxe und Früherkennung und Ausgestaltung der Wohnungsfürsorge – Reichsfürsorgepflichtverordnung (RVO) 1924/25

Wohlfahrtspflege

Die Entwicklung der Wohlfahrtspflege in der Weimarer Zeit ist durch zwei Merkmale gekennzeichnet:

1. Zentralisierung der Wohlfahrtspflege, das Reich übernahm zunehmend die Aufgaben.
2. Statusanhebung der Fürsorgeempfänger, durch den Krieg wurden auch viele aus den gehobenen Schichten zu Empfängern von Unterstützung.

Jugend-, Wohlfahrts-, Gesundheitsamt

1918 entstand das *Preußische Ministerium für Volkswohlfahrt* als erste zentralisierende Ausführungs- und Verwaltungsbehörde der Länder auf dem Gebiet der Fürsorge. 1924 wurde die „Reichsverordnung über die Fürsorgepflicht" erlassen, in der die Grundprinzipien der Fürsorge geregelt wurden. Diese Reichsverordnung fasste die Einzelregelungen zusammen und übertrug sie einem einheitlichen Träger. Die Armenhäuser wurden umbenannt in Fürsorge- bzw. Wohlfahrtsämter. Es wurden die klassischen Ämter geschaffen: Jugendamt, Wohlfahrtsamt und Gesundheitsamt.

fünf Entwicklungslinien

Die Reihe der Gesetzgebung schloss 1927 mit dem Gesetz der Arbeitsvermittlung und Arbeitslosenversicherung. Nach Sachße und Tennstedt lassen sich fünf Entwicklungslinien der Wohlfahrtspflegeentwicklung erkennen:

1. Öffnung der Wohlfahrtspflege zur Mitte der Gesellschaft hin, eine neue Definition von Armut wurde notwendig; in der Notgemeinschaft des Krieges verloren die bisherigen Kriterien ihre Gültigkeit.
2. Konflikte zwischen Reich und Gemeinden. Das Reich wurde zur zentralstaatlichen Steuerungsinstanz in der Wohlfahrtspflege.

3. Duale Strukturen der Wohlfahrtspflege. Es entstand das für Deutschland charakteristische duale System der Wohlfahrtspflege, d. h. die Regelung des Verhältnisses öffentlicher und freier Wohlfahrtspflege nach dem *Subsidiaritätsprinzip*.
4. Politisierung der Wohlfahrtspflege. Über die Ausgestaltung des Wohlfahrtsstaates stritten sich die demokratischen Parteien mit je unterschiedlichen Positionen.
5. Wohlfahrtspflege und Arbeitsmarkt. Das Problem der Arbeitslosigkeit spielte in der Fürsorge eine große Rolle. Der Erfolg der Maßnahmen und Leistungen hing entschieden vom Funktionieren des Arbeitsmarktes ab (Sachße/Tennstedt 1988, 213–217).

Anzumerken ist noch, dass 1923 der Begriff „Armenpflege" durch den der „Wohlfahrtspflege" ersetzt wurde und in der Gesetzgebung nicht mehr der Begriff „Arme" verwendet wurde.

Der Prozess der Vergesellschaftung der Fürsorge unterscheidet sich deutlich von den vorausgegangenen Strukturmustern der Armut und Hilfe. Es war nach und nach etwas qualitativ Neues entstanden. Die alte polizeiliche Armenpflege, dann Fürsorge und *Wohlfahrtspflege* sollte im 20. Jahrhundert schließlich die heutige *Soziale Arbeit* werden.

Wohlfahrtspflege statt Armenpflege

Die soziale Gesetzgebung der Bismarckschen Zeit war eine Arbeitergesetzgebung, die Sozialversicherung eine Arbeiterversicherung. In der Wohlfahrtspflege ging es nun darum, sich gegen diese Sozialpolitik des Staates abzugrenzen und nach der eigenen Legitimation zu fragen. In den zahlreichen theoretischen Bemühungen dieser Zeit geht es um eine begriffliche Klärung und Abgrenzung der beiden großen Arbeitsgebiete, der Sozialpolitik und der Wohlfahrtspflege der freien Verbände. Man suchte nach den wesensgemäßen Unterschieden. Das entscheidend Neue entwickelte sich aus der Sicht des Menschenbildes. Die alte Armen- und Wohlfahrtspflege berücksichtigte nur den „halben Menschen", d. h. die äußere Seite der menschlichen Not: Nahrung, Kleidung, Obdach, Moral und Bildung. Der neue Prozess der Fürsorge richtete sich zunehmend auf die zweite, die innere Hälfte des Menschen, auf seine innere Natur. Armut wird begleitet von einem Armutsbewusstsein, einem seelischen Erleiden der Armut. Nicht die Armut als solche, sondern das Erleben der Armut wird zum Gegenstand der Fürsorge. Die alte Erziehung ging z. B. von den Schwierigkeiten aus, die das Kind machte, die neue von denen, die das Kind hatte.

neues Armutsbewusstsein

Die Verschiebung auf die Innenseite des Menschen besagt jedoch nicht, dass man der materiellen Not keine Beachtung schenkte, es fand vielmehr eine Umwertung hin zum *ganzen Menschen* statt.

„Erst als durch den Ausbau der Versicherungsanstalten für die gleichsam ‚normalen' Existenzrisiken von Krankheit, Invalidität, Verwaisung, Alter und Tod unabhängig vom Einzelfall und vom einzelnen Helferwillen ein prinzipielles Recht auf Hilfe institutionalisiert wurde, erhielt die Fürsorge die Möglichkeit einer prinzipiellen Abgrenzung von der Sozialpolitik wie sie durch den Rückgang auf das innere Leiden und die innere Not gefördert wurde: für die Bearbeitung der normalen Existenzrisiken, die ohne soziale Sicherung zur Armut führen, ist die Sozialpolitik zuständig; für die Bearbeitung der inneren Erlebnisweisen, die entweder zur Verarmung und Verwahrlosung führen oder deren Folge sind, qualifiziert sich eine pädagogisch orientierte Fürsorge." (Münchmeier 1981, 93)

1.7.2 Theoretisches Modell der Fürsorge: Alice Salomon (1872–1948)

Alice Salomon hat mit ihrem umfangreichen wissenschaftlichen Werk und mit ihrem persönlichen Engagement die Soziale Arbeit als professionellen Berufszweig in Deutschland wie kaum jemand sonst beeinflusst. Zugleich gab sie für Praxis, Theorie und Ausbildung in der Sozialen Arbeit wegweisende Impulse, die im Professionalisierungsprozess der Sozialen Arbeit als Berufszweig bis heute ihre Spuren hinterlassen haben (vgl. Landwehr/Baron 1983; Wieler 1983/1987; Müller, C. W. 1988; Engelke 1999; Feustel 1997/2000/2004, Kuhlmann 2000/2007). Sie ist die Pionierin der Sozialen Arbeit als gesellschaftliche Reformbewegung. Und sie gilt als Gründerin des sozialen Frauenberufes und Repräsentantin der Frauenbewegung. Ausgangspunkt ihrer Überlegungen ist der Entwicklungsstand einer modernen Gesellschaft. Je entwickelter und vielseitiger die Kultur einer Gesellschaft ist, so Salomon, desto weniger werden alle seine Mitglieder imstande sein, mit den herrschenden Ideen, Vorstellungen und Anforderungen Schritt zu halten; desto größer wird die Zahl derer, die sich nicht anpassen können; desto geringer werden die Möglichkeiten natürlicher, familienhafter, nachbarlicher Hilfe und Förderung.

In der *Industriegesellschaft* entsteht andauernd Not durch Ursachen, auf die der Einzelne kaum Einfluss hat, die durch gesellschaftliche Umstände bedingt sind. Die Not kann viele Gesichter haben: wirtschaftliche, geistig-sittliche, gesundheitliche und im einzelnen Menschen liegende Ursachen. Um Hilfe zu gewähren, sind Wohlfahrt und Wohlfahrtspflege notwendig. Wohlfahrt und Volkswohlfahrt werden durch politische Maßnahmen angestrebt. Unter *Wohlfahrtspflege* versteht Salomon:

„Die planmäßige Förderung der Wohlfahrt von Bevölkerungsgruppen in Bezug auf solche Bedürfnisse, die sie nicht selbst auf dem Weg der Wirtschaft befriedigen können, und für die auch nicht deren Familien oder der Staat durch allgemeine öffentliche Leistungen sorgt." (Engelke 1999, 212)

Ziele

Ziel der Wohlfahrtspflege ist die bestmögliche Entwicklung der ganzen Persönlichkeit durch bewusste Anpassung des Menschen an seine Umwelt, aber auch umgekehrt, Anpassung der Umwelt an die besonderen Bedürfnisse und Kräfte des betreffenden Menschen (Engelke 1999, 215).

Salomon geht es darum, dass die Wohlfahrtspflege – etwas moderner ausgedrückt –:

1. die vorhandenen Kräfte der KlientInnen nach Möglichkeit fördert und entwickelt,
2. die vorhandenen Ressourcen erhält und schützt, der Entstehung sozialer Problemlagen möglichst präventiv begegnet,
3. zufrieden stellende Lebenssituationen nach Möglichkeit mit wiederherstellen hilft, die sozialen und individuellen Probleme gemeinsam mit den KlientInnen bearbeitet,
4. wo Veränderungen nicht mehr möglich sind, eine Grundversorgung anbietet und sicherstellt..

Um diese Ziele zu erreichen, war für die Sozialreformerin Alice Salomon die Grundlage allen Helfens die Erstellung von sozialen Diagnosen, wie wir sie heute in den neuen Bachelor-Studiengängen auch wieder lehren. „Soziale Diagnose" nennt sie deshalb auch ihr 1926 erschienenes erstes Lehrbuch für die Fürsorgeausbildung in Deutschland. Es ist somit das erste Fachbuch für die Profession überhaupt geworden. In sozialen Diagnosen sollen im Gegensatz zu medizinischen Diagnosen v. a. alle wichtigen psychosozialen Daten mit den KlientInnen zusammen erhoben werden. Entscheidend für diese Aufgabe der Wohlfahrtspflege waren für Salomon, dafür ausgebildete soziale Fachkräfte. 1908 gründete Salomon im Berliner Pestalozzi-Fröbelhaus schließlich die erste zweijährige, überkonfessionelle *Soziale Frauenschule* in Deutschland und wurde bis 1927 deren erste Direktorin. Sie war aber nicht nur die Gründerin der ersten Ausbildungsstätte, sondern ab 1925 auch der ersten Weiterbildungsinstitution für die Fürsorgerinnen, der „Deutschen Akademie für Soziale und Pädagogische Frauenarbeit". 1929 gründete sie auch das wegweisende „Internationale Komitee Sozialer Frauenschulen".

erste Soziale Frauenschule 1908

Halten wir fest

Das entscheidend Neue in der Wohlfahrtspflege war die Aufteilung in zwei öffentliche Funktionsbereiche: *Sozialpolitik*, die zuständig war für die „äußere", materielle Not des Menschen und die *Wohlfahrtspflege*, die für die „innere" Seite, die Not der Ansprechpartner war. Man ging nicht mehr davon aus, welche Schwierigkeiten eine Person machte, sondern welche sie hatte.

Alice Salomon hatte diese Überlegungen wissenschaftlich zusammengefasst und 1908 die erste zweijährige, überkonfessionelle *„Soziale Frauenschule"* in Berlin und 1925 die *„Deutsche Akademie für Soziale und Pädagogische Frauenarbeit"* als erste Fortbildungsinstitution für die Fürsorgerinnen gegründet. Sie ist mit dem „Internationalen Komitee Sozialer Frauenschulen" dann auch die ersten Schritte hin zu einer Internationalisierung der Sozialen Arbeit gegangen.

1.7.3 Der „Paradigmenwechsel" humaner Fürsorge zur „Volks"Pflege im Nationalsozialismus (1933–1945)

Zum Ende der Weimarer Republik waren in Deutschland Millionen Menschen ohne Arbeit, mit den katastrophalen Folgen gesellschaftlicher Verelendung, die sich auch verheerend auf die Sozialpolitik und das Fürsorgesystem auswirkten. Die Stoßrichtung der einsetzenden Sozialpolitik der nationalsozialistischen Parteidiktatur zielte zunächst auf die Einrichtung von Arbeitsbeschaffungsprogrammen und der schrittweisen politischen Gleichschaltung, bzw. auch der Zerschlagung der öffentlichen und privaten Fürsorgestrukturen der Republik. Zu den ersten organisatorischen Schritten der nationalsozialistischen Wohlfahrtspflege gehörte bereits 1932 die Gründung einer eigenen Wohlfahrtsorganisation, die „Nationalsozialistische Volkswohlfahrt" (NSV). Das gesamte Wohlfahrtswesen aus der Weimarer Republik wurde über einen enthumanisierenden „Paradigmenwechsel" nach und nach von der NSV übernommen. Dies bedeutete, dass die „Für"Sorge durch staatlich organisierte „erb- und rassenbiologische" Maßnahmenkataloge zur „Volks"Pflege, d. h. zur „Erb- und Rassenpflege" wurde. Den kirchlichen Wohlfahrtsverbänden blieb lediglich die Sorge für die so genannten „Minderwertigen" (Kriminelle, Obdachlose, Arbeitsscheue, Erbkranke, Anstaltsinsassen aller Art) (Mason 1977; Kramer 1983; Baron 1983/86; Landwehr/Baron 1983; Vorländer 1988; Zeller 1994).

NS-Volkswohlfahrt

Die nationalsozialistische Volkswohlfahrt (NSV) verfolgte drei Hauptziele:

Ziele

1. Reduzierung von öffentlicher (materieller) Fürsorge: Die Fürsorge während der Weimarer Zeit sei zu großzügig gewesen und die Unterhaltsmittel falsch verteilt worden. Vorsorge müsse in den Vordergrund treten. Die „unwirtschaftliche" Fürsorge für die „sozial Untüchtigen" wurde radikal gekürzt.

2. Orientierung der Fürsorge am „Volksganzen": Die Orientierung am Einzelschicksal wurde zugunsten einer Orientierung am „Volksganzen" aufgegeben. Die „Befürsorgung minderwertiger" Menschen war ganz aufzugeben. Die nationalsozialistische Volkswohlfahrt betreute nur aus ihrer Sicht förderungswürdige so genannte „erbgesunde und wertvolle" Familien. Die Klientel der NSV wurde eingeteilt in „förderungsunwürdige" und „förderungswürdige" Menschen.

3. Schutz vor so genanntem „Kranken-Erbstrom": Durch gezielte Maßnahmen, wie ab 1933 die Zwangssterilisierung und ab 1939 die Ermordung hilfloser behinderter Menschen, sollte die abendländische Kultur bzw. die „arische Rasse des deutschen Volkes" künftig vor „ungesundem Erbgut" und „kranken Erbströmen" geschützt werden. Um diese Ziele zu erreichen führte man zunächst nur wenige Gesetzesänderungen durch. Die aus der Weimarer Republik stammenden Gesetze mussten lediglich restriktiv ausgelegt werden. Dazu reichte eine entsprechende Personalpolitik. Dann änderten die Nationalsozialisten aber nach und nach die Sozialgesetzgebung, bzw. gaben neue Verwaltungserlasse heraus, die aber häufig schon im vorauseilenden Gehorsam durch die Sozialverwaltungen befolgt wurden (Gruner 2002). Die zum Teil beabsichtigten, zum Teil unbeabsichtigten sozialpolitischen Verbesserungen für den „förderungswürdigen, rassehygienisch reinen arischen" Teil der Bevölkerung in Folge eines relativen wirtschaftlichen Aufschwungs während der 1930er Jahre waren vorwiegend die Auswirkungen der zügig angekurbelten deutschen Rüstungsindustrie.

Mit der Zerschlagung der Gewerkschaften, der Auflösung politischer Parteien und Organisationen, der Notstandsgesetzgebung und der teilweisen Vertreibung der erwerbstätigen Frauen sowie schrittweise aller jüdischen Erwerbstätigen waren nur die ersten Schritte des beginnenden Terrorsystems getan. Und aus den Fürsorgerinnen sollten braune „Volkspflegerinnen" und „Volkspfleger" werden. Die bevölkerungspolitischen Zielsetzungen der Nationalsozialisten hatten nun ganz unmittelbare Folgen auf Ausbildungs- und Arbeitsinhalte der Fürsorgerinnen. Damit erfuhr der während der 1920er Jahre erfolgte Professionalisierungsprozess nach 1933 eine tiefe berufsethische Zäsur (Zeller 1994, 135).

Man kann zusammenfassend sagen, dass die Entwicklung der Sozialen Arbeit durch die Machtübernahme Hitlers 1933 durch einen dramatischen und enthumanisierenden „Paradigmenwechsel" unterbrochen wurde und man nach dem Kriegsende wieder dort beginnen musste, wo vor 1933 aufgehört wurde.

1.7.4 Bundesrepublik Deutschland (seit 1945)

Der Wiederaufbau des sozialen Netzes nach dem Zweiten Weltkrieg verknüpfte zwei Linien:

Neubeginn

1. Die sozialen Fachkräfte versuchten wieder dort anzusetzen, wo der Entwicklungsprozess der Fürsorge bzw. der Sozialen Arbeit als Ausbildungssystem und Profession durch den Nationalsozialismus auf dramatische und enthumanisierende Weise unterbrochen worden war. So hielt man in der 1949 entstandenen Bundesrepublik zunächst noch einige Jahre am bestehenden System der Weimarer Republik der Sozialversicherungen und Renten grundsätzlich fest. Es gab vorerst auch keinen Anlass zur Veränderung, zumal die Westalliierten das deutsche System der Sozialversicherung allgemein als fortschrittlich und vorbildlich ansahen. Im Wesentlichen galten die gesetzlichen Grundlagen der Weimarer Republik weiter.
2. Durch die Beeinflussung der Westalliierten wurde der Wiederaufbau der Sozialen Arbeit nach dem Muster des Sozialwesens in England und den USA geprägt. Man übernahm, zunächst recht unkritisch, die so genannten modernen „klassischen Methoden aus dem Social Work": Casework/

Einzelhilfe, Groupwork/Gruppenarbeit und Community Work/Gemeinwesenarbeit.

Mit einer Reihe von gesetzlichen Grundlagen versuchte die damalige Bundesregierung die Probleme der Nachkriegszeit in den Griff zu bekommen. Hier sollen nur zwei exemplarisch genannt werden:

JWG (1961)

- Jugendwohlfahrtsgesetz (JWG) von 1961 mit verschiedenen Neufassungen bis zur Neuformulierung im „Kinder- und Jugendhilfegesetz" (KJHG) von 1991

BSHG (1961)

- Das Bundessozialhilfegesetz (BSHG) von 1961/62 und Vorläufer unseres heutigen neuen Sozialgesetzbuches (SGB). Das Gesetz sollte dazu beitragen:
  - ein menschenwürdiges Dasein für alle BürgerInnen zu sichern,
  - gleiche Voraussetzungen für die freie Entfaltung der Persönlichkeit zu schaffen,
  - die Familien zu schützen und zu fördern,
  - den Erwerb des Lebensunterhaltes durch eine frei gewählte Tätigkeit zu ermöglichen und
  - besondere Belastungen des Lebens, auch durch Hilfe zur Selbsthilfe, abzuwenden oder auszugleichen.

Nach dem BSHG hatte jeder Bürger einen *Rechtsanspruch auf Sozialhilfe*. Das Gesetz verfolgt den Zweck, dem Hilfebedürftigen bei eigener Mitwirkung einen gegebenenfalls einklagbaren Zugang zu einem Leben der Selbstbestimmung zu schaffen, damit er und seine Familie ein menschenwürdiges Dasein führen können. Das BSHG führt die Begriffe: „Sozialhilfe" statt „öffentliche Fürsorge" und statt „Fürsorgeamt" bzw. „Wohlfahrtsamt" „Sozialamt" ein.

1.8 Armut und Hilfe in der bundesrepublikanischen Sozialarbeit

Wenn man heute von Armut spricht, sollte man nicht nur an materielle Armut, sondern auch an andere gesellschaftliche Formen der Armut denken.

1.8.1 Armut

Im Folgenden soll nach dem Verständnis der Armut von heute gefragt werden. Das Verständnis von Armut hat sich im Laufe der Geschichte gewandelt. Armut ist ein relativer, gesellschaftlicher Tatbestand.

Armut heute

„Was aber heißt relativ. Relativ ist z. B. das jeweilige Einkommen im Verhältnis zum durchschnittlichen Verdienst eines Erwerbstätigen; relativ sind die, für die Festsetzung des „Mindestbedarfs" erforderlichen, Konsumtionsmittel im Verhältnis zum durchschnittlichen Wert der Ware Arbeitskraft; relativ ist die Kaufkraft der Menschen mit Bezug auf die Teuerungsrate der zum Lebensunterhalt erforderlichen Konsumtionsmittel; relativ ist schließlich auch die Wahrnehmung von Ansprüchen im Verhältnis zu den disponiblen Sozialleistungen. Relativ ist individuelle Armut somit im Vergleich zur Gesamtheit gesellschaftlich verteilter Konsummöglichkeiten, zu Umfang und Qualität der gesellsclhaftlich verteilten Geld-, Dienst- und Sachleistungen. Armut ist mithin nicht bloß ein Problem ökonomischer Mangel- und Abhängigkeitssituationen. Sondern Armut ist immer gleichzeitig ein Problem ökonomischer sowie auch sozialer Ungleichheit, damit also als relativ anzusehen." (Zander 1987, 138)

Paradigmenwechsel

Man kann heute von einem erneuten sozialpolitischen Paradigmenwechsel sprechen, einer feststellbaren qualitativen Veränderung von Erscheinungsformen der Armut. Nicht mehr nur der materielle Aspekt, sondern immer gleichzeitig auch der psycho-soziale Aspekt von Armut steht im Blickpunkt. Damit beschränkt sich Soziale Arbeit auch nicht mehr nur auf bestimmte Gruppen, Schichten und Einkommensverhältnisse, sondern auf alle Menschen. Diese Entwicklung wurde eingeleitet mit der Übernahme der materiellen Lebensversicherung durch sozialpolitische Maßnahmen und Institutionen. Dadurch nehmen Notstände und Lernprobleme im Ganzen keineswegs ab, sondern sie verlagern sich von materiellen auf psycho-soziale Notstände bzw. Problemlagen und Bedürfnisse. Man kann sagen, dass die relative Bedeutung wirtschaftlicher Notstände – stellt man einen genügend langen Zeitraum in Rechnung – tendenziell abgenommen, während die Bedeutung psycho-sozialer Probleme zugenommen hat. Die Suche nach einem akzeptierten und subjektiv zufriedenstellenden Lebensstil und Lebensqualität wird zu einem zunehmend relevanten Problem. Es geht heute um die grundlegende Frage, ob unsere postmodernen Gesellschaften einem Wertwandel oder Werteverlust unterliegen. Dieser Perspektivwandel zur psycho-sozialen Lebenshilfe übersieht nicht, dass es in Deutschland eine ‚neue Armut' gibt, dass etwa ein Drittel der Bevölkerung mit wachsender Tendenz v. a. auch bei Kindern/Jugendlichen, alten Menschen und Langzeitarbeitslosen als (materiell) arm zu bezeichnen ist.

psycho-soziale Armut

Halten wir fest

!

„Soziale Ungleichheit verkörpert sich zwar nicht mehr so kollektiv wie früher in Gruppen und Milieus. Sie scheint in der Struktur abgewandelt zu sein. Soziale Benachteiligung äußert sich heute weniger als kollektive soziale Deklassierung, sondern eher als soziale Nichtberücksichtigung von Gruppen im gesellschaftlichen Entwicklungsprozeß. Nichts anderes bedeutet die Formel von der Zweidrittelgesellschaft: Auf zwei Drittel der Gesellschaft richtet sich die Politik von Wachstum und Prosperität, das andere Drittel ist an dieser Entwicklung nicht beteiligt, wenn auch leidlich sozial versorgt. Zum modernen Sozialstaat ist also soziale Benachteiligung weniger über die traditionellen Muster sozialer Deklassierung und Randgruppenexistenz begreifbar, sondern eher über das Bild des Ausgeschlossenseins von der gesellschaftlichen Entwicklungsperspektive. Dazu kommt, daß die moderne Konsumgesellschaft Armut verschleiert. Auch die Armen können bei uns konsumieren, auch wenn es nur Billigware ist. Die Konsumgesellschaft suggeriert ökonomische und soziale Teilhabe. Die Menschen tun das ihre dazu, um ihre Armut und soziale Benachteiligung zu verbergen, sie fürchten noch mehr soziale Isolierung, haben Angst, den Anschluß endgültig zu verpassen, wollen zeigen, daß sie dabei sind. Und dies läuft wiederum über demonstratives Konsumverhalten" (Böhnisch 1992, 121).

1.8.2 Soziale Hilfe

?

Aufgabe

Viele Menschen, die einen codifizierten Anspruch auf soziale Hilfe, also auf öffentliche Transferleistungen haben, gehen nicht zum Sozialamt, weil sie es als beschämend und diskriminierend empfinden, um Hilfe zu ersuchen. Der Begriff ‚Hilfe' durch Sozialleistungen ist vorbelastet.

Finden Sie Argumente dafür, wie man diesen Begriff inhaltlich neu füllen könnte.

Will man die gegenwärtige Strukturierung des sozialen Systems in Deutschland verstehen, geht man von Artikel 20 des Grundgesetzes aus: „Die Bundesrepublik Deutschland ist ein demokratischer und sozialer Bundesstaat." Bei der Strukturierung des Sozialwesens wird davon ausgegangen, dass jeder erwachsene Staatsbürger die Möglichkeit hat und darauf verwiesen ist, den Lebensunterhalt für sich und seine Familie durch abhängige oder selbständige Arbeit zu verdienen. Bei Ausnahmen von dieser Regel besteht der Anspruch auf entsprechende Sozialleistungen einschließlich sozialer und erzieherischer Hilfen, wie es in § 1 des Allgemeinen Teils des Sozialgesetzbuches (SGB) heißt.

Die Sozialhilfe in der Bundesrepublik Deutschland umfasst nach § 8 SGB XII folgende Hilfen:

1. Hilfe zum Lebensunterhalt (§§ 27 bis 40 SGB XII),
2. Grundsicherung im Alter und bei Erwerbsminderung (§§ 41 bis 46 SGB XII),
3. Hilfen zur Gesundheit (§§ 47 bis 52 SGB XII),
4. Eingliederungshilfe für behinderte Menschen (§§ 53 bis 60 SGB XII),
5. Hilfe zur Pflege (§§ 61 bis 66 SGB XII),
6. Hilfe zur Überwindung besonderer sozialer Schwierigkeiten (§§ 67 bis 69 SGB XII),

7. Hilfe in anderen Lebenslagen (§§ 70 bis 74 SGB XII)
sowie die jeweils gebotene Beratung und Unterstützung.
(Quelle: http://www.geseke.de/buergerinfo/produkte/pr39.php, 28.07.2010)

Es besteht weitgehend Konsens darüber, dass es in der Sozialen Arbeit im Wesentlichen um Hilfe(leistungen) geht. *Hilfe ist also das zentrale Strukturmerkmal der Profession Soziale Arbeit.* Dabei muss man allerdings feststellen, dass sich der Hilfebegriff bei sich verändernden gesellschaftlichen Strukturen ebenfalls verändert hat. Er ist durch historische Entwicklungen zu einem komplexen Begriff geworden. Im Folgenden soll dieser komplexe Begriff ‚Hilfe' einer detaillierteren Betrachtung unterzogen werden.

Hilfe, zentrales Strukturmerkmal

Unter Hilfe versteht man ein öffentliches soziales Handeln, als Sorge für diejenigen Menschen in einer Gesellschaft, die während bestimmter Lebensphasen und/oder in bestimmten individuellen und sozialen Lebenslagen ihre Angelegenheiten nicht selbst und auch nicht mit Unterstützung der Menschen ihres unmittelbaren Lebensumfeldes regeln können. Die Beantwortung der Fragen

- *Wem wird geholfen?* (Auswahl derjenigen, die Hilfe bekommen sollen)
- *Wann wird geholfen?* (Anerkennung bestimmter Bedürfnisse)
- *Warum wird geholfen?* (Motive der Hilfeleistung)
- *Wie wird geholfen?* (Art und Weise des jeweiligen Vorgehens)

wird beeinflusst durch das, in einer Gesellschaft geltende, Menschenbild und der Vorstellung vom menschlichen Zusammenleben bzw. dem gesellschaftlichen Wertesystem. Um soziale Hilfe gewährleisten zu können, sollte man aus geschichtlicher Sichtweise drei Formen unterscheiden:

- *Privat-lebensweltliche Form der Hilfe*: Diese Form nimmt tendenziell immer mehr ab. Man kann davon ausgehen, dass privat geleistete, „barmherzige Liebesdienste" endgültig zu verabschieden sind.
- *Sozialpolitik*: Sie wird bestimmt durch Geldleistungen unter sozialrechtlichen Vorgaben und Begrenzungen.
- *Personenbezogene soziale Dienste*: Soziale Arbeit und öffentliche Erziehung sind notwendig gewordene Institutionen, die Hilfeleistungen der privat-lebensweltlichen Form immer mehr übernehmen (Rauschenbach/Gängler 1992, 46).

Der Begriff soziale, d. h. öffentliche Hilfe ist heute vielfach vorbelastet (Schefold 2002, 875–881), z. B. dadurch, dass es für Menschen in manchen Fällen offenbar peinlich ist, Hilfsangebote anzunehmen. Man signalisiert durch das Ersuchen von Hilfe, dass man in einem bestimmten Bereich versagt hat, Probleme nicht selbständig bewältigen kann.

Wer soziale Hilfe annimmt, muss über seine Probleme sprechen, sich und

soziale Hilfe

seine Lebenslage offen darlegen, möglichst nichts verschweigen. Alles wird sehr genau notiert und zu den Akten gelegt. Man wird zu einem Fall. Gegen solche Voraussetzungen des Hilfsangebotes wehrt man sich. Man versucht auch so zurechtzukommen. Über private Probleme möchte man nicht sprechen.

Ein weiterer Makel von Hilfe besteht darin, dass häufig diejenigen, die Hilfe benötigen, als „a-normal" bezeichnet werden, weil sie nicht in der Lage zu sein scheinen, ihr Leben selbständig zu planen und zu gestalten. Dabei übersieht man, dass jeder Mensch heute viel Hilfe braucht und auch ständig in Anspruch nimmt, z. B. die Hilfe des Arztes, der Krankenkasse, Autowerkstatt, Versicherung, des Rechtsanwaltes, eines Verkäufers, des Polizisten, Pfarrers usw. – Hilfe ist normal. Wir brauchen in unserem ganzen Leben ständig Hilfe. Jeder Mensch ist bezüglich der Entwicklung seiner Persönlichkeit auf die Hilfe Anderer angewiesen.

Aus diesem Grunde sollte man den Begriff „soziale Hilfe" differenzieren:

1. **primäre Hilfe:** Eigentliche Inanspruchnahme von Hilfeleistungen. Sie dient der ganzheitlichen Entfaltung der Persönlichkeit.
2. **sekundäre Hilfe:** Ersuchen von Hilfeleistungen im Vorfeld eines Problems. Beim Lösen und Bewältigen von Problemen bedarf es kompetenter Beratung, Hilfe und Unterstützung.
3. **tertiäre Hilfe:** Ersuchen von Hilfeleistungen im Nachhinein. Probleme eskalieren, entwickeln eine Eigendynamik, schaffen Situationen, die man ohne fremde Hilfe nicht mehr lösen kann.

Vielfach versteht man Hilfe der Sozialen Arbeit heute immer noch als tertiäre Hilfe, d. h. als Maßnahmen, die dann zum Zuge kommen, wenn bereits Probleme bestehen. Dieses Verständnis hat sich jedoch inzwischen insofern geändert, als Soziale Arbeit primär im präventiven Bereich angesiedelt ist, d. h. primäre und sekundäre Hilfe leistet. Soziale Hilfe im Sinne von Orientierungshilfe braucht nicht nur derjenige, der von der Norm abweicht, sondern jeder, der Werte und Normen erfüllen will.

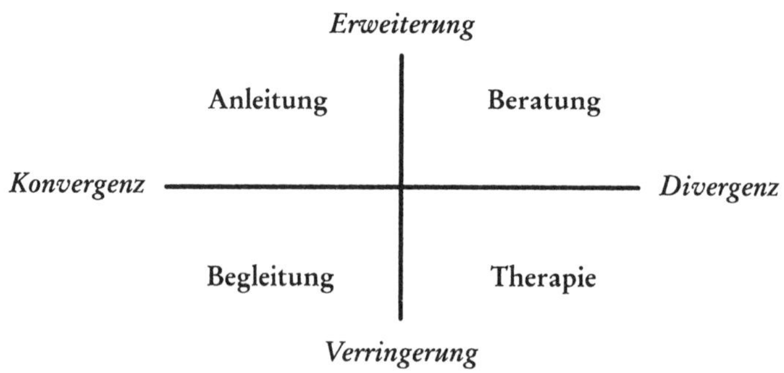

Abbildung 6:
Hilfe-Modell

Man kann die Hilfesysteme in vier Grundtypen zusammenfassen: Anleitung, Beratung, Begleitung und quasi therapeutische oder Therapie vorbereitende Funktionen. Der Wunsch der Hilfesuchenden zielt auf die Zunahme von Bewältigungsstrategien und auch auf entsprechende Entscheidungskriterien für den adäquateren Umgang mit Problemlagen. Die zweite Achse zielt auf die Potentiale der helfenden Profession ab. Die unterstützenden sozialen Fachkräfte stellen Strukturen und den Aufbau von Vertrauensbeziehungen zur Verfügung (Konvergenz). Divergenz meint hingegen, dass die sozialen Fachkräfte ihre Strukturen analog bzw. gleichsam als Katalysatoren einsetzen. Dadurch werden bei den Hilfesuchenden eigene Prozesse anregt, um die Entstehung von Abhängigkeiten zu vermeiden (Ludewig 1992, 122–124).

1.8.3 Risikogesellschaft

Wir leben in einer Risikogesellschaft, d. h. es geht nicht nur um Risiken in Bezug auf Technik, Wissenschaft und Industrie, sondern diese Risikogesellschaft hat auch eine immer stärker zu beachtende soziale Seite. Von einem Risiko kann man immer dann sprechen, wenn mögliche soziale Problemlagen durch bestimmte Fehlentscheidungen eintreten können. Rauschenbach/Gängler umschreiben die Dimensionen sozialer Risiken wie folgt:

> „Die Menschen leben in zwischenmenschlich belasteten Verhältnissen, in riskanten Beziehungen, experimentieren sozusagen mit sich selbst, riskieren psycho-soziale Grenzerfahrungen, ohne zu wissen, was daraus wird. Gewißheit, Kontinuität und Vertrauen ohne Vorbehalt als Basis und Bestandteil stabiler Interaktionsbeziehungen sinken, ohne zu wissen, wie viel diesbezüglichen Substanzverlust Personen auf Dauer unbeschadet aushalten. Sinnkrisen, Orientierungsverlust, Ausstieg in die Innerlichkeit oder Flucht in neue Lebensphilosophien, existenziell bedrohende Lebenskrisen, extensive Lebensressourcen, zerstörender Rauschmittelgenuß, Depressionen, Trauer, Schmerz, quälende Ungewissheiten – alles Phänomene, die sich unschwer auf einer Skala psychosozialer Modernisierungsrisiken verzeichnen lassen ... Die ganz alltägliche Lebensbewältigung und die ganz normale Lebensführung wird so zu einer eigenen, ungewißheitsbelasteten, riskanten Aufgabe. Das Leben und die Lebensmöglichkeiten jedes einzelnen werden so selbst zu einem Wagnis, zu einem Risiko, zu einem Projekt mit offenem Ausgang. Und da die bislang vorhandenen Stabilisatoren in ihrer Bedeutung eher schwächer werden, nehmen auch die Risiken des (vorübergehenden) Scheiterns, der falschen Lebensplanung und die Folgen von Nicht-Entscheidung zu.
>
> Vieles, was früher im Laufe des Lebens sich mehr oder weniger von selbst ergab, wird jetzt als Entscheidung verlangt und dies vor einem größeren Hintergrund von Auswahlmöglichkeiten und deshalb mit höheren Informationswerten. Diese neue Lage erfordert ein ungleich höheres Maß an Wissen über soziale Zusammenhänge, über mögliche Wirkungen und Folgen psychosozial belastender Lebenslagen. Und daß hierbei Erziehung und soziale Arbeit geradezu prototypische Formen eines dauerhaft riskanten, weil ungewißheitsbelasteten, wissensabhängigen, nicht eingrenzbaren sozialen Handelns darstellen, verweist

auf den Zusammenhang von Sozialer Arbeit, Erziehung und Risikogesellschaft." (Rauschenbach/Gängler 1992, 38f)

!

Halten wir fest

Das System der Hilfeleistungen kann in Anlehnung an Lowy und Oppl grafisch dargestellt werden (Abbildung 7).

1.9 Zusammenfassung

Erwachsenen-Fürsorge hat im Laufe der Geschichte viele Namen gehabt: bis 1900 Armenpflege oder Armenfürsorge, 1900–1918 Soziale Fürsorge, nach 1918 Wohlfahrtspflege, nach 1945 Fürsorge, seit 1960 Sozialarbeit, etwa seit den 1990er Jahren dieses Jahrhunderts Soziale Arbeit. Es ging dabei immer um die materielle Hilfe für Erwachsene. Im nächsten Kapitel soll es um die Jugendfürsorge, die Geschichte der Sozialpädagogik gehen.

SP

Sozialarbeit und *Sozialpädagogik* hatten im Mittelalter und zum Beginn der frühen Neuzeit noch die gleichen geschichtlichen Wurzeln. Denn im Mittelalter unterschied man noch nicht zwischen Hilfe für Erwachsene und Kinder bzw. Jugendliche. Seit der frühen Neuzeit konzentrierte man sich jedoch zunehmend gesondert auf Kinder und Jugendliche und versuchte sie vorbeugend vor Verwahrlosung zu schützen.

Diese beiden Linien, Erwachsenen- und Jugend-Fürsorge, haben sich eine Zeit lang auseinander entwickelt – jeweils eigene Hilfe-Modelle wurden entworfen. Nach dem Zweiten Weltkrieg haben sie sich dann zunächst allmählich, mittlerweile jedoch wieder soweit aufeinanderzubewegt (sie konvergieren), dass man heute zwar immer noch vielfach von **Sozialpädagogik/Sozialarbeit, aber zunehmend doch eher nur noch von Sozialer Arbeit** spricht, in der beide historische Entwicklungslinien zusammengeflossen sind. Wie diese Entwicklung verlaufen ist, werden die weiteren Kapitel näher beleuchten.

C. W. Müller hat für die Entwicklung der Sozialen Arbeit ein Bild entworfen (Abbildung 8).

„Die Soziale Arbeit ist ein alter Baum mit ungezählten Jahresringen. Seine Rinde bindet sehr unterschiedliche Traditionen unter Vorspiegelung einer trügerischen Einheitlichkeit zusammen. Wir müssen uns immer wieder von neuem daran erinnern, daß die Wurzeln unserer Berufe sowohl beim Aufseher im Arbeits- und Zuchthaus und der Armenpolizei des ausgehenden Mittelalters liegen, als auch bei den Fröbelschen Spielführerinnen und den ehrenamtlichen Kindergärtnerinnen der bürgerlichen deutschen Frauenbewegung. Paradigmatische Veränderungen haben die Soziale Arbeit nie in ihrer Gesamtheit erfaßt, sondern nur einige Teilbereiche nach Maßgabe herangereifter gesellschaftlicher Entwicklungen oder drohender sozialer Konflikte." (Müller 1992, 52–53)

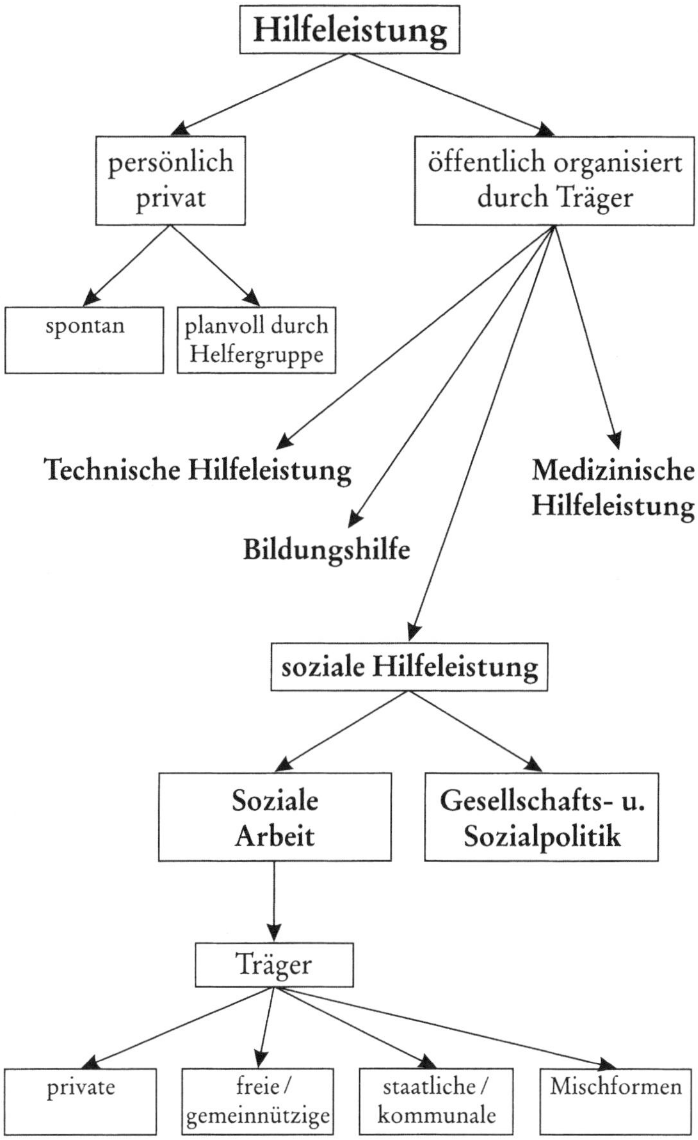

Abbildung 7:
Hilfeleistungen

L

Lernfragen

1. Warum sollten sich SozialpädagogInnen/SozialarbeiterInnen mit der Geschichte ihres Berufsbildes beschäftigen?
2. Was besagt die Kernaussage: Hilfe ist eine Urkategorie des menschlichen Handelns?
3. Was war der Grund für die Entstehung der öffentlichen Fürsorge?
4. Wodurch unterscheidet sich die Erwachsenen-Fürsorge von der Jugend-Fürsorge?
5. Was besagen primäre, sekundäre und tertiäre Armut?
6. Welche Einstellung hatten die Menschen im Mittelalter zum Betteln?
7. Wie bewertete man ab der frühen Neuzeit (z. B. Martin Luther, Johann Calvin oder Juan Luis Vives das Betteln?
8. Welches sind die vier Entwicklungsprozesse zur städtischen Armenfürsorge?
9. Welche zentralen Aussagen enthält das Modell der Armenpflege von Juan Luis Vives?
10. Was waren die Gründe für die Entstehung der Zucht- und Arbeitshäuser?
11. Worum geht es bei dem theoretischen Modell von Thomas Robert Malthus?
12. Worin unterscheidet sich das Straßburger System vom Elberfelder System?
13. Was beinhalten die Bismarckschen Sozialgesetze?
14. Welche Veränderung erfuhr die Fürsorge im Ersten Weltkrieg?
15. Wie wurde in der Weimarer Republik die Fürsorge/Wohlfahrtspflege geregelt?
16. Worum ging es Alice Salomon in ihrem theoretischen Modell?
17. Worin bestand im Nationalsozialismus der „Paradigmenwechsel" der Weimarer Wohlfahrtspflege?
18. Durch welche gesetzlichen Grundlagen versuchte man nach dem Zweiten Weltkrieg die Probleme der Armut in den Griff zu bekommen?
19. Inwiefern hat sich heute der Begriff ‚Armut' verändert?
20. Inwiefern hat sich heute der Begriff ‚Hilfe' verändert?
21. Was versteht man unter primärer, sekundärer und tertiärer Hilfe?
22. Was versteht man unter einer Risikogesellschaft?

Weiterführende Literatur

Amthor, R. Chr. (2003): Die Geschichte der Berufsausbildung in der Sozialen Arbeit. Juventa, Weinheim

Engelke, E. (2009): Die Wissenschaft Soziale Arbeit. Werdegang und Grundlagen. 3. Aufl. Lambertus, Freiburg

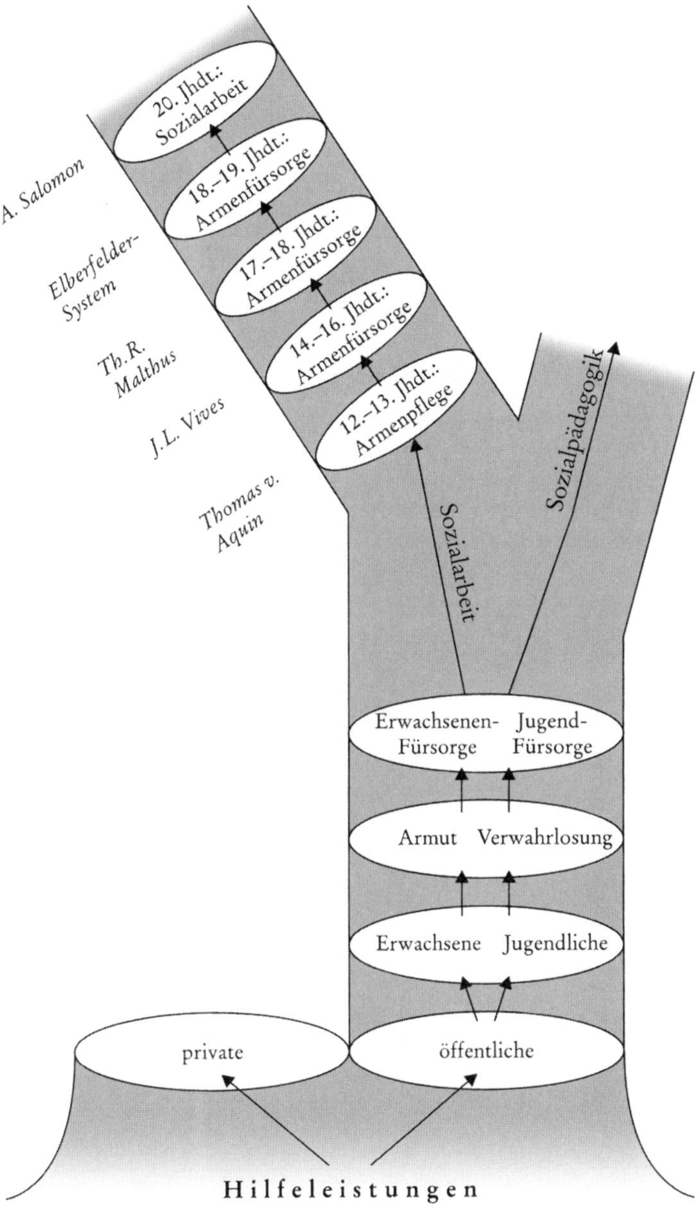

Abbildung 8:
Geschichtliche
Wurzeln der
Sozialarbeit

–, Borrmann, S., Spatscheck, C. (2009): Theorien der Sozialen Arbeit. Eine Einführung. 4. Aufl. Lambertus, Freiburg
Hering, S., Münchmeier, R. (2000): Geschichte der Sozialen Arbeit. Eine Einführung. Juventa, Weinheim
Kuhlmann, C. (2007): Geschichte Sozialer Arbeit. Wochenschau Studium, Schwalbach/Ts.
– (2000): Alice Salomon. Ihr Lebenswerk als Beitrag zur Entwicklung der Theorie und Praxis Sozialer Arbeit. Beltz, Weinheim
Landwehr, R., Baron, R. (Hrsg.) (1995): Geschichte der Sozialarbeit. Beltz, Weinheim
Müller, C. W. (1988): Wie Helfen zum Beruf wurde. 2 Bde. Beltz, Weinheim
Sachße, Chr., Tennstedt, F. (1980/1988): Geschichte der Armenfürsorge in Deutschland. Kohlhammer, Stuttgart, Bd. 1 (1980), Bd. 2 (1988)
Scherpner, H. (1974): Theorie der Fürsorge. Vandenhoeck & Ruprecht, Göttingen
Zeller, S. (2006a): Juan Luis Vives (1492–1540). (Wieder)Entdeckung eines Europäers, Humanisten und Sozialreformers jüdischer Herkunft im Schatten der spanischen Inquisition. Lambertus, Freiburg
– (1994): Geschichte der Sozialarbeit als Beruf. Bilder und Dokumente (1893–1939) Centaurus, Pfaffenweiler

2 Sozialpädagogik – Geschichte der Jugendfürsorge

Werbung

Sie begegnen uns öfter als Sie glauben,
denn **Wir** sehen anders aus als Sie denken!

Oder hätten Sie uns . . .

im Kindergarten, in der Grundschule, in der VHS, in der Weiterbildung, im Jugendamt, im Sozialamt, im Gesundheitsamt, in Beratungsstellen, in Begegnungsstätten, in Krankenhäusern, in Zentren für ältere Mitbürger, in Jugendklubs, in Heimen und Internaten, in Personalabteilungen, in der Kirche, in der Arbeit mit Behinderten, bei den Pfadfindern, im Freizeitbereich (z.B. im Museum) und im Strafvollzug

. . .vermutet?

An uns SozialpädagogInnen/SozialarbeiterInnen kommen Sie nicht vorbei!!!

Wir sind für **Sie** da!!!

Abbildung 9

2.1 Öffentliche Hilfestellung für Kinder: Jugendfürsorge

Zeitabschnitte

In Kapitel 1 wurde die Geschichte der Sozialarbeit in kurzen Zügen nachgezeichnet. Hier nun geht es um die Geschichte der Sozialpädagogik. Der Vergleichbarkeit wegen wird dieselbe zeitliche Einteilung wie im vorangegangenen Kapitel vorgenommen.

1. Fürsorge für Findel- und Waisenkinder (12.–13. Jh.)
2. Armenschule (14.–16. Jh.)
3. Waisen- und Zuchthäuser (17.–18. Jh.)
4. Kinderbewahranstalten und Kindergärten (18.–19. Jh.)
5. Jugendwohlfahrtspflege/Jugendhilfe im 20. Jh.

Aufgabe

Um nun die Geschichte der Sozialpädagogik entwickeln zu können, müssen wir an den Ausgangspunkt zurückkehren.

Erinnern Sie sich und skizzieren Sie kurz den Beginn der gemeinsamen Geschichte von Sozialpädagogik und Sozialarbeit.

Sozialpädagogik und Sozialarbeit haben die gleichen geschichtlichen Wurzeln. Als die Familie, die Verwandtschaft, das Dorf, die Zunft und andere traditionelle Gruppierungen des Mittelalters Armut in ihren Reihen nicht mehr ausgleichen konnten, entstand die öffentliche Fürsorge mit ihren Hilfeleistungen. Bei den erwachsenen Armen beschränkte sie sich auf materielle Hilfe, dagegen bedurfte die moralisch-sittliche Not (Verwahrlosung) Jugendlicher (besser: Kinder) einer andersgearteten Hilfe. Bei dieser für Kinder und Jugendliche speziellen Fürsorge ging es primär um Erziehung.

In der öffentlichen Jugendfürsorge des ausgehenden Mittelalters können wir den Beginn der Geschichte der Sozialpädagogik festlegen. Somit zeigt sich, dass Sozialpädagogik und Sozialarbeit zwar die gleichen gemeinsamen geschichtlichen Wurzeln haben, sich jedoch im Laufe der Zeit unterschiedlich entwickelt haben und zu je einem eigenen Berufszweig wurden.

Wie im ersten Kapitel aufgezeigt wurde, sind die drei zentralen Aspekte (Grundmodell) bei der Entstehung der öffentlichen Fürsorge:

Armut – Hilfe – Öffentliche Fürsorge

In den Modellen der Sozialarbeit ging es um die Frage, ob und wie Erwachsene, die in materielle Armut geraten waren, durch Angebote der öffentlichen Fürsorge Hilfe erhalten sollten.

In diesem Kapitel soll nun die Geschichte der Sozialpädagogik anhand von Erziehungskonzepten beschrieben werden. Es wird der Frage nachgegangen, wie man *Verwahrlosung* (sittliche Armut) – *Hilfe* – *Jugendfürsorge* und ihr Verhältnis zueinander verstanden hat.

> „Erziehungs-Für-Sorge ist eine Daseinsverfassung, ein Existential, sie schafft die Bedingungen der Möglichkeiten von Existenz. Es geht der Für-Sorge um die Verwirklichung des Soseins und des Mitseins des jugendlichen Menschen." (Noack 2001, 11–12)

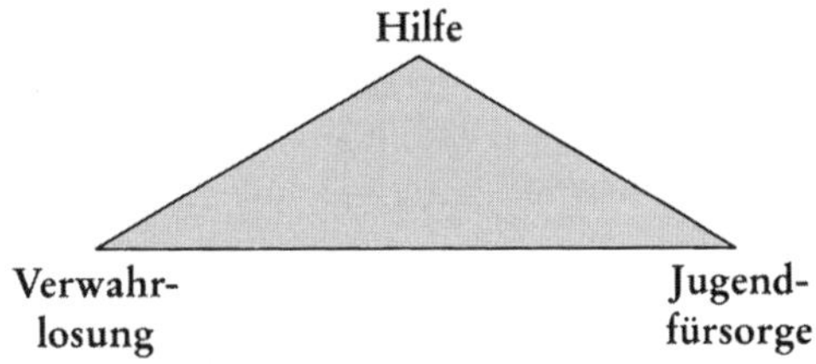

Abbildung 10: Grundmodell

Obwohl die verschiedenen Fürsorge-Modelle Verwahrlosung (sittliche Armut) von Kindern und Jugendlichen aus unterschiedlichen Positionen sehen, sind sie sich doch in einem Punkt einig: In der Jugendfürsorge geht es stets um erzieherische (vorbeugende) Maßnahmen.

2.2 Fürsorge für Findel- und Waisenkinder im Mittelalter (12.–13. Jh.)

Vormundschaft

Wenn ein Kind einen Elternteil oder gar beide Elternteile verlor, trat im Mittelalter das Gesetz der Vormundschaft der Sippe ein.

> „Das Kind, ebenso wie die Frau, stand unter der Munt des Hausherren, unter seiner Schutzgewalt. Fehlte der Vater, so hatte die Sippe die Gewalt über das Kind; nach germanischem Rechtsbrauch war dann der nächste männliche Blutsverwandte aus dem Mannesstamm der ‚geborene' Vormund. Wo es keinen geborenen Vormund gab, trat die Schutzherrschaft des obersten Sippen- oder Stammeshauptes ein, gegebenenfalls des Königs." (Scherpner 1966, 19)

Wer als Vormund galt, nahm das Kind in seine Familie auf. Damit waren im Mittelalter die Waisen fast alle versorgt. Sie wurden vom Vormund dem Stand des Vaters entsprechend aufgezogen. Was geschah aber mit den Kindern, die nicht durch ihre Sippe versorgt wurden?

Die zentrale Einrichtung für Arme war im Mittelalter das *Hospital*. Hier wurden arme Erwachsene wie auch arme Kinder untergebracht. Zu den armen Kindern gehörten vor allem Findel- und Waisenkinder, d. h. solche Kinder, die nicht von ihrer Familie oder Sippe erzogen werden konnten. Erst als die Hospitäler zu Elendsherbergen Erwachsener wurden, sonderte man die Kinder ab und verwahrte sie nicht mehr im allgemeinen Spital, sondern in besonderen Findel- und Waisenhäuser.

Findel- und Waisenhäuser

Die Findelkinder wurden vor der Kirchentür ausgesetzt, oder man legte sie heimlich vor die Tür der Findelhäuser und zog die Hausglocke. Um die Findel- und Waisenkinder sorgten sich besonders die Orden, wobei vor allem der Orden zum Heiligen Geist zu erwähnen ist. In Deutschland gründete dieser Orden zahlreiche Heilig-Geist-Spitäler (1198). Die Sterbequote in den Findelhäusern war sehr hoch und betrug etwa 70%.

Familien- und Anstaltserziehung

Für die Findel- und Waisenkinder kannte man zwei Formen der (Ersatz-) Erziehung: Familien- und Anstaltserziehung. In der Regel wurde das Findelkind zunächst in einer Pflegestelle, d. h. bei einer Ziehmutter untergebracht, für welche die Anstalt aufkam. Mit etwa 5 bis 7 Jahren wurde das Kind dann in die Anstalt aufgenommen. Von einem eigentlichen Erziehungsziel in der Fürsorge für Findel- und Waisenkinder kann für das Mittelalter allerdings noch nicht die Rede sein.

Ebenso wie für alle anderen Kategorien von Hilfsbedürftigen strebte man auch für die Kinder allein ihre materielle Versorgung an. Es schien ausreichend, die Kinder zum Almosenheischen anzuhalten, damit sie so zu ihrem Unterhalt selbst beitrugen.

Wollte man dennoch ein Ziel nennen, könnte man es etwa so umschreiben: Die Armut der Kinder führte sie in sittlichmoralische Not, d. h. in die Verwahrlosung. Da man seinerzeit davon ausging, Erwachsene seien fertige Menschen, die man deshalb auch nicht mehr erziehen sollte, sah man bei den armen Kindern eine Chance, sie durch Erziehung vor der Verwahrlosung zu schützen. Aus dieser Überlegung heraus entstand die Geschichte der Sozialpädagogik als Geschichte der Erziehung armer Kinder bzw. Geschichte der Jugendfürsorge.

!

Halten wir fest

Als im ausgehenden Mittelalter die (Groß-)Familie nicht mehr ausreichend ihre armen Kinder versorgen konnte, entstand die öffentliche Jugendfürsorge. Sie hatte die Aufgabe, Kinder durch Erziehung vor der Verwahrlosung zu schützen.

Findel- und Waisenhäuser übernahmen die Versorgung derjenigen Kinder, für die keine Familie aufkam.

2.3 Armenschule zu Beginn der Neuzeit (14.–16. Jh.)

2.3.1 Konzept von Juan Luis Vives (1492–1540)

?

Aufgabe

Um der Armut von Kindern zu begegnen, sah man zum Beginn der Neuzeit zwei Wege. Welche erzieherischen Angebote würden Sie armen Kindern machen, um sie vom Betteln abzuhalten?

Die Pädagogik des ausgehenden 19. Jahrhunderts stützte sich auf den, bereits in Kapitel 1 vorgestellten, Humanisten Juan Luis Vives in unterschiedlicher Weise. Sie erkannte in ihm einen der Vorläufer von Daniel Schleiermacher (1768–1834), Johann Friedrich Herbart (1776–1841) und Johann Amos Comenius (1592–1670). Die weithin bekannteste pädagogische Schrift von Vives war das Werk zur Erziehung christlicher Mädchen *„de institutione feminae christianae"* (1523) (Zeller 2006a, 18).

Vives befasste sich innerhalb seines umfangreichen wissenschaftlichen Lebenswerkes auch mit sozialen Reformen und der Kinderfürsorge. Die Findel- und Waisenkinder sollten bis zum 6. Lebensjahr von Frauen erzogen, danach in einer öffentlichen Schule unterrichtet werden. Durch eine solche Anstaltserziehung sollten arme Eltern von der Sorge für ihre Kinder entlastet und gleichzeitig die Kinder auf diese Weise der Gefährdung entzogen werden, der sie in ihrer Herkunftsumgebung ausgesetzt waren.

Familien- und Anstaltserziehung

Für die Erziehung der Mädchen forderte Vives, dass sie wie die Jungen zwar Unterricht erhalten, dann aber weiter auf ihre Rolle als Mütter und Hausfrauen vorbereitet werden sollten. Der Unterricht für Jungen und Mädchen umfasste Lesen, Schreiben und christliche Unterweisung. Begabte Jungen verblieben in der Schule, um später Lehrer oder Geistliche werden zu können. Die übrigen sollten ein Handwerk erlernen.

Das ist – nur kurz dargestellt – das Programm, das Vives für die Erziehung der armen Kinder aufstellte. Seine Forderungen und Pläne gehen noch weit darüber hinaus und zeigen seine tiefe Überzeugung von der Notwendigkeit der Erziehung. Die programmatischen Erziehungsgedanken von Vives fanden in der Praxis allerdings nicht die notwendige Anerkennung und Verbreitung.

2.3.2 Nürnberger Bettel- und Armenordnungen

Die Maßnahmen gegen das Betteln wurden mit dem ausklingenden Mittelalter immer strenger gehandhabt. Es wurden Bettelzeichen verteilt, die deutlich sichtbar an der Kleidung getragen werden mussten. Außerdem war Betteln zunehmend nur noch an den zwei kirchlichen Feiertagen erlaubt. Wer an anderen Tagen angetroffen wurde, durfte die Stadt einen Monat lang nicht mehr betreten. Die erste städtische „Bettelordnung" mit Bettelverboten und der Einführung erster Bettelabzeichen für einheimische Bettler wurde 1370 in Nürnberg erlassen.

In der zweiten Nürnberger Bettelordnung von 1478 versuchte man die Wurzeln der Armut direkter anzugehen. Dies bedeutete, dass Kinder nicht mehr aufgezogen werden sollten, bis sie selbst ihren Lebensunterhalt erbetteln konnten, sondern das entscheidend Neue war, dass die Kinder der Armen lernen sollten, sich ohne Almosen, nur durch ihre eigene Arbeit zu unterhalten. Von der Obrigkeit wurde den Kindern ein Arbeitsplatz vermittelt. Durch diese vorbeugende Maßnahme wollte man erreichen, dass die Kinder nicht mehr bettelten, sondern ihr Brot durch Arbeit verdienen lernten.

Die ordnungspolitischen strengen Maßnahmen mussten durch die örtliche Polizei oder auch durch die manchmal als „Knechte" bezeichneten Armenpfleger durchgeführt werden. Bei den städtischen Unterschichten hatte man bereits seit dem Spätmittelalter begonnen, zwischen der „primären Armut“ als unterste Grenze des Existenzminimums und der „sekundären Armut“ als Grenze zu unterscheiden, unterhalb derer eine „standesgemäße“ Lebensführung nicht mehr möglich war. Die Differenzierung zwischen „arm“ und „bedürftig“ war für die städtische Armenpflege wichtig, weil davon die Kategorisierung abhing, ob jemand als „Armer“ zur Arbeit gezwungen werden konnte oder zu den tatsächlich „Bedürftigen“ gerechnet werden musste. Krankheit, Arbeitsunfähigkeit, äußere Faktoren wie z. B. Missernten, Ernährungskrisen, Kriegskatastrophen und Seuchen zogen zwangsläufig Verarmung und Bedürftigkeit nach sich.

1522 erließ wiederum die Nürnberger Stadtverwaltung einen dritten ordnungspolitischen Maßnahmenkatalog, der jetzt aber nicht mehr „Bettel“- sondern „Armenordnung“ genannt wurde und auch von anderen Städten übernommen wurde. Diese Armenordnung wurde in ganz Europa führend. Danach wurde zunächst das Betteln vor Kirchen verboten. Zwei oder drei Personen hatten für die Bedürftigen auszusagen, dass diese wirklich in Not waren. Und die Bettelzeichen trennten „ortsansässige“ von „nicht ortsansässigen“ Bettlern. Über diese Maßnahmen steckte die Obrigkeit einen engen Handlungsrahmen für die Bettler ab und kontrollierte auch deren moralischen Lebenswandel. Bei Hausbesuchen sollten nun auch genau Alter, Gesundheitszustand, Wohnbedingungen und Familiensituation festgehalten werden, um die Arbeitsfähigkeit zu überprüfen und danach unberechtigte Ansprüche ablehnen oder gewähren zu können. Der folgende Auszug aus der Nürnberger Armenordnung 1522 dokumentiert dies:

> „Vor der Durchführung dieses Almosens werden die Knechte mehr als einmal durch die ganze Stadt (...) gegangen sein und alle Bürger und Bürgerinnen, die des Almosens bedürftig sind, sorgfältig verzeichnet haben; sie verzeichnen auch, wieviel jeder öffentlich auftretende Bettler mit seiner wöchentlichen Bettelei einsammelt, auch wieviel Kinder ein jeder dieser Bettler hat, welches Alter und welche Ausbildung die Eltern und Kinder haben, und ob diese Kinder zum Teil gar in der Lage sind, mit Dienstleistung und ihrer Hände Arbeit ihr Brot zu erwerben und die Unterhaltung ihrer Eltern zu übernehmen; diese werden auch besonders deshalb schriftlich erfaßt, um ihnen durch die Pfleger und ihre Helfer in den Handwerken oder sonstwo Anstellungen zu verschaffen, damit sie mit Arbeit aufwachsen und mit der Zeit ohne Almosen auskommen können. Dazu haben sich die genannten vier Knechte bei den umwohnenden Nachbarn dieser Bettler und Armen zu erkundigen und sorgfältig zu notieren, was für einen guten oder schlechten Leumund diese Armen besaßen und noch besitzen, (...).“ (Sachße/Tennstedt 1980, 68f.)

Die Höhe der Unterstützung richtete sich nach dem jeweiligen Personenstand. Wenn das Almosen wegen „unchristlichem“ Lebenswandel oder anderer Defizite verweigert werden musste, wirkten die Armenpfleger erzieherisch darauf hin, dass die Bedürftigen wieder auf die „rechte Bahn“ kamen. In der Nürnberger Armenordnung sind sogar schon Vorformen von Evaluationen zu erkennen. So berichteten Armenpfleger beispielsweise, dass sie bei Hausbesuchen Erfolge feststellen konnten, wenn ehemalige Bettler und Müßiggänger wieder in ihren alten Handwerksberufen tätig waren und auch deren Kinder das Betteln aufgegeben hatten. Von einem beruflich „korrekt" arbeitenden Armenpfleger erwartete die Stadtverwaltung ebenso den sorgfältigen Umgang mit öffentlichen Geldern (Zeller 2006a, 133–139).

Das Konzept der Nürnberger Armenordnung von 1522 zur Durchsetzung der Bettelverbote

– Anstellung von Armenpflegern
– Gemeinsame Beratungen
– Hausbesuche/Bedürftigkeitsüberprüfung
– Verteilung von Bettelabzeichen
– Feststellung der Arbeitsfähigkeit
– Arbeitsbeschaffung
– Aktenführung
– Kassenverwaltung
– Genaue Festlegung der Höhe der Unterstützung
– Erziehungsmaßnahmen
– Besorgen von Arzneien
– Überprüfungen der geleisteten Maßnahmen
(Zeller 2006a, 140)

Halten wir fest

Zum Beginn der frühen Neuzeit, d. h. also bereits im 16. Jahrhundert, war man bemüht, auch den Kindern armer Menschen eine Schulbildung zu vermitteln und sie durch eine Berufsausbildung auf ihr Leben ohne Betteln vorzubereiten.

2.4 Waisen- und Zuchthäuser zur Zeit des Absolutismus und der Aufklärung (17.–18. Jh.)

2.4.1 Hallesche Anstalten von August Hermann Francke (1663–1727)

Pietismus

Der Pietismus verstand sich als Gegenbewegung zum Lutherischen Kirchentum. Denn im Luthertum entwickelten sich die Waisenhäuser zu bloßen Wirtschaftsunternehmen. Gegen diese Tendenz erarbeitete der Pietismus eine ganz neue Konzeption, in der es nicht primär um Arbeit, sondern um Erziehung ging. Nach Auffassung der Pietisten, etwa des eigentlichen theologischen Führers Philipp Jacob Spener (1635–1705), musste Betteln streng verboten werden.

August Hermann Francke (1663–1727) entwickelte in Halle aus dem Geist des Pietismus heraus ein neues Konzept für Waisenhäuser. Er übernahm die Armenpflegeidee des Humanisten Juan Luis Vives, wobei der Erziehungsgedanke zum wesentlichen Bestandteil der Kinderfürsorge gemacht wurde. Es entwickelte sich ein neuer Typ des Waisenhauses.

1. Francke entwickelte einen neuen Organisationstyp, der darin bestand, dass erstmalig eine *Einzelpersönlichkeit* eine Anstalt organisierte. Neu ist die Art der Organisation, die durchaus planmäßig und rationell, aber immer an den augenblicklichen Bedürfnissen orientiert ist (Scherpner 1966, 72).
2. Nicht nur die Organisationsform, sondern auch die Art der Finanzierung war neu. Francke glaubte, dass ein gutes Werk auch einen Spender finden würde. Träger der Waisenhäuser waren nicht mehr eine Gemeinde, Stadt oder religiöse Gruppe, sondern ein Kreis Gleichgesinnter aus allen Schichten. Bei dieser Art der Finanzierung taucht *private Fürsorge* zum ersten Mal auf, nämlich in dem Sinne, dass ein Einzelner Notstände erkennt, sich um ihre Beseitigung bemüht und mit der persönlichen und finanziellen Anteilnahme von Gesinnungsgenossen rechnen kann (Scherpner 1966, 73).

Für seine Anstalten, in denen über 2.000 Jungen lebten, entwarf Francke eine im Vergleich zu anderen Einrichtungen seiner Zeit neue Konzeption, die folgende Punkte umfasste:

1. Es ging um eine religiöse Erziehung. Franckes pädagogische Grundhaltung lautete:
   „Der natürliche Wille muß gebrochen werden und das Kind muß lernen, dem Gebot Gottes ohne Zwang zu folgen auf Grund der vom Verstand erfaßten heilsamen Lehren der wahren Gottseligkeit und der christlichen Klugheit." (Scherpner 1966, 74)
2. Die rationale Erforschung des Handelns durch eine geschulte Aufmerksamkeit war ebenfalls entscheidend. In Franckes pietistischer Erziehung ging es darum, Kinder zu einem rational kontrollierten Leben zu führen (Scherpner 1966, 75).
3. Pietistischer Auffassung entsprach das Prinzip der ständigen nützlichen Beschäftigung. Müßiggang war Sünde, und man musste die Kinder und Jugendlichen vor dieser Sünde schützen. Für Francke ging es nicht nur um Erwerb und Lebensunterhalt, sondern um die Bildung der Kinder. Allen Waisenkindern wurde ein Wissen vermittelt, das im alltäglichen Leben nützlich war, z. B. wurden sie über die Polizeiordnung informiert, sie lernten, wie man reisen sollte, wie sie einen Acker ausmessen und einen Kalender gebrauchen konnten.
4. Die körperliche Pflege und Erziehung war ebenfalls ein wichtiger Baustein des Konzeptes. Dazu gehörten saubere und luftige Räume, Ordnung der Kleidung, Bewegung in den Freistunden. Den Gesundheitszustand der Kinder sollte der Erzieher gut überwachen und, wenn er Anzeichen von Schwächlichkeit oder Krankheit bemerkte, sofort den Arzt zu benachrichtigen (Scherpner 1966, 78).
5. An die Erzieher stellte Francke hohe Anforderungen. Die Erzieher sollten nicht Zuchtmeister, sondern Väter sein. Sie sollten sich um die Eigenart, die Individualität jedes Kindes bemühen und diese fördern.

Die Halleschen Anstalten (Waisenanstalt, Schulen, Lehrerausbildungsstätten und Landgüter) hatten auch nach dem Tod von Francke weiterhin Bestand, seine Idee breitete sich rasch über ganz Deutschland aus.

Halten wir fest

Nach der Auffassung des Pietismus war Betteln streng verboten. Das ganz Neue einer pietistischen Konzeption war, dass es in der Jugendfürsorge nicht mehr primär um Arbeit, sondern um Erziehung ging.

Waisen- und Zuchthäuser

Zu Franckes Zeit wurden Kinder, die verwaist waren, in Waisen- und Zuchthäusern (1673 erstes deutsches Zuchthaus in Nürnberg) untergebracht. Bei diesen Zuchthäusern wurden Manufakturbetriebe angesiedelt und die Insassen zur Arbeit gezwungen. Spener, der in Frankfurt ein Armen-, Waisen- und Arbeitshaus leitete, ging davon aus, dass Kinder zur Arbeit verpflichtet waren. Der Zusammenhang von Waisenhaus und Wirtschaftsunternehmen war zur Zeit des Absolutismus eine Selbstverständlichkeit. Vor diesem Hintergrund muss man den besonderen Verdienst der Konzeption von Francke sehen.

Gegen Ende des 18. Jahrhunderts wurden starke Angriffe gegen Waisen- und Zuchthäuser laut, die sich nicht gegen die Kinderarbeit an sich richteten, sondern gegen die dort herrschenden unhygienischen und gesundheitsgefährdenden Zustände.

Man errechnete auch, dass eine Unterbringung von Kindern in einer Pflegefamilie auf dem Land viel billiger war als der Unterhalt von Waisenhäusern. Diese Überlegungen führten zur allmählichen Schließung der Waisenhäuser.

2.4.2 Hamburgische Armenreform: Caspar Voght (1752–1839)

Arbeitserziehung

Caspar Voght

Unter dem Gedanken der *Aufklärung* entwickelte man in Hamburg eine Armenreform (1788), die für die ganze Aufklärungszeit zum Vorbild wurde. Das Besondere des neuen Ansatzes, der von Caspar Voght entwickelt wurde, ist das Konzept der Arbeitserziehung. Bei dem planvollen Einbau der Kinderfürsorge in das neue System der Armenpflege ging es darum, nicht nur die unmittelbar hilfsbedürftigen, sondern alle armen Kinder, auch vorbeugend, zu erfassen. Kinderfürsorge war also nun auch vorbeugende Armenpflege (Scherpner 1966, 100).

Armenschulsystem

Im Mittelpunkt der Hamburgischen Armenkinderfürsorge stand ein umfassendes Armenschulsystem, das Arbeiterausbildung, Erwerbsarbeit und Lehrschule miteinander verband und durch Abend- und Sonntagsschulklassen ergänzt wurde.

Das Neue des Hamburger Modells war, dass man hier den ersten Versuch unternahm, die Kinder- und Jugendfürsorge aus der Armenfürsorge herauszunehmen und als ein eigenes Gebiet gesellschaftlicher Hilfeleistung zu erkennen und zu organisieren. (Scherpner 1966, 110).

Die Armenkinder wurden der Schule unterstellt und der Erziehungsbehörde zugeordnet. Der Ansatz zu einer neuen Organisation der Kinderfürsorge war damit gegeben. Voght verwies darauf, dass die Aufgaben der Kinderfürsorge „himmelweit" verschieden von denen der Armenpflege waren. Neben den Armenbezirken sollte es ähnlich organisierte Schuldistrikte geben, die unter der Leitung von Mitgliedern der Schuldeputation standen.

Nach Meinung von Scherpner hatten die führenden Männer der Hamburgischen Armenreform eine imposante Leistung vollbracht. Sie hatten die gesamte Fürsorge für Kinder- und Jugendliche unter der Leitung einer einzigen Behörde zusammengefasst und planmäßig nach einheitlichen erzieherischen Gesichtspunkten organisiert (Scherpner 1966, 116).

Halten wir fest

Die öffentliche Fürsorge, die bisher von der städtischen Obrigkeit oder den Kirchen durchgeführt wurde, erhielt eine weitere Ausprägung. Eine Einzelperson engagiert sich und errichtet z. B. ein Waisenhaus bzw. eine Anstalt für arme Kinder. Im Mittelpunkt dieser neuen Konzeption steht der Erziehungsgedanke, d. h. die Vorbereitung auf den konkreten Alltag. Kinderfürsorge sollte nicht mehr der Armenfürsorge unterstellt werden, sondern einer Erziehungsbehörde.

2.4.3 Individualpädagogik

In der europäischen *Aufklärung* des 18. Jahrhunderts geht es um die Förderung der Vernunft des Menschen. Diese, Europa und die gesamte westliche Welt entscheidend prägende geistige Bewegung will den Menschen weg von Unwissen und Vorurteilen in die Welt der Vernunft führen. Alle menschlichen Verhältnisse, der Staat, die Wirtschaft, die Religion, die moralischen Grundsätze müssen nach vernünftigen Grundsätzen geordnet werden, denn das Vernünftige ist zugleich das Natürliche, das der Natur des Menschen Angemessene. Um diese Ziele zu erreichen, muss der Mensch aufgeklärt werden. Demnach ist Erziehung des Individuums der eigentliche Sinn der Aufklärung. Das Individuum steht im Mittelpunkt allen Denkens und Handelns. Die Pädagogik seit den Philosophen John Locke und Jean-Jacques Rousseau war stark individualistisch orientiert. Dies bedeutete, dass die Individualpädagogik vor allem das Individuum betonte, welches mit dem Ziel der individuellen Vervollkommnung den jungen Menschen um seiner selbst willen erziehen sollte.

Ziel der Aufklärung

„Dieser ganz auf das Individuum bezogenen Erziehung gab man nun primär die Schuld an der gegenwärtigen gesellschaftlichen Situation, an der Auflösung aller Formen und Organe in Volk, Staat und Wirtschaft …

Individualpädagogik

Da die Volksordnung zerstörenden Interessengegensätze … auf den von der Individualpädagogik geförderten Egoismus von einzelnen bzw. von Klassen zurückgeführt wurden, erschien das Problem der Gesellschaft als ein erzieherisches Problem, die soziale Frage als Erziehungsfrage. Es lag daher nahe, von einer erneuerten, den aufklärerischen und individualistischen Zeitgeist überwindenden Pädagogik die Lösung der gesellschaftlichpolitischen Krise zu erwarten. In der Hoffnung, die Zerrissenheit des deutschen Volkes aufzuheben, die innere Einheit der Nation mit den Mitteln der Bildung wiederherzustellen, wurde eine neue pädagogische Konzeption entworfen. Diese Pädagogik, die gegen die vermeintlich zu einseitige Betonung der Individualität durch die bisher praktizierte Erziehung das Ideal der Gemeinschaft setzte, wurde mit dem Begriff Sozialpädagogik bezeichnet." (Marburger 1979, 25–26)

Sozialpädagogik

Bedeutende Vertreter dieser Sozialpädagogik waren Karl Mager und Paul Natorp.

Halten wir fest

!

Sozialpädagogik versteht sich als Reaktion auf die aus der Aufklärung hervorgegangene Individualpädagogik. Durch eine allgemeine Volksbildung wollte man der sozialen Not begegnen. Deshalb nannte man diese neue Pädagogik: „Social-Pädagogik" (sic.).

2.5 Sozialpädagogik im Zeitalter der Industrialisierung (18.–19. Jh.)

2.5.1 Rettungshausbewegung/Rauhes Haus in Hamburg: Johann Hinrich Wichern (1808–1881)

Aufgabe

?

Will man in einem Kinderheim sinnvoll pädagogisch arbeiten, muss man es nach Kleingruppen, ähnlich einer Familie organisieren. Wann fand diese Erkenntnis Eingang in das pädagogische Denken?

Was schätzen Sie?

Zu Beginn des 19. Jahrhunderts engagierten sich bedeutende Persönlichkeiten im Bereich der Kinderfürsorge.

Aus der Erweckungsbewegung bzw. der süddeutschen Rettungshausbewegung entwickelte Christian Heinrich Zeller (1779–1860) die Idee der Familienerziehung. Die Erziehungsanstalten sollten die Familie ersetzen, und dies konnten sie nur, wenn sie selbst wie Familien organisiert waren.

Johannes Falk (1768–1826) widmete sich der Erziehung in Pflegefamilien und entwickelte ein entsprechendes Konzept.

Von besonderer Bedeutung – auch bis heute – ist das Werk von Johann Hinrich Wichern (1808–1881), dem Begründer der Inneren Mission. Die von ihm gegründete Einrichtung nannte er „Rauhes Haus". Seine Vorstellungen von Kinder- und Jugendfürsorge verbreiteten sich in ganz Deutschland (Niemeyer 1998, 45–77).

Wicherns Konzept beinhaltete folgende Punkte:

1. Die Erziehung in einem Erziehungsdorf musste freiwillig geschehen. Sie durfte nicht als Strafe angesehen werden. Deshalb mussten die Eltern in einem Aufnahmekontrakt die elterlichen Rechte auf die Anstalt übertragen.
2. Sein Plan war, ein Erziehungsdorf mit kleinen Familienhäusern aufzubauen. Jede Familie umfasste 10–12 Kinder, geleitet von einem erwachsenen elterlichen oder geschwisterlichen Freund. „Das Leben in dieser Rettungsanstalt sollte weniger das Leben in einer Familie darstellen, als vielmehr das Zusammenleben mehrerer Familien" (Scherpner 1966, 140).
3. Ziel der Rettungsarbeit war es, das Verhältnis zwischen Kindern und Eltern wieder zu ordnen und auf die Rückkehr des Kindes in das Elternhaus hinzuarbeiten. Aus dieser Aufgabe erwuchsen Besuchs- und Beratungstätigkeiten außerhalb des Hauses.
4. Geleitet wurden die Familiengruppen von Brüdern, die ebenfalls im *Rauhen Haus* ausgebildet wurden.

Das Erziehungssystem des *Rauhen Hauses*, das bis in jedes Detail auf die individuelle Pflege und Behandlung eines jeden Zöglings abgestellt war, hatte sich bewährt (Scherpner 1966, 148).

2.5.2 Kindergarten

Johann Heinrich Pestalozzi (1746–1821)

1. Wegbereiter: Die ersten Ansätze für eine *Kleinkindererziehung* findet man bei Johann Friedrich Oberlin (1740–1826). Er initiierte 1770 so genannte Strickschulen. Neben Oberlin ist Johann Heinrich Pestalozzi (1746–1821) zu nennen, dem es vor allem um die mütterliche Erziehung in der Wohnstube ging. Pestalozzi hat die Rettungshausbewegung und damit Wichern, Zeller, Falk u. a. entscheidend beeinflusst.

Julius Fölsing (1818–1882)

Einer der bedeutendsten Vorschulerzieher des vorigen Jahrhunderts war der Lehrer Julius Fölsing (1818–1882). Er richtete 1843 in Deutschland eine Kinderschule für Kinder höherer Stände ein. An diese Schule schloss er gleichzeitig eine Ausbildungsstätte für Erzieherinnen an.

> „Wollen wir tüchtige Kinderschulen haben, dann müssen wir erst besser, tiefer ausgebildete Erzieherinnen haben und nicht jede Person, die sich als Erzieherin anmeldet, sogleich als solche annehmen." (Metzinger 1993, 37)

Einen besonders starken Einfluss auf die Entwicklung der Kleinkinderschulen und die Ausbildung von Erzieherinnen nahm Theodor Fliedner (1800–1864). Er richtete 1836 in Kaiserswerth eine Kleinkinderschule und eine Diakonieanstalt ein, denen er ein evangelisches Seminar für Kleinkinderlehrerinnen angliederte. Fliedner war im Gegensatz zu Wichern der Meinung, dass die Leitung von Kleinkinderschulen nicht von Männern, sondern von Frauen übernommen werden sollte.

Theodor Fliedner (1800–1864)

Drei grundlegende Eigenschaften forderte Fliedner von den Kleinkinderlehrerinnen: „Eine große unerschöpfliche Liebe zu den Kindern, eine fröhliche und heitere Gemütsstimmung und körperliche Gesundheit." (Metzinger 1993, 43)

Fliedners Konzept der Kleinkinderlehrerinnenausbildung gab der weiteren Entwicklung wichtige Impulse.

2. Friedrich Fröbel (1782–1852): Etwa zur gleichen Zeit wie Fliedner versuchte Friedrich Fröbel (1782–1852) ein Konzept für eine frühkindliche Erziehung auszuarbeiten. Er ging davon aus, dass die häusliche Erziehung allein für die Entwicklung des Kindes nicht ausreichte. Vielmehr müssten die Kinder schon früh in der Gemeinschaft Gleichaltriger ihre Erfahrungen sammeln und ihre Umwelt erforschen. Fröbel wollte die Familienerziehung erweitern und ergänzen.

Ergänzung zur Familienerziehung

„1840 legte Fröbel den Entwurf eines Plans zur Begründung und Ausführung eines allgemeinen deutschen Kindergartens vor … Was Fröbel mit dieser Wortschöpfung im Sinn hatte, umschrieb er so: Wie in einem Garten unter Gottes Schutz und unter der Sorgfalt erfahrener, einsichtiger Gärtner im Einklang mit der Natur, so sollen hier die edelsten Gewächse, Menschen, Kinder als Kleine und Glieder der Menschheit, in Übereinstimmung mit sich, mit Gott und der Natur erzogen werden." (Metzinger 1993, 47)

Nach Fröbel erfüllte der Kindergarten drei Funktionen:

drei Funktionen

- In ihm werden Kinder im Vorschulalter durch angemessene Beschäftigung und durch Spiele allgemein gefördert und somit für die Schule und für die weiteren Lebensphasen vorbereitet.
- Der Kindergarten selbst ist eine Ausbildungsstätte für junge Männer und Frauen, in der sie für Erziehungsaufgaben ausgebildet werden.
- Ferner soll geeignetes Spielmaterial entwickelt werden und die fachliche Diskussion durch die Herausgabe einer Zeitschrift gefördert werden (Müller 1985, 88).

Für Fröbel war es entscheidend, dass die Mitarbeiterinnen der Kindergärten gut ausgebildet wurden. Hierfür entwarf er ein Konzept, das er auch selbst umsetzte. Nach seiner Meinung kamen für den Beruf nur Frauen in Frage, weil er für die Altersstufe der 3- bis 6-Jährigen den mütterlichen Umgang für angemessen hielt. Dieser Gedanke gilt nahezu ausschließlich noch bis heute.

Mit der Ausbildung von Kleinkinderlehrerinnen (Fliedner) und der Ausbildung von **Kindergärtnerinnen** (Fröbel) war für die Kleinkindererziehung neben dem Lehrer ein neuer Berufszweig entstanden. Darauf aufbauend entwickelte sich später das Berufsbild der Jugendleiterin (seit 1911).

Der führende Pädagoge der Romantik, Fröbel, gilt in Verbindung mit Pestalozzi, bei dem Fröbel eine Zeit lang hospitiert hatte, als Begründer nicht nur der Kindergartenpädagogik, sondern auch der Sozialpädagogik.

Die Ideen von Fröbel fanden großen Anklang, erweckten aber auch Misstrauen. So wurde 1851 in Preußen der Kindergarten verboten – allerdings aufgrund eines Missverständnisses, weil Fröbel mit seinem sozialistischen Namensvetter Julius Fröbel verwechselt wurde. 1860 wurde dieses Verbot wieder aufgehoben, und seit dieser Zeit verbreitete sich der Kindergarten in ganz Deutschland.

Einen entscheidenden Beitrag zur Verbreitung leistete die Nichte Fröbels, Henriette Schrader-Breymann. Sie gründete in Berlin das Pestalozzi-Fröbel-Haus. Statt der Bezeichnung Kindergärtnerin wünschte sie sich den Namen „Volkserzieherin“, der sich allerdings nicht durchsetzte.

3. Kleinkinderbewahrungsanstalten kirchlicher Träger: Zur Zeit des Verbots der Kindergärten war es vor allem die evangelische Kirche, die sich verstärkt um die Kleinkindererziehung bemühte. Im ausgehenden 19. Jahrhundert gab es bereits 2.000 von Diakonissinnen geführte Kleinkindereinrichtungen. Vorbild für die Ausbildung war das Konzept von Fliedner, das dieser für die Ausbildungsstätte in Kaiserswerth entwickelt hatte. Mit dem Engagement der evangelischen Kirche im Kleinkindbereich entstanden zwei deutlich zu unterscheidende Ausbildungskonzeptionen: die diakonisch-sozial-christlich eingestellte Kleinkinderschule und der pädagogisch-orientierte Kindergarten nach Fröbel (Metzinger 1993, 82).

Im Vergleich zur evangelischen Kirche war das Bemühen der katholischen Kirche um die Kleinkindererziehung eher gering. Die Leitung in den Kleinkinderbewahrungsanstalten wurde von Ordensschwestern übernommen. Man kann allerdings zusammenfassend sagen, dass die Mehrzahl der Kleinkindereinrichtungen im 19. Jahrhundert von Organisationen der beiden Kirchen getragen wurden.

4. Staatliche Fürsorge: Der liberale Rechtsstaat hielt sich in der Fürsorgearbeit weitestgehend zurück und überließ den freien, privaten und kirchlichen Trägern die Initiative. Allerdings wurde der Staat um die Mitte des 19. Jahrhundert gezwungen, seine Zurückhaltung aufzugeben. Anlass war eine militärische Musteruntersuchung junger Männer im rheinischen Industriegebiet. Bei dieser Untersuchung stellte man schwere Gesundheitsschäden fest, die man auf die weit verbreitete Kinderarbeit zurückführte. Auf diesen Befund gingen die Schutzvorschriften über die Beschäftigung jugendlicher Arbeiter in Fabriken (1839) zurück. Die gewerbliche Arbeit für Kinder unter 9 Jahren und die Nacht- und Sonntagsarbeit für 9- bis 12-Jährige wurde gänzlich verboten und die Arbeitszeit der Jugendlichen auf zwölf, später auf zehn Stunden beschränkt. Weitere Schutzmaßnahmen waren:

Schutzmaßnahmen

- Pflegekinderschutz (1840): Die Lage der Pflegekinder stellte ebenfalls einen Notstand dar, den es galt, durch polizeiliches Eingreifen abzustellen. Der Pflegekinderschutz wurde zu einer fürsorgerischen Maßnahme, die nicht nur Schäden verhindern, sondern die Lage der Kinder verbessern sollte.
- Reichsstrafgesetzbuch (1871): Es regelte die Strafmündigkeit von Kindern. Kinder bis zum vollendeten 12. Lebensjahr waren nicht strafmündig. Die 12- bis 18-Jährigen sollten nur bedingt strafmündig sein.
- Zwangserziehung: Die strafunmündigen Kinder unter 12 Jahren, die erhebliche Straftaten begangen hatten, wurden in Erziehungs- oder Besserungsanstalten untergebracht, was man heute Fürsorgeerziehung nennt.

„Das Neue an dieser Erziehung der Fürsorge für verwahrloste Kinder war, daß die Entscheidung über ihre Unterbringung in Anstalts- oder Familienpflege in die Hand des Vormundschaftsgerichtes … gelegt wurde und daß, organisatorisch noch wichtiger, eine eigene Erziehungsbehörde ihre Erziehung lenkte und überwachte. Damit trat der Staat unmittelbar in das Gebiet der Jugendfürsorge und der Erziehung der gefährdeten und verwahrlosten Jugend ein.“ (Scherpner 1966, 163)

Kinderschutzgesetze

Die wichtigsten Entwicklungsstufen der Kinderschutzgesetzgebung hat Wolf zusammengestellt.

1839 Preußisches Regulativ über die Beschäftigung jugendlicher Arbeiter: Kinderarbeit in Berg- und Hüttenwerken verboten; dreijähriger Schulunterricht garantiert.
1854 Verordnungen in Bayern zum Schutz schulpflichtiger Kinder unter 10 Jahren: täglich bis maximal neun Stunden Arbeitszeit.
1861 Gewerbegesetz in Sachsen: Kinder unter 12 Jahren dürfen in keinem Gewerbe arbeiten.
1862 Jugendschutzbestimmungen zur Gewerbeordnung in Baden und Württemberg: Kinder unter 12 Jahren dürfen nicht im Gewerbe eingesetzt werden.
1869 Gewerbeordnung des Norddeutschen Bundes: Kinder unter zehn Jahren dürfen nicht, Kinder zwischen 10 und 12 Jahren täglich maximal sechs Stunden gewerblich beschäftigt werden.
1878 Kontrolle der Kinderarbeit durch die Gewerbeaufsichtsämter.
1900 Gewerbeordnung: schulpflichtige Kinder dürfen bis auf wenige Aus-

nahmen nicht gewerblich beschäftigt werden (d. h. niemand unter 14 Jahren).

1903 Gesetz über Kinderarbeit in gewerblichen Betrieben: generelles Verbot der Kinderarbeit in Fabriken (Wolf 1977, 68).

Halten wir fest

Die Konzeptionen von Wichern, Fliedner und Fröbel haben einen entscheidenden Einfluss auf die Erziehung von Kindern ausgeübt. Ausgebildete Erzieherinnen sollten die Kinder auf die Schule und den neuen Lebensabschnitt vorbereiten. Das Neue an diesen Konzepten war:

1. die Ausbildung von Kleinkinderlehrerinnen/Kindergärtnerinnen und
2. die positive Einstellung zu den Kindern.

2.5.3 Sozialpädagogische Bewegung

Die Sozialpädagogische Bewegung übernahm eine Art Brückenfunktion, indem sie die theoretischen Ansätze, die zur Zeit der Industrialisierung entstanden, weiterentwickelte und somit den Beginn der Neuzeit im Bereich des sozialpädagogischen Denkens erheblich beinflusste.

Social-Pädagogik

Der Begriff „social" ist im deutschen Sprachgebrauch seit etwa 1840 bekannt. Bereits 1844 entwickelte Karl Mager einen systematischen Ort der Sozialpädagogik. Sie ist die Synthese aus Kollektiv- und Individualpädagogik. Um 1900, also etwa 50 Jahre später, ist der Begriff „Social-Pädagogik" ein geläufiger und häufig gebrauchter Terminus, der in den pädagogischen Erörterungen um die Jahrhundertwende einen breiten Raum einnimmt. Dieser neue pädagogische Sachverhalt entwickelte sich vornehmlich aus drei Motiven heraus:

Hintergründe

„(1) Die Idee einer allgemeinen Volkserziehung bewirkte, daß die ganze Breite der heranwachsenden Generation in ihrer gesamten Lebenswirklichkeit ein Gegenstand des pädagogischen Interesses und der pädagogischen Bemühung wurde.
(2) Die Anfänge der industriellen Entwicklung, die Kenntnis der sozialen Bewegung Frankreichs und die Sorge angesichts des Pauperismus mobilisierten die pädagogischen Kräfte, diesen Entwicklungen zu begegnen, die befürchtete soziale Katastrophe zu verhindern und die neuen Lebenssituationen des Menschen in Stadt und Industrie zu bewältigen; der sozialpädagogische Begriff der Gefährdung hat hier seinen Ursprung.
(3) Die Jugendverwahrlosung wurde erst jetzt als ein pädagogisches Problem i. e. S. betrachtet." (Mollenhauer 1964, 14–15)

Unter Jugendfürsorge verstand man bis zu diesem Zeitpunkt praktische, konkrete Hilfe. Mit der Einführung des Begriffs „Social-Pädagogik" entstand eine völlig neue Sichtweise dieser Fürsorge. Es ging darum, die soziale Praxis einer theoretischen Reflexion zu unterziehen und in einen theoretischen Zusammenhang zu stellen. Einen besonderen Beitrag hierzu lieferte die „Sozialpädagogische Bewegung" nach dem Ersten Weltkrieg (Klumker, Fischer, Bäumer, Mennicke, Nohl u. a.), deren sichtbarste Dokumente das Reichsjugendwohlfahrtsgesetz (1922/24) und das Jugendgerichtsgesetz (1923) waren.

Sozialpädagogische Bewegung

Die Zeit der Weimarer Republik war gekennzeichnet von neuen Bewegungen, welche die Sozialpädagogik entschieden förderten, weshalb man auch von einer „Sozialpädagogischen Bewegung" sprach. Ihre Hauptanstöße kamen vor allem aus den verschiedenen Richtungen der so genannten Reformpädagogik, die ihrerseits durch die Jugendbewegung bestimmt wurde. Zur Reformpädagogik gehörten in erster Linie die „pädagogische Bewegung vom Kinde aus" (Ellen Key 1849–1926), die Landerziehungsheimbewegung (Hermann Lietz 1868–1919; Gustav Wyneken 1875–1964; Paul Geheeb 1870–1961), die Arbeitsschulbewegung (Georg Kerschensteiner 1854–1932; Hugo Gandig 1860–1923) und die Volkshochschulbewegung (Adolf Reichwein 1898–1944).

Durch die **Sozialpädagogische Bewegung** erfolgte eine Verschiebung der pädagogischen Sichtweise der Jugendfürsorge um 180 Grad. Sozialpädagogik ist nicht mehr die Summe der Überlegungen, die angestellt werden müssen, um den Staat vor dem „Gesellschaftsfeind" zu schützen, sondern das Sammelbecken derer, die die Not der Jugend in der modernen Arbeitswelt erkennen und die der Überzeugung sind, dass außerhalb und nach der Schule aktive Jugendhilfe geleistet werden muss. Nicht der verwahrloste Jugendliche bedroht die Gesellschaft, sondern die Gesellschaft bedroht die Jugend mit Verwahrlosung; nicht die Gesellschaft muss vor der Jugend, sondern die Jugend vor der Gesellschaft beschützt werden.

Die Erweiterung des pädagogischen Blickfeldes und die unkonventionelle Zuversicht, mit der die neuen Aufgaben in Angriff genommen wurden, empfinden wir im Rückblick als die wesentlichsten Kennzeichen jener Epoche (Wilhelm 1966, 26–28).

2.5.4 Sozialpädagogik

Aufgabe

Wie ist der Zusammenhang zwischen den beiden Begriffen Jugendfürsorge und Sozialpädagogik zu verstehen? Ist Sozialpädagogik ein anderes, neues Wort für Jugendfürsorge? Oder gibt es jetzt zwei Bereiche: Jugendfürsorge und Sozialpädagogik?

Die Lösung ist nicht ganz einfach. Man kann davon ausgehen, dass das sozialpädagogische Thema (Problem) älter ist als der Begriff „Sozialpädagogik". Die Geschichte der Sozialpädagogik kann man anhand von zwei Entwicklungslinien der Sozialpädagogik darstellen:

Entwicklungslinien

1850 Einrichtung erster kommunaler Gesundheitsfürsorgestellen auf freiwilliger Basis
1851 Neues preußisches Strafgesetzbuch: Kinder unter 12 Jahren sind nicht-, Jugendliche bis zu 18 Jahren nur bedingt strafmündig
1858 Einrichtung eigener ärztlicher Versorgung von Pflegekindern
1870 Unterstützungswohnsitzgesetz: nicht die Heimat-, sondern die Wohnsitzgemeinde ist zur Armenpflege verpflichtet
1871 Reichsstrafgesetzbuch: Erneuerung der Jugendstrafbestimmungen von 1851
1875 Preußische Vormundschaftsordnung
1876 Preußische Gesetzesnovelle: Verwahrloste Kinder können der Vormundschaftsbehörde unterstellt werden
1878 Erstes Gesetz zum Schutz der Pflegekinder in Hessen. Preußisches Gesetz zur Unterbringung verwahrloster Kinder in Erziehungsanstalten
1886 Badisches Gesetz über Zwangserziehung bei Versagen der Erziehungsberechtigten
1895 Einrichtung von Mütterberatungsstellen, Kinderfürsorgestellen, Erholungsheimen, Schulkinderfürsorge
1900 Inkrafttreten des Bürgerlichen Gesetzbuches (BGB) mit den wichtigsten bis dahin erlassenen Fürsorgegesetzen
1901 Preußisches Fürsorgeerziehungsgesetz: Regelung der Zuständigkeit für die verschiedenen Jugendfürsorgefälle

Ausbildung

Besonders zurückhaltend zeigten sich die Regierungen in Deutschland bezüglich der Regelung jugendfürsorgerischer Ausbildung. Erst 1911 wurden in einem preußischen Erlass die Ausbildungs- und Prüfungsbestimmungen für Kindergärtnerinnen und Jugendleiterinnen geregelt.

Nach der Neuordnung der Ausbildungsbestimmungen von 1920 wurden die Schulen „Wohlfahrtsschulen“ und der Beruf „Wohlfahrtspflegerinnen“ genannt. Von 1928 an erhielten auch Männer die offizielle Erlaubnis zur Wohlfahrtspflegerausbildung. Jedoch blieben v. a. weiterhin die Frauen in der Praxis tätig, die Männer eher im Verwaltungsbereich.

1928 regelte das preußische Kultusministerium die Ausbildung der Hortnerin, die mit der Kindergärtnerinnenausbildung vereint wurde.

Jugendamt

Um 1900 hatte es eine Reformbewegung gegeben, die immer stärker von der Überzeugung getragen wurde, dass alle Fürsorge für Kinder und Jugendliche ihrem Wesen nach Erziehung sein müsse. Man versuchte auch, die gesamte öffentliche Jugendfürsorge einer zentralen Behörde zu unterstellen. Die Forderung nach einem Jugendamt wurde deutlich artikuliert. 1910 gründete Hamburg als erste deutsche Stadt ein Jugendamt, Lübeck (1913) und Berlin (1915) folgten.

Aufgaben

Das für die Jugendfürsorge entscheidende Jahr war 1922. Der Reichstag der Ersten Deutschen Republik beriet den Entwurf des Reichsjugendwohlfahrtsgesetzes (RJWG), das wegen der rapide fortschreitenden Geldentwertung erst am 1.4.1924 in Kraft trat. Das RJWG vereinigte alle öffentlichen Hilfsmaßnahmen des Jugendsektors in der Behörde des Jugendamtes. Als Aufgaben eines Jugendamtes wurden genannt:

1. Mitwirkung im Vormundschaftswesen
2. Schutz der Pflegekinder
3. Mitwirkung bei der Durchführung der Schutzaufsicht
4. Mitwirkung bei der Durchführung der Fürsorgeerziehung
5. Jugendgerichtshilfe
6. Mitwirkung bei der Beaufsichtigung von Kinderarbeit und jugendlichen Arbeitern
7. Mitwirkung bei der Fürsorge für Kriegswaisen
8. Mitwirkung in der Jugendhilfe
9. Beratung von Eltern (Belardi 1980, 70–71)

Das RJWG war ein Kompromiss widerstreitender gesellschaftlicher Interessen. Zwar sollte es am 1.4.1924 in Kraft treten, jedoch einen Tag vorher setzte die Reichsregierung im Rahmen des „Ermächtigungsgesetzes zur Überwindung der Not von Volk und Reich“ große Teile des RJWG außer Kraft:

> „Bis auf weiteres sind Reich und Länder nicht verpflichtet, Bestimmungen als Reichsgesetz für die Jugendwohlfahrt durchzuführen, die neuen Aufgaben oder eine wesentliche Erweiterung bereits bestehender Aufgaben für die Träger der Jugendwohlfahrt enthalten."

Nicht überall mussten eigenständige Jugendämter eingerichtet werden; die Einrichtung von Landesjugendämtern wurde ins Ermessen der Länder gestellt. Erst 1953 wurden diese ausgesetzten Bestimmungen als RJWG durch ein Bundesgesetz wieder in Kraft gesetzt (Müller 1994a, 31; Kühn 1994, 23).

> „Insgesamt zeigte sich schon in den 20er Jahren, daß das Jugendamt eine relativ schwache Stellung im Ämtergefüge besaß, daß viele Reformen an der Finanznot gescheitert waren, daß bürokratische Überlegungen die Oberhand gewonnen hatten und daß das Jugendamt seit Bestehen ums Überleben als fachwissenschaftlich anerkannte Erziehungsbehörde kämpfen mußte. Es gab zwar eine fortschrittliche Fürsorgegesetzgebung, aber alle fachwissenschaftlich intendierten Reformen wurden durch die materiellen Hilfeleistungen (im Wohlfahrtsamt) dominiert." (Kühn 1994, 26)

Gertrud Bäumer (1873–1954)

Federführend bei der Erstellung des RJWG war eine der Führerinnen der deutschen bürgerlichen Frauenbewegung Gertrud Bäumer. Sie war diejenige, die den sozialpädagogischen Charakter des Reichsjugendwohlfahrtsgesetzes herausgearbeitet- und sowohl innerhalb ihrer Partei (sie vertrat zwischen 1919 und 1922 die Deutsche Demokratische Partei im Reichstag) als auch unmittelbar in der Reichsregierung (sie arbeitete zwischen 1920 und 1933 als Ministerialrätin in der kulturpolitischen Abteilung des Innenministeriums) durchgesetzt hat.

> „Der Sinn des Gesetzes sei Erziehung im reinsten Sinne des Wortes, Erziehung nicht als Nothilfe im Falle fehlender oder ungenügender Familienerziehung,

> sondern gesellschaftliche Erziehung, welche die prinzipiell gesetzten Grenzen von Familienerziehung und Schulbildung überschreiten müsse. Wohlfahrtsamt, Jugendamt und Schule bildeten drei in sich geschlossene Kreise. Das Jugendamt müsse seine sozialpädagogische Aufgabe frei von der wesensschädlichen Umklammerung der allgemeinen Fürsorge unabhängig ausbilden, weil es den anderen Behörden gegenüber eine sozialpädagogische Offensive zu übernehmen hat." (Müller 1994, 63–64)

Das RJWG regelte des Weiteren das Verhältnis zwischen freien und öffentlichen Trägern der Wohlfahrtspflege nach dem Subsidiaritätsprinzip. Es schuf ebenfalls die drei klassischen Ämter unter dem Dach des Wohlfahrtsamtes: Jugendamt, Wohlfahrtsamt (heute Sozialamt) und Gesundheitsamt.

2.6.2 Nationalsozialismus (1933–1945)

Nach der Ernennung Adolf Hitlers zum deutschen Reichskanzler (1933) wurden alle Bereiche des Lebens gleichgeschaltet und neu organisiert. Das „Dritte Reich" wollte unter neuen inhumanen „erb- und rassehygienisch orientierten Prinzipien" ein Volks- und Erziehungs(zwangs)staat sein, in dem das öffentliche wie private Leben grundsätzlich unter nationalsozialistische Erziehungsgesichtspunkte gestellt wurden.

NS-Wohlfahrt

Die grundlegenden Elemente der NS-Pädagogik bezogen sich auf Familie, Schule und Jugendfürsorge. Die nationalsozialistische Volkswohlfahrt (NSV) hatte erzieherische Leitung, besser gesagt Bevormundung aller im Menschen vorhandenen Anlagen zum Ziel. Das nationalsozialistische Regime nahm sich des gesamten Erziehungs-, Bildungs- und Wohlfahrtspflegewesens an und unterdrückte alle humanistischen, aufklärerischen und fortschrittlichen Elemente der bis dahin entwickelten Jugendfürsorge. Nicht nur die millionenfache Vernichtung und Verstümmelung menschlichen Lebens zeigt dies, sondern auch die Tatsache, dass das in den vorigen Jahrhunderten mühsam erkämpfte Verständnis von Ursachen, Folgen und Betreuungsmöglichkeiten psycho-sozialen Elends offiziell bekämpft wurde.

Reformbewusste und fortschrittliche VertreterInnen der einzelnen Fachdisziplinen wurden eingesperrt, erhielten Berufsverbot oder mussten emigrieren. So erklärte es sich auch, dass nach 1945 viele Theorien und Ansätze aus dem englischsprachigen Raum übernommen wurden.

2.6.3 Bundesrepublik Deutschland (seit 1945)

Wiederaufbau

Nach dem Zweiten Weltkrieg begann der Wiederaufbau der Nachkriegsfürsorge bzw. der Sozialpädagoik/Sozialarbeit in Deutschland anhand von zwei Linien:

- Sie knüpfte in Form und Inhalt an die Zeit vor 1933 an.
- Sie übernahm Konzepte und Methoden aus England und den USA.

Auf gesetzgeberischer Seite sind in dieser Zeit vor allem zu nennen:

1. Die Schaffung des Bundesjugendplans (seit 1950) und die entsprechenden Landesjugendpläne.
2. Die Novellierung des RJWG (1953), das nach zwei weiteren Novellierungen (1961 und 1970) in Jugendwohlfahrtsgesetz (JWG) umbenannt wurde.
3. Entscheidend war auch die Neuregelung des Sozialrechts. Das Sozialrecht ist im Sozialgesetzbuch (SGB) zusammengefasst. Das SGB enthält als eigenständige Kodifikation den allgemeinen Teil (SGB I), gemeinsame Vorschriften für die Sozialversicherung (SGB IV), Gesetzliche Krankenversicherung (SGB V), Gesetzliche Rentenversicherung (SGB VI), Kinder- und Jugendhilfe (KJHG bzw. SGB VIII) und Verwaltungsverfahren, Bestimmungen über den Schutz der Sozialdaten, die Zusammenarbeit der Leistungsträger und ihre Beziehungen zu Dritten (SGB X). Das alte BSHG von 1961/62 ist gemäß Art. 2 § 1 Nr. 15 SGB I als Neuntes Buch in das SGB eingeordnet worden (Proksch 1994, 25).

Grundsätze der Sozialhilfe

Die Sozialhilfe in der Bundesrepublik Deutschland umfasst nach § 8 SGB XII folgende Hilfen:

1. Hilfe zum Lebensunterhalt (§§ 27 bis 40 SGB XII),
2. Grundsicherung im Alter und bei Erwerbsminderung (§§ 41 bis 46 SGB XII),
3. Hilfen zur Gesundheit (§§ 47 bis 52 SGB XII),
4. Eingliederungshilfe für behinderte Menschen (§§ 53 bis 60 SGB XII),
5. Hilfe zur Pflege (§§ 61 bis 66 SGB XII),
6. Hilfe zur Überwindung besonderer sozialer Schwierigkeiten (§§ 67 bis 69 SGB XII),
7. Hilfe in anderen Lebenslagen (§§ 70 bis 74 SGB XII)
   sowie die jeweils gebotene Beratung und Unterstützung.
   (Quelle:http://www.geseke.de/buergerinfo/produkte/pr39.php,28.07.2010)

   Als die beiden großen Leistungsgruppen werden im Gesetz die Hilfe zum Lebensunterhalt, die Hilfe zur Überwindung besonderer sozialer Schwierigkeiten sowie in anderen Lebenslagen genannt.

KJHG

4. Seit dem 1. 1. 1991 gilt für die ganze Bundesrepublik Deutschland ein neues Kinder- und Jugendhilfegesetz (KJHG). Unter Jugendhilfe werden alle Bestrebungen, Maßnahmen und Einrichtungen verstanden, die der Erziehung und Bildung von Kindern und Jugendlichen außerhalb von Familie, Schule und Beruf dienen. Als Teilbereich umfasst die Jugendhilfe die Jugendarbeit (auch als Jugendförderung oder außerschulische Jugendarbeit bezeichnet), die Erziehungshilfe (auch als Jugendfürsorge bezeichnet), die Jugendsozialarbeit und den Jugendschutz sowie die Familienarbeit (Junge/Lendermann 1990, 14). Auch die Kindergartenerziehung ist der Jugendhilfe unterstellt.

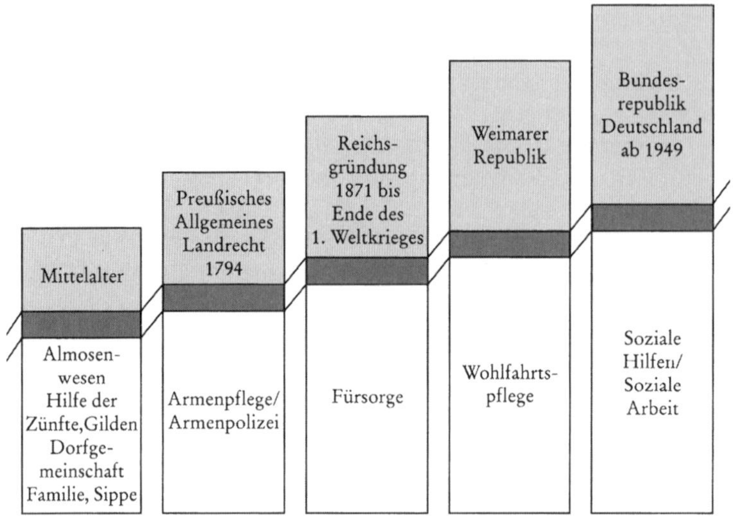

Abbildung 11: Dienstleistungen des Staates

Alle Leistungen der Jugendhilfe sind nicht als Strafe für Fehlverhalten zu verstehen, sondern als Hilfe. Die Jugendhilfe soll die Erziehung in der Familie unterstützen, ergänzen und in Einzelfällen ersetzen. Einen wichtigen Schwerpunkt legt das KJHG auf die vorbeugenden Hilfen. Die Leistungen tragen präventiven Charakter. Es geht dem KJHG um Gewährung von Hilfe, negative Begriffe wie „Gefährdung“ oder „Verwahrlosung“ entfallen gänzlich.

Die Entwicklung des Dienstleistungsangebotes des Staates fasst Puch (1994, 38) in einem Schaubild zusammen (siehe Abbildung 11).

Halten wir fest

In die Entwicklung der Jugendfürsorge griff der Staat sehr spät ein. Entscheidend für die Jugendfürsorge waren die Jahre 1922/24 mit dem Inkrafttreten des RJWG. In diesem Gesetz wurde Erziehung nicht mehr als Nothilfe, sondern als gesellschaftlich notwendige Maßnahme verstanden. Der Gedanke der Erziehung und der Prävention wurde nach dem Zweiten Weltkrieg im JWG (1961) und 1991 im KJHG festgeschrieben.

2.7 Jugendhilfe und Jugendarbeit

Aufgabe

Betrachtet man die Jugendfürsorge seit dem 19. Jahrhundert, findet man eine verwirrende Vielfalt an Begriffen für dieses Arbeitsfeld: Jugendfürsorge, Jugendpflege, Jugendhilfe, Jugendarbeit, Sozialpädagogik. Versuchen Sie, in diesem Begriffswirrwarr Ordnung zu schaffen. Klären Sie die Begriffe und ihre Zuordnung.

Mit dem Ausdruck „Jugendfürsorge" bezeichnete man bis zur Wende vom 19. zum 20. Jahrhundert alles, was Elternhaus, Schule, Gemeinde und Staat, was wohltätige Vereine und sozial gesinnte Personen für bedürftige, verwahrloste Kinder und Jugendliche vor allem der unteren sozialen Schichten aufbrachten. Zielgruppe war die proletarische Jugend, weniger die bürgerliche, denn diese wurde in hinreichendem Maße durch die eigenen Familien versorgt.

Jugendbewegung

Durch die Jugendbewegung (Karl Fischer gründete 1897 am Steglitzer Gymnasium in Berlin den „Wandervogel") änderte sich die Jugendfürsorge. Man erkannte, dass auch nicht-verwahrloste und nicht-straffällige Jugendliche gefährdet waren und der Hilfe bzw. Fürsorge bedurften. Dass für Aufgaben an der „straffälligen" und „normalen" Jugend der gleiche Begriff verwendet wurde (Fürsorge), führte in der Öffentlichkeit zu Protesten, und die Folge war eine bis zum Ersten Weltkrieg reichende ziemliche Sprachverwirrung in der Literatur: Die Begriffe „Jugendfürsorge", „Jugendpflege", „Jugendarbeit" wurden nun teils für gleiche, teils für verschiedene Sachverhalte gebraucht (Giesecke 1980, 13).

Diese Sprachverwirrung beendete der preußische Jugendpflegeerlass (1911), welcher der Jugendfürsorge nicht nur den neuen Namen „Jugendpflege", sondern auch eine neue Qualität und ein neues Gesicht gab. In der Jugendfürsorge ging es nun nicht nur um vorbeugende Hilfe für verwahrloste, sondern auch um die Hilfe für potenziell gefährdete Kinder und Jugendliche.

Jugendfürsorge erhielt eine neue Zielgruppe und Aufgabe. Deshalb wurde es auch notwendig, Jugendfürsorge in zwei Arbeitsfelder zu unterteilen. Es setzte sich im Sprachgebrauch langsam durch, **„Jugendfürsorge"** und **„Jugendpflege"** zu unterscheiden und beides zusammen „Jugendarbeit" zu nennen. Das Reichsjugendwohlfahrtsgesetz (RJWG) von 1922 ersetzte den Begriff „Jugendarbeit" durch „Jugendwohlfahrtspflege", und die Novelle zum Jugendwohlfahrtsgesetz (JWG) von 1961 ersetzte diesen Begriff wiederum durch den der **„Jugendhilfe"** (Giesecke 1980, 13–14).

Nach dem *Zweiten Weltkrieg* übernahmen vor allem die Jugendverbände die Jugendarbeit. In diese Monopolstellung der Verbände griff der Staat erst später ein. Sein Engagement bestand im Wesentlichen in einer subventionierend unterstützenden Funktion. Die Verbände und Kirchen sicherten sich ihre Monopolstellung bereits im RJWG durch das Prinzip der *Subsidiarität*. Dieses Prinzip konnten die freien Verbände auch in der Novellierung des JWG (1961) erneut durchsetzen.

Subsidiarität

freie Träger

> „Die freien Träger der Jugendarbeit sind Organisationen, die die im JWG genannten allgemeinen, in den Förderungsplänen des Bundes und der Länder konkretisierten Aufgaben der Jugendarbeit weitgehend monopolitisch wahrnehmen, dafür zur Kostendeckung erhebliche öffentliche Subventionen erhalten, gleichwohl aber das wirtschaftliche Risiko tragen." (Giesecke 1980, 91–92)

Das KJHG (1991) spricht von der partnerschaftlichen Zusammenarbeit (§ 4).

> „Nach Abs. 1 soll die öffentliche Jugendhilfe mit der freien Jugendhilfe partnerschaftlich zusammenarbeiten. Durch das Wort ‚soll' räumt das Gesetz dem Träger der öffentlichen Jugendhilfe ein sogenanntes gebundenes Ermessen ein. Nur in begründeten Ausnahmen kann er sich der Zusammenarbeit entziehen … Aus Gründen der grundgesetzlich geschützten Trägerautonomie, aber auch zur Wahrung der Pluralität hat die öffentliche Jugendhilfe bei der Zusammenarbeit die Selbständigkeit der freien Jugendhilfe in einem umfassenden Sinne zu achten." (Junge/Lendermann 1990, 33–34)

!

Halten wir fest

Durch den preußischen Jugendpflegeerlass (1911) wird das Aufgabengebiet der Jugendfürsorge völlig neu geregelt. Es wird erstmalig unterschieden zwischen *Jugendpflege* (der Begriff wird neu eingeführt) und *Jugendfürsorge*. Jugendpflege galt der „normalen" und Jugendfürsorge der „verwahrlosten" Jugend. Die gemeinsame Sorge um die gesamte Jugend wird in den zusammenfassenden Begriffen „Jugendarbeit" (1911), „Jugendwohlfahrtspflege" (1922) bzw. „Jugendhilfe" (1961 und 1991) ausgedrückt.

Jugendarbeit und *Jugendsozialarbeit* werden als eigenständige Felder sozialen Lernens und als notwendige sozialpädagogische Hilfen beim Übergang von der Schule in den Beruf anerkannt.

Allerdings muss man sehen, dass Jugendhilfe inzwischen nicht mehr hinreichen mit den beiden Sammelbegriffen *Jugendfürsorge* und *Jugendpflege* beschrieben werden kann. Die neu eingeführten Begriffe *Jugendarbeit* und *Jugendsozialarbeit* sind weiter gefasst. Unter Jugendarbeit versteht das KJHG ein „interdependentes Feld von Erziehung, Bildung, Geselligkeit, Aktion und Interessenvertetung". Zu ihren Schwerpunkten zählen: Außerschulische Jugendbildung, innerdeutsche und internationale Jugendarbeit, Kinder und Jugenderholung.

Unter Jugendarbeit versteht das KJHG sozialpädagogische Begleitung junger Menschen im Übergang von der Schule zur Berufsausbildung, die Berufshinführung und -vorbereitung sowie die Begleitung der beruflichen Bildung. Schwerpunkte der Jugendsozialarbeit sind: Beratungsdienste, Bildungsmaßnahmen, berufsfördernde Maßnahmen, Jugendgemeinschaftswerke, Jugendwohnheime und Förderschulen.

In §13 KJHG werden alle Hilfen der Jugendsozialarbeit als sozialpädagogische Hilfen bezeichnet.

Das Kinder- und Jugendhilfegesetz versteht sich als gesetzlicher Rahmen der *Jugendhilfe* (Jugendarbeit und Jugendsozialarbeit), die pädagogische Ausgestaltung der Hilfe ist Aufgabe der *Sozialpädagogik* als Theorie und Praxis (Abbildung 12).

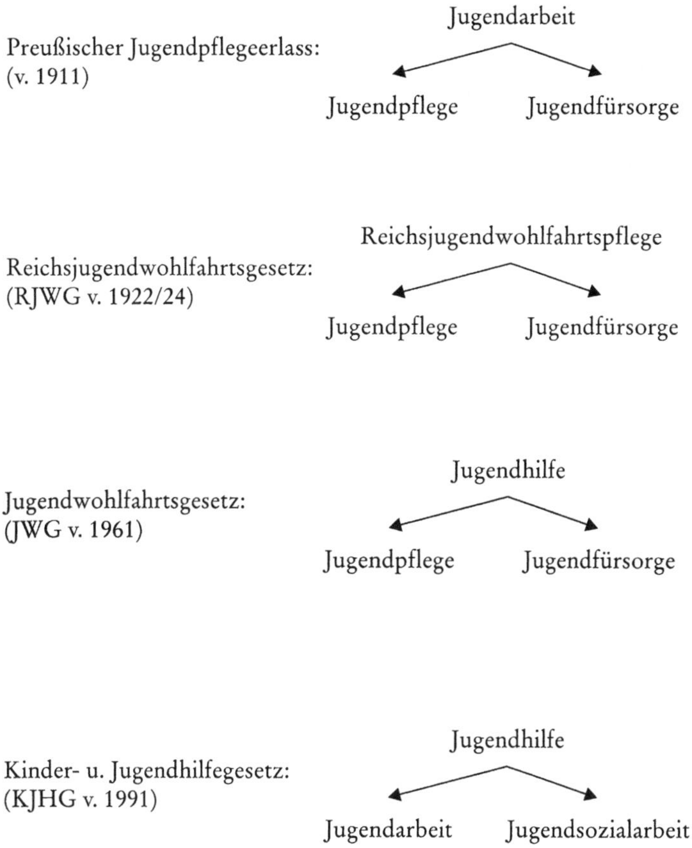

Abbildung 12: Jugendarbeit, Reichsjugendwohlfahrtspflege, Jugendhilfe

2.8 Vorbeugung, Prävention

2.8.1 Vorbeugen aus sozialpädagogischer Sicht: Prävention

?

Aufgabe

Überdenken Sie die Geschichte der Sozialpädagogik und diskutieren Sie folgende These: Charakteristisch für Sozialpädagogik ist, dass sie erst dann eingreift, wenn es zu spät ist, wenn das Kind bereits im Brunnen liegt. Sozialpädagogik ist also primär nachsorgend tätig.

Fürsorge ist Sozialpädagogik

Die Geschichte der Jugendfürsorge ist eine Geschichte der Erziehung. Ziel der Fürsorge war es, Kinder und Jugendliche so zu erziehen, dass sie sich in die Gesellschaft eingliedern und nicht Gefahr laufen zu verwahrlosen. Verstärkt wurde dieser sozialpädagogische Gedanke vor allem durch die bürgerliche Frauenbewegung eingebracht.

Jugendfürsorge war schon immer erzieherisch orientiert. Sie wurde zu einem Teil des öffentlichen Erziehungs-, Bildungs- und Pflegewesens, der den gesellschaftlichen Wert der Normalität, der Anpassung von Kindern an die geltenden Normen mit erzieherischen Mitteln oder mit kontrollierender Gewalt gegenüber Abweichungen von dieser Normalität erreichen sollte. Rauschenbach bezeichnet diesen Vorgang als Vergesellschaftung der Erziehung durch ihre Auslagerung in die Räume des öffentlichen Lebens (Rauschenbach 1992, 392).

keine Notstandspädagogik

Das herausstechende Merkmal dieser erzieherischen Aufgabe der Jugendfürsorge war die Vorbeugung. Schmidt hat diesen Aspekt ausführlich herausgearbeitet, um die These zu widerlegen, dass Sozialpädagogik prinzipiell zu spät komme und als eine Notstandspädagogik anzusehen sei und gelangt zu dem Ergebnis: Die These, Sozialpädagogik sei eben eine Nothilfe, lässt sich in dieser Einseitigkeit nicht aufrechterhalten (Schmidt 1981, 12–23).

?

Aufgabe

Den Begriff Prävention kann man auf verschiedene Personen in unterschiedlichen Lebenslagen beziehen. Deshalb unterscheidet man zwischen

1. primärer Prävention
2. sekundärer Prävention
3. tertiärer Prävention.

Überlegen Sie, was könnte man unter einer primären, sekundären und tertiären Prävention verstehen?

Lexikalisch bedeutet „Prävention“ Vorbeugung, Abschreckung. Es handelt sich um eine Maßnahme, mit deren Hilfe Rechtsbeugung, Straftaten oder Nachteile abgewendet werden sollen. Prävention ist ein Begriff der Rechtssprechung und der Kriminalpolitik. Man versteht darunter „die Gesamtheit der in einer konkreten Gesellschaft auffindbaren Anstrengungen, der Entstehung sozialer Fälle und abweichender Karrieren entgegenzuwirken.“ (Herriger 1986, 5)

Man unterscheidet:

1. **primäre Prävention:** Zielgruppen sind alle potenziell Gefährdeten einer Gesellschaft.
2. **sekundäre Prävention:** Adressaten sind alle Zielgruppen, die bereits spezifische Gefährdungen aufweisen, z. B. durch Rauschmittel oder Alkohol.
3. **tertiäre Prävention:** Handlungen zur Beseitigung bereits eingetretener Schäden mit dem Ziel der Vermeidung eines Dauerschadens (Herriger 1986, 7; Schmidt 1981, 20–21).

Präventionsstrategien

Neben dieser Kategorisierung schlägt Herriger ein weiteres Ordnungsraster vor. Er unterscheidet zwei grundlegende Präventionsstrategien:

- *Personenbezogene Prävention:* Die institutionellen Vorbeugungsmaßnahmen beziehen sich direkt auf die besonderen Gegebenheiten des Einzelfalles. Ziel der Prävention ist es, durch unterstützende Hilfen das normkonforme Verhalten von Personen zu sichern bzw. marginale Abweichungen durch korrigierendes Eingreifen schon frühzeitig zu beheben.
- *Strukturbezogene Prävention:* Ausgangspunkt vorbeugenden Handelns ist hier nicht das unerwünschte Verhalten einzelner Personen, sondern vielmehr die sozialstrukturell geprägten Lebensverhältnisse von Familien. Der gemeinsame Bezugspunkt der Präventionsarbeit ist die soziale Lebenslage bestimmter Bevölkerungsgruppen (Herriger 1986, 9–10; Böllert 1995).

2.8.2 Vorbeugen aus jugendpolitischer Sicht

Bereits das Reichsjugendwohlfahrtsgesetz (RJWG) von 1924 nahm den Gedanken der Erziehung in Form präventiver Maßnahmen auf (§ 1):

> „Jedes deutsche Kind hat ein Recht auf Erziehung zur leiblichen, seelischen und gesellschaftlichen Tüchtigkeit … Insoweit der Anspruch des Kindes auf Erziehung von der Familie nicht erfüllt wird, tritt, unbeschadet der Mitarbeit freiwilliger Tätigkeit, öffentliche Jugendhilfe ein“.

Prävention als Strukturmaxime

Im Kinder- und Jugendhilfegesetz (KJHG) von 1991 bilden die sogenannten vorbeugenden Hilfen einen besonderen Schwerpunkt. Das Recht auf Erziehung wird aus dem Menschenbild des Grundgesetzes abgeleitet:

„Das Kind bedarf des Schutzes und der Hilfe, um sich zu einer eigenverantwortlichen Persönlichkeit innerhalb der sozialen Gemeinschaft zu entwickeln, wie sie dem Menschenbilde des Grundgesetzes entspricht." (Junge/Lendermann 1990, 28)

In § 14 KJHG geht es um die Prävention im Kinder- und Jugendschutz. Dazu heißt es in der Gesetzesbegründung:

„Der Jugendhilfe kommt im Rahmen des präventiven Kinder- und Jugendschutzes die erzieherische Aufgabe zu, Gefährdungen von Kindern und Jugendlichen vorzubeugen bzw. entgegenzuwirken und durch Information, Beratung und erzieherische Impulse positive Akzente in der Sozialisation zu setzen." (Junge/Lendermann 1990, 53)

In Bezug auf die allgemeine Förderung der Erziehung in der Familie (§ 16) geht das KJHG von der Bestimmung aus, dass als Leistungsvoraussetzung keine Notsituation vorliegen muss. Die Leistungen haben vielmehr präventiven Charakter.

Diskutiert wurden die vorbeugenden erzieherischen Maßnahmen der Jugendhilfe auch im Achten Jugendbericht der Bundesregierung von 1990. Als erste wichtige Strukturmaxime der Jugendhilfe wird die *Prävention* genannt.

„Sie zielt – als primäre Prävention verstanden – auf Lebenswerte, stabile Verhältnisse, auf Verhältnisse also, die es nicht zu Konflikten und Krisen kommen lassen, und – als sekundäre Prävention verstanden – auf vorbeugende Hilfen in Situationen, die erfahrungsgemäß belastend sind und sich zu Krisen auswachsen können. Das Konzept der sekundären Prävention wird gestützt durch Ergebnisse der Streß-Forschung ebenso wie der Forschung zu kritischen Lebensereignissen, der Life-Event-Forschung." (Achter Jugendbericht 1990, 85)

Zur dritten Stufe der Prävention gehören Hilfen in akuten Konflikten und überlasteten, verhärteten oder verfahrenen Situationen. Der Achte Jugendbericht weist auch auf Schwierigkeiten hin, die eine Umorientierung der Jugendhilfe im Zeichen der Prävention mit sich bringen.

„Jugendhilfe im Konzept von Prävention zu sehen, könnte bedeuten, all ihre Aktivitäten unter dem Gesichtspunkt der Verhütung von Schwierigkeiten (und damit Normalität gleichsam als verhinderte Schwierigkeit) zu verstehen und so – pointiert geredet – Wirklichkeit von der Bedrohung her nicht nur zu interpretieren, sondern zu pathologisieren (analog wäre es, wenn Gesundheit als noch nicht ausgebrochene Krankheit verstanden würde).

Dies aber wäre eine schreckliche Konsequenz. Bildung ebenso wie Information und die Gestaltung von Lebensräumen haben eine eigene Bedeutung für Kinder, Heranwachsende und Familien. Für die Jugendarbeit, aber ebenso für Familienarbeit ist es entscheidend, sie vom Eigensinn ihrer Aufgaben und nicht von Belastungen und Risiken her zu begründen …

Präventive Orientierung ist nicht ein Konzept zur Struktur von Jugendhilfe überhaupt, sondern ein Moment in ihr." (Achter Jugendbericht 1990, 86)

2.8.3 Vorbeugen aus sozialpolitischer Sicht

Strasser hat in seinem Beitrag über den Sozialstaat fünf Momente der **vorbeugenden Sozialpolitik** herausgearbeitet:

1. Durchsetzung einer autonomen Vollbeschäftigungspolitik, die sich nicht auf die sogenannten ‚Selbstheilungs-Kräfte' des Marktes verlässt und auch nicht dem Trugschluss aufsitzt, Vollbeschäftigung stelle sich als quasi automatisches Nebenprodukt ökonomischen Wachstums ein.
2. Konsequente Bekämpfung der krankmachenden Faktoren im Arbeits- und Wohnbereich.
3. Vorrang der präventiven Medizin, d. h. Aufbau eines integrierten öffentlichen Gesundheitswesens.
4. Umfassende strukturpolitische Maßnahmen unter sozialen und ökologischen Gesichtspunkten ...
5. Schließlich: Maßnahmen zur Erhaltung, Wiederherstellung und Neubegründung der sozialen Produktivität der ‚kleinen Netze' wie Familie, Wohngemeinschaft, Nachbarschaft, selbstorganisierte Gruppe etc. (Strasser 1987, 1092–1093).

Strasser sieht in dem Konzept der vorbeugenden Sozialpolitik die einzige humane Möglichkeit, die dem Menschen mehr reale Freiheit garantiert. Für diese sozialpolitische Umorientierung stellt sich natürlich die Finanzierungsfrage (Strasser 1987, 1094). Es liegen genügend Belege vor, die beweisen, dass vorbeugende Soziale Arbeit auch aus wirtschaftlicher Sicht rentabel ist.

Aufgabe:

Finden Sie z. B. in einem Jugendamt heraus, wie viel die Unterbringung eines Kindes in einem (Kinder-)Heim pro Tag durchschnittlich kostet.

Je größer der Hilfebedarf ist, desto wichtiger wird Jugendhilfe, desto geringer werden aber auch die Chancen, die nötigen finanziellen Mittel zu erhalten. Jugendhilfe war von Anfang an immer auch ein Kampf gegen knappe Kassen.

„Es ist schwer klarzumachen, daß auch die finanziellen Folgekosten unterlassener Jugendhilfe in die ökonomische Rechnung einzubeziehen sind, was allerdings selten geschieht. Was man an Jugendhilfe spart, muß man in vielen Fällen an Sozialhilfe bezahlen oder aber in Rehabilitationsmaßnahmen, in den Jugendstrafvollzug oder in andere repressive Maßnahmen investieren. Dies ist zugleich ein wichtiger Hinweis für die Argumentation von Jugend- und Sozialdezernenten und von Jugendamtsleitern mit ihren Kämmerern. Diese Debatte zwischen Jugendhilfe und Kämmerern wird erfolgreich sein, wenn Jugendhilfe erkennt und anerkennt, daß finanzielle Mittel leichter zu begründen sind, je weniger sie nur konsumiert werden, nur in therapeutische Behandlung sozialer Probleme Jugendlicher und je mehr sie investiert werden in die Überwindung der Ursachen sozialer Probleme." (Dettling 1993, 25)

!

Halten wir fest

Jugendfürsorge ging und geht es grundsätzlich immer um Erziehung und damit auch um der Verwahrlosung vorbeugende Maßnahmen.

Prävention (Vorbeugen)
1. Primäre: zielt auf alle potenziell gefährdeten Personen
2. Sekundäre: richtet sich an Personen, die bereits spezifische Gefährdungen aufweisen
3. Tertiäre: es geht um Beseitigung eingetretener individueller und sozialer Problemlagen

Auch wenn es primär um Prävention (Prophylaxe) geht, muss man sehen, dass Jugendfürsorge sowohl vorbeugende wie auch intervenierende Aufgaben übernimmt. Sozialpädagogik ist somit durch Prävention und **Intervention** charakterisiert.

2.9 Verwahrlosung/Dissozialität und Normalität/abweichendes Verhalten

Die Geschichte der Sozialpädagogik und deren Aufgabe kann man auch anhand von vier Begriffen erklären: *Verwahrlosung/Dissozialität* und *Normalität/abweichendes bzw. dissoziales Verhalten.*

2.9.1 Verwahrlosung/Dissozialität

?

Aufgabe

Öffentliche Jugendfürsorge entstand aus dem Bemühen heraus, Kinder vor Verwahrlosung zu schützen. Verwahrlosung sieht Mollenhauer deshalb als grundlegenden Begriff und Grund für die Entstehung der Sozialpädagogik.

Würden Sie für das heutige Verständnis von Sozialpädagogik auch den Begriff der Verwahrlosung zugrunde legen oder würden Sie einen anderen Begriff wählen?

Verwahrlosung

Unter Verwahrlosung verstand man jene Merkmale, die einen oder mehrere Menschen kennzeichneten, die sich nicht so verhielten, wie man es gewöhnt war und von ihnen erwartete.

> „Verwahrloste nannte man eben jene Unglücklichen, welchen die Verwahrung vor dem Bösen durch andere nicht, wie sie nach göttlicher und menschlicher Ordnung sollte, zu Teil geworden ist. Diese Begriffe enthielten einen theologisch-anthropologischen Aspekt. Die verwahrende Ordnung nämlich, die allein für fähig galt, eine drohende Verwahrlosung zu verhüten, war die christliche Gemeinschaft als Familie, Werkstätte, Gemeinde und Kirche ... In diesem Sinne gab es keine Ordnung außerhalb der christlichen Gemeinde." (Mollenhauer 1987, 40–41)

Mit dem Begriff der Verwahrlosung war also ein religiös, moralisch und sittlich verwerfliches Verhalten gemeint. Dieses Verhalten bezog man vor allem auf Jugendliche. Den männlichen „Nachwuchs" von Adel, Bildungs- und Besitzbürgertum nannte man bis in die zweite Hälfte des 19. Jahrhunderts hinein Jünglinge. Die Arbeitskinder wurden bis zur Volljährigkeit in der Regel Kinder genannt oder „jugendlich". In diesem Zusammenhang sprach man auch sehr häufig von „jugendlichen Verbrechern". Im Georg'schen Bücherverzeichnis im Band von 1898–1902 findet man unter dem Stichwort „Jugendlicher" den Verweis: siehe „Verbrecher". „Wer vor dem Jahr 1911 vom Jugendlichen sprach, meinte für jedermann verständlich eine kriminelle oder verwahrloste Person jugendlichen Alters." (Müller 1994a, 20) Jugend, vor allem Jugendliche der Arbeiterschicht, und Verwahrlosung sah man bis zu diesem Zeitpunkt als mehr oder weniger identisch an. Jugend war verwahrlost oder ihr drohte die Verwahrlosung.

Jugendlicher

Die Ansicht über Verwahrlosung hat sich im Laufe der Geschichte verändert, wie es z. B. Mollenhauer und Thiersch nachweisen. Thiersch zeigt diese Veränderung auf, indem er von zwei Aspekten der Verwahrlosung ausgeht: die landläufige Meinung und die Meinung der Handlungswissenschaften.

> „Die alte Selbstverständlichkeit, daß Scheitern in jedem Menschen angelegt und Gelingen nicht primär eigenes Verdienst, sondern Gunst der Umstände sei, ist z. B. durch die Entdeckungen der modernen Sozial- und Tiefenpsychologie vielfältig belegt worden. Zwischen Verwahrlosten und Normalen gilt kein prinzipieller Unterschied; Verwahrloste sind nur die Unglücklicheren, Benachteiligteren; sie verurteilen, ist pharisäisch ... Indem Verwahrlosung so aber nicht nur vom Individuum, sondern auch von der Gesellschaft aus, gleichsam als der eigene Schatten, als das schuldhaft Versäumte erscheint, wird es selbstverständliche Pflicht, die benachteiligten Umstände zu ändern und zu helfen." (Thiersch 1992a, 25–26)

Heute gilt der Begriff „Verwahrlosung" als veraltet, weil er negativ geprägt ist. Er wird durch einen neutralen Begriff ersetzt: *Dissozialität* (Thiersch 1992a, 30; Mollenhauer 1964, 45). Heute wird allgemein von dissozialem Verhalten oder Dissozialität gesprochen. Unter Dissozialität versteht man einen Prozess,

Dissozialität

> Alles, was in der Jugendpflege ... geschieht, setzt nicht bei schon eingetretenen Schäden ein, sondern ist legitimer Bestandteil der ‚normalen' Erziehungswege und Erziehungshilfen. Aber schon, daß wir von Hilfen sprechen, zumal von außerfamiliären und außerschulischen, von öffentlichen Erziehungshilfen, deutet ein Problem an. Offenbar ergibt sich das ‚Normale' nicht gleichsam von selbst; es muß hergestellt und seine Herstellung muß gesichert werden. Damit geschieht alle Sozialpädagogik angesichts von Gefährdungen. Die Sorge um die Gefährdung der Jugend, der Versuch, die Gefahr abzuwenden, die Gefährdung abzudämmen, ist das entscheidende und alle Sozialpädagogen verbindende Motiv ihrer Arbeit." (Mollenhauer 1964, 48–49)

Gefährdung

Von Gefährdung spricht man, wenn die Autonomie und Initiative eines Menschen unterentwickelt, geschwächt oder bedroht wird. Damit hat Mollenhauer das Minimum dessen benannt, das als Normalität oder psycho-soziale Gesundheit gelten kann.

Diese Ausführungen belegen, wie schwer es ist, Normalität begrifflich und inhaltlich exakt zu erfassen. Normalität kann nicht als statistische Größe gemessen werden. Sondern sie wird als anthropologisches Prinzip gesehen, das nicht nur aus einer einseitigen Anpassung des betroffenen Menschen an durchschnittliche gesellschaftliche Verhältnisse und Verhaltensweisen besteht. Normalität hängt vielmehr von sozial-kulturellen, objektiv-statistischen und subjektiven Kriterien ab.

Kriterien der Normalität

Unter Normalität versteht Böhnisch in Anlehnung an die Wissenssoziologie von Berger/Luckmann

> „eine Grundwelt, die das soziale Selbstverständnis in der Gesellschaft darstellt – das Selbstverständliche, das nicht mehr thematisiert werden muß. Die Gesellschaft funktioniert, weil sie eben einen nicht hinterfragten Grundbestand an normativen Orientierungen hat. Grundwelt beinhaltet ja, daß etwas Konsens ist, daß es nicht immer wieder durch Verfahren oder Argumentationen neu hergestellt werden muß." (Böhnisch 1994, 36–37)

Die Gesellschaft wird durch Basisregeln bestimmt, welche dafür sorgen, dass sich die Mitglieder eines Gemeinwesens in alltäglichen Situationen nicht immer wieder auf neue Regeln verständigen müssen.

Böhnisch unterscheidet zwischen einer lebensweltlichen Normalität, die individuelle innere Sicherheit garantiert, und einer sozialstaatlichen Normalität, die soziale Probleme bewältigbar erscheinen lässt.

!

Halten wir fest

Es ist sehr schwer, Normalität begrifflich zu fassen.

Das Normale ergibt sich nicht von selbst, es muss hergestellt und diese Herstellung muss gesichert werden.

Als normal kann man das bezeichnen, was dem Menschen Lebensbedingungen ermöglicht, die mindestens so gut sind, wie die des durchschnittlichen Bürgers. Man muss zwischen der lebensweltlichen und der sozialstaatlichen Normalität unterscheiden.

2.9.3 Auffälliges, „abweichendes" Verhalten

Aufgabe

Sie haben sich Gedanken gemacht, was normal ist. Versuchen Sie jetzt zu klären, was ist sog. „abweichendes, nicht-normales" Verhalten?

Abweichendes Verhalten kann man nur verstehen, wenn man die Norm kennt, von der abgewichen wird. Auch hier ist die Terminologie nicht einheitlich. Man spricht z. B. im Zusammenhang mit Schülern von problematischem, abweichendem, deviantem, gestörtem, unangepasstem, undiszipliniertem Verhalten. Von verschiedenen Seiten wurde versucht, theoretische Ansätze für auffälliges oder abweichendes Verhalten zu formulieren. Vier Theoriemodelle sollen kurz vorgestellt werden (Thommen 1985, 107–149; Sidler 1989, 55–112).

Abweichung als Krankheitssymptom

1. Medizinisches Modell: Bei diesem Ansatz wird abweichendes Verhalten individualisiert, d. h., Verantwortung für Probleme wird weitest gehend dem verhaltensauffälligen Individuum zugeschrieben. Die Verhaltensweisen sind psychische Krankheitssymptome, die in der Person lokalisiert sind. Dabei geht man vom medizinisch-biologischen Modell aus, nach dem vor allem medizinisch-konstitutionelle und physiologische Faktoren für psychische Auffälligkeiten verantwortlich gemacht werden. Auffälligkeiten werden als Ursache und nicht als Folge von sozialen Schwierigkeiten gesehen (Thommen 1985, 108). Dieser Ansatz sieht die psychischen Auffälligkeiten weitestgehend losgelöst vom sozialen Kontext, in welchem die Auffälligkeiten entstanden sind.

Experiment von Rosenhan

Auch in der Medizin ist diese Abgrenzung von „Normalität" und „Anormalität" umstritten. Der amerikanische Psychologe Rosenhan hat 1973 zu diesem Thema ein sozialpsychologisches Experiment durchgeführt, das Waller wie folgt beschreibt: In dem von Rosenhan durchgeführten Experiment gelang acht Pseudopatienten – ausschließlich unter der Simulation des Symptoms, sie würden Stimmen hören – die Aufnahme in zwölf psychiatrische Anstalten. Die Pseudopatienten änderten lediglich ihren Namen und hörten sofort nach der Aufnahme auf, Stimmen zu hören. Keiner der Pseudopatienten wurde als solcher entdeckt. Bis auf einen Fall erhielten alle die Diagnose „Schizophrenie".

Der zweite Teil des Experiments wurde in einer Universitätsklinik durchgeführt, deren Personal Zweifel an der Zuverlässigkeit des Experiments geäußert hatte. Das Personal wurde darüber informiert, dass in den folgenden drei Monaten ein oder mehrere Pseudopatienten versuchen würden, in das psychiatrische Krankenhaus aufgenommen zu werden. Es wurde eine 10-Punkte-Skala entwickelt, mit deren Hilfe die Intensität des Verdachts „Pseudopatient" bei allen Aufnahmen gemessen werden sollte. Es wurden 193 Aufnahmefälle beurteilt. Bei 41 Patienten wurde von mindestens einem

Mitglied des Personals behauptet, sie seien mit großer Wahrscheinlichkeit Pseudopatienten. Bei 23 Patienten äußerte mindestens ein Psychiater diesen Verdacht, bei 19 hatten mindestens ein Psychiater und ein anderes Mitglied des Personals diesen Verdacht. In Wirklichkeit aber stellte sich kein „echter" Pseudopatient aus der Rosenhanschen Untersuchung vor.

Rosenhan wollte mit seinem Experiment der Frage nachgehen, ob man psychisch Gesunde von psychisch Kranken unterscheiden kann und ob die Merkmale, die zu einer Diagnose führen, in dem Patienten selbst oder in der Umgebung liegen.

Seine Frage war: Kann man zwischen Normalität und Anormalität, zwischen psychisch Gesunden und psychisch Kranken deutlich unterscheiden. Diese Frage musste er nach diesem Experiment verneinen. Die Bestimmung von Normalität bzw. Anormalität hängt von sehr vielen u. a. auch sozialen Faktoren ab (Waller 1991, 14–15).

Abweichung als Ergebnis von sozialen Lernprozessen

2. Verhaltenstheoretisches Modell:

> „Die Verhaltenstheorie wandte sich vor allem gegen die Auffassung, auffälliges Verhalten sei Ausdruck eines zugrundeliegenden, psychodynamischen Defekts. Stattdessen betonte sie kontrollierende Umweltreize als Krankheitsursache. Die Rückweisung psychodynamischer Konstrukte und deren Ersetzung durch lerntheoretische Annahmen … führte zu einer grundlegenden Revision der Erklärung und Behandlung abweichenden Verhaltens. Symptome werden nicht mehr als Zeichen verborgener psychischer Defekte, sondern als Ergebnis sozialer Lernprozesse gedeutet." (Thommen 1985, 109)

Im Gegensatz zum medizinischen Modell, das eher ein statistisches Persönlichkeitsmodell vertritt, betont das verhaltenstheoretische Modell den Kontext des Verhaltens und den Prozess des Erwerbs.

Als Kritik an diesem Modell wird angemerkt, dass abweichendes Verhalten kein klar definierter Sachverhalt ist, sondern oft erst durch die Interpretation der kommunizierenden Partner zu einem sozialen Problem gemacht wird.

Abweichung als soziale Zuschreibung

3. Labeling-Modell: Der Labeling-Ansatz ist zurzeit der umfassendstetheoretische Ansatz, der abweichendes Verhalten zu erklären versucht.

> „Der Labeling-Ansatz geht davon aus, daß es abweichendes Verhalten an sich oder als Eigenschaft einer Person nicht gibt. Stattdessen ist abweichendes Verhalten nur in Bezug auf bestimmte, in einer Gesellschaft geltende Verhaltensregeln und entsprechenden sozialen Zuschreibungen als solches zu identifizieren. Die Definition von Abweichung läßt sich also nicht aus dem Verhalten selber, sondern nur aus der Bedeutung, welche diesem Verhalten in der sozialen Interaktion zuerkannt wird, herleiten … Die Betrachtung abweichenden Verhaltens sagt damit mehr über die Verhaltensregeln, die der Etikettierung zugrunde liegen und den Prozeß der Zuschreibung aus, als über das Verhalten selber und die Person, die dieses Verhalten zeigt." (Thommen 1985, 111)

Man kann sagen, dass gesellschaftliche Gruppen abweichendes Verhalten schaffen, indem sie Regeln aufstellen, deren Verletzung abweichendes Verhalten nach sich zieht, und indem sie diese Regeln auf bestimmte Menschen anwenden.

> „Von diesem Standpunkt aus ist abweichendes Verhalten keine Qualität der Handlung, die eine Person begeht, sondern vielmehr eine Konsequenz der Anwendung von Regeln durch andere und der Sanktion gegenüber einem ‚Missetäter'.
>
> Der Mensch mit abweichendem Verhalten ist ein Mensch, auf den diese Bezeichnung erfolgreich angewandt worden ist; abweichendes Verhalten ist Verhalten, das Menschen so bezeichnen." (Thommen 1985, 111)

Man unterscheidet bei diesem Modell zwischen

- *primären Abweichungen:* Sie werden kaum registriert, bzw. ihnen wird keine große Bedeutung zugemessen. Es handelt sich um normale Entscheidungen des täglichen Lebens und ziehen meist keine langfristigen Konsequenzen nach sich.
- *sekundären Abweichungen:* Diese Abweichungen sind von gravierender Größe und markieren den Misserfolg der Gesellschaft, abweichendes Verhalten zu verhindern, zu korrigieren bzw. zu kontrollieren. „Stattdessen wird dieses durch die Reaktion der Interaktionspartner erst zum sozialen Problem erhoben, verschärft und verfestigt." (Thommen 1985, 113)

Halten wir fest

Die Entstehung sog. „abweichenden" Verhaltens wird nach dem *Labeling-Ansatz* als ein ganzheitlicher Prozess verstanden, an dem gesamtgesellschaftliche, gruppenspezifische, interaktionelle und individuelle Faktoren beteiligt sind. Je nach theoretischem Ansatz versteht man unter abweichendem Verhalten ganz Verschiedenes.

Nach dem medizinischen Krankheitsmodell werden Auffälligkeiten als Ursache und nicht als Folge von sozialen Schwierigkeiten verstanden.

Das verhaltenstheoretische Modell sieht abweichendes Verhalten nicht als Zeichen verborgener psychischer Defekte, sondern als Ergebnis sozialer Lernprozesse.

2.10 Jugendhilfe: Dritte Erziehungs- und Bildungsinstitution

2.10.1 Primäre Erziehungsinstitution: Familie

Aufgabe

Sind Sie der Meinung, dass die Familie in der industriellen Gesellschaft versagt hat? Sie hat viele Funktionen verloren und ist nicht mehr imstande, Kinder und Jugendliche auf ihre Aufgaben in unserer Gesellschaft genügend vorzubereiten. Wie sehen Sie das?

Bis weit über das Mittelalter hinaus kannte man nur das „Hauswesen", die Gemeinschaft mehrerer Generationen zuzüglich des Hausgesindes (Dienstboten, Angestellte). Mit der Entwicklung der industriellen Gesellschaft verlor das „Haus" entschieden an Bedeutung und es blieb nur noch die Familie, die sich immer mehr zur Kleinfamilie entwickelte. Im Zusammenhang mit der Auflösung der Großfamilie zeichnete sich auch ein Nachlassen in der Bewahrungs- und Erziehungsfähigkeit der Familie ab. Man sprach vom Funktionsverlust der Familie als Institution.

Entwicklung der Familie

„Ihre bewahrende, gewöhnende Sitte und Gesittung bildende Kraft schien nachzulassen. Sie verlor durch die Veränderung ihrer inneren Struktur ihren Charakter als gesellschaftlicher und sittlicher Stabilitätsfaktor. Der Ausfall bis dahin selbstverständlicher Verhaltensweisen und Einrichtungen wird als beklagenswerte Lücke empfunden, dergestalt, daß das so durchbrochene soziale Gewohnheitsgerüst die Verwahrlosung des nunmehr ungeschützten einzelnen zur notwendigen Folge haben müsse …

Dabei wurde nicht nur das faktische Vorhandensein einer guten Erziehung in Frage gestellt, sondern die Erziehungsfähigkeit der Eltern wurde angezweifelt, teils weil die neuen Aufgaben, die durch die gesellschaftliche Einwirkung der Familienerziehung gestellt wurden, von den Eltern nicht mehr bewältigt werden konnten, teils weil man der Meinung war, die Familie in ihrem kritisierten Zustand sei schlechthin nicht in der Lage, eine geordnete Erziehung des Nachwuchses zu gewährleisten. Es haben sich die Verhältnisse des gesellschaftlichen Lebens mehr und mehr vervielfacht, die Bedürfnisse sich vermehrt, und die Berufsarten sind schwieriger und verwickelter geworden; infolgedessen erfordere auch die häusliche Erziehung eine neue Einstellung und neue Mittel, die aber der erziehenden Generation nicht zur Verfügung stünden, da sie in früheren Zeiten allgemeiner Einfachheit aufgewachsen sei." (Mollenhauer 1987, 50)

Der Prozess der Familienauflösung ist bis heute noch nicht abgeschlossen. Im Achten Jugendbericht wird die aktuelle Situation von Kindern in der Familie beschrieben:

> „1987 lebten 8,8 Mio. Kinder unter 15 Jahren in Familien, wobei 89,3% in Familien mit beiden Eltern und 10,7% in Familien mit nur einem Erziehungsberechtigten aufwuchsen …
>
> Zwischen 1961 und 1987 ging der Anteil der Kinder unter 15 Jahren, die mit beiden Eltern zusammenlebten, von 93,3% auf 89,3% zurück …
>
> Schwarz … schätzt die Anzahl von Stiefkindern auf ca. 10% aller Kinder, so daß man heute davon ausgehen kann, daß mindestens 80% aller Kinder bis zum 15. Lebensjahr bei ihren leiblichen Eltern aufwachsen, wohingegen 10% mit nur einem Elternteil aufwachsen und weitere 10% bei Stiefeltern …
>
> Das Aufwachsen mit Geschwistern ist heute eine wesentlich seltenere Erfahrung als früher. Wuchsen 1961 15% aller Kinder mit 4 und mehr Geschwistern auf, waren es 1987 nur noch 5%. Der Anteil der Kinder, die alleine oder mit einem Geschwister aufwachsen, stieg von 1961 mit 66% auf 80% im Jahr 1987 …
>
> Ausdruck des Geburtenrückgangs in der Bundesrepublik Deutschland ist, daß die großen Familien weitgehend verschwunden sind, während die kleineren Familien mit ein und zwei Kindern deutlich zugenommen haben." (Achter Jugendbericht 1990, 36–37)

Durch die Zunahme von Scheidung, Trennung und Wiederverheiratung erfährt eine wachsende Zahl von Kindern die Familie nicht mehr als zeitüberdauernde, stabile Intimgruppe. Kinder behalten ihre leiblichen Eltern nicht mehr selbstverständlich auch als soziale Eltern, sie werden zunehmend in Prozesse der neuerlichen Partnerfindung ihrer leiblichen Väter und Mütter einbezogen (Rauschenbach 1992, 137).

Halten wir fest

Trotz dieser Entwicklung in der Familie muss man festhalten, dass die Familie auch heute noch als primäre Erziehungsinstitution gilt, dies betont das KJHG ausdrücklich. Dort heißt es, dass aufgrund der veränderten Lebensbedingungen von Familien ein immer höherer Bedarf an Unterstützung der Sorgeberechtigten bei der Wahrnehmung ihrer erzieherischen Funktionen konstatiert werden muss. Man kann nicht von einem Funktionsverlust der Familie sprechen, sondern von einer Funktionsverlagerung. Die Entwicklung der industriellen Gesellschaft hat der Familie eine Reihe neuer Aufgaben übertragen, die sie früher nicht kannte.

Zum Teil überforderten die neuen Aufgaben die Familien, so dass andere Erziehungs- und Bildungsinstitutionen zur Unterstützung der Familie notwendig wurden (Karsten/Otto 1996, 11–97; Böhnisch 1997, 69–75).

2.10.2 Sekundäre Erziehungs- und Bildungsinstitution: Schule

Aufgabe

Die Schule ist in unserer Gesellschaft eine dominante Bildungsinstitution. Sie bestimmt und entscheidet über Zeit und Zukunft junger Leute.

Inzwischen ist die Schule aber selbst zu einem sozialen Problem geworden. Immer mehr Schüler machen Lehrern ihre Arbeit schwer. Sie selbst brauchen von außen Hilfe. Diese wird ihnen in der Form der Schulsozialarbeit (eigentlich müsste es Schulsozialpädagogik heißen) angeboten. Ziel dieses Angebotes ist die partnerschaftliche Zusammenarbeit von Lehrern und Sozialpädagogen.

Haben Sie den Eindruck, dass Lehrer Sozialpädagogen ernsthaft als Partner anerkennen? Oder ist es nicht eher so, dass Sozialpädagogen in der Schule Befehlsempfänger, Pädagogen zweiter Ordnung sind, aber auf keinen Fall Partner?

Ein Blick in die Geschichte belegt, dass die heutige Schule viele Vorläufer hatte: Im 13. Jahrhundert die kirchlichen Lateinschulen, im 14. Jahrhundert die deutschen Schreib- und Leseschulen, im 18. Jahrhundert die Industrieschulen. Mit dem preußischen „General-Landschul-Reglement" von 1763 forderte Friedrich der Große die Eltern auf, ihre Kinder in die Schulen zu schicken. Dieser Forderung kamen die unteren Sozialschichten nur lückenhaft nach. Die tatsächliche Realisierung der Schulpflicht nahm in Deutschland über 200 Jahre in Anspruch. Neben der Erziehung in der Familie trat damit ein weiterer Bereich hinzu, eine sekundäre Erziehungs- und Bildungsinstitution.

Entwicklung der Schule

„Dieser Vorgang, daß die überlieferte Erziehung nicht mehr ausreicht, daß sie ergänzt werden muß, daß es erforderlich wird, neue Formen und Wege der Erziehung zu erproben, auszugestalten und schließlich auch zu institutionalisieren, vollzieht sich nicht zum erstenmal. Eine unmittelbare Parallele stellt die anfangs abgelehnte, dann umstrittene, heute ganz selbstverständliche Ergänzung der Familienerziehung durch die Schule dar.

Zunächst erwarben sich Kinder und Jugendliche, abgesehen von der Gelehrtenbildung, die für die Bewältigung des Erwachsenenlebens unerläßlichen Kenntnisse und Fertigkeiten im Nachvollzug vorgegebener Handlungsvollzüge. In Haus und Hof, im Stall, auf dem Feld oder in der Werkstatt erfolgte auf diese Weise durch Vormachen und Nachahmen, durch Übermitteln elementarer Einsichten und Regeln und durch noch ganz unreflektiert eingeübte Anpassung an die vorgefundenen Verhaltensmuster die Vorbereitung auf die Wirklichkeit des Erwachsenenlebens.

Um sich in ihm bewähren zu können, bedurfte es noch nicht besonderer, von diesem Erwachsenenleben abgetrennter Formen der Erziehung. Mit einsetzendem Wandel in der Struktur der Gesellschaft, ablesbar etwa an der zunehmenden Differenzierung und Spezialisierung der Produktionsverhältnisse oder an der öffentlichen Verwaltung, reicht die traditionelle Erziehung, beschränkt auf den Bereich der Familie, nicht mehr aus. Von etwa 1770 an wird eine lebhafte Diskussion über die Notwendigkeit öffentlicher Schulen geführt. Die Vor- und Nachteile der öffentlichen und der privaten Erziehung werden wiederholt gegeneinander abgewogen. Das literarisch hervortretende Bürgertum entschied sich dabei noch 1793 ... dafür, die Kinder eigenen Standes vor der öffentlichen Erziehung zu bewahren, während für die niederen Volksklassen öffentliche Schulen unerläßlich seien.

Die Schule als Ort plan- und absichtsvoller spezifischer Hilfen zum Erwachsenwerden, als besondere Veranstaltung außerhalb der Familie, wird aber schließlich für alle Stände unerläßlich. Die Familie kann gar nicht, auch nicht durch den Hauslehrer, wie im gehobenen Bürgertum und Adel noch zu Beginn des 19. Jahrhunderts üblich, all das lehren und vermitteln, was immer mehr selbstverständliche Voraussetzung zum Eintritt in den Produktionsprozeß oder in eine Ausbildung und damit zugleich zur Bewältigung des Erwachsenenlebens wird. Während dieses Verlaufs hat die Schule den ihr zunächst durchaus anhaftenden Nothilfecharakter verloren." (Furck 1966, 51)

Rückblickend kann man festhalten: Die vom Staat eingerichteten Volksschulen waren eine sozialpädagogische Schöpfung. Sie sollten angesichts der Erziehungsschwäche der Familie sozialpädagogische Erziehungshilfe leisten.

Dies scheint in unserer Zeit neue Aktualität zu gewinnen, da die Schule sich immer mehr vor soziale und sozialpädagogische Aufgaben gestellt sieht. Die PISA-Studie mit ihren Ergebnissen hat der deutschen Schulbildung ein sehr schlechtes Zeugnis ausgestellt. Seit dieser Zeit hat sich z. T. bereits etwas getan und wird sich in Zukunft die Schullandschaft in Deutschland deutlich verändern. Die Schulen werden zu „Orten des Lernens", die Ganztagsschule soll flächenddeckend eingeführt werden. Schule und Soziale Arbeit können die Erziehungs- und Bildungsaufgaben der Zukunft nur gemeinsam angehen und lösen. Sozialpädagogik/Soziale Arbeit wird ein weiteres Arbeitsfeld übernehmen und damit ihre Bedeutung und Notwendigkeit in unserer Gesellschaft dokumentieren. So entwickelten inzwischen z. B. Mörschner, Homfeld, Braun, Wetzel, Thimm, Fatke, Valtin, Foker, Schwendemann, Deinet u. a. Konzepte einer sozialpädagogischen Schule (Schilling 2004). Kupffer fordert dieses sozialpädagogische Engagement in der Schule angesichts der großen Probleme, die Kinder und Jugendliche mit der Schule haben bzw. die Schule mit Kindern und Jugendlichen.

Schulsozialarbeit

„In Schulen, die nicht mehr Unterrichtsanstalten im herkömmlichen Sinne sind, sondern als Schulen getarnte, streckenweise chaotische Vormittagsmeetings, stellt sich neben vielen anderen Fragen auch die nach der Kompetenz der Pädagogen. Kompetenz wofür? In solchen Schulen ist der kompetente und tüchtige Profi nur noch teilweise Lehrer, denn der Unterricht, für den er ausgebildet ist, steht gar nicht mehr im Zentrum. Er wird vielmehr praktisch zum Sozialpädagogen ... Auch die Schulsozialarbeit bleibt in ihrem Selbstverständnis hinter der Wirklichkeit zurück, denn sie geht ja noch davon aus, der Lehrer sei kompetent für den Unterricht, der Sozialarbeiter für alles übrige. In dieser Konzeption ist eine im ganzen funktionsfähige, klaren Zielen verpflichtete Schule vorausgesetzt, in der Schwierigkeiten nur Randerscheinungen sind." (Müller et al. 1984, 243–244)

Von einer traditionell engen Verknüpfung zwischen der Institution Schule und Pädagogik muss die Schule künftig Abschied nehmen und erkennen, dass außerhalb von Schule die wesentlichen Erziehungsgrundlagen für die Entwicklung von Heranwachsenden gelegt werden. Gerade in den letzten Jahren kommen erhebliche Zweifel an den Erziehungsmöglichkeiten der Schulen auf. Die Schule macht krank und erzieht einseitig. Die Entwicklung der kognitiven Fähigkeiten wird gefördert, dagegen die Ausbildung emotionaler Kompetenzen, d. h. Erlebnis- und Gefühlsfähigkeit vernachlässigt (Hottelet et al. 1978, 69; Schilling 2000, 241–275).

2.10.3 Tertiäre Erziehungs- und Bildungsinstitution: Sozialpädagogik

Aufgabe

Was ist Sozialpädagogik? Viele Menschen können mit dem Begriff so wie mit dem Berufsbild wenig anfangen. Sie sind der Meinung, sie werden in ihrem Leben wohl kaum etwas mit entsprechenden Einrichtungen zu tun haben. Stimmt das?

Tragen Sie Argumente zusammen, mit denen Sie Menschen, die so denken, überzeugen können, dass sie bereits sozialpädagogische Einrichtungen in Anspruch genommen haben und auch weiterhin darauf angewiesen sein werden.

Die Entwicklung zeigte, dass die Erziehung in der Familie durch eine weitere Institution ergänzt werden musste: die Schule.

Nachdem das 19. Jahrhundert die Schulpflicht, das flächendeckende Schulangebot und den Ausbau der Lehrerbildung gebracht hatte, entstand die Sozialpädagogik gleichsam phasenverschoben. Neben Schule und Schulpädagogik entstand eine neue pädagogische Institution: Sozialpädagogik. Thiersch spricht vom Beginn eines „sozialpädagogischen Jahrhunderts“ (Thiersch 1992b, 241).

Bei der Umschreibung, was Sozialpädagogik ist, ging und geht man noch heute weitgehend von der **Definition von Gertrud Bäumer** aus: Der Begriff Sozialpädagogik „bezeichnet nicht ein Prinzip, dem die gesamte Pädagogik … unterstellt ist, sondern einen Ausschnitt: alles was Erziehung, aber nicht Schule und nicht Familie ist. Sozialpädagogik bedeutet hier den Inbegriff der gesellschaftlichen und staatlichen Erziehungsfürsorge, sofern sie außerhalb der Familie und Schule liegt. Diese Erziehungsfürsorge entstand als ‚Nothilfe'. Das heißt, es wurde angenommen, dass Schule und Familie unter normalen und gesunden Verhältnissen als Erziehungsträger ausreichten." (Bäumer zit. n. Rössner 1970, 467)

Sozialpädagogik versteht sich nach dieser gängigen und meistverwendeten Umschreibung als eine Nothilfe-Einrichtung, eine negative Pädagogik. Weil die traditionellen Erziehungsfelder Familie und Schule dem gesellschaftlichen Wandel pädagogisch nicht gewachsen waren, entstand als Reaktion darauf Sozialpädagogik. Man kann also sagen, dass der Ursprung der Sozialpädagogik im pädagogischen Funktionsverlust der bisherigen Erziehungsinstitutionen lag. Die Bedeutung des Wortes „Erziehung“ hatte sich als Aufgabe von Familie und Schule herausgebildet.

> „Konnten Familie und Schule zunächst noch darauf insistieren, daß in ihnen die gewordene Gesellschaft und eine harmonisch festgelegte Tradition zu reproduzieren, der Nachwuchs in diese einzuüben sei, so sah und sieht sich die Sozialpädagogik dem Werden dieser Gesellschaft gegenübergestellt, d. h. konkret: den Schäden, die sie dem Menschen zufügt oder zuzufügen im Begriff scheint." (Mollenhauer 1964, 21)

Es zeichnet sich eine Art kopernikanische Wende in der pädagogischen Arbeit ab, die darin besteht, dass man nicht mehr nach den Schwierigkeiten fragt, die der Einzelne macht, sondern nach denen, die er hat.

> Da Familie und Schule nicht mehr allen Anforderungen der Erziehung und Bildung gerecht werden konnten, war ein dritter Erziehungsraum neben Familie und Schule notwendig. Diese dritte Erziehungs- und Bildungsinstitution war Sozialpädagogik.

Jugendhilfe als Ergänzung

Sozialpädagogik nach der Umschreibung von Bäumer als eigenständige Erziehungs- und Bildungsinstitution außerhalb von Familie und Schule wurde als Nothilfeinstitution gesehen. Wo Familie und Schule versagen, hat Jugendhilfe einzusetzen, d. h. sie reagierte auf Probleme bzw. Defizite, die in anderen Erziehungsräumen entstanden sind. Diese Sicht ist inzwischen von vielen Autoren korrigiert worden. Jugendhilfe wird nicht mehr als eine Einrichtung außerhalb von Familie und Schule gesehen, sondern steht ergänzend und unterstützend im Zusammenhang mit Familie und Schule oder zwischen Familie und Schule.

Die Begrenzung der Bäumerschen Definition auf das Außerfamiliäre und Außerschulische wurde z. B. von Hornstein

> „sowohl bildungspolitisch als auch pädagogisch zugunsten des Anspruchs auf Durchgängigkeit der sozialpädagogischen Fragestellung im Erziehungsfeld durchbrochen. Damit konnte nun auch die Sozialpädagogik in den sozialisationstheoretischen Hintergrund der modernen Bildungsdiskussion eingehängt und ihr besonderer Sozialisationsmodus im Kontrast zur Lernorganisation Schule profiliert werden. Sozialpädagogik ist weniger die Theorie einer „Lehre" und eines schulisch verstandenen „Lernens", sondern die Theorie einer von individuellen oder kollektiven „Lagen" bzw. Problemen und Bedürfnissen ansetzende, auf die Lösung und Verarbeitung von Konflikten gerichtete Intervention, die mehr auf Aufklärung, Motivieren, Bewußtseinserweiterung gerichtet ist als auf Informationsvermittlung." (Hornstein in Böhnisch 1992, 56)

Mit der Sozialpädagogik ist eine pädagogische Einrichtung neu entstanden, derer jeder junge Mensch von der Geburt bis zu seiner relativen Mündigkeit bedarf. Damit wird neben der negativen eine positive Seite des Erziehungsfeldes aufgedeckt. Geht es in der Familienerziehung z. B. um die Begriffe sorgen, pflegen, unterstützen, gewöhnen, einüben usw., in der Schulpädagogik um unterrichten, überliefern, einweisen, einüben usw., so in der Sozialpädagogik um schützen, pflegen, beraten (Nahrstedt 1973, 96). Bei diesen Begriffen fehlt der für die Sozialpädagogik typische Begriff der „Hilfe“. Nach Mollenhauer hat der Begriff der Hilfe eine zu allgemeine Bedeutung. Erziehen ist in irgendeinem Sinn immer Hilfe.

Familienerziehung, Schulpädagogik, Sozialpädagogik

„Und umgekehrt ist die fürsorgerische Hilfe nicht schon ohne weiteres auch Erziehung, so z. B. die Altersfürsorge, die Gesundheitsfürsorge. Zur Erziehung wird sie erst, wenn sie nicht nur auf das Wohl des Hilfsbedürftigen, sondern auch auf seine Mündigkeit bedacht ist, d. h., wenn die fürsorgerische Maßnahme als Funktion einer Erziehungsmaßnahme erscheint, was zum Beispiel im Begriff Erziehungsfürsorge deutlich zum Ausdruck kommt." (Mollenhauer 1964, 98)

Wir können zusammenfassen: Mit der Sozialpädagogik ist eine dritte Kraft, ein dritter Erziehungs- und Bildungsraum entstanden. Mit diesem neuen Bereich muss die Gesellschaft eine Mehrleistung an Erziehung und Bildung erbringen. Dabei geht es nicht nur um Erziehung, sondern um Erziehung und Bildung.

Bildung

Mit dem Bildungsbegriff hat zwischen 1750 und 1820 das Bürgertum in Deutschland ein Konzept geprägt, das es in anderen Ländern nicht gibt.

Abbildung 14: Drei gleichberechtigte Erziehungs- und Bildungsinstitutionen

„So ist beispielsweise in der englischen und französischen Sprache in den Worten ‚education‘ und ‚éducation‘ der Begriff der Bildung mit enthalten, während wir in der deutschen Sprache zwischen Erziehung (eher frühbestimmte verwertbare Zwecke) und Bildung (eher als zweckgebundenen Überschuß) unterscheiden …

Der deutsche Bildungsbegriff hatte in seiner Entstehungsphase einen progressiven Charakter. Er war die Fortsetzung des politischen Kampfes des Bürgertums mit pädagogischen Mitteln." (Belardi 1980, 21)

Halten wir fest

Sozialpädagogik versteht sich als dritte Erziehungs- und Bildungsinstitution. Erziehung und Bildung ist die gemeinsame, unteilbare Aufgabe von Familie, Schule und den mit Sozialpädagogik bezeichneten erzieherischen Aufgabengebieten. Sozialpädagogik versteht sich als Teilbereich neben Familie und Schule (Sozialpolitik, Justiz und Gesundheitswesen).

Sie wirkt neben Familie und Schule, aber auch mit ihnen zusammen und in sie hinein (Elternberatung, Schulsozialarbeit etc.). Insofern ist die Umschreibung von Bäumer in diese Richtung zu ergänzen.

Wir können also von drei gleichberechtigten Erziehungs- und Bildungsinstitutionen sprechen:

1. primäre Erziehungs- und Bildungsinstitution: Familie
2. sekundäre Erziehungs- und Bildungsinstitution: Schule
3. tertiäre Erziehungs- und Bildungsinstitution: Sozialpädagogik

Für die heutige Situation der Gesellschaft gelten die Schlüsselbegriffe Pluralisierung und Individualisierung. Nachdem die sinngebenden und orientierunggebenden Instanzen der vorindustriellen Gesellschaft weitestgehend entfallen, wird das moderne Leben durch die Pluralität von Lebenslagen und Individualisierung von Lebensverhältnissen charakterisiert.

Pluralisierung

> „Pluralität von Lebenslagen meint die Unterschiedlichkeit von Lebensstrukturen, also die Unterschiedlichkeit von Strukturen von Stadt und Land, für Ausländer, Übersiedler und ‚eingeborene' Deutsche, für Jungen und Mädchen; Pluralisierung meint aber auch die Unterschiedlichkeit der Lebensbedingungen, wie sie durch die Zugehörigkeit zu Jahrgangskohorten gegeben ist. Individualisierung der Lebensführung meint, daß tradierte Lebensformen und Deutungsmuster in ihrem Verständnis brüchig werden und sich damit neue, offenere Möglichkeiten der Lebensführung für Gruppen und für einzelne ergeben." (Thiersch 1992a, 20)

Individualisierung

Individualisierung meint nicht das romantisch-bürgerliche Ideal der Einmaligkeit und Einzigartigkeit. Die neue Individualisierung geht einher mit Risikolagen im Innenleben des Menschen. Es werden soziale und psychische Destabilisierungen hervorgerufen, die psycho-soziale Bewältigungsstrukturen erforderlich machen. Rauschenbach spricht in diesem Zusammenhang von Patchwork-Identität, einer aus Einzelstücken zusammengesetzten, keineswegs harmonischen Identität (Rauschenbach/Gängler 1992, 44).

> „Die Verantwortung für eine neue Gesellschaft darf nicht allein den Eltern, der Schule oder den Betrieben überlassen werden. Wo Eltern aus Unkenntnis oder Ohnmacht versagen, wo die Praxis der Schule oft in der Wissensvermittlung endet, wo Betriebe auf Wirtschaftlichkeit und Gewinn ausgerichtet sind und die Freizeitindustrie den Verdienst am jugendlichen Konsumenten sucht, muß es die Jugendhilfe als eine gesellschaftliche Instanz geben, die den Gesamtzusammenhang der Bemühungen für eine freie und humane Gesellschaft im Auge hat

und die Jugend als einen dynamischen Faktor zur Veränderung der Gesellschaft erkennt." (Hottelet et al. 1978, 109)

Geht man von der Unzulänglichkeit des Menschen als Grundkonstante aus, ist Sozialpädagogik eine normale und notwendige Reaktion der Gesellschaft auf soziale Probleme (Otto 1992, 14).

Halten wir fest

Sozialpädagogik ist eine Erziehungs- und Bildungsinstitution, welche die in der neuzeitlichen Gesellschaft entstandenen Risiken abfedern hilft.

Sozialpädagogik arbeitet positiv an der Veränderung der Gesellschaft mit.

2.11 Zusammenfassung

Vielschichtigkeit des Begriffes

In diesem Kapitel ging es um die zweite geschichtliche Entwicklungslinie der Fürsorge, die Jugendfürsorge. Bezüglich der Begriffe kann man auch hier wie bei der Sozialarbeit eine Sprachverwirrung feststellen: bis 1900 Jugendfürsorge, ab 1911 Jugendarbeit (Jugendpflege und Jugendfürsorge), ab 1922/24 Jugendwohlfahrtspflege (Jugendpflege und Jugendfürsorge), ab 1961 Jugendhilfe (Jugendpflege und Jugendfürsorge), ab 1991 Jugendhilfe (Jugendarbeit und Jugendsozialarbeit), seit 1844 Sozialpädagogik, seit 1967 Studium der Sozialpädagogik.

Mollenhauer, Wilhelm u. a. schlagen deshalb vor, den Begriff „Sozialpädagogik" für die Bewegung der 1920er Jahre zu reservieren und den Gesamtkomplex der heutigen Angebote mit dem Begriff „Jugendhilfe" zu bezeichnen.

Die Theorie der *Jugendhilfe* liefert die Sozialpädagogik. Sozialpädagogik ist allerdings nicht nur als Theorie zu verstehen, durch das Wort „Pädagogik" ist auch immer gleichzeitig die Praxis gemeint.

Weiterhin werden auch die Arbeitsfelder als sozialpädagogische Tätigkeitsbereiche und die Berufstätigen in diesen Feldern als Sozialpädagogen und Sozialpädagoginnen bezeichnet. Es wird deutlich, dass auch der Begriff Sozialpädagogik vielschichtig ist und einer näheren Klärung bedarf.

Fassen wir die Überlegungen dieses Kapitels zusammen: Man unterschied in der Geschichte zwischen Erwachsenen- und Jugendfürsorge. Jugendfürsorge hatte immer eine erzieherische Intention. Die gesetzlichen Regelungen der Jugendfürsorge fanden vor allem im Reichsjugendwohlfahrtsgesetz (RJWG von 1922), im Jugendwohlfahrtsgesetz (JWG von 1961) und im Kinder- und Jugendhilfegesetz (KJHG von 1991) ihren Niederschlag. Den theoretischen Rahmen für diesen erzieherischen Gesamtkomplex bot seit 1844 die Sozialpädagogik.

drei Erziehungs- und Bildungsinstitutionen

Entsprechend dieser Entwicklung kennen wir heute drei eigenständige Erziehungs- und Bildungsinstitutionen:

- *primäre Sozialisationsagentur:* Familie, Verwandtschaft
- *sekundäre Sozialisationsagentur:* Kindergarten, Schule, Studium, Beruf
- *tertiäre Sozialisationsagentur:* Jugendhilfe (Jugendarbeit und Jugendsozialarbeit) – Sozialpädagogik

Jugendfürsorge und *Sozialpädagogik*, in ihrer historischen Entwicklung betrachtet, wurden zunächst als identische pädagogische Einrichtungen gesehen. Die gesellschaftliche Entwicklung hat jedoch eine Ausdifferenzierung der Sozialpädagogik notwendig werden lassen, so dass Jugendfürsorge bzw. Jugendhilfe zwar der zentrale Aufgabenbereich der Sozialpädagogik ist, jedoch nicht mehr der Einzige. Die Gleichschaltung von Sozialpädagogik und Jugendhilfe ist bis heute noch daran zu erkennen, dass beide als dritte Erziehungs- und Bildungsinstitution bezeichnet werden. Dies darf nicht irritieren.

Jugendhilfe versteht sich als Kernzelle der Sozialpädagogik. Durch ständige „Zellteilungen" entwickeln sich immer neue Arbeitsfelder. Heute ist die Jugendhilfe ein sehr wichtiger sozialberuflicher Handlungsbereich neben vielen anderen. Sie ist eine dritte Erziehungs- und Bildungsinstitution und eingebettet im übergeordneten Tätigkeitsfeld der Sozialpädagogik (Schilling 1991, 35).

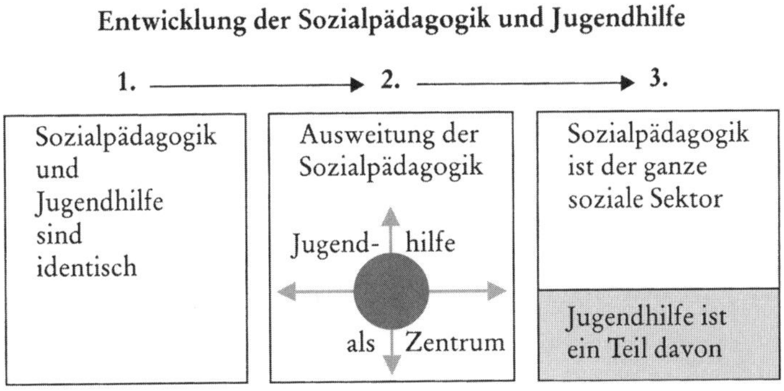

Abbildung 15: Entwicklung der Sozialpädagogik und Jugendhilfe

Fassen wir diese Ausführungen über die einzelnen geschichtlichen Stufen der Sozialpädagogik zusammen:
Was heißt Sozialpädagogik?

1. Sozialpädagogik ist die öffentliche (staatliche und private) Kinder- und Jugendfürsorge, die zum Ziel hat, durch vorbeugende und erzieherische Hilfsmaßnahmen Kinder und Jugendliche armer Leute vor der Verwahrlosung zu bewahren.

2. Sozialpädagogik ist die pädagogische Umsetzung der gesetzlich und administrativ organisierten öffentlichen Hilfsmaßnahmen für Kinder und Jugendliche.
3. Sozialpädagogik ist die Theorie der Jugendhilfe.
4. Sozialpädagogik ist der Inbegriff der gesellschaftlichen und staatlichen Erziehungsfürsorge, sofern sie außerhalb von Familie und Schule liegt.
5. Das Aufgabenfeld der Sozialpädagogik entwickelte sich im Laufe der Zeit weiter und versteht sich heute als öffentliches Hilfsangebot für Menschen aller Altersstufen. Sie bezieht sich nicht nur auf Verwahrlosung und abweichendes Verhalten, sondern es geht ihr um Erhaltung bzw. Wiederherstellung der Normalität eines Menschen.
6. Unter Sozialpädagogik versteht man heute sehr unterschiedlich strukturierte und konzipierte Einrichtungen und soziale Dienste.

Sie umfasst in ihrer Komplexität und der Verschiedenartigkeit ihrer Tätigkeitsfelder unterschiedliche Methoden, Handlungsebenen und Berufsgruppen.

Sozialpädagogik ist eine soziale Berufsarbeit, der die unterschiedlichsten Aufgaben und Erziehungsfelder zugeordnet werden.

L

Lernfragen

1. Haben Sozialarbeit und Sozialpädagogik die gleichen geschichtlichen Wurzeln?
2. Worin lagen die Gründe für die Entstehung der öffentlichen Jugendfürsorge?
3. Wie wurden im Mittelalter Waisenkinder versorgt?
4. In welchen Einrichtungen wurden die Findel- und Waisenkinder untergebracht?
5. Welche zwei Formen der Erziehung für Waisenkinder gab es?
6. Was beinhaltete das Konzept von Juan Luis Vives?
7. Worum ging es in der Nürnberger Bettelordnung?
8. Was war das Besondere an den Halleschen Anstalten von August Hermann Francke?
9. Welche Auffassung vertrat Philipp Jacob Spener?
10. Was war der besondere Verdienst von Caspar Voght?
11. Vor welchem Hintergrund entstand die Social-Pädagogik (Karl Mager, Paul Natorp)?
12. Wie sah die Konzeption von Johann Hinrich Wichern aus?
13. Wie die Konzeption von Theodor Fliedner?
14. Worum ging es Friedrich Fröbel?
15. Worum ging es der sozialpädagogischen Bewegung?
16. Wie ist der Zusammenhang von Jugendfürsorge und Sozialpädagogik zu sehen?

17. Was versteht man unter Sozialpädagogik?

18. Wann wurde in Deutschland das erste Jugendamt gegründet?

19. Welche Intention gab Gertrud Bäumer dem Reichsjugendwohlfahrtsgesetz (JWG)?

20. Wie verstand man im Nationalsozialismus Jugendfürsorge?

21. Welche neuen Begriffe für Fürsorge und Fürsorgeamt führt das BSHG ein?

22. Wann trat das KJHG in Kraft?

23. Was versteht man unter dem Subsidiaritätsprinzip?

24. Wie ist heute das Verhältnis zwischen öffentlichen und freien Trägern geregelt?

25. War Jugendfürsorge schon immer erzieherisch und damit vorbeugend ausgerichtet?

26. Was besagt primäre, sekundäre, tertiäre Prävention?

27. Welchen Stellenwert räumt das KJHG der Prävention ein?

28. Was versteht man unter Verwahrlosung?

29. Was versteht man unter Dissozialität?

30. Was versteht man unter normal bzw. dem Normalitätsprinzip?

31. Welches sind die drei Kriterien für Normalität (Böttcher 1975)?

32. Was versteht man unter abweichendem Verhalten?

33. Was sagt dazu das medizinische Krankheitsmodell?

34. Worum geht es bei dem Experiment von Rosenhan?

35. Wie sieht das verhaltenstheoretische Modell abweichendes Verhalten?

36. Wie erklärt das Labeling-Modell abweichendes Verhalten?

37. Kann man von einem Funktionsverlust der Familie sprechen?

38. Wie ist das Verhältnis von Familie, Schule und Sozialpädagogik/Sozialarbeit heute zu sehen?

Weiterführende Literatur

Engelke, E., Borrmann, S., Spatscheck, C. (2009): Theorien der Sozialen Arbeit. Eine Einführung. 4. Aufl. Lambertus, Freiburg

Henseler, J. (2000): Wie das Soziale in die Pädagogik kam. Juventa, Weinheim

Kuhlmann, C. (2007): Geschichte Sozialer Arbeit. Wochenschau Studium. Schwalbach/Ts.

Landwehr, R., Baron, R. (Hrsg.) (1995): Geschichte der Sozialarbeit. Beltz, Weinheim

Mollenhauer, K. (1959/1987): Die Ursprünge der Sozialpädagogik in der industriellen Gesellschaft. Beltz, Weinheim

Müller, C. W. (1985): Einführung in die Soziale Arbeit. Beltz, Weinheim

Niemeyer, Chr. (1998): Klassiker der Sozialpädagogik. Juventa, Weinheim

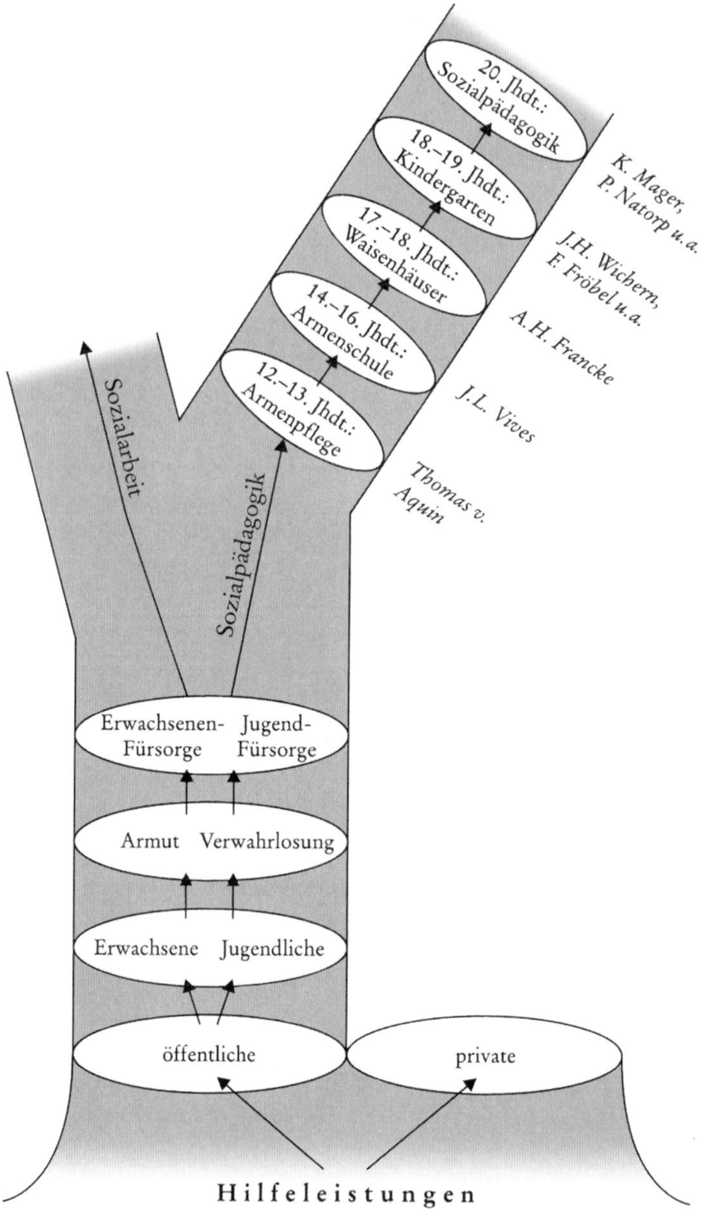

Abbildung 16: Geschichtliche Wurzeln der Sozialpädagogik

Scherpner, H. (1979): Geschichte der Jugendfürsorge. Vandenhoeck & Ruprecht, Göttingen

Thole, W. Galuske, M., Gängler, H. (1998): KlassikerInnen der Sozialen Arbeit. Luchterhand, Neuwied

Zeller, S. (2006): Juan Luis Vives (1492–1540). (Wieder)Entdeckung eines Europäers, Humanisten und Sozialreformers jüdischer Herkunft im Schatten der spanischen Inquisition. Lambertus, Freiburg

3 Sozialpädagogik/Sozialarbeit – Soziale Arbeit

Abbildung 17

Die Berufsbezeichnungen Sozialarbeit und Sozialpädagogik sind einige Jahrzehnte von den Studienabschlüssen und auch Handlungsfeldern her z.T. fast regide voneinander unterschieden worden. Schließlich wurden nach und nach diese separaten Studiengänge zusammengelegt. Die Studienabschlussdokumente weisen seitdem durch die sog. „Schrägstrichlösung“ Sozialarbeit/Sozialpädagogik diese Verschränkung beider Bezeichnungen aus. Vielfach suchen nun einige Bachelor-Studiengänge sogar durch gänzlich neue Fakultätsbezeichnungen der neuen Entwicklung der Handlungsfelder in der Sozialen Arbeit Rechnung zu tragen. Diese erfordern in der Regel sowohl neben den zunehmenden Management- sowie beraterisch – unterstützenden Kompetenzen gleichermaßen auch die ganze Bandbreite pädagogischer, sozial integrierender, vielfach auch disziplinierender Aspekte.

3.1 Sozialarbeit/Sozialpädagogik

In diesem dritten Kapitel geht es darum, die beiden getrennt dargestellten Linien und Begriffe der *Erwachsenenfürsorge/Sozialarbeit* und *Jugendfürsorge/(Sozial)Pädagogik* zu einem Gesamtkomplex *Soziale Arbeit* zusammenzuführen. Es soll durch die Herausarbeitung der Besonderheiten der beiden Traditionslinien von Sozialpädagogik und Sozialarbeit eine Annäherung mit Blick auf das inzwischen gemeinsame Handlungssystem Soziale Arbeit versucht werden. Das Verhältnis (sozial)pädagogischer und sozialer Tätigkeitsbereiche muss angesichts dieser beiden Traditionen neu bestimmt werden.

Trotz gewandelter und meist nicht scharf voneinander abzugrenzender Begriffe lassen sich die sozialen (Hilfs)tätigkeiten, die schließlich zum Beruf wurden, geschichtlich weit zurückverfolgen:

- **Almosenpflege/*Armenpflege/Armenfürsorge*:** Überwiegend ehrenamtlich ausgeübte Mildtätigkeit (jahrhundertelang nur durch Bürger mit Wahlrecht, also nur durch männliche Kräfte möglich) zur Linderung materieller Not Einzelner. Es bestand kein Rechtsanspruch auf diese Hilfen.
- **Sozialpädagogik/Jugendfürsorge:** Der Begriff kam in der Mitte des 19. Jahrhunderts als „Socialpädagogik“ (sic.) auf und zielte auf die (sozial) pädagogische Hilfe von Kindern und Jugendlichen in individuellen und sozialen Notlagen und sollte gleichermaßen möglicher Verwahrlosung vorbeugen. Seit der Mitte der 1920er Jahre bestand durch das Reichsjugendwohlfahrtsgesetz (1922/24) ein Rechtsanspruch auf diese Hilfen.
- **Fürsorge bzw. Wohlfahrtspflege:** Gesundheitsfürsorge, Erziehungsfürsorge, Wirtschaftsfürsorge für Notleidende und Gefährdete (Kinder und Erwachsene) zur Wahrung ihres gesundheitlichen, sittlichen und wirtschaftlichen Wohls. Seit der der Mitte der 1920er Jahre bestand durch die Weimarer Sozialreform (Reichsjugendwohlfahrtsgesetz (RJWG) 1922/24 und Reichsfürsorgepflichtverordnung (RVO) 1924/25) ein Rechtsanspruch auf diese Hilfen

- ***Sozialarbeit:*** Der Begriff kam in der Mitte der 1920er Jahre auf. Sie war Nachfolgerin der oben aufgeführten sozialen Dienste durch Sozialbehörden oder durch freie Wohlfahrtsverbände (Weimarer Sozialreform). *Sozialarbeit* verstand sich lange als Ersatz für schwindende familiäre und verwandtschaftliche *Sicherungsleistungen*. Sie zielt seit der 1949 entstandenen Bundesrepublik Deutschland auf die Linderung individuell-materieller und sozialer Problemlagen ab und basiert auf dem codifizierten Rechtsanspruch (KJHG: SGB) von Hilfsbedürftigen auf Unterstützung durch öffentliche Dienste (Sozialbehörden und soziale Dienste durch die freien Wohlfahrtsverbände).

Begriff „Sozialarbeit"

Der Begriff Sozialarbeit dürfte 1925 erstmals verwendet worden sein zur Bezeichnung eines öffentlichen Programms mit der Gründung der „Gilde Soziale Arbeit", ein Zusammenschluss von Männern und Frauen aus der Jugendbewegung. Nach einer Quelle von Albert Mühlum (1981) allerdings dürfte der Begriff „Sozialarbeiter" bereits 1918 als Berufsbezeichnung verwendet worden sein. 1929 ist es bereits gängig, von „berufsmäßigen Sozialarbeitern" zu sprechen.

„Die Vermutung ist daher nicht ganz von der Hand zu weisen, daß möglicherweise ‚soziale Arbeit' als Begriff in die USA getragen und wörtlich mit Social-Work übersetzt wurde, um später als ‚Sozialarbeit' nach Deutschland reimportiert zu werden; der Beweis dafür steht jedoch noch aus." (Mühlum 1981, 32)

Sozialarbeit als Berufsbezeichnung ist vor allem auf die bürgerliche Frauenbewegung des 19. Jahrhunderts zurückzuführen. Die ersten 1893 gegründeten „Mädchen- und Frauengruppen für soziale Hilfsarbeit" durch Jeannette Schwerin (1852–1899) sprach bereits von „sozialen Arbeiterinnen". Die Pioniereinrichtung der zweijährigen überkonfessionell orientierten Sozialen Frauenschule (1908) in Berlin unter der Leitung von Dr. Alice Salomon (1872–1948) bildete erstmals in Deutschland „soziale Berufsarbeiterinnen" bzw. Wohlfahrtspflegerinnen aus. Seit den 1960er Jahren werden sie als SozialpädagogInnen/SozialarbeiterInnen bezeichnet.

Die sozialarbeiterisch orientierten BerufsvertreterInnen übernahmen aus dem Amerikanischen die Anlehnung des Social Work an Psychologie, Medizin und Jurisprudenz. Sie verstanden sich als BeraterInnen und UnterstützerInnen in sozialen Notsituationen. Entsprechend übernahm die Sozialarbeit auch drei typische Begriffe aus der Fachsprache der Medizin und Jurisprudenz:

1. Klient: Die ursprüngliche lateinische Bedeutung des Ausdruckes „Klient" bedeutet Schutzbefohlener bzw. als „Klientel" bezeichnete man den Kreis der Schutzbefohlenen eines Schirmherren. Später wandelte sich der Ausdruck, indem als Klient nur noch der Auftraggeber des Rechtsanwaltes bezeichnet wurde.

> „Wer einen Rechtsanwalt in Anspruch nimmt, sucht Unterstützung, Schutz oder Hilfe, doch mit dem Unterschied, daß er aus freien Stücken darüber entscheidet, ob er sich in den Status eines Klienten begeben will oder nicht. Es war darum keineswegs abwegig oder Ausdruck einer administrativen Massenbehandlung, wenn man im „social work" dazu überging, den Hilfsbedürftigen als Klienten zu bezeichnen. Damit wurde ein zumindest für den ursprünglich helfenden Charakter des Rechtsanwaltsberufes wichtiges Kennzeichen übernommen, daß nämlich der Klient aus freien Stücken, als mündige Person, um die Dienstleistung des Rechtsanwaltes nachsucht. Es kommt hinzu, daß die Bezeichnung Klient einen indifferenten Charakter hat, denn als Klient braucht jemand nicht eo ipso immer auch arm zu sein oder umgekehrt: der als Klient bezeichnete Partner des Sozialarbeiters war damit nicht automatisch als Armer sozial gebrandmarkt, wohl aber wurde er als Einzelperson ernst genommen." (Tuggener 1983, 70–71)

2. Fall: Ebenfalls aus dem Bereich der Jurisprudenz wurde der Begriff „Fall" in den Sprachgebrauch der Sozialarbeit übernommen. Der Einzelne wurde als Fall gesehen, dessen Probleme es zu lösen galt. Hierfür bedurfte es einer besonderen persönlichen Beziehung zwischen HelferInnen und KlientInnen. Diese besondere Art der menschlichen Beziehung unterscheidet die „Sozialärzte" (SozialarbeiterInnen) von anderen helfenden Berufen und von der früheren Armenfürsorge (Tuggener 1983, 71).

3. Diagnose: Aus der Medizin übernahm die Sozialarbeit den Begriff „Diagnose". Hierunter verstand man – und lehrt es interessanterweise an den (Fach)Hochschulen inzwischen heute wieder in Seminaren „Soziale Diagnose" – die Fähigkeit der sozialen Fachkräfte mittels speziell sozialdiagnostischer Instrumente biografische, sozio-ökonomische und psychosoziale Fakten der Klientel zu erfassen, zu interpretieren und für die jeweiligen Hilfepläne und Interventionen nutzbar zu machen (vgl. dazu z. B. Pantucek 2006).

Soziale Diagnose

Als den eigentlichen Begründer der Sozialpädagogik betrachtet man J. H. Pestalozzi. Der Durchbruch zur sozialpädagogischen Erziehung wird mit F. Fröbels Einrichtung eines Kindergartens verbunden. Den Begriff „Sozialpädagogik" offiziell eingeführt hat 1848 K. Mager. Auch für den Tatbestand der Sozialpädagogik gab es in der Geschichte unterschiedliche Begriffe wie z. B. Jugendfürsorge, Jugendwohlfahrtspflege, Jugendhilfe, dann später Sozialpädagogik. Vorläufer der Sozialpädagogen waren Kindergärtnerinnen und Jugendleiterinnen. Die Jugendleiterinnenausbildung war eine Zusatzausbildung (seit 1911), die man nach einer dreijährigen praktischen Tätigkeit als Kindergärtnerin absolvieren konnte. Jugendleiterinnen konnten auch an öffentlichen Schulen angestellt werden.

Begriff „Sozialpädagogik"

Bereits seit 1878 wurden durch Henriette Schrader-Breymann im Pestalozzi-Fröbel-Haus in Berlin Kindergärtnerinnen ausgebildet.

Henriette Schrader-Breymann

Die neue Berufsbezeichnung „Sozialpädagogin" an Stelle von Jugendleiterin wurde 1967 eingeführt, weniger Jahre später auch „Sozialarbeiter". Man kann also die Ausbildung der SozialpädagogInnen im Wesentlichen

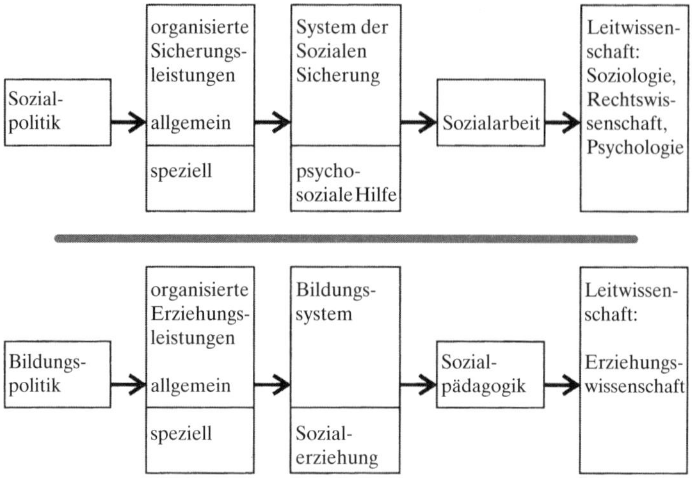

Abbildung 18: Spezifikum von Sozialarbeit und Sozialpädagogik

als die Weiterentwicklung der Kindergärtnerinnenausbildung ansehen. Als hauptsächliche wissenschaftliche Bezugsdisziplin (Leitwissenschaft) der Sozialpädagogik setzte sich, und dies ist z.T. bis heute der Fall, eine sozialwissenschaftlich orientierte, gesellschafts- und handlungstheoretisch konzipierte Erziehungswissenschaft durch.

Sozialpädagogik als Jugendfürsorge und Anstaltserziehung sieht sich dagegen als Ersatz für schwindende familiäre und verwandtschaftliche *Erziehungsleistungen*. Das Spezifische von Sozialpädagogik und Sozialarbeit kann man in Anlehnung an Mühlum (Mühlum 1981, 130) als Schaubild zusammenstellen (Abbildung 18).

Tabelle 1: Phasen der Sozialarbeit und Sozialpädagogik

Phase	**Sozialarbeit**	**Sozialpädagogik**
1. Phase (ca. bis 1830)	Vorläufer der Sozialarbeit – caritative Armenpflege	Vorläufer der Sozialpädagogik – Anstaltserziehung
2. Phase (ca. 1830–1880)	Entwicklung praktischer Fürsorgetätigkeit im 19. Jh.	Entwicklung sozialerzieherischer Praxis im 19. Jh.
3. Phase (1880–1930)	Theoretische Begründung der Fürsorge und berufliche Ausbildung	Theoretische Grundlegung der Sozialpädagogik und die „Sozialpädagogische Bewegung"
4. Phase (seit 1960)	Moderne Sozialarbeit auf dem Wege zur Professionalisierung	Moderne Sozialpädagogik auf dem Wege zur Wissenschaft

Die Entwicklung von Sozialpädagogik und Sozialarbeit kann man in verschiedene Phasen einteilen (Mühlum 1981, 59–134).

3.2 Erziehung, Bildung, Lernen, Pädagogik

Im Zusammenhang mit der Ausbreitung Sozialer Arbeit bezüglich der Zielgruppen und Aufgaben müssen weitere Punkte in unsere Überlegungen einbezogen werden: Erziehung, Bildung und Lernen umschreiben im weitesten Sinne Handlungsfelder der Sozialer Arbeit.

Auch hier sollen zunächst einmal die Begriffe Erziehung, Bildung und Lernen geklärt werden:

3.2.1 Erziehung

Erziehung verstand man bis ins 18./19. Jahrhundert als ein absichtliches, planvolles Handeln der Erwachsenen am Kind bzw. Jugendlichen. Grundlage für dieses Verständnis war das Generationsverhältnis: „Die erwachsene, mündige Generation führt die nachwachsende in die jeweils herrschenden Normen und gesellschaftlichen Rollen ein." (Giesecke 1990, 74)

Diese Bedeutung von Erziehung entsprang einer Gesellschaft, in der die erzieherische Tätigkeit im Bereich der Familie und Schule lag. Außerhalb dieser Institutionen gab es keine Erziehung. Zudem bezog sich der Begriff auf die Zielgruppe von Kindern und Jugendlichen, sie allein zählten zu der Gruppe der zu Erziehenden.

Da pädagogisches Denken und Handeln kulturelle Phänomene und damit geschichtlich bedingt sind, änderte sich folglich auch im Laufe der Geschichte ihr Selbstverständnis.

Entsprechend diesem geschichtlichen Wandel muss Erziehung heute neu definiert werden. „Unter Erziehung werden soziale Handlungen verstanden, durch die Menschen versuchen, das Gefüge der psychischen Dispositionen anderer Menschen mit psychischen und (oder) sozial-kulturellen Mitteln dauerhaft zu verbessern oder seine als wertvoll beurteilten Komponenten zu erhalten." (Brezinka in Giesecke 1990, 68)

Erziehung ist nicht identisch mit dem Begriff „Sozialisation". *Sozialisation* ist der übergeordnete Begriff, der alle geplanten pädagogischen Maßnahmen und ungeplanten Wirkungen umfasst. Erziehung wird in zwei Teilbereiche untergliedert:

- funktionale Erziehung
- intentionale Erziehung

Geht es bei der intentionalen Erziehung um bewusste, geplante, absichtliche Erziehung, versteht sich funktionale Erziehung als unbewusste, unabsichtliche Erziehung.

Sozialisation

Sozialisation als umfassender Begriff enthält funktionale und intentionale Erziehung, allerdings verbunden mit einem Wechsel der Perspektive: Der Begriff Sozialisation geht anders als Erziehung von dem Individuum, dem Lernenden aus.

Pädagogik/ Erziehungswissenschaft

Ähnlich wie man Erziehung von Sozialisation unterscheiden muss, darf man Erziehung auch nicht mit Pädagogik gleichsetzen. Pädagogik ist die Wissenschaft von der Erziehung. Allerdings tritt Pädagogik immer häufiger hinter die Bezeichnung Erziehungswissenschaft zurück, weil der Begriff „Pädagogik" nicht deutlich genug ausdrückt, dass es sich dabei um eine Wissenschaft handelt. Pädagogik oder Erziehungswissenschaft meinen nicht primär die Erziehungspraxis; man sollte darum auch stets von Lehrern und Erziehern sprechen und diese nicht Pädagogen nennen.

Wenn gegenwärtig also auch beide Titel, Pädagogik und Erziehungswissenschaft, Bezeichnungen der Wissenschaft von Erziehung sind, so greift der Begriff Erziehungswissenschaft häufig doch weiter aus als der der Pädagogik.

3.2.2 Bildung

Nach Giesecke ist ein Trend weg vom staatlichen Erziehungsanspruch und hin zur Bildungsdienstleistung festzustellen.

Der Bildungsbegriff trat etwa in der Mitte des 18. Jahrhunderts auf. Während es bei der Erziehung um einen utilitaristischen Begriff ging, der Mensch muss erzogen werden, ging es bei der Bildung um dic Entfaltung der Individualität. Unter Bildung versteht man das Bemühen, den Menschen in die Lage zu versetzen, sich gegenüber der Gesellschaft kritisch und distanziert zu verhalten. Bildung hat also eine individuelle und eine soziale Komponente.

Individualität

Die Aufgabe der Erziehung lag vor allem bei der Familie (primäre Erziehungsinstitution). Sie sollte Kindern und Jugendlichen die Werte und Normen einer Gesellschaft vermitteln. Nach Auffassung der Neuhumanisten, z. B. Humboldts, sollte Erziehung durch die Schule eine Erweiterung erfahren, indem die Schule einen Bildungsauftrag erfüllte. Grundkategorien der Bildungsidee waren für Humboldt *Individualität, Universalität* und *Totalität*. Sehr vereinfacht ausgedrückt besagt sie: Wenn ein Mensch geboren wird, ist er noch kein Individuum. Er muss durch den Prozess der Bildung seine Individualität erst herausarbeiten.

Das Ziel der Bildung ist Totalität, d. h. die Entwicklung möglichst aller individuellen Fähigkeiten, aber nicht additiv und unverbunden nebeneinander, sondern so, dass daraus eine mit der ganzen Person integrierte Version (Universalität) wird, dass Identität entstehen kann.

Bildung war jedoch nicht nur für Kinder und Jugendliche gedacht, sondern eine Volksbildung wurde angestrebt. Damit erweiterte sich die Zielgruppe: Bildung bezog sich auf alle Altersgruppen, wurde als lebenslanger Prozess gesehen (Giesecke 1990, 91).

Unter Allgemeinbildung versteht man heute die Fähigkeit eines Menschen, kritisch, sachkompetent, selbstbewusst und solidarisch zu denken und zu handeln. Bildung ist für alle Menschen da und zielt auf eine allseitige Entfaltung aller Möglichkeiten eines Menschen.

3.2.3 Lernen

Erziehung und Bildung können nicht das ganze Umfeld der Pädagogik umschreiben. Dies wurde in der Erziehungswissenschaft schon lange erkannt, so dass für alle pädagogischen Bemühungen ein Oberbegriff gewählt wurde: „Lernen". Immer mehr setzt sich dieser Begriff in der Erziehungswissenschaft durch.

Unter Lernen versteht man allgemein eine Verhaltensänderung, Kompetenzerweiterung, Qualifikation. Lernen ist das Aufnehmen, Verarbeiten und Umsetzen von Informationen. Pädagogisch gesehen bedeutet Lernen die Verbesserung oder den Neuerwerb von Verhaltens- und Leistungsformen und ihren Inhalten. Nach Giesecke ist Lernen im allgemeinen Sinne die produktive und auf Förderung angewiesene Fähigkeit des Menschen, Vorstellungen, Gewohnheiten, Einstellungen, Verhaltensweisen und Fähigkeiten aufzubauen bzw. zu verändern (Giesecke 1990, 48).

> „Lernen erfolgt sowohl über nicht selbstbewußte als auch selbstbewußte kognitive Vorgänge im plastischen Teil des Nervensystems, des Kortex, die im Gehirn mehr oder weniger dauerhafte Spuren hinterlassen. Beim Ersteren lernt das Individuum, ohne dies zu wollen (unbewusstes Wissen), beim Letzteren weiß das Individuum, dass es etwas weiß. Diese kognitiven Vorgänge oder psychischen Funktionen sind teilweise affektgesteuerte Wahrnehmungen, Imanigation, Begriffsbildung und Denken (bewusstes) Bewerten und Planen. Wir können wissen, weil wir lernen können und diese Fähigkeit verdanken wir der Existenz von plastischen Bereichen in unserem Gehirn. Kognition kann man als das Gesamt der Zustände (Wissen) und Vorgänge (Denken, Lernen) im plastischen, das heißt lernfähigen Bereich des Gehirns definieren." (Obrecht 2005, 102ff. In: Staub-Bernasconi 2007, 165f.)

Die Überlegungen zu Erziehung, Bildung und Lernen machen deutlich, dass sich die Zielgruppe der Sozialen Arbeit vergrößert hat. Nicht mehr nur Kinder und Jugendliche sind angesprochen, sondern alle Altersgruppen. Lernen ist ein lebenslanger Prozess. Soziale Arbeit versteht sich deshalb als gleichberechtigte dritte Erziehungs-, Bildungs- und Lerninstitution neben Familie und Schule. In der Erziehung und Bildung in Familie und Schule stehen Entwicklungsprozesse von Individuen im Zentrum.

Halten wir fest

Handlungsfelder der Sozialen Arbeit, in denen mit hohen erzieherischen Anteilen gearbeitet wird, sind neben Familie und Schule gleichberechtigte und ebenso wichtige dritte Erziehungs-, Bildungs- und Lerninstitutionen. Ihre Zielgruppe sind Menschen aller Altersgruppen in individuellen und sozialen Problemlagen.

3.2.4 Pädagogik

Sozialarbeit kontra Pädagogik?

VertreterInnen der Sozialarbeit wehrten sich nach 1945 gegen eine Pädagogisierung ihres Berufsfeldes. Sie waren – zunächst durchaus auch etwas unkritisch – mehr an der Tradition des amerikanischen „Social Work“ interessiert,

> „dem andere gesellschaftlich-historische Bedingungen zugrunde lagen und dessen Name ‚Social Work', den man übernahm, eher einer mangelnden sprachlichen Differenziertheit entstammt, als daß er eine bestimmte geistige Richtung bezeichnet. Außerdem gingen die Methoden der Social Work häufig auf progressive sozialpädagogische Ansätze in Deutschland zurück: Die Einzelhilfe auf den individualpädagogischen Ansatz der Reformpädagogik; die Community organization zumindest teilweise auf das Elberfelder System; die Gruppenarbeit auf die Jugendbewegung und die Lewin'sche Feldtheorie, die zum Teil in Deutschland konzipiert wurde." (Iben 1969, 393; vgl. auch Bango 2001, 117ff.)

Ablehnung der Pädagogik

Diese häufig stattgefundene Ablehnung der Pädagogik durch die Sozialarbeit v. a. der 1960er und 1970er Jahre ist auf ein falsches Verständnis von Pädagogik zurückzuführen. Mit Pädagogik verband man lange Zeit das traditionelle, strenge, väterliche, autoritäre Verhalten des Erziehers in der Familie wie in der Schule. Es wurde übersehen, dass sich bereits im 18. und 19. Jahrhundert neue Erziehungskonzepte entwickelt hatten. Das Gesamtsystem erzieherischer Institutionen wie das Verständnis von Erziehung hat sich wesentlich erweitert und findet inzwischen durch die Einführung der neuen Bachelor-Studiengänge Bildung und Erziehung erneut eine qualitative Veränderung und weitere Professionalisierung.

Sozialarbeit würde ihre Geschichte und geschichtliche Entwicklung falsch verstehen bzw. negieren, würde sie sich als un-pädagogisches Arbeitsfeld sehen. So versuchen z. B. Konrad und andere AutorInnen eine grundsätzliche pädagogische Orientierung der modernen Sozialarbeit von ihren Anfängen her zu begründen und kommen zu dem Schluss, dass Sozialarbeit immer gleichermaßen eine pädagogische Ausrichtung hatte. Betreuung, Beratung und Erziehung von Menschen gleich welchen Alters gehören zum Wesen aller Fürsorge (Konrad 1993b, 183, 185). Man kann wohl den Schluss ziehen, dass es im sozialen Bereich wohl kaum völlig unpädagogische Tätigkeiten gibt. Ähnlich konstatierte es 1984 auch Christoph Sachße mit einer Tendenz der Pädagogisierung auf drei Ebenen:

1. „Die Klientel sozialer Arbeit hat sich verändert. Sie besteht nicht mehr nur aus den Randgruppen der Gesellschaft, den Fürsorgezöglingen, Kranken, Obdachlosen und Kriminellen. Sozialarbeit resozialisiert nicht mehr nur die in irgendeiner Form ‚Devianten', sie wird zunehmend zum Bestandteil der ‚Durchschnittssozialisation' der Menschen in unserer Gesellschaft …
2. Sozialarbeit überschreitet zunehmend die Grenzen der traditionellen Berufsfelder in Fürsorge und Vorschule und wirkt in immer weitere gesellschaftliche Bereiche hinein, die bislang privater Selbstregulierung oder der ausschließlichen professionellen Kompetenz anderer Berufe überlassen waren … Dabei werden zwei Tendenzen auffällig: Zum einen scheinen sich die Grenzen von Bildungsinstitutionen und Sozialarbeit zunehmend zu verwischen. So werden Bildungseinrichtungen wie Schule und Volkshochschule, aber auch Einrichtungen gewerkschaftlicher Bildung durch sozialarbeiterische Interventionen ergänzt; umgekehrt übernimmt die Sozialarbeit Aufgaben, die herkömmlicherweise Bildungsinstitutionen zugerechnet wurden … Ja, die Sozialarbeit ist eben im Begriff, unter dem Stichwort ‚Kulturarbeit' den gesamten soziokulturellen Lebenszusammenhang der Menschen zum Gegenstand ihres Handelns zu machen …
3. Auf der dritten Ebene schließlich ist eine bewußte Pädagogisierung der Sozialarbeit selbst ihrer Methoden und Arbeitsweisen zu verzeichnen … Dieser Prozeß der Pädagogisierung von Sozialarbeit ist Ausdruck eines Prozesses rapider Vergesellschaftung von Sozialisation." (Sachße 1984, 284–286)

3.3 Prävention, Gesundheit, Wohlbefinden

In den letzten Jahrzehnten hat eine starke Ausweitung und Veränderung, z. T. auch Zersplitterung der Aufgaben sozialer Berufe stattgefunden und dieser Prozess ist wahrscheinlich auch noch lange nicht abgeschlossen. Neue Zielgruppen und veränderte, sich immer weiter ausdifferenzierende gesellschaftliche Funktionsbereiche erfordern, neue Tätigkeitsfelder.. Man kann von einer gewaltigen und kontinuierlichen Expansion der öffentlichen Erziehung, der sozialen Dienste (z. B. auch in Kliniken) sprechen. Lüders und Winkler führen vier Aspekte der vielschichtigen Ausgestaltung Sozialer Arbeit als Berufsfeld auf:

1. Quantitative Nachfrage: Eine enorme quantitative Zunahme des Bedarfs an SozialpädagogInnen/SozialarbeiterInnen ist festzustellen.
2. Qualitative Nachfrage: Soziale Arbeit befasst sich nicht nur mit schwierigen und gefährdeten KlientInnen. Die Grenzen zwischen problematischen und normalen Lebenslagen werden in wachsendem Maße unscharf.
3. Prävention: Soziale Arbeit hat nicht nur Integrations- und Kontrollfunktion, sondern zunehmend lebenslagenstützende Aufgaben.
4. Immer mehr Einrichtungen nehmen Fachwissen von SozialpädagogInnen/SozialarbeiterInnen in Anspruch: Politik, Verwaltung, Wirtschaft (Lüders/Winkler 1992, 363–364).

Kinder, Jugendliche und Erwachsene bedürfen gleichermaßen der Hilfe in sozialen Problemlagen durch die Profession Soziale Arbeit. Soziale Arbeit befasst sich also mit Menschen aller Altersgruppen – vom Säugling bis zum hochaltrigen Menschen.

!

Halten wir fest

Das Aufgabengebiet von Sozialer Arbeit umfasst neben der klassischen Klientel auch immer neue Zielgruppen und Tätigkeitsfelder (z. B. in der Medienpädagogik oder in der interkulturellen Sozialen Arbeit), so dass wir heute sagen können: Überall dort, wo sich Menschen um die Erhaltung, Verbesserung oder Wiederherstellung ihrer *Lebensqualität* und auch um die Erhaltung der seelischen und körperlichen Gesundheit bemühen, kann Soziale Arbeit beratende und v. a. unterstützende Hilfestellung geben bzw. in Anspruch genommen werden.

Bei der Sozialen Arbeit spielt besonders die Prävention eine wichtige Rolle und beschränkt sich nun nicht nur auf Kinder und Jugendliche, sondern schließt automatisch auch die Gruppe der Erwachsenen mit ein: Man kann Gefahren nur dann verhindern, wenn alle am Prozess beteiligten Personen des Umfeldes mit in die Planung einbezogen werden. Auf diesen Punkt macht z. B. auch das Kinder- und Jugendhilfegesetz (KJHG) aufmerksam. Die präventive Soziale Arbeit trifft besonders auch auf den Zusammenhang zwischen Sozialer Arbeit und Gesundheit zu, bei dem Prävention und Beratung in einem engen Verhältnis stehen.

?

Aufgabe

Diskutieren Sie folgende These: Zu den Aufgaben von SozialpädagogInnen/SozialarbeiterInnen zählt auch die Gesundheitserziehung. Inwiefern hat Soziale Arbeit etwas mit Gesundheit zu tun?

Diese Frage soll in drei Schritten/Aspekten beantwortet werden: 1. geschichtlicher Aspekt, 2. Aspekt der Gesundheit und 3. Aspekt des Wohlbefindens.

3.3.1 Geschichte der Gesundheitsfürsorge

Ähnlich wie die Jugendfürsorge zeigt auch die Gesundheitsfürsorge eine von der Armenpflege abgespaltene Entwicklung. Somit gibt es eigentlich drei große Sozialbereiche:

- materielle Notlagen: Erwachsenenfürsorge ➔ Sozialamt
- sittliche Notlagen: Jugendfürsorge ➔ Jugendamt
- gesundheitliche Notlagen: Gesundheitsfürsorge ➔ Gesundheitsamt (Kühn 1994)

Vermutlich gab es die erste Stadtarztstelle 1873 in Stuttgart und seit 1919 existieren überall in Deutschland Gesundheitsämter. Von Anfang an arbeiteten Fürsorgerinnen und Ärzte in diesem Sozialbereich zusammen. Die Familienfürsorge (heute: Allgemeiner Sozialer Dienst, ASD) übernahm nicht nur Aufträge der Jugend- und Sozialämter, sondern auch des Gesundheitsamtes.

Gesundheitsamt

Dass Sozialpädagogik/Sozialarbeit mit Gesundheit und Gesundheitserziehung etwas zu tun hat, zeigt die Geschichte. Den alten armenpflegerischen bzw. (sozial)pädagogischen Maßnahmen z. B. eines Humanisten wie Juan Luis Vives (16. Jh.) oder des Elberfelder Systems (19. Jh.) galt es als oberstes Prinzip, zunächst für die Gesundheit der Armen zu sorgen. Deshalb wurde auch zunehmend ein Arzt zur Begutachtung der Lebenssituation armer Familien herangezogen. Ausdrücklich wurde der Zusammenhang von (Sozial-)Pädagogik und Gesundheit durch August Hermann Francke herausgestellt. Er legte großen Wert darauf, dass die Erzieher seiner Anstalten auf Anzeichen von Schwäche oder Krankheit achteten und gegebenenfalls sofort einen Arzt konsultierten.

Ausschlaggebend für das Eingreifen des Staates in die Gesundheitserziehung war eine militärische Musteruntersuchung im rheinischen Industriegebiet im 19. Jahrhundert. Die Untersuchung stellte bei den jungen Männern schwere Gesundheitsschäden fest. Aufgrund dieser Tatsache erließ der Staat Schutzvorschriften über die Beschäftigung jugendlicher Arbeiter in Fabriken (Kapitel 2).

3.3.2 Gesundheit

Ausgangspunkt und Maßstab für Definitionen von Gesundheit ist die Umschreibung in der viel beachteten Konstitution (1946) der Weltgesundheitsorganisation (WHO).

> „Gesundheit ist der Zustand des völligen körperlichen, seelischen und sozialen Wohlbefindens und nicht nur das Freisein von Krankheit und Gebrechen."

Zwei wichtige Aspekte werden in dieser Definition der WHO miteinander verbunden: *Gesundheit* und *Wohlbefinden*. Obwohl der Gesundheitsbegriff der WHO wegen seines normativen und utopischen Charakters vielfach kritisiert worden ist, bietet er doch für die aktuelle Diskussion weiterhin einen Maßstab (Hurrelmann 1990, 61).

Definition von Gesundheit (WHO)

Unter körperlichem, seelischem und sozialem Wohlbefinden versteht man:

- *psychisches Wohlbefinden*: sich ausgeglichen und kompetent fühlen;
- *physisches Wohlbefinden*: sich gesund und leistungsfähig fühlen;
- *soziales Wohlbefinden*: sich geliebt und gebraucht fühlen (Becker 1991, 16).

Die Definition der WHO wurde in der „Ottawa Charta" (1986) weiterentwickelt. Hurrelmann schreibt dazu:

> „Gesundheitsförderung wird als ein Prozeß beschrieben, der allen Menschen ein höheres Maß an Selbstbestimmung über die eigene Gesundheit ermöglichen soll. Um jedem Menschen die Möglichkeit zu geben, ein persönliches Gesundheitsverständnis zu entwickeln und persönliche Gesundheitsziele zu definieren, ist es nach dieser Charta notwendig, daß sowohl einzelne als auch Gruppen ihre Bedürfnisse befriedigen, ihre Wünsche und Hoffnungen wahrnehmen und verwirklichen sowie ihre Umwelt beeinflussen können. Gesundheit wird ausdrücklich als ein wesentlicher Bestandteil des alltäglichen Lebens verstanden, wobei in gleicher Weise die Bedeutung sozialer und individueller Ressourcen herausgearbeitet wird.
>
> Die WHO betont, daß Gesundheitsförderung eine gesundheitsgerechte Gestaltung der sozialen und natürlichen Umwelt erreichen will und zugleich jedem einzelnen Menschen die notwendigen Kompetenzen zu vermitteln hat, um seine persönliche Gesundheit zu verbessern. Gesundheit wird als eine von mehreren Voraussetzungen für eine optimale Lebensqualität gewertet." (Hurrelmann 1990, 184)

Nach der **Charta von Ottawa** (1986) wird Gesundheit entsprechend neu gefasst:

- Gesundheit ist eine im Rahmen der gesellschaftlichen und individuell optimierbaren Möglichkeiten zu entwickelnde Fähigkeit;
- Gesundheit ist zugleich eine private und öffentliche Sache;
- Gesundheit ist als eine erwünschte Ganzheit aus Leib, Seele und Geist, Sozial- und Umweltbezügen des Menschen aufzufassen (Hurrelmann 1990, 31).

Angeregt durch diese Definition und die Diskussion in der aktuellen und interdisziplinären Forschung definiert Hurrelmann Gesundheit

Definition nach Hurrelmann

> „als Zustand des objektiven und subjektiven Befindens einer Person, der gegeben ist, wenn diese Person sich in den physischen, psychischen und sozialen Bereichen ihrer Entwicklung in Einklang mit den eigenen Möglichkeiten und Zielvorstellungen und den jeweils gegebenen äußeren Lebensbedingungen befindet. Gesundheit ist beeinträchtigt, wenn sich in einem oder mehreren dieser Bereiche Anforderungen ergeben, die von der Person in der jeweiligen Situation und der jeweiligen Phase im Lebenslauf nicht erfüllt und bewältigt werden können. Die Beeinträchtigung kann sich in Symptomen der sozialen, psychischen und physisch-physiologischen Auffälligkeit manifestieren.
>
> Gesundheit ist demnach kein passiv erlebter Zustand des Wohlbefindens, sondern ein aktuelles Ergebnis der jeweils aktiv betriebenen Herstellung und Erhaltung der sozialen, psychischen und körperlichen Aktionsfähigkeiten eines

> Menschen im gesamten Lebenslauf. Soziale, ökonomische, ökologische und kulturelle Lebensbedingungen bilden den Rahmen für die Entwicklungsmöglichkeiten von Gesundheit für jede einzelne Person. Der Zustand Gesundheit spiegelt in diesem Sinne immer auch die subjektive Verarbeitung und Bewältigung gesellschaftlicher und sozialer Verhältnisse wieder. Gesundheit ist dann gegeben, wenn eine Person konstruktiv Sozialbeziehungen aufbauen kann, sozial integriert ist, die eigene Lebensgestaltung an die wechselhaften Belastungen des Lebensumfeldes anpassen kann, dabei individuelle Selbstbestimmung sichern und den Einklang mit den biogenetischen, physiologischen und körperlichen Möglichkeiten herstellen kann. Gesundheit kann deshalb auch als das jeweils aktuelle Resultat einer gelingenden Sozialisation verstanden werden." (Hurrelmann 1990, 62)

Seine Überlegungen fasst Hurrelmann in einem Schaubild zusammen (Abbildung 19).

Stress

Diese Auffassung von Gesundheit geht nicht von der alten medizinischen Vorstellung aus, dass ein Bazillus die Hauptursache für Krankheiten ist, sondern es ist der Stress, der diese Position eingenommen hat.

Die neueren Ansätze im medizinischen Bereich gehen insbesondere vom Stresskonzept und vom Modell der Risikofaktoren aus. Gesundheit und Krankheit werden als multifaktoriell angesehen: Krankheit wird als ein Versagen der Anpassung von Regulationsmechanismen auf physiologischer, psychischer und sozialer Ebene und Gesundheit entsprechend als gelungene Anpassung eines Menschen an körperliche, seelische und soziale Bedingungen und Belastungen aufgefasst (Hurrelmann 1990, 67). Dieses Verständnis von Gesundheit bzw. Krankheit setzt genauso viele soziologische, psychologische und (sozial-) pädagogische wie medizinische Kenntnisse voraus.

> „Die physiologischen, chemischen und biologischen Aspekte der Gesundheitsbeeinträchtigung sind nicht mehr die einzig relevanten, um Behandlungen, Pflege und Wiederherstellung der körperlichen und seelischen Kräfte zu bewirken …
>
> Der ganze Mensch in all seinen Verhaltensbereichen und Persönlichkeitsdimensionen wird zum Thema der Behandlung; der alleinige Blick auf den partiell Kranken, dessen sonstige Lebensgewohnheiten und Lebensbedingungen ausgeklammert bleiben, ist nicht mehr ausreichend." (Hurrelmann 1990, 10–11)

Intervention

All diese Konzepte richten sich auf präventive, prophylaktische Maßnahmen, die möglichen Störungen der Persönlichkeitsentfaltung und Beeinträchtigung der Gesundheit zuvorkommen sollen.

Hurrelmann empfiehlt in Anlehnung an die Einteilung in primäre, sekundäre und tertiäre Prävention von präventiver, korrektiver/supportiver/kurativer und kompensatorischer/rehabilitativer *Intervention* zu sprechen. Darunter versteht er:

- **präventive Intervention:** Sie steht für alle Maßnahmen, die einsetzen, bevor es zu den ersten Ereignissen in Gestalt von psychosozialen und psychophysiologischen Beeinträchtigungen der Persönlichkeitsentwicklung kommt.
- **korrektive und unterstützende Intervention:** Darunter versteht man Interventionen, die das als negativ bewertete Ereignis korrigieren oder abwenden, um negative Folgen des Ereignisses für die weitere Persönlichkeitsentfaltung abzuwenden.
- **kompensatorische/rehabilitative Intervention:** Damit soll die weitere Verfestigung von Beeinträchtigungen und Störungen vermieden werden. Darüber hinaus geht es um den Ausgleich von Schäden sowie um Hilfe, durch die trotz der Störungen und Beeinträchtigungen noch ein erträgliches Leben geführt werden kann (Hurrelmann 1990, 189–190).

Belastungsfaktoren

Hurrelmann analysiert in seiner Untersuchung die Belastungs- und Stressfaktoren in den Bereichen Familie, Schule und Freizeit/ökosoziale Umwelt und identifiziert die Risiken und Belastungen für eine gesunde Entwicklung von Kindern und Jugendlichen. Die zentrale Annahme der Ausführungen war, dass durch die Lebensbedingungen in Familie, Schule und Freizeit/Um-

Abhängigkeits- und Bestimmungsfelder von Gesundheit

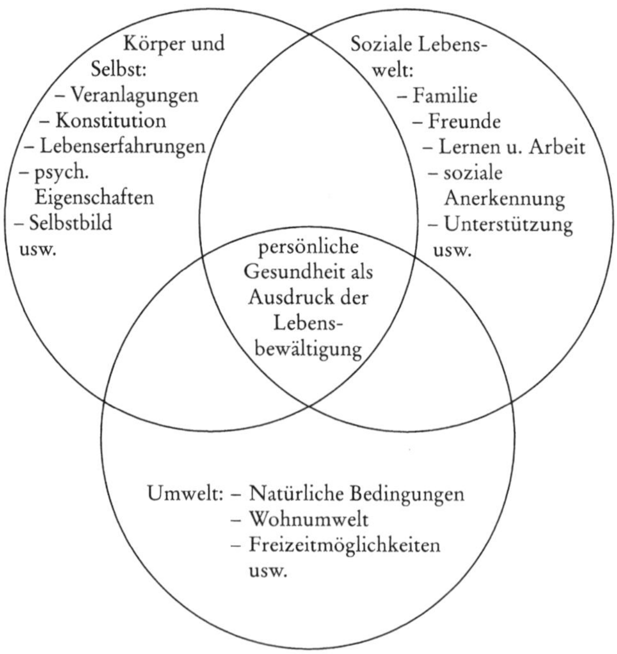

Abbildung 19: Bestimmungsfelder von Gesundheit

welt auch der persönliche Lebensstil von Kindern und Jugendlichen stark geprägt wird. Dieser persönliche Lebensstil kann einerseits als ein Risiko für die gesunde Persönlichkeitsentwicklung gewertet werden – dann nämlich, wenn z. B. Fehlernährung, Überernährung, Bewegungsmangel, gefährliches Verkehrsverhalten, übermäßiger Alkoholkonsum, Drogenkonsum, Zigarettenrauchen, Arzneimittelgebrauch, ungeschütztes Sexualverhalten und hektische Tagesorganisation zu einem festen, gewohnheitsmäßigen Stil der alltäglichen Lebensführung und/oder zu eingeschliffenen Mustern der Bewältigung von Anforderungen des Alltagslebens in Familie, Schule und Freizeit geworden sind. Die Belastungsfaktoren in den verschiedenen Lebensbereichen stellt Hurrelmann in einer Tabelle (Tabelle 2) zusammen (Hurrelmann 1990, 181–182).

Tabelle 2: Belastungsfaktoren

Lebensbereich	**Beispiele für Risiken und Belastungen**	**Beispiele für gesundheitsbeeinträchtigende Folgen**	**Beispiele für Maßnahmen**
Familie	■ Trennung der Eltern ■ Mehrfachbelastung der Eltern ■ gespannte Familienverhältnisse	■ psychosoziale Auffälligkeiten ■ psychophysiologische Beeinträchtigungen ■ Misshandlungen	■ Kindertagesbetreuung ■ Nachbarschaftshilfe ■ Familienberatung ■ finanzielle Familienhilfen
Schule	■ Leistungs- und Statusdruck ■ überhöhte Leistungsmotivation ■ Sinndefizite ■ unsichere Berufsperspektive	■ Leistungsstörungen ■ Nervosität und Unruhe ■ Drogenkonsum ■ Aggressivität	■ Verbesserung des Schulklimas ■ schülerbezogener Unterricht ■ flexible Schulwahlmöglichkeit
Freizeit/ ökosoziale Umwelt	■ einseitige Stimulierung der Sinne ■ Wertirritationen ■ Desorientierungen ■ unausgewogenes Konsumgüterangebot ■ Luftverschmutzung ■ Schadstoffbelastung von Wasser, Boden und Nahrung ■ Gefährdung im Straßenverkehr	■ Hyperaktivität ■ Konzentrationsstörungen ■ Angst- und Affektsyndrome ■ Depressive Syndrome ■ Stoffwechselstörungen ■ allergische Reaktionen ■ Krebskrankheiten ■ Unfallschäden	■ Verbesserung des Freizeitangebots ■ Stärkung der individuellen Aneignungskraft ■ Umweltschutzgesetz ■ Hygienebestimmungen ■ Erschließung von Straße und Wohnwelt als Lebensraum

In diesem Zusammenhang geht es um die Frage, wie Kinder und Jugendliche möglichst frühzeitig in ihrer Persönlichkeitsentwicklung unterstützt und gestärkt werden können, um ihnen unangenehme Gesundheitsbeeinträchtigungen zu ersparen. Dabei soll es vor allem um solche gesundheitsfördernden Maßnahmen gehen, die auf die Vernetzung zwischen verschiedenen Institutionen und Trägern beruhen.

Soziale Arbeit im Gesundheitswesen ist dabei allerdings mehr als Prävention und Gesundheitsförderung. Sie findet z. B. auch in der Suchtkrankenhilfe, Psychiatrie oder im gerontologischen Bereich statt. Integrative Präventionskonzepte, die auf die Entwicklung gesunder Lebensbedingungen der KlientInnen abzielen, haben dabei eine große Bedeutung..

„Institutionell gesehen setzt Gesundheitsförderung eine enge Verflechtung von medizinischen Einrichtungen, anderen Institutionen des Gesundheitswesens, psychologischen Beratungsstellen, Einrichtungen der Bildungs-, Jugend- und Familienarbeit und allen weiteren Einrichtungen voraus, die sich auf junge Menschen konzentrieren. Nur so ist es möglich, sozial, ökologisch und kulturell reichhaltige und anregende Lebensräume für Kinder und Jugendliche zu schaffen, die eine Entwicklung in Würde und Selbständigkeit für die jüngsten Gesellschaftsmitglieder ermöglichen." (Hurrelmann 1990, 181–83)

Dass Soziale Arbeit bei der Umsetzung von Programmen der Gesundheitserziehung, -bildung, -aufklärung, -beratung und -förderung eine zentrale Stellung einnimmt, dürfte nach allem, was bisher skizziert wurde, nicht schwer einzusehen sein. *Gesundheitsförderung gehört zu den Aufgaben der Sozialen Arbeit.*

3.3.3 Wohlbefinden

Die Alltagssprache kennt eine Fülle von Bezeichnungen für das Erlebnis des Wohlbefindens: Freude, Heiterkeit, Zuversicht, Liebe, Dankbarkeit, Befriedigung, Wohlbehagen, Lust, Verzückung, Geborgenheit, Vertrauen, Entspanntheit, Sicherheit, Ausgeglichenheit, Zufriedenheit, Gesundheit, Erfüllung, Glück, Sinn u. v. a. m. Es handelt sich um ein recht schillerndes und schwer fassbares Phänomen. Becker gibt einen Überblick über Theorien der noch recht jungen Wohlbefindensforschung und Mayring stellt 52 Messinstrumente subjektiven Wohlbefindens zusammen (Becker 1991, 13–49; Mayring 1991, 51–70). Dennoch muss man von einem Chaos der Definitionen sprechen. Zur Überwindung derartiger begrifflicher Unklarheiten schlägt Becker die Unterscheidung in *aktuelles Wohlbefinden* (= augenblickliche Befindlichkeit) und *habituelles Wohlbefinden* (= relativ stabile Eigenschaft) vor. Ein Schaubild (Becker 1991, 13–14) zeigt Grenzen und Zusammenhänge zwischen den beiden Arten des Wohlbefindens (siehe Abbildung 20).

Zu diesen beiden Aspekten fügt Becker noch einen dritten hinzu: *Wohlbefinden als Prozess*. Mit diesen drei Begriffen lässt sich das Phänomen Wohlbefinden, so Becker, terminologisch klären (Becker 1991, 43).

Einen anderen Ansatz vertritt Grupe. Er versucht Wohlbefinden aus anthropologischer Sicht zu beschreiben. Wohlbefinden ist als ein existentielles und zugleich privates, soziales und kulturell bedingtes Grundphänomen des menschlichen Lebens zu bezeichnen. Wohlbefinden versteht sich als eine positive Grundbefindlichkeit des Menschen.

existentielles Phänomen

„Es ist von unterschiedlichen Bedingungen körperlicher, seelischer und sozialer Art sowohl aktuell als auch langfristig bestimmt. Zwar ist es einerseits ein eher privates Phänomen, das nicht nur in hohem Maße von individuellen Voraussetzungen abhängig ist, sondern auch von persönlicher Einschätzung und Bewer-

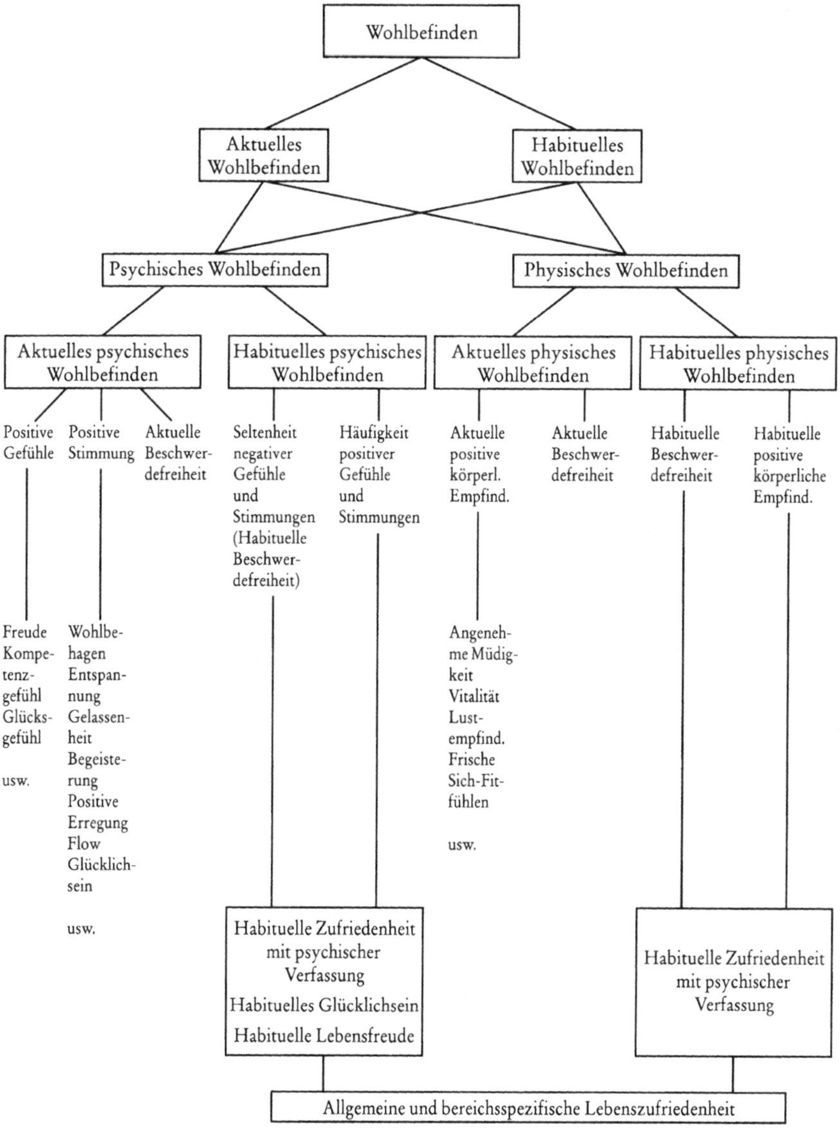

Abbildung 20: Strukturmodell des Wohlbefindens

> tung bestimmt wird; andererseits aber steht es unter dem Einfluß von kulturellen und sozialen Wertvorstellungen. Im Wohlbefinden zeigt sich eine Realität unmittelbarer Art, in der Subjektives und Objektives nicht voneinander geschieden sind. Es kennzeichnet den Menschen in dem veränderlichen und zugleich dynamisch-offenen Verhältnis zu sich selbst, zu seinem Körper und zu seiner sozialen und kulturellen Umwelt. Es ist nichts Stabiles und Festes, vielmehr instabiler Teil eines instabilen und deshalb ständig neu zu stabilisierenden Mensch-Umwelt-Verhältnisses …
>
> Da das Befinden mithin nicht etwas ganz und gar Natürliches ist, sondern immer auch von spezifischen Wertorientierungen abhängt, nach denen sich ein Individuum richtet oder die in der Kultur, der es zugehört, vorherrschend sind, kann es auch keine allgemeine Definition dessen geben, was Wohlbefinden ist." (Grupe 1982, 194, 197)

Grupe macht auf einen wichtigen Aspekt aufmerksam: Wohlbefinden ist kein Ziel, das direkt angestrebt werden könnte. In der Regel wird es sich auf dem Umweg über Tätigkeiten einstellen. Wer es direkt anstrebt, wird es vermutlich verfehlen.

Erziehung kann nur die psychische Disposition des Einzelnen ansprechen, sie kann Voraussetzungen schaffen, Erfahrungen vermitteln, äußere Bedingungen schaffen, Lernsituationen arrangieren, Angebote bereitstellen, Handlungen und Erfahrungen anbieten, die sich für das Erreichen von Wohlbefinden als günstig erweisen – dass es sich am Ende tatsächlich einstellt, kann Erziehung direkt nicht bewirken (Grupe 1982, 198–200). Wohlbefinden ist ein Teil des Menschen, und nur er als Subjekt kann dieses Gefühl herstellen und erleben. Dieses zu beachten, ist für SozialpädagogInnen/SozialarbeiterInnen wichtig: Ihre Aufgabe besteht im Arrangement von Handlungs-, Erfahrungs- und Erlebnissituationen, in denen der Mensch seine Persönlichkeit entfalten und sich gesund/wohl fühlen kann. Hier allerdings hat Soziale Arbeit gegenüber allen anderen sozialen Berufen des Gesundheitswesens besondere Kompetenzen.

Querschnittsaufgabe

Geht man von diesem komplexen Verständnis von Gesundheit bzw. Wohlbefinden aus, kann Gesundheitserziehung, -bildung und -förderung als hoheitsstaatlicher Auftrag angesehen werden mit Querschnittsaufgaben im gesamten Bereich der kommunalen (Selbst-)Verwaltung. Hier sollte eine Vernetzung aller sozialberuflichen Handlungsbereiche zu einem gemeinsamen Handlungssystem angestrebt werden. In diesem Verbund sozialer Dienstleistungen kann Soziale Arbeit (d. V.) eine zentrale Stellung einnehmen. Denn ausgehend von ihrem Verständnis der Ganzheitlichkeit und der Persönlichkeitsentfaltung des Menschen bringt sie für den Bereich Gesundheit/Wohlbefinden wichtige Kompetenzen mit (Kapitel 5).

!

Halten wir fest

Gesundheit versteht man als Zustand völligen körperlichen, seelischen und sozialen Wohlbefindens. Gesundheit steht in Wechselwirkung zur Gestaltung von sozialer und natürlicher Umwelt.

Durch *präventive, korrektive/unterstützende und kompensatorische/reabilitative Intervention* soll Gesundheit gesichert, hergestellt bzw. sollen Störungen so beeinflusst werden, dass ein erträgliches Leben noch möglich ist.

Gesundheit besagt Wohlbefinden. Wohlbefinden ist ein existenzielles, privates, soziales und kulturelles Grundphänomen des Menschen.

Um Gesundheit/Wohlbefinden zu erreichen, ist eine Vernetzung sozialer Dienstleistungen v. a. über die Städte und Kommunen notwendig. Soziale Einrichtungen müssen zusammenarbeiten. Man kann die These aufstellen: Krankheit fällt nicht in die alleinige Zuständigkeit der Medizin, sondern z. B. auch in die Krankenhaussozialarbeit oder Klinische Soziale Arbeit. Gesundheitsförderung, Prävention etc. fällt in den Aufgabenbereich der Erziehung und Sozialen Arbeit. Gefordert sind die drei Erziehungs- und Bildungsinstitutionen Familie, Schule/Beruf und Soziale Arbeit, die einen je unterschiedlichen Anteil an der Gesundheitserziehung übernehmen. Der Sozialen Arbeit dürfte dabei eine führende Rolle zukommen.

3.4 Sozialpädagogik/ Sozialarbeit – Soziale Arbeit: Synonyme Begriffe und ihr Verhältnis heute

Der Begriff „Sozial"

Sozial: Der Begriff „sozial“ ist in der Öffentlichkeit v. a. im Zusammenhang mit Sozialpädagogik/Sozialarbeit/Soziale Arbeit inzwischen positiv besetzt. In anderen Wortverbindungen finden wir den Begriff wieder, z. B. bei Sozial-Ethik, Sozial-Psychologie, Sozial-Staat, Sozial-Demokratie, Sozial-Forschung, Sozial-Geschichte, Sozial-Kunde, Sozial-Medizin, Sozial-Politik, Sozial-Recht, Sozial-Struktur, Sozial-Wissenschaft, Sozial-Wesen u. a. oder soziale Frage, soziale Marktwirtschaft, sozialer Wandel, soziale Sicherheit, soziales Lernen, soziale Wahrnehmung u. a. Im Zusammenhang mit Sozialer Arbeit muss manchmal allerdings immer noch entschieden auf einen Imagewandel hingearbeitet werden.

Imagewandel

„Soziale Arbeit ist, im Ganzen gesehen, so wenig und so viel Behebung einer menschlichen Not, wie es jede andere Maßnahme ist, die getroffen wird, um den einzelnen in ein positives Verhältnis zur Gesellschaft zu setzen.

Wenn andererseits aber der Begriff ‚Not‘ anthropologisch gedeutet würde, dergestalt, dass mit ihm auf ein Grundphänomen alles … menschlichen Daseins gewiesen werden soll, dann würde die Allgemeinheit dieses Begriffs alle kulturell-sozialen Erscheinungen betreffen und wiederum eine besondere Theorie der sozialen Arbeit erst erforderlich machen." (Mollenhauer 1987, 130)

Zielvorstellung: In der Sozialen Arbeit geht es um Zielvorstellungen wie Mündigkeit, Emanzipation, Unterstützung bei der Herstellung sozialer Gerechtigkeit etc.

Emanzipation

Soziale Arbeit als Dienstleistung

Dienstleistung: Soziale Arbeit ist ein Dienstleistungsberuf. Diese Dienstleistungsarbeit ist ein positives Angebot für BürgerInnen bei der Unterstützung, ihre sozialen Rechte wahrnehmen zu können. Insofern kann Soziale Arbeit als eine Form der BürgerInnenaufgabe von SozialpädagogInnen/SozialarbeiterInnen angesehen werden, anderen BürgerInnen dabei zu helfen, diese Rechte zu realisieren. Der Anspruch auf diese Rechte ist z. B. im KJHG und SGB festgelegt. Angesichts der berufsethischen Prinzipien der International Federation of Social Workers (ISFW), bzw. der nationalen Fachgewerkschaft Deutscher Berufsverband Soziale Arbeit (DBSH) und durch den Anspruch (eine) Menschenrechtsprofession zu sein, kennen wir nun aber auf der anderen Seite auch die Fakten, die uns lehren, wie weit wir in manchen Arbeitsfeldern noch von dieser Vorstellung entfernt sind. Die häufige Verweigerung und Verletzung von Bürgerrechten im Zuge der Globalisierung und dadurch wachsende Zahlen von KlientInnen der Sozialen Arbeit auch in den Industrienationen (z. B. Flüchtlinge, AsylbewerberInnen, Behinderte) verlangt nach Eingreifen. Denn, so resümiert die ehemalige Menchenrechtskommissarin der UNO Mary Robinson: „Die Verletzung der Menschenrechte von heute führt zu den Kriegen – und zum Terror – von morgen (zit. nach Staub-Bernasconi, 2007, 422). Auch wenn dies noch viel mehr berücksichtigt würde, muss man aber auch erkennen, dass Soziale Arbeit einerseits in vielen Arbeitsfeldern Dienstleistungen erbringt, andererseits breite Aufgabenfelder wie z. B. ambulante Dienste, Altenheime, Pflegeheime, Jugendclubs u. a. an kommerzielle Anbieter verloren hat bzw. im Begriff ist zu verlieren.

Will Soziale Arbeit ihre Aufgabe zumindest ähnlich wie andere Dienstleistungsinstitutionen und unter Menschenrechtsperspektiven konzipieren, dann muss sie folgende Aspekte berücksichtigen.

Soziale Arbeit als (eine) Menschenrechtsprofession

„Die Profession Soziale Arbeit fördert sozialen Wandel, Problemlösungen in zwischenmenschlichen Beziehungen sowie die Befähigung und Befreiung von Menschen zur Verbesserung ihres Wohlbefindens. Gestützt auf wissenschaftliche Erkenntnisse über menschliches Verhalten und soziale Systeme greift Soziale Arbeit dort ein, wo Menschen und ihre Umwelt aufeinander einwirken. Grundlagen der Sozialen Arbeit sind die Prinzipien der Menschenrechte und der sozialen Gerechtigkeit.“ (Engelke 2003, 297)

Menschenbild: Entscheidend für die Arbeit ist das Menschenbild. Wenn kein positives und an den internationalen Menschenrechtsinstrumenten (Sozial-, Zivilpakt; Europäische Sozialcharta, Menschenrechtskonventionen, z. B. Kinderrechtskonvention) orientiertes Menschenbild vorhanden ist, man nicht vom positiven Wesen eines Menschen überzeugt ist, kann man anderen kaum helfen.

Ressourcenorientierung

SozialpädagogInnen/SozialarbeiterInnen sollten ihre KlientInnen nicht nur in persönlichen Schwächen, Problemlagen und Defiziten etc. unterstützen, sondern auch in den aktivierbaren individuellen und sozialen Stärken, also v. a ressourcenorientiert arbeiten. (Schilling 2004, 193–200).

Es muss um die Soziale Arbeit schlecht bestellt sein, die glaubt, sie müsse bei ihrer Zielgruppe zunächst v. a. Probleme entdecken bzw. ihr bewusst machen, um sich selbst und ihre Arbeit zu legitimieren. Hier ist ein gründliches Umdenken erforderlich. Die Zielgruppen und Aufgaben der Sozialen Arbeit haben sich im Lauf der Zeit also sehr stark erweitert und verändert. Sie versteht sich als dritte Erziehungs-, Bildungs- und Lerninstitution gleichberechtigt neben Familie (primäre Erziehungsinstitution) und Schule (sekundäre Erziehungsinstitution), die für Personen aller Altersstufen Lernangebote unterbreitet.

Führungsrolle

Soziale Arbeit sollte künftig mehr eine gesellschaftskritische und innovative Funktion übernehmen. Sie nimmt die Grundstrukturen neuer sozialer Problemlagen wahr und stellt sich veränderten fachlichen Anforderungen und entwickelt neue Arbeitsschwerpunkte.

> Der Sozialen Arbeit ist eine Tendenz zur Reduktion von Komplexität durch Schwerpunktbildung und Ausgliederung neuer Handlungs- und Theorieherausforderungen eigen. Sie erschließt die neuen Bereiche und verhilft ihnen zu einer relativen Selbständigkeit.

In den vorausgegangenen Ausführungen wurde beschrieben, wie sich Sozialpädagogik/Sozialarbeit bezüglich Zielgruppen und ihren Aufgabenfeldern zur Sozialen Arbeit ausgeweitet hat.

Damit haben sich die historischen Grenzlinien zwischen Sozialpädagogik und Sozialarbeit endgültig verwischt.

Friedländer/Pfaffenberger resümierten in diesem Zusammenhang bereits in den 1960er Jahren, dass jede sozialpädagogische Arbeit als ein einheitliches Funktionssystem gesellschaftlicher Hilfen begriffen werden muss. Der Versuch, das „sozialpädagogische Ganze" durch „Zerlegung in seine Elemente" aufzulösen, würde den Wesenskern des pädagogischen und des Sozialen, von Erziehung und Bildung, von Ermöglichung menschlicher Freiheit, Entfaltung und Selbstverwirklichung und ihren äußeren, auch materiellen Voraussetzungen und Bedingungen zerstören.

„Jede Zweiteilung, jede Trennung des Gesamtbereichs in Sozialarbeit und Sozialpädagogik zieht künstliche Grenzen, erschwert Zusammenarbeit und Weiterentwicklung und ist ein Hindernis für die Zukunft des gesamten Bereichs. Diese Zweiteilung ist historisch geworden, teils zufällig entstanden, teils aus heute überholten und nicht mehr gegebenen Bedingungen hervorgegangen. Sie ist aber heute keinesfalls mehr sachlich zu begründen und zu verteidigen. Alle Versuche, zu einer Zweiteilung des Gesamtbereiches in Sozialarbeit und Sozialpädagogik zu kommen ... versagen angesichts der Realität, da sie natürlich

> Gewachsenes und immer stärker Zusammenwachsendes künstlich zerschneiden und bloße Akzentuierung und Gesamtverteilung zu grundsätzlichen Unterschieden und konstituierenden Merkmalen von Gegenstands- und Arbeitsbereichen hypostasieren würden." (Friedländer/Pfaffenberger 1966, XXXI)

Diese Bemühungen um eine inhaltliche Bestimmung der Begriffe Sozialpädagogik und Sozialarbeit werden im deutschen Sprachraum in Fachdebatten sicherlich immer wieder auftauchen, da die Begriffe sich eingebürgert haben. In der Praxis aber arbeiten heute die AbsolventInnen der neuen Bachelorstudiengänge der (Fach-)Hochschulen als SozialpädagogInnen/SozialarbeiterInnen (BA) in denselben Arbeitsfeldern der Sozialen Arbeit. Deutlich wird dies nicht zuletzt an den Stellenausschreibungen, in denen gleichermaßen SozialpädagogInnen/SozialarbeiterInnen für die sich ohnehin immer stärker ausdifferenzierenden Arbeitsfelder gesucht werden. Die viele Jahrzehnte andauernde unbefriedigende Trennung bzw. Gleichsetzung von Sozialarbeit und Sozialpädagogik in Praxis und Theorie ist mit dem Umwandlungsprozess deutscher Hochschulen zu einem Abschluss gekommen und die Unschärfe der Begriffe heute aufgehoben.

Arbeitsfelder

Halten wir fest

Sozialpädagogik und Sozialarbeit sind nicht mehr zwei verschiedene Bereiche. Sie sind im Verlauf der letzten Jahre zu einem Gesamten, zur Sozialen Arbeit, zusammengewachsen. Die Verschränkung von Sozialpädagogik und Sozialarbeit ist nicht nur begrifflich gemeint, sondern sie spiegelt sich in den Aufgabenfeldern der Sozialen Arbeit wider. Um dies auszudrücken, wird in Deutschland sicherlich noch einige Zeit die Schrägstrichform Sozialpädagogik/Sozialarbeit in Abschlussdokumenten und Stellenausschreibungen gewählt werden, auch wenn eigentlich von Sozialer Arbeit die Rede ist.

3.5 Zusammenfassung

Sozialpädagogik und Sozialarbeit haben sich inhaltlich wie in Bezug auf ihre Zielgruppe im Laufe der Zeit stark ausdifferenziert und dieser Prozess kann auch sicherlich noch lange nicht als abgeschlossen gelten. Beide sind heute weitgehend zu einem Gesamtbereich Soziale Arbeit mit gemeinsamen wissenschaftlichen, ausbildungstheoretischen und berufspraktischen Bezugspunkten v. a. unter dienstleistungs-, ressourcen- und menschenrechtsorientierten Aspekten zusammen gewachsen.

Teilbereiche eines Gesamtsystems

Dies führt jedoch nicht immer und in jedem Arbeitsfeld zu einer völligen Identität beider Bereiche, sondern beide Teile behalten in manchen Handlungsfeldern der Sozialen Arbeit eine gewisse Eigenständigkeit. Beispielsweise sind (sozial)pädagogische Aspekte in einem Kinderheim oder einer Erziehungsberatungsstelle wesentlich höher als z. B. in der Wohnsitzlosenhilfe oder Drogenberatung. Diese Zusammenhänge kann man am besten dadurch ausdrücken, dass man von *Sozialer Arbeit* mit den beiden Schwerpunkten Sozialpädagogik und Sozialarbeit spricht. Allerdings variiert die Schreibweise. Einmal wird der Begriff wie ein Eigenname groß geschrieben, dann wieder wird das Adjektiv ‚sozial' kleingeschrieben. Man sollte einheitlich von *Sozialer Arbeit* sprechen und nicht „Arbeit" mit einem Adjektiv „sozial" spezifizieren.

Bezüglich des Begriffs Sozialwesen bedeutet das: *Das ehemalige Studium der Sozialpädagogik oder der Sozialarbeit, bzw. heute der Sozialen Arbeit, wird an den (Fach)Hochschulen inzwischen mit dem gemeinsamen Oberbegriff „Sozialwesen" bezeichnet.* Im Zuge der Veränderungen der Hochschullandschaft in allen europäischen Ländern erfolgen weitere, z. T. starke Spezialisierungen der Berufsfelder der Sozialen Arbeit. Diese Umstrukturierungen führen zu zahlreichen neuen, häufig ganz unterschiedlichen Bachelor- und Masterstudiengängen mit Abschlüssen, die der globalisierten eigenen Logik des Arbeitsmarktes natürlich auch im sozialen Sektor folgen. So haben sich auch die Bezeichnungen mancher sozialen Studiengänge geändert. Die früheren Fachbereiche wurden in „Fakultäten für Sozialwesen" mit unterschiedlichen BA/MA-Studiengängen für z. B. „Soziale Arbeit", „Gesundheits- und Pflegemanagement", „Sozialmanagement", „Klinische Sozialarbeit", vielfach auch „Bildung und Erziehung im Kindesalter" etc. umgewandelt..

Somit hätte man eine Klärung für unterschiedliche Bereiche und Studiengänge der Sozialen Arbeit:

- Auf die Praxis der Sozialen Arbeit bereiten in Deutschland inzwischen Fachbereiche, bzw. Fakultäten für *Sozialwesen* mit der Ausdifferenzierung von arbeitsfeldbezogenen Bachelor- und Master-Studiengängen vor (z. B. „Soziale Arbeit", „Gesundheits- und Pflegemanagement", „Sozialmanagement", „Klinische Sozialarbeit" etc.).
- Berufspolitisch wünschenswert wäre die einheitliche international anschlussfähige Bezeichnung „BA Social Work".

Mit diesem Vorschlag kann man sich dem Vorgehen von Staub-Bernasconi anschließen, die eine Alternative zu dem alten Sozialpädagogik/Sozialarbeit-Dilemma darin sieht, Soziale Arbeit als Antwort auf die sozialen Probleme, die durch die Industrialisierung entstanden sind und einer Lösung bedürfen, zu bestimmen. „Soziale Arbeit als Wissenschaft" gibt danach reflexive Antworten auf soziale Problemlagen und „Soziale Arbeit als Praxis" gibt tätige Antworten darauf (Staub-Bernasconi 2002).

Lernfragen

1. Wie kann man Sozialarbeit und Sozialpädagogik aus geschichtlicher Sicht umschreiben?
2. Wie definieren die WHO und die Ottawa Charta den Begriff Gesundheit?
3. Von welchen neueren Ansätzen im medizinischen Bereich geht man heute aus, um Gesundheit zu bestimmen?
4. Wie kann man im Zusammenhang mit dem Stresskonzept begründen, dass Soziale Arbeit auch im Bereich der Gesundheitsförderung aktiv sein muss?
5. In welche drei Bereiche kann man Interventionen unterteilen?
6. Wie könnte man den Begriff Wohlbefinden definieren und aus welchen Faktoren setzt sich Wohlbefinden zusammen?
7. Welche Aufgaben übernimmt die Soziale Arbeit in Bezug auf die Förderung von Wohlbefinden von KlientInnen?
8. Was versteht man unter Erziehung, Sozialisation, Bildung und Lernen?
9. Was steht bei der Erziehung und Bildung in der Familie und Schule im Vordergrund und was bei der Sozialen Arbeit?
10. Wie kann man heute das Verhältnis von Sozialpädagogik, Pädagogik, Sozialarbeit und Soziale Arbeit umschreiben?

Weiterführende Literatur

Heiner, M. (2010): Soziale Arbeit als Beruf. Fälle – Felder – Fähigkeiten. 2. Aufl. Ernst Reinhardt, München/Basel

Thole, W. (Hrsg.) (2002): Grundriss Soziale Arbeit. Ein einführendes Handbuch. Leske + Budrich, Opladen

Waller, H. (2006): Gesundheitswissenschaft: Eine Einführung in Grundlagen und Praxis.Kohlhammer, Stuttgart

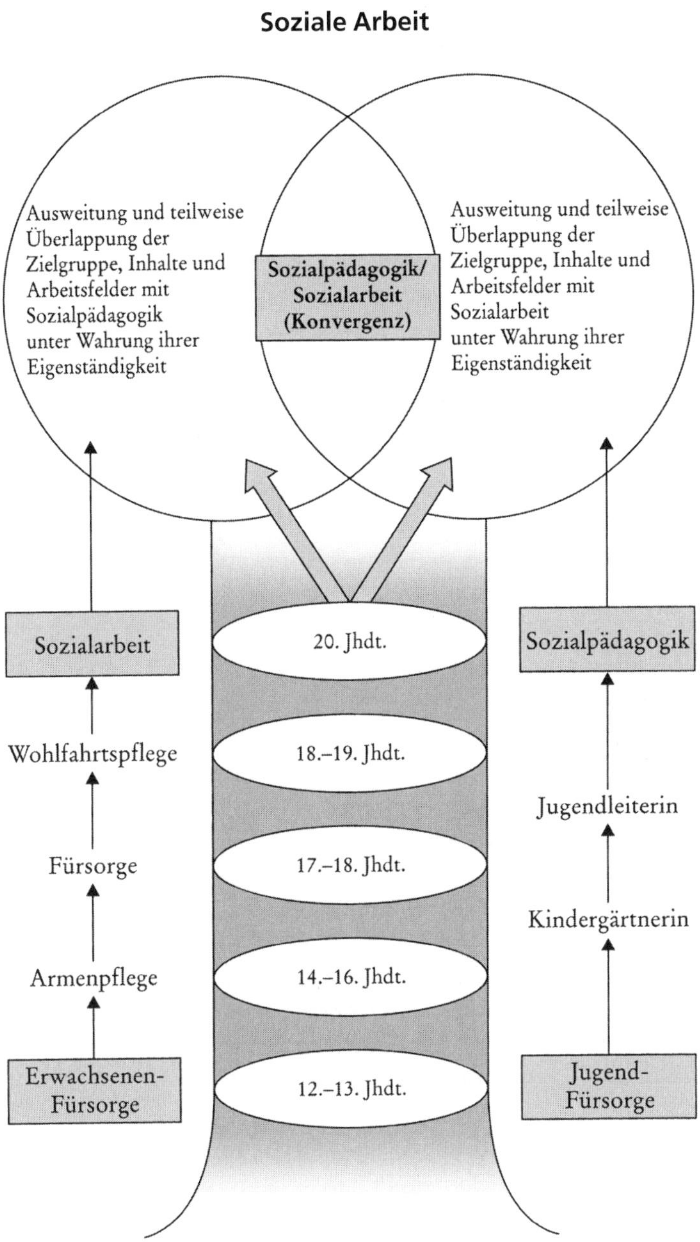

Abbildung 21:
Soziale Arbeit

4 Theorie-Modelle

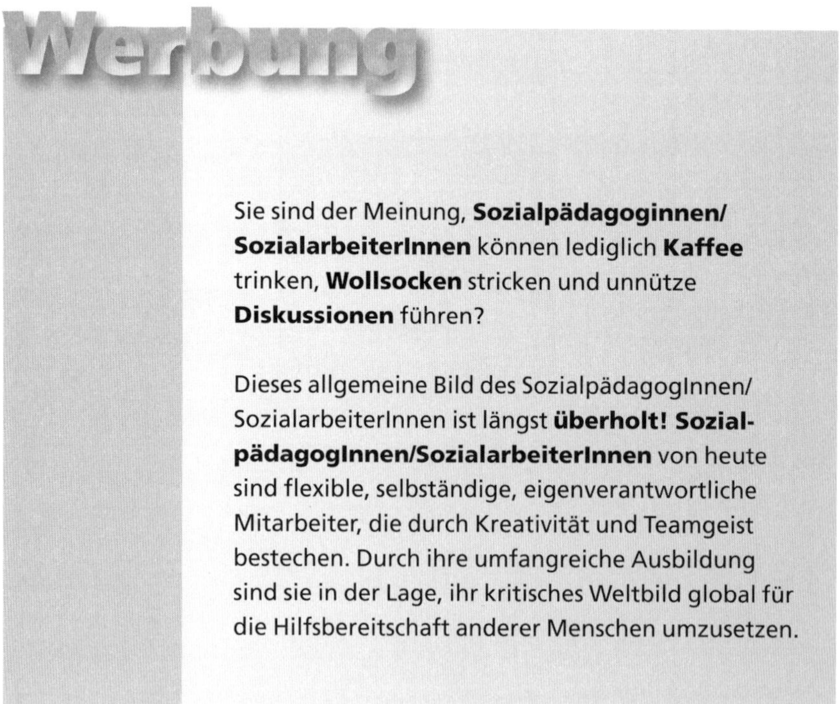

Abbildung 22

4.1 Der Gegenstandsbereich Sozialer Arbeit

In der Fachwelt wird immer noch diskutiert, ob die Soziale Arbeit überhaupt einen eigenen Gegestandsbereich hat. Aber was verstehen wir überhaupt unter einem Gegenstandsbereich einer wissenschaftlichen Disziplin? Ernst Engelke (2003) antwortet auf diese Frage folgendermaßen:

> „Bei dem Gegenstandsbereich (oder auch Objektbereich) einer Wissenschaft handelt es sich um die Gesamtheit der Eigenschaften, Strukturmerkmale, Prozesse und Bewegungsgesetze bestimmter (materieller oder ideeller) Objekte, die von der betreffenden Wissenschaft untersucht werden. (...) Gelingt es nicht, diesen Zusammenhang von Konstruktion und Beschreibung zureichend verstehen zu können, sind der Objektbereich und die wissenschaftlichen Aussagen inkongruent. (...) Relativ autonom sind Gegenstandsbereiche, weil sie bewußt und gezielt aus der Lebenswelt, in die sie fest eingebunden sind, zum Zwecke der Forschung herausgelöst werden. (...) Der Vorzug etablierter Wissenschaftsdisziplinen wie Medizin, Physik, Psychologie, Soziologie oder Pädagogik besteht darin, dass sie sich ihres Gegenstandsbereichs seit langem gewiss sind (...). Die Praxis der Sozialen Arbeit ist, wie die Praxis anderer Berufe auch, durch eine bestimmte Konstellation aus Werten, Zielen, Legitimationen, Wissen und Methoden gekennzeichnet.
>
> Was ist das Gemeinsame der Tätigkeitsfelder (...)? Die Schwierigkeit, einen gemeinsamen Nenner für die Arbeitsfelder zu finden, führte zu Definitionen wie: „Soziale Arbeit ist all das, was Sozialarbeiter tun. (...) Statt eines Gegenstandsbereiches werden bisweilen auch Ziele und Aufgaben genannt, (die speziell für diese Aufgabenfelder der Sozialen Arbeit charakteristisch sind, d. V.)." (Engelke 2003, 287–291)

Zetterberg beschrieb in diesem Kontext bereits 1973 sehr anschaulich:

> „Eine der ansprechendsten Ideen unseres Jahrhunderts ist die Vorstellung, daß die Wissenschaft zur Lösung sozialer Probleme herangezogen werden kann. Wenn die Physik des 18. Jahrhunderts uns den modernen Ingenieur gab und die Biologie des 19. Jahrhunderts den modernen Arzt, so träumt die Sozialwissenschaft des 20. Jahrhunderts davon, der Menschheit den Sozialpraktiker geben zu können, der sich in wissenschaftlicher Weise mit den sozialen Problemen befaßt." (Zetterberg in Rössner 1973, 15)

Alle Professionen verfügen über voneinander abgrenzbare Gegenstandsbereiche, für die sie sich zuständig fühlen. Es beginnt sich, v. a. in Anlehung an die Arbeiten von Silvia Staub-Bernasconi, in den letzten Jahren herauszukristallisieren, sich darauf zu einigen, dass die Erforschung sozialer Problemlagen der spezifische Gegenstandbereich der Sozialen Arbeit ist.

„Die öffentliche Diskussion oder zumindest Diskussion von unterwünschten, kollektiven Zuständen ist ein Merkmal sozialer Probleme. Soziale Benachteiligung, Armut, (Psychische- und Suchterkrankungen, d. V.), Umweltverschmutzung, Kriminalität oder Seuchen stellen solche sozialen Probleme dar." (Heiner 2010a, 187)

!

Halten wir fest:

Die Frage danach, was der eigentliche Gegenstand von Forschung und Praxis der Sozialen Arbeit ist, könnte folgendermaßen beantwortet werden: Der spezifische Gegenstand der Sozialen Arbeit sind soziale Problemlagen.

4.2 Theorievielfalt

Staub-Bernasconi beschrieb Anfang der 1990er Jahre die Situation der Theorieentwicklung so:

„Im deutschsprachigen Raum sitzt sie (die Soziale Arbeit, Anmerkung d. V.) immer noch – und dies seit bald 100 Jahren – im Wartesaal von Academia, dieweil Disziplinen wie Touristikwissenschaft, Filmwissenschaft, Sport- und Bewegungswissenschaften, Polizei-, Pflege- und jüngst sogar Rockmusikwissenschaft … inzwischen akademische Dignität erlangt haben." (Staub-Bernasconi 1994, 75–76)

Viele AutorInnen bezweifeln bis heute, ob eine inhaltlich geschlossene Theorie für die – zersplitterte Praxisfelder umfassende und sich immer weiter ausdifferenzierende – Soziale Arbeit überhaupt möglich ist. Es wird beklagt, dass der Stand der Theoriediskussion unbefriedigend ist, unüberschaubar und okkupiert durch andere wissenschaftliche Disziplinen, die sich nicht als Bezugsdisziplinen begreifen. Andere sprechen von einem „Theorie-Dilemma" und „Theoriewirrwarr" und konstatieren „lediglich erste Ansätze" und „Suchbewegungen" bei dem Unterfangen, Soziale Arbeit als Wissenschaft zu begründen.

Optimistisch dagegen sieht Engelke die Entwicklung zu einer Theorie der Sozialen Arbeit.

„Zurück kann man auch nicht mehr hinter die Tatsache, daß es in der und für die Soziale Arbeit inzwischen eine große Fülle von Ansätzen, Konzepten, Modellen und Theorien gibt. Das von der Sozialen Arbeit als Wissenschaft hervorgebrachte Theorie-Ensemble ist bunt, vielgestaltig und mehrschichtig, wie das Handlungsfeld der Sozialen Arbeit selbst." (Engelke 1999, 83)

Um zu verstehen, wie verschiedene Theorieansätze, Erklärungsmodelle und Konzepte für die Soziale Arbeit entstanden sind, soll im Folgenden nun auch diese Entwicklung für die „Wissenschaft Soziale Arbeit" (Engelke 2003) skizziert werden. Dabei sind zwei Theorie-Blöcke zu unterscheiden:

- **Klassische Theorie-Modelle und Konzepte:** Hierzu gehören Klassiker wie Mager, Diesterweg, Natorp, Nohl, Bäumer, Mollenhauer, Giesecke, Winkler, Thiersch u. a. Sie versuchen zu erklären, was die alte Sozialpädagogik war und welchen Stellenwert sie in Gesellschaft und Erziehung aber heute unter der Bezeichnung Soziale Arbeit immer noch einnimmt

- Neuere Theorie-Modelle der Sozialen Arbeit: Vertreter sind Thiersch, Engelke, Staub-Bernasconi, Obrecht u. a. Sie erarbeiten Inhalte, in welchem Spannungsverhältnis die drei Bereiche

- Praxisfelder der Sozialen Arbeit,
- Theorieansätze als Erklärungsmmodelle für soziale Problemlagen und
- Professionalisierung zueinander stehen und wie sich Soziale Arbeit als wissenschaftliche Disziplin etabliert.

In den letzten Jahrzehnten kann man eine rege Entwicklung in der theoretischen Reflexion der Sozialen Arbeit feststellen. Es wurde eine Reihe theoretischer Modelle entwickelt. Diese alle im Einzelnen (v. a. den umfangreichen Theorieansatz von Silvia Staub-Bernasconi 2007) hier darzustellen, würde allerdings den Rahmen dieses Lehrbuches sprengen. Deshalb wurde hier eine Auswahl getroffen.

Von den Klassikern, man müsste bei Pestalozzi und Schleiermacher beginnen, werden nur die theoretischen Ansätze von Nohl, Bäumer, Mollenhauer und Giesecke erläutert. Auf Ansätze z. B. von Willmann, Tews, Fischer, Kerschensteiner, Rissmann, Rein, Mager, Diesterweg, Natorp u. a. wird nicht näher eingegangen. Diese könnten aber z. B. bei Niemeyer 1998; Thole et al. 1998; Henseler 2000 nachgelesen werden. Auch von den neueren theoretischen Modellen nach 1970/80 sollen nur zwei – allerdings einflussreiche und z. Z. in der Literatur häufig diskutierte – Ansätze aufgegriffen werden. Theoriefragmente wie das historisch-materialistische Modell, kritisch-rationale Modell, Life-Modell, sozio-ökologische Modell, Lebenslage-Modell, Netzwerk-Modell, Situations-Modell wurden hier nicht berücksichtigt und müssen an anderer Stelle der Fachliteratur nachgelesen werden.

Theoriefragmente

Nach Engelke verfügt die Wissenschaft Soziale Arbeit über eine beachtliche Anzahl von Theoriefragmenten und Theorien. Das Material ist umfangreicher als vermutet. Häufig ist der Begriff „Theorie“ aber noch nicht angebracht. Deshalb schlägt Engelke auch vor, besser von Theoriefragmenten zu sprechen. Fragmente sind unvollständige Werke, Bruchstücke eines Ganzen. Theoriefragmente sind keine vollständigen wissenschaftlichen Theorien (Engelke 1999, 130–136; vgl. dazu auch Thole 2002, 32–33).

In ihrem neuen Buch benennt Staub-Bernasconi (2007) zwei mögliche Hauptgründe für die nicht enden wollende Diskussion um eine eigenständige Wissenschaft der Sozialen Arbeit auch heute noch. Zum einen setzen die VertreterInnen einer Konzeption von Zivilgesellschaft darauf, dass professionelle Soziale Arbeit doch mehr durch freiwillige und selbsttragende soziale Hilfsnetze der Bevölkerung ersetzt werden soll, da Helfen schließlich etwas sei, was jeder, vor allem jede könne. Dabei weiß man durch Studien über Freiwilligenarbeit, dass heutzutage aber auch freiwillige HelferInnen Anerkennung und in einem gewissen Rahmen Geld als Gegenleistung für ihre Dienstleistungen erwarten und meist auch brauchen.

Zum anderen argumentiert die zweite Gruppe von BefürworterInnen einer kapitalistisch-neoliberalen Ökonomie, dass die sozialen Einrichtungen über betriebswirtschaftliche Standards und Organisationsberater häufig stellvertretend für die Profession Soziale Arbeit grundlegend umstrukturiert werden. Staub-Bernasconi problematisiert diesen Prozess, der im vollen Gange ist. Die SozialmanagerInnen oder SozialwirtInnen bedienten sich professioneller Sozialer Arbeit, um künftig als Leistungserbringer vereinbarte Leistungsziele der sozialen Einrichtungen erreichbar zu machen. Staub-Bernasconi fragt hier kritisch nach:

> „Warum geht es (vor allem, d. V.) um Leistungsziele eines Betriebs, warum nicht um die professionelle Hilfe an Adressat(innen) der Sozialen Arbeit? Aber auch dort, wo die Professionellen unter sich sind und auf gleicher Augenhöhe miteinander kooperieren könnten, zeigt sich ein nicht gerade zuversichtlich stimmendes Bild: In Kliniken befragte Mediziner und Pfleger(innen) halten eine Sozialberatung vor allem für Aus- und Übertritte in andere Einrichtungen für erforderlich. Sozialarbeiter(innen) gehören (aber, d. V.) nicht automatisch zum Team, sondern werden je nach Bedarf „eingeschaltet". Das heißt, dass sie Aufträge aufgrund von Diagnosen durch Arzt und Pflege entgegennehmen müssen und Sozialanamnese, Sozialdiagnose und psychosozialer Hilfsplan für den Behandlungserfolg nicht erforderlich sind. Der Sozialberatung wird so eine Rolle als zu- oder untergeordnete Dienstleisterin, ja Hilfskraft zugeschrieben." (Staub-Bernasconi 2007, 12f.)

Dabei gibt es inmitten dieses Spannungsfeldes seit dem Beginn der 1990er Jahre einen internationalen Konsens darüber, was Soziale Arbeit und soziale Problemlagen sind. Hierauf wird in einem anderen Zusammenhang noch einzugehen sein.

Im Folgenden werden drei unterschiedliche Systematiken von Theorieentwürfen aus der Fachliteratur zusammengetragen (vgl. dazu Thole 2002, 32–33):

1. **Schmidt, Hans-L.:** Er fasst die Theorieentwürfe in fünf Kategorien:
- transzendental-philosophischer Ansatz
- geisteswissenschaftlich-hermeneutischer Ansatz
- kritisch-rationaler Ansatz
- dialektisch-kritischer Ansatz
- marxistischer Ansatz (Schmidt 1981, 43–45).

2. **Mühlum, Albert:** Auch er zählt in seiner Systematik drei Theorieansätze:
- sozialintegrativ
- kritisch-emanzipatorisch
- systemverändernd (Mühlum 1986, 215–216).

3. **Engelke, Ernst:** Er nennt vier Schulen der Theoriebildung (und Theorien) in der Sozialen Arbeit:
- technologisch-normalisierend ausgerichtete Schule

- hermeneutisch-alltagsorientiert ausgerichtete Schule
- ökosozial-managend ausgerichtete Schule
- prozessual-systemisch ausgerichtete Schule (Engelke 1999, 143–144).

Leider beziehen sich die jeweiligen theoretischen Entwürfe und Schulen nicht aufeinander und bauen aufeinander auf, was innerhalb einer wissenschaftlichen Community sehr hilfreich wäre.

Das Nebeneinander verschiedener Theoriefragmente, ihre Vielfalt und Differenziertheit der Menschen wie der Gesellschaft und ihrer Problematiken kann man nicht mit den Kategorien „richtig" oder „falsch" beurteilen. Richtig wären jedoch wissenschaftlicher Austausch und Kommunikation zwischen den WissenschaftlerInnen und PraktikerInnen der Sozialen Arbeit.

„Es ist ein menschliches Problem, wenn man sich (s)einen Ansatz zur ganzen Weisheit macht. Theoretisch richtig und praxistauglich kann ein neuer Ansatz sein, ohne daß alle anderen, früheren Ansätze dadurch falsch und untauglich sein oder werden müssen. Die Idee der Koexistenz, Interaktion und Komplementarität von Theorien wird von SozialwissenschaftlerInnen immer wieder gefordert, aber äußerst selten gelebt." (Engelke 1999, 310)

Im Folgenden lernen wir fünf Theorieansätze kennen, die für eine Theoriebildung vor allem innerhalb der Sozialpädagogik von entscheidender Bedeutung waren und die Theoriedebatte des 20. Jahrhunderts geprägt haben.

4.2.1 Sozialpädagogik nach Herman Nohl (1879–1960)

Aufgabe

Lesen Sie bitte folgenden Text, der 1928 geschrieben wurde, und fragen Sie sich, inwieweit er heute noch aktuell sein könnte.

„Es muß aber immer erst ein Unglück passiert sein, das die Jugendhilfe danach wieder gutzumachen sucht. Hier liegt meines Erachtens der schwere Konstruktionsfehler im Aufbau der ganzen Arbeit. Worauf alles ankäme, wäre: der Arbeit der Jugendhilfe eine positive Wende zu geben, die das Jugendamt zu einem selbständigen Organ der Volkserziehung machte, dessen große Aufgaben natürlich auch das Heilen aufgebrochener Schäden wäre, dessen vorausgehende, primäre Leistung aber eine aufbauende Arbeit an unserer Jugend ... ist." (Nohl in Wollenweber 1983b, 98)

Nohl/Bäumer

Herman Nohl. und seine ehemalige Schülerin, Gertrud Bäumer, haben sich um eine gemeinsame theoretische Basis der Jugendfürsorge und Jugendpflege bemüht (Klika 2000). Nohl selbst hat Sozialpädagogik nicht definiert, dafür hat Bäumer eine in seinem Sinne und für heute weitestgehend noch gebräuchliche Definition gegeben. Insofern wollen wir hier zunächst den theoretischen Ansatz von Nohl darlegen und in Ergänzung dazu anschließend die weiterführenden Überlegungen von Bäumer folgen lassen.

Herman Nohl ist der erste Ordinarius für Pädagogik in Preußen (1920) und der Nachfolger Herbarts in Göttingen. Da Nohl selbst keine Definitionen von Sozialpädagogik formuliert, kann man aus seinen Ausführungen nur schließen, dass Sozialpädagogik mit der Jugendwohlfahrtspflege identisch ist und die sozialpädagogischen Bemühungen im Wesentlichen auf das Kinder- und Jugendalter beschränkt sind. Nach Wollenweber führt unklarer Gebrauch des Terminus Sozialpädagogik zu Missverständnissen. Sozialpädagogik wird von Nohl verschiedentlich als ein Bereich bestimmt, der gleichwertig neben dem der Normalpädagogik mit seinen Ausprägungen als Schulpädagogik, Familienpädagogik, Berufspädagogik usw. steht. Nohl schreibt:

> „Immer deutlicher erkennt auch die Theorie der Pädagogik, die bisher nur Schulpädagogik war, die riesige Ausdehnung ihres Arbeitsfeldes, beginnend mit der Säuglingsfürsorge und Müttererziehung über Kindergarten, Hort und Warteschulen zu dem großen Schulsystem in all seinen Verzweigungen als zu einer großen Einheit, zu Jugendpflege als Pädagogik der Schulentlassenen, Fürsorgeerziehung und Gefangenenerziehung, die auch die normale, die physisch oder moralisch kranke Jugend aufnimmt und endlich zu Universität, Volkshochschule und Elternschule, die die Erwachsenen noch erfassen und den pädagogischen Geist in jede Familie und alle Organisationen beruflichen Lebens tragen wollen." (Nohl in Wollenweber 1983b, 43)

Ausgangspunkt der Überlegungen von Nohl und Bäumer war der gesetzliche Hintergrund in Form des Reichsjugendwohlfahrtsgesetzes (RJWG) von 1922 und des Jugendgerichtsgesetzes (JGG) von 1923, die sie entscheidend mitgeprägt haben. Es galt nun, die öffentliche Erziehungsfürsorge durch ein theoretisches Modell abzusichern und zu begründen. So versteht Nohl auch die Sozialpädagogik als Theorie und Praxis der Jugendhilfe.

Seinen theoretischen Ansatz einer Sozialpädagogik findet Nohl, Wortführer der Sozialpädagogischen Bewegung der Weimarer Zeit, in der konkreten Notsituation der Jugend. Sie befand sich in einer sittlichen, körperlichen und sozialen Not, die im Laufe des 19. Jahrhunderts durch die Entwicklung der Industrie, der Großstädte, der Arbeits- und Wohnverhältnisse entstanden ist. Die Folge war die Auflösung aller Bindungen, die den einzelnen Menschen halten, ohne die er ins Bodenlose fällt, und die sich daraus ergebende Wertlosigkeit des Menschen (Marburger 1979, 61–62).

Deshalb richtet sich die Sozialpädagogik darauf, wie in dieser gesellschaftlichen Situation die natürlichen Haltepunkte in Familie, Betrieb und Öffentlichkeit gefestigt und durch ergänzende sozialerzieherische Hilfen wie Horte, Heime, Beratungsstellen gesichert werden können (Röhrs 1968, XIV).

Von dieser konkreten Situation und Praxis der Sozialpädagogik ausgehend versuchte Nohl, Gesetzmäßigkeiten zu finden, um den Sozialpädagogen darüber aufzuklären, wie die Not entstanden ist und welche praktischen Konsequenzen daraus zu ziehen sind.

4.2.2 Geistige Energien – Individuum und Gemeinschaft

fünf geistige Energien

Von diesen Überlegungen ausgehend analysiert Nohl wirksame Energien, durch die versucht wurde, die entstandene allgemeine Not, speziell aber die Not Jugendlicher, zu erklären und ihr zu begegnen.

- **Sozialismus** *Erste geistige Energie:* Sozialismus der Arbeiterbewegung (1848): Diese Bewegung erklärt die Not vor dem Hintergrund der ökonomischen Verhältnisse und Klassenkampfes mit dem Ziel der klassenlosen Gesellschaft.
- **Innere Mission** *Zweite geistige Energie:* Innere Mission (1849): „Bewußt gegen den Sozialismus und aufgrund einer anderen Deutung der Ursache von Not, nämlich als Verwahrlosung bedingt durch Glaubenslosigkeit, Gottentfremdung, wobei die äußere Not … letztlich doch nur ein Symptom dieses ‚neuen Heidentums' ist, setzt die Innere Mission … als Erziehungsziel die Wiedergeburt durch Seelsorge und freie Liebestätigkeit, eben Innere Mission" (Schmidt 1981, 62). Wiederherstellung der christlichen Familie und einer christlichen Lebensordnung ist das Ziel.
- **Frauenbewegung** *Dritte geistige Energie:* Frauenbewegung (um 1870): Die Frauenbewegung deutet die Not als verursacht durch den mangelhaften Einsatz der besonderen Kräfte und Fähigkeiten der Frau. Ziel muss es deshalb sein, den Einfluss der Frau als geistig-sittlichen Untergrund der Familie und damit der ganzen Gesellschaft wiederzugewinnen (Schmidt 1981, 82).
- **Sozialpolitische Bewegung** *Vierte geistige Energie:* Sozialpolitische Bewegung (ab 1870): Parallel zur Frauenbewegung, besonders von männlicher Seite getragen, entstand die sozialpolitische Bewegung, vertreten durch den Verein für Sozialpolitik, die Soziale Praxis sowie die evangelisch-sozialen Kongresse. „Sie mobilisierten den Staat, um gegen die Not der einzelnen Klasse, die sich nicht selber helfen kann, und gegen die Gefahr, die sich von ihr den anderen Klassen und der Gemeinschaft droht, eine soziale Gesetzgebung zu stellen: ‚Schutz der Arbeitsverhältnisse, Fabrikgesetzgebung, Heimarbeiterschutz, Kampf gegen die Kinderarbeit, Arbeiterversicherung und soziale Medizin, Kampf gegen die Seuchen, die Säuglingssterblichkeit, die Gewerbekrankheiten, Unfall und Invalidität'." (Marburger 1979, 63)
- **Jugendbewegung** *Fünfte geistige Energie:* Jugendbewegung (um 1900): Alle vier geistigen Gegenbewegungen hatten eine wesentliche gemeinsame Grenze: „Sie machten halt vor der geistigen Kultur dieses Bürgertums des 19. Jahrhunderts selbst, vor der Erkenntnis der letzten eigentlichen Ursache der Not am Wendepunkt zum 20. Jahrhundert, der Einsicht nämlich, daß unsere Kultur als Ganzes auch in ihrer geistigen Form in eine Krise getreten sei. Von dieser Erkenntnis her eine Gegenbewegung ins Leben gerufen und ihr auch pädagogischen Ausdruck verliehen zu haben, sieht Nohl allein als Verdienst der Volkshochschulbewegung, der pädagogischen Reformbewegung überhaupt, besonders aber der Jugendbewegung.

  Die geistige Energie der Jugendbewegung ist somit die am tiefsten greifende, in der sozialen Arbeit den eigentlichen sozialpädagogischen

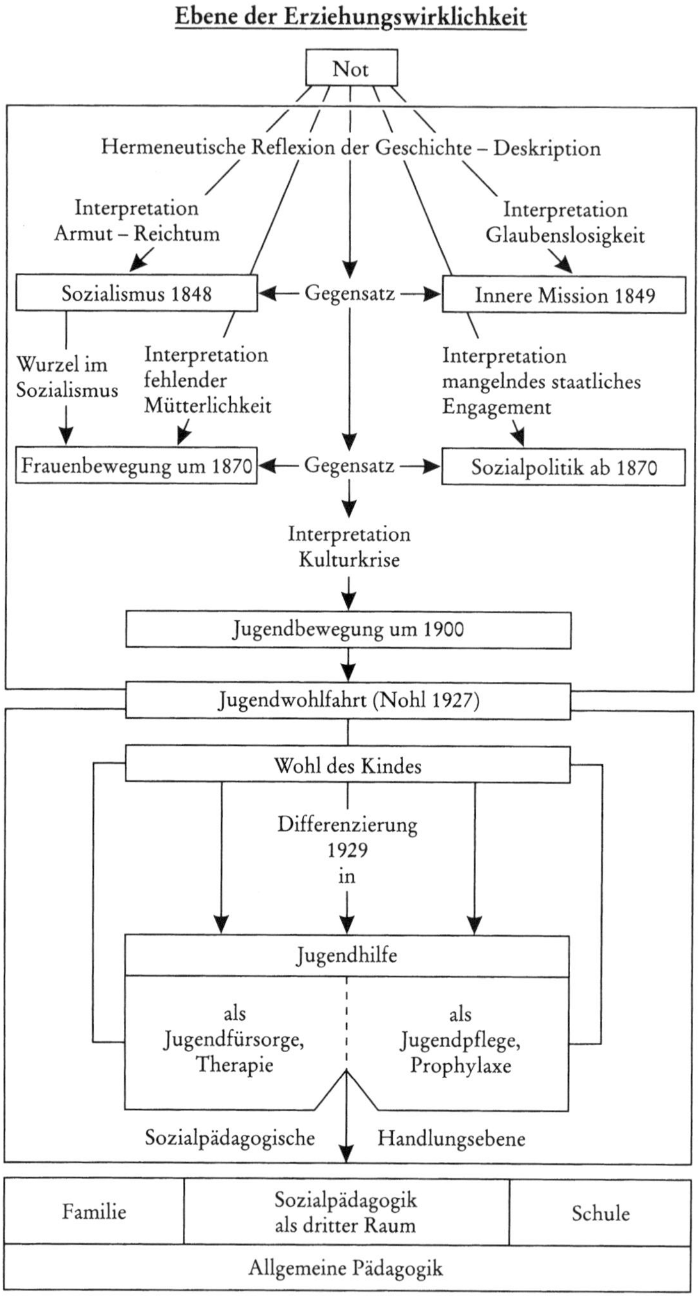

Abbildung 23: Ebene der Erziehungswirklichkeit

Impuls erst ganz freilegende fünfte Kraft, die getragen ist vom Bewußtsein von der Not unserer Kultur, der die innere Bindung an ein Ideal fehlt und ein Wille, diese Not aus einem neuen Menschentum heraus zu beheben, dessen wesentlicher Zug ein neues Gemeinschaftsbewußtsein ist." (Schmidt 1981, 83)

Schmidt stellt die fünf geistigen Energien oder auch Gegenbewegungen in einer Grafik (Abbildung 23) anschaulich dar (Schmidt 1981, 88).

Reformpädagogik und Neuhumanismus

Nohl ist beeinflusst von Reformpädagogik und Neuhumanismus, deren Ansatz das Individuum ist.

Individuum im Mittelpunkt

Das Recht des Individuums auf sein eigenes Wohl gilt als vorrangiges Ziel und Aufgabengebiet der Sozialpädagogik. Durch dieses Ziel ist auch das Besondere und die Autonomie der Sozialpädagogik gegenüber anderen gesellschaftlichen Mächten und Institutionen begründet. Nohl formuliert dieses Anliegen folgendermaßen:

„Dieser Genuß des Lebens und diese Entfaltung der Kräfte, die ein Leben lebenswert machen, ist aber ein absolut berechtigtes Moment der menschlichen Existenz.

Solche Befriedigung des Subjektes gehört allerdings in den Sinn des Lebens und keine Ethik oder Religion kann auf sie verzichten ... Die neue Einstellung der Wohlfahrtspflege ist die Anerkennung dieses Lebensrechtes jedes Individuums, zu seinem Wohlsein zu kommen. Sie tritt nicht bloß mit der Frage irgendwelcher objektiven Werte fordernd an das Individuum heran, sondern sieht sich zunächst dem armen hilflosen Ich gegenüber, das nach seinem Glück strebt, und bejaht die Berechtigung seiner Triebe, zu wohnen und zu essen, zu arbeiten und seine Muße zu haben, wie ein Mensch, sein Liebesverlangen wie sein Elternrecht, vor allem auch sein Recht, erzogen zu werden, um seiner selbst willen zur Entfaltung seiner Tüchtigkeit ... Aber wo ich mich pädagogisch um den anderen bemühe, muß er wissen: man will dich nicht werben für eine Partei, für eine Kirche, auch nicht für den Staat, sondern – der Unterschied ist so gering, wie wenn man die Hand umdreht, und ist doch entscheidend – diese Hilfe gilt zunächst und vor allem dir, deinem einsamen Ich, deinem verschütteten, hilferufenden Menschentum." (Nohl in Marburger 1979, 65)

neue Pädagogik

„Diese Grundeinstellung der neuen Pädagogik ist entscheidend dadurch charakterisiert, daß sie ihren Ausgangspunkt unbedingt im Zögling hat, das heißt, daß sie sich nicht als Vollzugsbeamten irgendwelcher objektiven Mächte dem Zögling gegenüber fühlt, des Staats, der Kirche, des Rechts, der Wirtschaft, auch nicht einer Partei oder Weltanschauung, und daß sie ihre Aufgabe nicht in dem Hinziehen des Zöglings zu solchen bestimmten vorgegebenen objektiven Zielen erblickt, sondern ... daß sie ihr Ziel zunächst in dem Subjekt und seiner körperlich-geistigen Entfaltung sieht." (Nohl in Wolf 1977, 189)

Recht des Individuums

Neu ist bei diesem Ansatz von Nohl das Engagement für das Recht des Individuums aus sozialpädagogischer Sicht. Deshalb lehnt Nohl auch ab, den Einzelnen als einen „Fall" zu sehen. Für ihn ist jeder Mensch primär als Einzelperson in ihrer einmaligen Situation zu sehen und zu respektieren.

„Diese Parteilichkeit aber für den Heranwachsenden muß damit vermittelt werden, daß Pädagogik in ihren Institutionen ebenso wie in ihrem Umgang immer auch Repräsentant der Gesellschaft und ihrer Möglichkeiten und Erwartungen ist. Erziehung soll (so bereits Schleiermacher) so eingerichtet werden, ... daß die Jugend tüchtig werde einzutreten in das, was sie vorfindet, aber auch tüchtig in die sich darbietenden Verbesserungen mit Kraft einzugehen. Pädagogik soll die Heranwachsenden befähigen, sich in der Gesellschaft zu behaupten und als entscheidungsfähige Subjekte ihres eigenen Lebens sich für gesellschaftlich bessere, weiterführende Möglichkeiten zu engagieren." (Nohl in Wolf 1977, 190)

Mit dieser sozialpädagogischen Sicht des Individuums fällt Nohl nun nicht hinter die Aussagen von Natorp zurück, sondern für ihn sind **Individual- und Sozialerziehung** nur zwei Seiten der einen Aufgabe der Volksbildung. Da Nohl selbst aus dem Gemeinschaftserleben der Jugendbewegung kommt, weiß er auch um den besonderen Wert der Gemeinschaft und sieht diese auch als einen Eckpfeiler seiner Sozialpädagogik.

4.2.3 Pädagogischer Bezug

Von zentraler Bedeutung für die Sozialpädagogik nach Nohl sind seine Überlegungen zum pädagogischen Bezug (das „geistige Zentrum der Jugendwohlfahrtsarbeit"), der bis heute in der Pädagogik einen Stellenwert hat.

Im pädagogischen Bezug sind Erzieher und Edukand in gleichem Maße an die objektive Welt und ihre Werte gebunden. Damit ist der Erzieher stets auf ein Doppeltes verpflichtet: auf die *Förderung des Individuums* und auf die *Realisierung einer Wertordnung*. Nohl beschreibt den pädagogischen Bezug folgendermaßen:

„... daß das letzte Geheimnis der pädagogischen Arbeit der richtige pädagogische Bezug ist, das heißt das eigene schöpferische Verhältnis, das Erzieher und Zögling verbindet ... Dieser pädagogische Bezug und die in ihm gelegene Bindung müssen gewiß im einzelnen sehr verschieden sein, dem normalen Kinde gegenüber anders wie dem debilen oder dem psychopathischen, schließlich jedem Individuum gegenüber ganz individuell, aber in irgendeiner Form sind sie die Voraussetzung jeder fruchtbaren pädagogischen Arbeit." (Nohl in Wolf 1977, 189)

4.2.4 Notstands-Pädagogik – Positive Pädagogik – Prophylaxe

Ausgangspunkt der Überlegungen von Nohl war die Notsituation der Kinder und Jugendlichen, für die ja die geistigen Energien als Gegenbewegung nach Lösungen suchten. Insofern führten die anfänglichen Aussagen zur Sozialpädagogik zu dem Schluss: Sozialpädagogik ist eine Art Notstands-Pädagogik.

Mit seinen Überlegungen zur Individualität und zum pädagogischen Bezug leitet Nohl bezüglich der Jugendwohlfahrtsarbeit wie der Schule eine „kopernikanische Umdrehung der pädagogischen Arbeit" (Nohl in Wollenweber 1983a, 45) ein. Die Aufmerksamkeit richtet sich jetzt nicht mehr so sehr auf die Schwierigkeiten, die der einzelne macht, sondern vielmehr eher auf die Schwierigkeiten, die er hat.

Jugendamt

Ziel der sozialpädagogischen Hilfe ist das Wohl und die Anerkennung des Lebensrechts jedes Einzelnen, zu seinem Wohlsein zu kommen, so wie es der Name *Jugendwohlfahrtsarbeit* ausdrückt. Diese Aufgabe sollte das neu gegründete Jugendamt übernehmen, was allerdings die Amtsbürokratie weitest gehend verhinderte. Die Jugendämter liefen Gefahr, zu einer bloß nachträglichen Hilfeleistung in dringendsten Fällen zu werden und das Individuum zum Fall abzustempeln. Gegen diese Auffassung wehrte sich Nohl.

„Die Arbeit der öffentlichen Jugendhilfe und insbesondere der Jugendämter ist, soweit ich sehe, erwachsen aus der Hilfe gegen den einzelnen Notfall, der allerdings so massenhaft auftrat, daß dem Fürsorger der Charakter der Individualhilfe fast zu verschwinden drohte. Es muß aber immer erst ein Unglück passiert sein, das die Jugendhilfe danach wieder gutzumachen sucht. Hier liegt meines Erachtens der schwere Konstruktionsfehler im Aufbau der ganzen Arbeit. Worauf alles ankäme, wäre: der Arbeit der Jugendhilfe eine positive Wendung zu geben, die das Jugendamt zu einem selbständigen Organ der Volkserziehung machte, dessen große Aufgaben natürlich auch das Heilen aufgebrochener Schäden wäre, dessen vorausgehende, primäre Leistung aber eine aufbauende Arbeit an unserer Jugend – soweit sie nicht in der Schule stattfindet – im Zusammenhang unserer gesamten Volksbildung ist." (Nohl in Mörschner 1988, 131)

Aufgabe der Jugendämter darf nicht sein, die „Wagen, die aus dem Gleis gesprungen sind, wieder auf die Schienen zu bringen" (Nohl in Wollenweber 1983a, 46), sondern ihre Arbeit muss eine positive Wende nehmen.

„Sie ist konzentriert auf die Krankheit, sie sollte aber auf die Gesunderhaltung konzentriert sein ... Es müßte sich das ganze Schwergewicht unserer Arbeit von der Heilung und Rettung irgendwie verwahrloster und kranker Jugend auf die Vorbeugung, von der Therapeutik auf die **Prophylaxe** verlagern." (Nohl in Marburger 1979, 66)

Der Nerv der Jugendhilfe liegt nach Nohl in dieser neuen positiven Sicht der Sozialpädagogik: sie ist primär vorbeugend, prophylaktisch.

In diesem Zusammenhang kritisiert Nohl auch die Arbeit des Fürsorgers.

„Man vergleicht den Fürsorger gern mit dem Arzt und die modernsten Begriffe sind soziale Diagnose und Therapeutik. Mir scheint diese Analogie aber durchaus irreführend zu sein, wenigstens, wenn damit das Ganze dieser Arbeit gemeint sein soll. Dieses Ganze ist nicht heilend, sondern pädagogisch, d. h. positiv aufbauend, und die Therapeutik gilt für den Notfall." (Nohl in Rössner 1970, 470)

4.2.5 Kritische Würdigung

Positiv muss zum theoretischen Modell von Herman Nohl angemerkt werden:

- Er erkennt die Notwendigkeit, dass man das *Individuum* in seiner konkreten Notlage sehen muss, übersieht jedoch nicht auch seine Bezogenheit zur *Gemeinschaft*.
- Will man dem Einzelnen helfen, bedarf es eines positiven Verhältnisses zu ihm, dies drückt sich im *pädagogischen Bezug* aus.
- Entscheidend für seine Sozialpädagogik ist die kopernikanische Wende hin zur Vorbeugung, *Prophylaxe*.

Diese Überlegungen zu einer Theorie der Sozialpädagogik haben die weitere Entwicklung der Sozialpädagogik nach dem Zweiten Weltkrieg bis in die jüngste Zeit entscheidend geprägt.

Kritisch anzumerken ist, dass Nohl den positiven Aspekt zu idealistisch bewertet hat. Man muss vorbeugende und nachgehende Hilfe als gemeinsames Angebot bzw. Aufgabe der Sozialpädagogik sehen.

In seiner Konzeption geht er nicht von den wirtschaftlichen und politischen Interessen aus, sondern allein von den Bedürfnissen der Individuen.

> „Da seine Theorie den Ausgang von den in der Praxis vorgegebenen Ansätzen nimmt, das heißt den vom RJWG geschaffenen Institutionen und Einrichtungen ebenso wie den aus Arbeits- und Anstaltserziehung der vorangehenden Jahrhunderte stammenden Maßnahmen, fließen deren Motivationen, sofern sie nicht aus sozialpädagogischen Prinzipien widersprechend zurückgewiesen werden, in seinem Ansatz mit ein. Da er aber das Selbstverständnis der Praxis nicht in Frage stellt, bleibt ihm ein Großteil ihrer objektiven Intentionen und Motive unaufgedeckt, so daß sich Ideologien der Praxis in seiner Theorie reproduzieren. Damit wird die Realisierbarkeit der von Nohl geforderten Pädagogisierung der Jugendhilfe, der Wende zum Kind und der absolut vorrangigen Berücksichtigung seiner Bedürfnisse zweifelhaft, denn Motivationen, die man nicht kennt, lassen sich weder daraufhin befragen, ob sie dem ‚Wohl' des Kindes entgegenstehen, noch für den eigenen Ansatz außer Kraft setzen." (Marburger 1979, 75–76)

4.3 Sozialpädagogik nach Gertrud Bäumer (1873–1954)

Bäumer war führend in der deutschen *Frauenbewegung* und von 1919–1933 Ministerialrätin im Reichsinnenministerium. Sie hat an dem RJWG entscheidend mitgewirkt und den sozialpädagogischen Charakter des RJWG herausgearbeitet und in der Reichsregierung durchgesetzt (Schaser 2000).

> „Der Sinn des Gesetzes sei Erziehung im allgemeinsten Sinne des Wortes. Erziehung nicht als Nothilfe im Falle fehlender oder ungenügender Familienerzie-

hung, sondern gesellschaftliche Erziehung, welche die prinzipiell gesetzten Grenzen von Familienerziehung und Schulbildung überschreiten müsse." (Leube/Müller 1985, 64)

Bäumers theoretische Abhandlungen über Sozialpädagogik finden sich in dem 1929 von Nohl und Pallat herausgegebenen 5. Band des Handbuches der Pädagogik mit dem Titel ‚Sozialpädagogik' (Engelke 1999, 215–227).

In diesem Band definiert Bäumer ganz im Sinne von Nohl, was **Sozialpädagogik** ist:

„Im Aufbau dieses Buches ist der Begriff der Sozialpädagogik in einem ganz besonderen Sinne gebraucht. Er bezeichnet nicht ein Prinzip, dem die gesamte Pädagogik, sowohl ihre Theorie wie ihre Methoden, wie ihre Anstalten und Werke – also vor allem die Schule – unterstellt ist, sondern einen Ausschnitt: alles, was Erziehung, aber nicht Schule und nicht Familie ist. Sozialpädagogik bedeutet hier den Inbegriff der gesellschaftlichen und staatlichen Erziehungsfürsorge, sofern sie außerhalb der Schule liegt." (Bäumer in Wollenweber 1983b, 58)

„Diese Erziehungsfürsorge entstand als ‚Nothilfe'. Das heißt, es wird angenommen, daß Schule und Familie unter normalen und gesunden Verhältnissen als Erziehungsträger ausreichten. Was neben ihnen als Erziehungsfürsorge entsteht, füllt Lücken in der normalen Leistung der Familie. Von der Anschauung aus, daß in der Ausfüllung dieser Lücken eine besondere Mehrleistung der Gesellschaft zu sehen sei, taucht hier das Wort ‚sozial' auf. An sich ist die Schule natürlich auch – und erst recht – eine sozialpädagogische Schöpfung. Ursprünglich hat ihr sogar, vor allem der unentgeltlichen öffentlichen Volksschule (Armenschule), die Eigenschaft angehaftet, der von der Gesellschaft gestellte Ersatz und die Ergänzung der unzulänglichen Leistung der Familie zu sein, ‚Nothilfe'. Die Entwicklung des öffentlichen Bildungswesens bietet hier in gewisser Hinsicht zur – viel später einsetzenden Entwicklung der Erziehungsfürsorge – eine Parallele. Ursprünglich lag die Verantwortung für die gesamte Bildung des Kindes bei der Familie. In der Differenzierung der Kulturgebiete übte sie diese Bildungsaufgabe nicht mehr selbst aus, sondern übertrug sie und bezahlte dafür … Erst im 18. Jahrhundert erscheint der Staat mit seiner selbständigen und unmittelbaren Anteilnahme an der Erziehung der Jugend (nicht als Beauftragter der Familie) mit Schulzwang … zunächst noch so, daß normalerweise die Familie zu bezahlen hatte, und die unentgeltliche Schule Nothilfe für Arme war. Bis klar hervortrat, daß die Schulbildung grundsätzlich einen neuen Träger gewonnen hatte, der nicht nur Lückenbüßer der Familie im Bedarfsfall war. Ein Teil der Erziehungsaufgaben löste sich von der Familie ab, wurde Teil des öffentlichen Erziehungssystems und veränderte mit dem Träger zugleich sein Wesen und seine Methoden …

Dann aber entwickelte sich auch auf diesen Gebieten erziehlicher Träger außerhalb der Schule ein neues System mit einem Träger, dem normalerweise – und nicht nur ausnahmsweise – gewisse Leistungen in dem Ganzen der von Familie, Gesellschaft und Staat getragenen Bildung des Nachwuchses zufielen … Die Sozialpädagogik überschreitet hier die Sphäre der ‚Nothilfe' und wird ein fruchtbarer Zuwachs, ein gesundes Produkt neuer gesellschaftlicher Kräfte …

> Die Sozialpädagogik setzte ein bei einzelnen Mißständen, die sich aus der wirtschaftlichen und sozialen Entwicklung ergaben. Sie wurde durch Gefahren gerufen, die dem Kinderschicksal drohten und versuchte zu schützen und zu heilen. Aber dieses Stadium negativer Aufgaben ist das Provisorium eines anderen: mit der gesellschaftlichen Struktur ändert sich die Grundlage eines öffentlichen Erziehungssystems …
>
> Diese Mittel weitsichtiger, vorauswirkender Organisation dafür einzusetzen, daß das Leben der Jugend bildend sei, ist die wahrhaftig nicht hoffnungslose Aufgabe, der neue positive Sinn der Sozialpädagogik." (Bäumer in Wollenweber 1983b, 58, 70, 71)

Die bis heute wohl bekannteste und auch noch gebräuchlichste Definition von Sozialpädagogik stammt von Bäumer: Sozialpädagogik ist alles was Erziehung, aber nicht Schule und nicht Familie ist. Erstmals in der Geschichte der Pädagogik wird hier Sozialpädagogik als differentielle Pädagogik theoretisch und historisch begründet. Man muss allerdings festhalten, dass Bäumer selbst nicht wie Nohl eine Theorie der Sozialpädagogik entwickelt hat, sondern ihr entscheidender Beitrag liegt in dem Versuch einer Definition von Sozialpädagogik. Über ihre Definition ist sie eigentlich in der theoretischen Diskussion bis heute bekannt und wird weiterhin diskutiert.

!

Halten wir fest

Nach Nohl/Bäumer ist Sozialpädagogik ein eigenständiger **dritter Erziehungsbereich** neben Familie und Schule. Sie richtet sich an Kinder und Jugendliche mit dem Ziel, ihnen Hilfe zukommen zu lassen. Ihr Ausgangspunkt ist zunächst eine Notsituation, jedoch entwickelt sie sich zu einer positiven Pädagogik, die vor allem *vorbeugend*, aber auch *nachbereitend* tätig ist.

Viele Autoren, die sich auch heute noch auf die Definition von Nohl/Bäumer berufen, haben im Laufe der Zeit die Definition in einem entscheidenden Wort verändert, was zu einem irreführenden Verständnis Anlass gibt. Oft heißt es: Sozialpädagogik ist ein Erziehungsbereich außerhalb von Familie und Schule. Diese Formulierung entspricht nicht der Intention von Nohl/Bäumer, und sie vermittelt einen ganz anderen Akzent. *Sozialpädagogik steht neben Familie und Schule* als eigenständige dritte Erziehungs-, Bildungs- und Lerninstitution. Sie ist nicht nur außerhalb von Familie und Schule tätig, sondern *wirkt in sie hinein* und *arbeitet mit ihnen zusammen* (z. B. Schulsozialpädagogik, Erziehungs- und Elternberatungsstellen usw.). Familie, Schule und Sozialpädagogik verstehen sich als drei Erziehungs-, Bildungs- und Lerninstitutionen, die alle je nach ihrer spezifischen Zielvorstellung ihren eigenen Beitrag zur Persönlichkeitsentfaltung des Individuums in der Gesellschaft leisten. Alle drei Institutionen stehen in Kooperation und Wechselbeziehung. Sozialpädagogik ist demnach auch nicht mehr Lückenbüßer für das Versagen der Familie und/oder der Schule, sondern sie übernimmt einen Teil der gesellschaftlichen und staatlichen Aufgaben für Kinder und Jugendliche (bei Nohl/Bäumer ist Sozialpädagogik stets nur auf Kinder und Jugendliche beschränkt).

Diese Gleichstellung aller drei Einrichtungen schließt auch automatisch aus, dass das Entstehen von Sozialpädagogik in dem Versagen der anderen Bereiche begründet sei – ein Ansatz, den man häufig in der Literatur finden kann: Weil die Familie und die Schule versagt hätten, wäre Sozialpädagogik wie Phönix aus der Asche entstanden und übernähme korrigierende Funktionen. Diese Einstellung ist nicht nur falsch, sondern auch gefährlich. Es dürfte nicht schwer fallen, in sozialpädagogischen Einrichtungen ebenfalls pädagogisches Versagen nachzuweisen. Vielmehr sollte man davon ausgehen, dass alle drei Einrichtungen sich positiv um Erziehung, Bildung und Lernen des Individuums bemühen.

Nach diesen Überlegungen kann man Sozialpädagogik wie folgt umschreiben: Sozialpädagogik ist eine dritte eigenständige Erziehungs-, Bildungs- und Lerninstitution neben Familie und Schule, die sich geschichtlich (hermeneutisch) aus den fünf geistigen Bewegungen/Energien entwickelt und zum Ziel das Wohl des Kindes bzw. Jugendlichen hat. Die Jugendwohlfahrt bzw. Jugendhilfe bezeichnet die rechtliche, die Sozialpädagogik die inhaltliche (theoretische) und praktische Seite dieses Arbeitsfeldes.

4.4 Sozialpädagogik nach Klaus Mollenhauer (1928–1998)

Aufgabe

Sozialpädagogik ist eine Notstandspädagogik ohne besondere Bedeutung in unserer Gesellschaft. Diesem Vorurteil begegnen Sozialpädagogen häufig in der Praxis. Dieser Auffassung möchte ich einige zentrale Aussagen von Mollenhauer gegenüberstellen:

- Die Gesellschaft produziert im Sozialpädagogen einen ihrer heftigsten Kritiker.
- Sozialpädagogik ist am gesellschaftlichen Fortschritt unmittelbar beteiligt.
- Eine positive Begründung der Sozialpädagogik ist notwendig und einzig angemessen.

Sind diese Aussagen von Mollenhauer reine Utopie oder können sie als Ausgangspunkt für das Selbstverständnis von Sozialpädagogik dienen?

Einige Autoren zählen Mollenhauer zu den bedeutendsten zeitgenössischen Theoretikern der Sozialpädagogik und zu der Gruppe der Klassiker (Winkler 2002; Niemeyer 1998, 191–226; Engelke 1999, 285–298) und dies aus zwei Gründen:

- Mollenhauer führt die Arbeiten von Nohl/Bäumer zeitgemäß weiter und versteht sich in ihrer Tradition (Hamann 1975, 886; Marburger 1979, 78; Schmidt 1981, 89).

- Die Arbeiten Mollenhauers sind Grundlage für fast alle neueren Arbeiten über Sozialpädagogik. Auf seine Überlegungen greifen viele Autoren zurück, setzen sich mit ihnen auseinander, kritisieren sie und führen sie weiter fort.

Er hat der Sozialpädagogik so viele Denkanstöße gegeben, dass man ihn zu Lebzeiten bereits zu den Klassikern der Sozialpädagogik zählen kann. Als Beispiel seien hier Homfeldt u. a. genannt, die belegen:

> „Mehr als jeder andere sozialpädagogische Theoretiker hat, trotz zahlreicher weiterführender Arbeiten ... in den letzten 15 Jahren Mollenhauer zur Strukturierung und Systematisierung sozialpädagogischer Theoriebildung beigetragen. Zahlreiche Vertreter der Sozialpädagogik beziehen und berufen sich auf die Forschungsergebnisse Mollenhauers. Die Tatsache, dass in der überwiegenden Zahl der Beiträge sozialpädagogischer Theoriebildung sowie auch in den Lehrmeinungen sozialpädagogischer Dozenten und auch in fast allen pädagogischen Lexika neueren Datums auf die frühen Arbeiten Mollenhauers zurückgegriffen wird" (Homfeldt et al. 1977, 214),

Dies gilt für viele als Beleg, ihn zu den Klassikern zu zählen. Mollenhauer gehört zu den führenden Vertretern der neuen gesellschafts-kritischen Sozialpädagogik. Diese Richtung bezeichnet man entweder in Anlehnung an Nohl als den „geisteswissenschaftlich-hermeneutischen" Ansatz oder in Anlehnung an die kritische Theorie (Horkheimer, Adorno, Habermas) als „kritisch-emanzipatorische" Position.

Im Folgenden sollen die wichtigsten Aspekte des theoretischen Ansatzes von Klaus Mollenhauer aufgezeigt werden. Seine Arbeiten über Sozialpädagogik kann man in zwei Phasen einteilen: die sozialpädagogische Phase von 1959 bis 1968 und die nach-sozialpädagogische Phase von 1968 bis 1978, in der er Sozialpädagogik eher am Rande im Zusammenhang mit erziehungswissenschaftlichen Themen behandelt (Ackermann 1983, 93–94). Im Folgenden beziehe ich mich vor allem auf die erste Phase.

Der Ausdruck „Sozialpädagogik" als ein erziehungswissenschaftlicher Terminus bereitet gewisse Schwierigkeiten. Obwohl er seit gut 100 Jahren im Gebrauch ist, wechselt seine Bedeutung von Autor zu Autor, von Interessengruppe zu Interessengruppe noch immer. Man tut deshalb gut daran, keine Übereinkunft vorauszusetzen, sondern jeweils zu sagen, wovon zu sprechen man beabsichtigt.

> „Jedermann verbindet mit dem Wort ‚Schulpädagogik' Vorstellungen, die vielleicht nicht allzu grob voneinander abweichen; jedenfalls weiß jedermann, wovon nach einem solchen Titel die Rede sein wird: von der Schule nämlich und dem, was in ihr geschieht. Ähnlich, wenn auch nicht ganz so gut, geht es der Berufspädagogik, vielleicht auch noch der Heilpädagogik. Das ist nun bei der Sozialpädagogik – schon des möglicherweise unglücklich gewählten Wortes wegen – entschieden anders. Nicht genug, daß schon das Wort durchaus offen läßt, wovon die Rede sein soll – was ist das ‚Soziale'? Läßt es sich überhaupt aus

> irgendeiner Erziehung, wo und wie auch immer sie geschehen mag, herauslösen und als ein gesondertes Feld der Erziehung bestimmen? – es wird als Terminus in der Fachliteratur in sehr verschiedenem Sinne gebraucht, auf jeweils ganz andere Sachverhalte bezogen, als ein Begriff anderer Art konzipiert." (Mollenhauer 1964, 13)

Auch der Versuch, den Begriff Sozialpädagogik als Theorie dadurch zu bestimmen, dass man nach dem Wesen der Sozialpädagogik fragt, muss scheitern.

Statt nach dem Wesen von Sozialpädagogik zu forschen, schlägt Mollenhauer vor, nach den Ursachen für die Entstehung sozialpädagogischer Einrichtungen zu fragen.

> „Nicht die Versuche, die leidige Vieldeutigkeit des Wortes ‚sozial' zum Ausgangspunkt der Theorie zu machen, sondern allein die Analyse der Struktur des Geschehens scheint mir erfolgversprechend zu sein. Wie man den Bereich, in dem solches Geschehen dann stattfindet, bezeichnet und die dazugehörende Theorie überschreibt, ist ein relativ unwichtiges Problem und mir nahezu gleichgültig, sofern nur über die in Rede stehende Sache Einigkeit erzielt und deutliche Vorstellungen entwickelt werden können." (Mollenhauer 1966, 40)

4.4.1 Gesellschaftlicher Wandel als Grund für die Entstehung von Sozialpädagogik

Sozialpädagogik ist eine Funktion der Gesellschaft.

> „Sie ist ein Bestandteil desjenigen pädagogischen Systems, das durch die industrielle Gesellschaft hervorgebracht wurde. Von ihrem Beginn an und in allen ihren Formen war sie eine Antwort auf Probleme dieser Gesellschaft, die der Sozialpädagoge zu Erziehungsfragen umformulierte." (Mollenhauer 1966, 19)

Vor allem drei Bedingungskomplexe sieht Mollenhauer als Ursache für das Entstehen von Sozialpädagogik an:

- das soziale Bewusstsein des 19. Jahrhundert, das dem tatsächlichen Strukturwandel nicht entspricht;
- die organisatorischen Vorstellungen von Gesellschaft, die in den Begriffen ‚Volkserziehung' und ‚Nationalerziehung' implizit enthalten sind;
- und das Phänomen ‚Verwahrlosung', so wie es aus der historischen Perspektive gedeutet wurde (Ackermann 1983, 99).

In diesem Sinne spricht Mollenhauer auch von einer „sozialpädagogischen Verlegenheit" der Gesellschaft, weil sie nicht imstande ist, die durch die sozialen Veränderungen der industriellen Gesellschaft entstandenen Lücken mit den ihr zur Verfügung stehenden Mitteln zu schließen.

Sozialpädagogik versteht sich als Einrichtung, die dem Werden der Gesellschaft gegenübersteht,

„d. h. konkret: den Schäden, die sie dem Menschen zufügt oder zuzufügen im Begriff scheint. So produziert die Gesellschaft im Sozialpädagogen einen ihrer heftigsten Kritiker ... So ist die Sozialpädagogik, um ihrer eigenen Wirksamkeit willen, gezwungen, in ihre Konzeption aufzunehmen, worauf jede persönliche Hilfe immer wieder verwiesen wird: die objektiven Bedingungen der entstehenden Hilfsbedürftigkeit wie der Hilfe selbst. Mit der Pädagogisierung der Gesellschaft hat sich der Umfang der erzieherisch bedeutsamen Fakten oder genauer: der Umfang dessen, über das erzieherisch nachgedacht und das in das erzieherische Handeln mit einzubeziehen ist, enorm erweitert. ... Sie ist gleichsam das exponierte pädagogische Experimentierfeld der Gesellschaft ... Am gesellschaftlichen Fortschritt ist sie deshalb unter allen pädagogischen Aufgabenbereichen allein unmittelbar beteiligt." (Mollenhauer 1964, 21, 27)

4.4.2 Funktionsverlust von Familie und Schule als Grund für die Entstehung von Sozialpädagogik

Die Bedeutung von Erziehung hatte sich in einer Gesellschaft gebildet, in der die erzieherische Verantwortung bei der Familie und Schule lagen. Sie waren das eigentliche „Reservat" der Erziehung. Die Entstehung von Verwahrlosung führt Mollenhauer auf zwei Ursachenkomplexe zurück: Verwahrlosung als Funktion eines gesellschaftlichen Zustandswesens und einer entsprechenden Erziehung.

> „Das Entstehen der Sozialpädagogik ist daher abhängig von bestimmten Schwierigkeiten, die im allgemeinen pädagogischen Zusammenhang auftauchen: von der Unzulänglichkeit der schulischen Erziehung, der Familienerziehung, der pädagogischen Leistung der Berufswelt; von der mangelhaften sozialen Bindung, dem Auftreten eines unkontrollierten Raumes im Leben der Jugend, den auftretenden Erziehungsschwächen." (Mollenhauer 1987, 55)
>
> „Was hier immer wieder kritisiert wurde, ist in erster Linie ein Funktionsverlust der Familie als Institution. Ihre bewahrende, gewöhnende, Sitte und Gesittung bildende Kraft schien nachzulassen. Sie verlor durch die Veränderung ihrer inneren Struktur ihren Charakter als gesellschaftlicher und sittlicher Stabilitätsfaktor." (Mollenhauer 1987, 50)

Funktionsverlust der Schule

In besonderem Maße wird die Schule und ihre Form des Unterrichts kritisiert. „In demselben Maß, in welchem die Fähigkeit zu Lehren zugenommen hat, hat die Fähigkeit zum Erziehen abgenommen, und es steht z. T. die Wirksamkeit der Schule als Lehranstalt in umgekehrtem Verhältnis zu ihrer Wirksamkeit als Erziehungsanstalt." (Mollenhauer 1987, 56)

4.4.3 Ziele und Aufgaben der Sozialpädagogik – Positiv-Pädagogik

Die Aufgaben einer Sozialpädagogik umschreibt Mollenhauer so:

> „Die sozialpädagogische Aufgabe besteht mithin in jedem Falle darin, ein akutes, mit der Struktur der modernen Gesellschaft wesensmäßig gegebenes und im Vergleich zur alten Gesellschaft neues Erziehungsbedürfnis zu befriedigen, das nicht ohne weiteres auf eine Minderwertigkeit, sondern auf eine Andersartigkeit dieser Gesellschaft zurückzuführen ist." (Mollenhauer 1987, 124)
>
> „Obwohl nun aber das Ziel – die Selbstbestimmung des einzelnen als soziale Mündigkeit – in positiven Formulierungen erscheint, bleibt der Ansatz und besonders eine Theorie der Not und Nothilfe als Grundlage der sozialen Arbeit doch immer dadurch charakterisiert, daß sie sich an dem Vorgang einer Reparatur orientiert, daß sie sich bezieht auf eine eingetretene Schädigung des jeweiligen Lebensraumes. Es erhebt sich die Frage, ob ein dieserart negativer theoretischer Ansatz für das Selbstverständnis der sozialen Arbeit zuträglich, er überhaupt notwendig ist …, ob eine entsprechende Theorie auf Grundbegriffen basieren darf, in denen eine solche Abwertung der gegenwärtigen Sozialordnungen vorausgesetzt wird …
>
> Vor allem die neuen sozialpädagogischen Einrichtungen können ihre theoretische Begründung und Einheit nur in der positiven, durch die Gesellschaft neu gestellten Erziehungsaufgabe erfahren. So handelt es sich beispielsweise in der Jugendpflege, Betriebspädagogik, Elternberatung nicht primär um eine Behebung von Mißständen, sondern je um einen neuen Komplex der Gesamtaufgabe gesellschaftlicher Eingliederung. Soziale Arbeit ist, im Ganzen gesehen, so wenig und so viel Behebung einer menschlichen Not, wie es jede andere Maßnahme ist, die getroffen wird, um den einzelnen in ein positives Verhältnis zur Gesellschaft zu setzen." (Mollenhauer 1987, 130)

So scheint eine positive Begründung der sozialen Arbeit notwendig und einzig angemessen zu sein. Eine solche Theorie aber, auch als grundlegende theoretische Bestimmung in der sozialen Ausbildung, wäre mit der Pädagogik in der spezifischen Form einer Sozialpädagogik gegeben.

Die positive Wende der Sozialpädagogik vollzieht sich von der bloßen Nothilfe zur eigenwertigen und selbstverständlichen Erziehungsleistung für den Normalfall.

Sozialpädagogische Leitziele sind der inhaltliche Ausdruck dieser wesenhaften Struktur sozialpädagogischen Denkens; in ihnen sollte das dialektische Verhältnis von sozialer Eingliederung des Einzelnen und Gestaltung der gesellschaftlichen Ordnung in einem Idealbild überwunden werden. Denn Aufgabe der Sozialpädagogik ist es, einen Gleichgewichtszustand herzustellen zwischen den Bedürfnissen und Motiven des Einzelnen und den mit der Struktur der modernen Gesellschaft gegebenen Anforderungen.

4.4.4 Sozialpädagogische Tätigkeiten

Mollenhauer unterscheidet die erzieherischen Tätigkeiten in Familie, Schule und Sozialpädagogik (Mollenhauer 1964, 97–98).

- Familienerziehung: sorgen, pflegen, unterstützen
- Schulpädagogik: unterrichten, überliefern, einweisen, einüben usw.
- Sozialpädagogik: schützen, pflegen, beraten

Die sozialpädagogischen Tätigkeiten umschreibt Mollenhauer folgendermaßen:

Schutz:

Schutz von sozialer Gesundheit und Humanität

„1. Der aktuelle Schutz der heranwachsenden Generation vor den konkreten Schädigungen hervorrufenden Erscheinungen der modernen Gesellschaft und
2. der prinzipielle Schutz vor dem ganzen Ernst und Zwang des Erwachsenen Daseins, das als ein in bestimmter Weise vergesellschaftetes Dasein immer schon eine Reduktion dessen gewesen ist, was als menschenwürdig denkbar wäre …
Damit ist gesagt, daß immer zweierlei im Kinde und Jugendlichen zu schützen ist: seine soziale Gesundheit und seine Humanität." (Mollenhauer 1964, 103)

Kultivierung

Pflege: Mit „Pflege" meint Mollenhauer die Pflege von Formen, Tätigkeiten und Inhalten, also das, was mit dem Wort Kultivierung im engeren Sinne gemeint ist (Mollenhauer 1987, 107).

wesentliche Funktion

Beratung: Beratung versteht er als wesentliche Funktion eines jeden sozialpädagogischen Erziehungsvorganges.

„Es wäre aber unzureichend und dem Phänomen nicht angemessen, wollte man Beratung als spezifische Form pädagogischer Tätigkeiten auf den Umgang mit Erwachsenen, vornehmlich Eltern, beschränken. Sie findet auch im erzieherischen Umgang mit den jungen Menschen selbst statt und hat hier sogar ihren sozialpädagogisch entscheidenden Ort." (Mollenhauer 1987, 111–112)

Sozialpädagogik ist entsprechend diesen Überlegungen die Theorie desjenigen pädagogischen Bereichs, dessen typische Probleme mit den Funktionen des Schutzes, der Pflege und der Beratung in Zusammenhang stehen.

4.4.5 Sozialpädagogik als eigenständige dritte Institution – Definition

Die traditionellen erzieherischen Institutionen wie Familie und Schule erlitten einen pädagogischen Funktionsverlust, der vorerst nicht ausgeglichen werden konnte und der sich vornehmlich in akuter Gefährdung, Verwahrlosung und Kriminalität der Jugend auswirkte. Die Sozialpädagogik füllte diese Lücke. Entsprechend versucht Mollenhauer Sozialpädagogik zu definieren, wobei er den Bereich von Sozialpädagogik nicht nur in eine Definition gefasst hat, sondern man kann drei Definitionsentwicklungen unterscheiden.

Allgemein und weit gefasste Definition

„Die Sozialpädagogik umfaßt alle jene Aufgaben, die in industriellen Gesellschaften als besondere Eingliederungshilfen notwendig geworden sind und gleichsam an den pädagogischen Konfliktstellen dieser Gesellschaft entstehen. Es gibt sie in diesem Sinne erst, seit die gesellschaftlichen Vorgänge einer pädagogischen Kritik unterzogen wurden und es augenfällig wurde, daß die traditionellen Erziehungswege nicht mehr ausreichen, um den Vorgang des Heranwachsens zu sichern." (Mollenhauer 1973, 291)

„Die Gesamtheit der institutionellen Mittel, die bereitgestellt wurden, um diese Diskrepanz auszugleichen, ihren praktischen und theoretischen Zusammenhang, nennen wir somit die Sozialpädagogik." (Mollenhauer 1987, 55)

„Sozialpädagogik ist die Praxis und Theorie einer Erziehung; allerdings nicht der Erziehung im allgemeinen, oder der Erziehung, insofern sie auf Gruppen oder Gesellschaft überhaupt bezogen ist, sondern sie ist die Theorie und Praxis eines pädagogischen Bereichs." (Mollenhauer 1964, 19)

Eng gefasste, spezielle Definition

Eng gefasste Definition

- Theorie und Praxis der Jugendhilfe

Sozialpädagogik ist die Theorie und Praxis der Jugendhilfe. „Danach ist Sozialpädagogik die Theorie derjenigen Erziehungsvorgänge, die im Jugendwohlfahrtsgesetz einen juristischen Niederschlag gefunden haben, die Theorie der Jugendhilfe." (Mollenhauer 1971, 134)

„Mir scheint, daß die gesellschaftliche Entwicklung selbst uns hier ein plausibles Kriterium geliefert hat: die Jugendhilfe – Gesetzgebung. Will man sich nicht immer wieder mit meines Erachtens müßigen Grundsatzerwägungen aufhalten, die in der Regel ohnehin praktisch folgenlos sind, dann scheint es mir sinnvoll zu sein, den Ausdruck ‚Sozialpädagogik' als den Inbegriff jener Berufsvollzüge und darauf gerichteter wissenschaftlicher Theorien zu verstehen, die in der Jugendhilfe – Gesetzgebung (gegenwärtig noch vorwiegend das JWG und JGG) umrissen, wenngleich nach ihren Grenzen hin nicht scharf abgesetzt sind." (Mollenhauer 1983, 50)

Mollenhauer konstatiert, dass sich das Erziehungswesen um einen neuen institutionellen Bereich erweitert hat. „Seitdem gliedert sich das Erziehungswesen in Familienerziehung, Schule, Berufsausbildung und Jugendwohlfahrt bzw. – mit dem neueren Ausdruck – Jugendhilfe." (Mollenhauer 1966, 38)

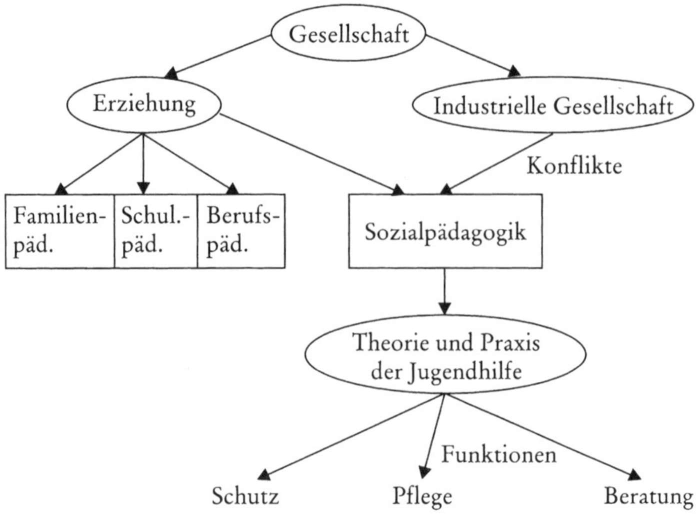

Abbildung 24: Sozialpädagogik nach Mollenhauer

4.5 Sozialpädagogik nach Hermann Giesecke (1932)

4.5.1 Defensive Sozialpädagogik

Wenn man das Werk Mollenhauers einer kritischen Würdigung unterzieht, muss man die zwei Phasen seines Schaffens berücksichtigen. Der ersten Phase kann man eine defensive, der zweiten eine offensive Sozialpädagogik zuschreiben. Diese Wende im Verständnis von Sozialpädagogik wurde besonders von Giesecke eingeleitet (Giesecke 1973).

> „Jahrzehntelang war die deutsche Sozialpädagogik defensiv eingestellt ... Defensive Sozialpädagogik war im Ganzen eine Art von gesellschaftlicher Subkultur, in der trotz aller formalen Rechtsstaatlichkeit bürgerliche Rechte und bürgerliche Umgangsformen weitgehend suspendiert blieben. Sie existierte im Schatten öffentlicher Aufmerksamkeit, festgelegt auf die Rolle einer sozialen Feuerwehr, die erst dann und möglichst unauffällig in Aktion treten sollte, wenn das Feuer ausgebrochen war. Defensive Sozialpädagogik blieb also fixiert auf die Beseitigung punktueller Schadens-Symptome, eine Rückmeldung an die Gesamtgesellschaft darüber, daß diese Schäden Probleme und Widersprüche des gesamtgesellschaftlichen Systems selbst signalisierten, blieb unerwünscht und wurde kaum praktiziert." (Giesecke 1973, 5)

Eine offensive Sozialpädagogik entstand deshalb so spät, weil Sozialpädagogik zunächst nicht über Möglichkeiten verfügte, jene Bedingungen, die ihr Eingreifen nötig machten, zu verändern.

4.5.2 Offensive Sozialpädagogik

Demgegenüber entwickeln Giesecke, Mollenhauer (in seiner zweiten Phase) u. a. eine neue gewandelte, offensive Sozialpädagogik. Diese ist dadurch charakterisiert, dass sie die traditionelle Rolle durchbricht und die überlieferte sozialpädagogische Theorie und Praxis als Teil der gesamtgesellschaftlichen Praxis und Ideologie begreift, als Symptom von Widersprüchen und ungelösten Problemen, dass sie die Prinzipien der Grundrechte, der Rechtsstaatlichkeit und der zunehmenden Demokratisierung für ihren Gegenstand entdeckt und übernimmt, dass sie Tatsachen und Intentionen mit wissenschaftlichen Erkenntnissen und Theorien konfrontiert.

Offensive Sozialpädagogik untersucht die Ursachen der Missstände in ihrem gesellschaftlichen Zusammenhang.

„Sie reflektiert nicht nur die eigens zum Zwecke der Erziehung geschaffenen Institutionen, sondern darüber hinaus, die gesellschaftlichen und politischen Prozesse und Konstellationen, welche die Sozialisationssituation und -lage von Kindern und Jugendlichen bestimmen ... Diese Aufgabe ist präventiv und offensiv." (Marburger 1979, 138)

Ziel einer offensiven Sozialpädagogik ist die Veränderung der Gesellschaft. Dabei bedeutet Veränderung nicht gleich die Herbeiführung einer anderen Gesellschaftsordnung oder gar eines revolutionären Umsturzes, sondern man steht zur gegenwärtigen bürgerlich-demokratischen Gesellschaft und misst sie an ihren eigenen Vorgaben wie Freiheit, Gleichheit, Gerechtigkeit und Glück.

Die Zielsetzung soll die bestehende Gesellschaftsordnung nicht bedrohen, sondern im Gegenteil, es geht um die konsequente Wahrnehmung demokratisch-rechtsstaatlicher Prinzipien.

Es gilt, Menschen, vor allem junge Menschen, zu befähigen, in dieser Gesellschaft sowohl auszuhalten und in ihr zu leben als auch sich von ihr zu distanzieren und aktiv zu innovieren. Um Unterdrückung und Unterprivilegierung politisch überwinden zu können, bedarf es nicht nur des politischen Kampfes im Sinne der objektiven Demokratisierung, sondern auch zahlreicher Lernprozesse.

Offensive Sozialpädagogik begreift sich als verantwortlich für sowohl gesellschaftlich als auch individuell bedingte Notlagen, Behinderungen und Konflikte, die einem befriedigenden Dasein als mündiger Bürger in einer mündigen Gesellschaft entgegenstehen sowie für die Suche nach wirksamen Möglichkeiten der Verhütung und emanzipativen Bewältigung solcher Notlagen, Behinderungen und Konflikte.

Wenn sich Sozialpädagogik so versteht, ist allerdings eine Beschränkung des Arbeitsgebietes auf den Bereich außerhalb von Elternhaus und Schule sowie auf Kinder und Jugendliche weder notwendig noch sinnvoll.

„Aus der Erkenntnis der modernen Erziehungswissenschaft, daß die Begriffe Erziehung und Bildung ein im Grunde **lebenslanges, prozeßhaftes Lerngeschehen** umschreiben, daß auch im Hinblick auf die Fähigkeit, neue Erfahrungen zu machen, Lernen nicht beschränkt ist auf ein bestimmtes Lebensalter, zog kritisch-emanzipatorische Sozialpädagogik die Konsequenz, sich auch Erwachsenen und alten Menschen zuzuwenden. Sozialpädagogik wird damit der Begriff für eine Theorie spezieller Sozialisationshilfen für die Bewältigung der im Lauf der lebenslangen Sozialisation auftretenden Konflikte." (Marburger 1979, 142)

Als letzte Konsequenz könnte man sagen:

„Sozialpädagogik ist nichts als der verschärfte, der radikale Fall aller Erziehung (v. Hentig). Sie könnte getrost in Pädagogik und Politik aufgehen ... Sozialpädagogik als besondere Disziplin wäre demnach überhaupt unnötig ... Sie arbeitet somit letztlich an ihrer Selbstaufhebung, sie ist bemüht, sich selbst überflüssig zu machen." (Marburger 1979, 138, 143)

Die von Giesecke angestoßene und von Mollenhauer, Hornstein, Thiersch, Iben u. a. aufgegriffene Idee einer offensiven Sozialpädagogik wurde von Marburger, Schmidt u. a. fortgeschrieben und ist heute allgemeiner Stand des Verständnisses von Sozialpädagogik.

Halten wir fest

Nach Giesecke kann man Sozialpädagogik etwa so umschreiben: Sozialpädagogik ist eine dritte Erziehungs-, Bildungs- und Lerninstitution, die auf ein lebenslanges Lernen aller Altersschichten ausgerichtet ist.

Ihr Ziel ist die im Grundgesetz und anderen Gesetzen verbürgte Veränderung des Einzelnen hinsichtlich seiner persönlichen Kompetenzen und Veränderung der Gesellschaft im Hinblick auf eine freiheitlich-demokratische Gesellschaft. Dabei ist die Umsetzung der Ziele so zu gestalten, dass die in den bestehenden gesellschaftlichen Rahmenbedingungen enthaltenen Widersprüche aufgedeckt und beseitigt werden.

Ihre Aufgaben sind präventiv und offensiv; ihre Pädagogik ist positiv. Sozialpädagogik ist die Praxis und Theorie nicht einer allgemeinen, sondern einer speziellen Erziehung.

4.6 Sozialpädagogik nach Hans Thiersch (1935)

Einige Autoren zählen Thiersch gleichfalls zu den Klassikern, da auch er sich seit Langem mit Sozialpädagogik beschäftigt, sein Theorieansatz breite Anerkennung gefunden hat und sein Modell Grundlage für neue Denkansätze bietet (Engelke 1999, 325-338; Niemeyer 1998, 227–253).

Andere kritisieren Thiersch allerdings auch, weil er bei seinen Überlegungen andere Theorien der Sozialpädagogik nicht berücksichtigt, vielmehr nur seinen Ansatz immer wieder in wenigen Verbesserungen variiert. Ungeachtet dessen zählt die Theorie der Sozialpädagogik nach Thiersch, die er „lebensweltorientierte Sozialpädagogik" nennt, zu den wichtigsten Versuchen, Sozialpädagogik inhaltlich zu klären. Thiersch selbst nimmt unter den deutschen Erziehungswissenschaftlern, die sich mit Sozialpädagogik befassen, eine einflussreiche Stellung ein. Seine Auffassungen über Sozialpädagogik sind in den relevanten Fachzeitschriften und Handbüchern veröffentlicht und werden in der fachwissenschaftlichen Diskussion berücksichtigt. Um Thiersch ist eine „Tübinger Schule der Sozialpädagogik" entstanden.

Thiersch geht es nicht mehr wie noch z. B. Mollenhauer darum zu begründen, warum Sozialpädagogik entstanden ist und welche Funktion sie in der Gesellschaft innehat, sondern für ihn ist Sozialpädagogik ein nicht mehr wegzudiskutierendes Faktum, das es nun vielmehr gilt, inhaltlich zu füllen. Ihm geht es weniger um die Frage: Was ist Sozialpädagogik? sondern: Welche Aufgabe hat Sozialpädagogik? Den theoretischen Ansatz von Thiersch kann man in zwei Theoriestränge teilen:

- zentrale Dimensionen sozialpädagogischer Theoriebildung
- lebensweltorientierte Sozialpädagogik

4.6.1 Zentrale Dimensionen sozialpädagogischer Theoriebildung

Thiersch hält den Stand der Theoriediskussion für unbefriedigend, in vielfältige, miteinander wenig korrespondierende Fragerichtungen zersplittert, für unüberschaubar und okkupiert durch nicht immer ergiebige Prioritäten (Thiersch/Rauschenbach 1987, 985). Um diesem Übel zu begegnen, stellt Thiersch fünf zentrale Dimensionen für eine sozialpädagogische Theoriebildung auf.

fünf zentrale Dimensionen

1. Lebenswelt der Adressaten: Erstes Hauptstück einer Theorie der Sozialpädagogik/Sozialarbeit ist die Frage nach den Lebensverhältnissen und -defiziten der Adressaten. Sozialpädagogik/Sozialarbeit muss die Lebenserfahrungen und -welten jener Menschen kennen, mit denen sie es zu tun hat. Sozialpädagogik/Sozialarbeit – für Thiersch ist diese Reihenfolge üblich und er legt Wert darauf – geht dabei zunächst von der Normalität des Alltags und erst sekundär von den Schwierigkeiten aus, die eine Person hat.

2. Gesellschaftliche Funktionen:

> „Zweites zentrales Hauptstück einer Theorie der Sozialpädagogik/Sozialarbeit ist die Frage nach der gesellschaftlichen Funktion sozialpädagogischer Institutionen und Interventionsformen … Die Sozialpädagogik ist nicht im ökonomisch-politischen Zentrum der Staatstätigkeit, sondern in den Lebensbereichen lokalisiert. Sie bearbeitet soziale Konflikte und ihre psychosozialen Auswirkungen aus der Perspektive und im Mikrokosmos der individuellen Lebensbereiche. Gerade deshalb ist sie aber nicht autonom, sie ist auch – vermittelt – den sozialstaatlichen Mechanismen ausgesetzt. Ohne direkte Zugriffsmöglichkeiten einer mate-

riellen Existenzsicherung ihrer Adressaten ist sie vornehmlich als ein (offizieller) Repräsentant des gesellschaftlichen Normengefüges in die Lebensverhältnisse der Betroffenen involviert ... Man wird Sozialpädagogik/Sozialarbeit vom Vorwurf des Maulheldentums nicht freisprechen können. Es ist unübersehbar, wie wenig es der Sozialpädagogik/Sozialarbeit gelingt, konkrete Kritik an den mächtigen Institutionen der Gesellschaft, also der Arbeitswelt, der politischen Administration, der Justiz, der Medizin oder der Schule so zu äußern, daß sie öffentlich wahrgenommen wird und die zugrundeliegenden Probleme angegangen werden." (Thiersch/Rauschenbach 1987, 1004, 1005)

3. Sozialpädagogische Institutionen:
„Das dritte Hauptstück einer Theorie der Sozialpädagogik/Sozialarbeit ist die Frage nach der Herausbildung ihrer spezifischen Institutionen. In diesem Zusammenhang kommen die disziplinierenden, unterdrückenden und stigmatisierenden Mechanismen von sozialpädagogischen Institutionen und ihren spezifischen Leistungen ins Blickfeld der kritischen Analyse." (Thiersch/Rauschenbach 1987, 1005)

4. Sozialpädagogisches Handeln: Institutionalisierung von Sozialpädagogik/Sozialarbeit geht einher mit einer zunehmenden Professionalisierung.

„Professionalisierung, die in ihrer Arbeitsform verantwortlich, überprüfbar und ausweisbar gestaltet sein muß, bildet ... eigene Handlungs- und Sprachmuster aus und dabei auch eine Distanz zur Klientel, die immer auch Herrschaft beinhaltet. Es stellt sich also die Gretchenfrage, inwieweit durch pädagogische Professionalisierung Lebensfelder und -aufgaben, die besser der Selbstregulierung im Alltag, d. h. der Kompetenz der eigenen Erfahrungen überlassen bleiben sollten, umstrukturiert und damit enteignet bzw. ‚kolonialisiert' werden." (Thiersch/Rauschenbach 1987, 1007)

Entscheidend in diesem Zusammenhang ist, dass Sozialpädagogik/Sozialarbeit ihr Handeln reflektiert. Selbstkritik sollte zum konstitutiven Merkmal von sozialpädagogischer Handlungskompetenz werden.

Abbildung 25: Theorie der Sozialpädagogik nach Thiersch

5. Wissenschaftskonzept der Sozialpädagogik: Thiersch sieht lange Jahre noch in der Erziehungswissenschaft die Leitwissenschaft für Sozialpädagogik/Sozialarbeit. Diese müsse sich allerdings sozialwissenschaftlich orientieren und als kritische Handlungswissenschaft verstehen. Insofern macht Thiersch den weitesten Schritt aller Erziehungswissenschaftler in die Richtung einer Entwicklung der Sozialen Arbeit als Wissenschaft.

4.6.2 Lebensweltorientierte Sozialpädagogik

Aufgabe

Bevor ich Ihnen den lebensweltorientierten Ansatz von Thiersch vorstelle, versuchen Sie bitte selbst, sich Gedanken darüber zu machen, was SozialarbeiterInnen/SozialpädagogInnen unter einer lebensweltorientierten Sozialpädagogik – bzw. heute würden wir sagen – einer Sozialen Arbeit verstehen könnten.

Die allgemeinen Überlegungen zu einer Theorie setzt Thiersch in sein Konzept für eine lebensweltorientierte Sozialpädagogik, bzw. Soziale Arbeit um. Lebenswelt muss man nach Thiersch in zwei Bereiche unterteilen:

- *Lebenswelt als Selbstverständlichkeit:* Hier versteht man Lebenswelt als eine Wirklichkeit, in der wir uns selbstverständlich vorfinden, uns zu Hause fühlen, uns auskennen und gefordert werden. In dieser Lebenswelt versucht der Mensch zurechtzukommen, indem er sein Handeln durch Typisierung, Routine und selbst aufgestellte Regeln entlastet.
- *Lebenswelt als Aufgabe:* zweite Auffassung von Lebenswelt meint eine Wirklichkeit, die in unserer Zeit offensichtlich schwierig, mühsam, herausfordernd und z. T. überfordernd ist. Des Weiteren ist die neue Lebenswelt charakterisiert durch die beiden Pole: *Pluralität* der Lebenswelten und *Individualisierung* der Lebensführung. Tradierte Lebensformen wie Wohnen, Lernen, Zusammenleben, Arbeiten werden brüchig, enthalten allerdings auch neue Chancen. Diese Situation beinhaltet für viele Menschen Forderung wie auch z. T. Überforderung. Um seine Lebenswelt nun jedoch wieder übersichtlich und gestaltbar zu machen, brauchen viele – und offensichtlich zunehmend mehr Menschen – Anregungen, Unterstützung und Beratung. Es wird zunehmend notwendig, Beziehungen zu stiften und soziale Bezüge, Netze und Lebensräume zu schaffen (Thiersch 1993, 144).

Lebensweltorientierte Soziale Arbeit ist kein neues Programm. Thiersch legt Wert darauf, dass sie lediglich einen Aspekt darstellt:

„Es scheint mir ein fatales Mißverständnis, wenn sich der Titel einer lebensweltorientierten sozialen Arbeit zunehmend als Titel für soziale Arbeit überhaupt einbürgert … Es wäre die Verdinglichung nur eines Aspektes im weiteren Kontext einer Theorie der sozialen Arbeit." (Thiersch 1993, 147)

Grundmerkmale einer lebensweltorientierten Sozialpädagogik – heute würden wir sagen einer Sozialen Arbeit – nach Thiersch:

- „Soziale Arbeit agiert mit **Respekt** vor den Verständnis- und Handlungsmustern der AdressatInnen in ihrer Lebenswelt; sie sieht sich vor allem auch eingebunden in ihren räumlichen, zeitlichen und sozialen Erfahrungsraum, also in die Ressourcen und sozialen Netze ihrer Lebenswelt …
- Lebensweltorientierte soziale Arbeit agiert in den gegebenen Verhältnissen immer im Zwiespalt zwischen entlastender, guter Selbstverständlichkeit und Verdrängung, Einschränkung; sie agiert mit der kritischen Frage danach, inwieweit sich Menschen in den gegebenen Verhältnissen realisieren können; sie drängt auch auf **Veränderung** und Verbesserung, begründet auf Wertungen.
- Respekt vor der Lebenswelt der AdressatInnen bedeutet, daß soziale Arbeit es mit Menschen zu tun hat, die sich als Regisseure ihres Lebens zu beweisen haben; traditionell-pädagogische Muster der Vorgaben werden unangemessen; soziale Arbeit kann nur **Aushandlungsprozesse** über Lösungen anstreben, die der Eigensinnigkeit der Erfahrung der AdressatInnen gerecht werden …
- Indem lebensweltorientierte soziale Arbeit mit der Brüchigkeit … konfrontiert ist, bemüht sie sich um **verläßliche Verhältnisse**, überschaubare Lebensräume, aktivierbare Ressourcen; diese aber muß sie immer auch inszenieren, schaffen.
- Lebensweltorientierte soziale Arbeit ist der schwierige **Balanceakt zwischen Respekt und Veränderung**, zwischen Respekt, Bewertung und Kritik, zwischen Respekt und Neugestaltung. Dieser Balanceakt ist um so heikler, als Sozialarbeit ihrerseits nur über die Mittel professioneller, institutioneller geregelter Hilfen verfügt." (Thiersch 1993, 148)

fünf Handlungsmaximen

Dieses allgemeine Konzept einer lebensweltorientierten Sozialen Arbeit hat Thiersch durch *fünf Handlungsmaximen* konkretisiert. Zum Beispiel im Achten Jugendbericht, bei dem er entscheidend mitgearbeitet hat, werden solche Handlungsmaximen als Orientierung für die weitere Entwicklung Sozialer Arbeit formuliert.

Die fünf zentralen Handlungsmaximen nach Thiersch:

1. Prävention: Früher wurde Jugendhilfe aktiv, wenn Probleme auftraten, das Kind schon in den Brunnen gefallen war.

„Demgegenüber setzt sich zunehmend eine präventive Orientierung durch: Sie zielt – als primäre Prävention verstanden – auf lebenswerte, stabile Verhältnisse, auf Verhältnisse also, die es nicht zu Konflikten und Krisen kommen lassen, und – als sekundäre Prävention verstanden – auf vorbeugende Hilfen in Situationen, die erfahrungsgemäß belastend sind und sich zu Krisen auswachsen können ... Demgegenüber sind Hilfen in akuten Situationen als Maßnahmen auf der dritten Stufe konzeptuell nachgeordnet – aber natürlich im Aufgabenspektrum der Jugendhilfe besonders wichtig und notwendig aufwendig." (Achter Jugendbericht 1990, 85)

Präventive Maßnahmen, dies sind begleitende, unterstützende und ambulante Maßnahmen, sollen ausgebaut und die stationären abgebaut werden. Hierbei handelt es sich um eine „revolutionäre“ Umstrukturierung der Sozialen Arbeit.

ambulante Maßnahmen

2. Dezentralisierung/Regionalisierung:

„Lebensweltorientierte Jugendhilfe bedeutet Dezentralisierung und Regionalisierung der Leistungsangebote. Innerhalb der Institutionalisierungskritik in der Jugendhilfe wird zunehmend deutlich, wie sehr die Zentralisierung von Angeboten ... einherging mit der Erschwerung der Zugangsmöglichkeiten für die Adressaten.“ (Achter Jugendbericht 1990, 86)

Zugangsmöglichkeiten

Es geht dabei um die Erreichbarkeit der Angebote vor Ort und die Verlagerung von Zuständigkeiten an die Basis und die daraus resultierende Planung und Kooperation der beteiligten Personen.

3. Alltagsnähe:

„Lebensweltorientierte Jugendhilfe will mit ihren Leistungsangeboten nicht nur regional erreichbar, sondern im Alltag der Kinder/Heranwachsenden und Familien zugänglich sein. Gegenüber der mit Institutionalisierung und Professionalisierung gegebenen Tendenz zur Distanz zum Alltag versucht lebensorientierte Jugendhilfe institutionelle, organisatorische und zeitliche Zugangsbarrieren abzubauen, mit ihren Angeboten im Erfahrungsraum der Adressaten unmittelbar präsent zu sein.“ (Achter Jugendbericht 1990, 87)

unmittelbare Präsenz

4. Integration – Normalisierung:

Wenn lebensweltorientierte Soziale Arbeit bestimmt ist durch Einheit und Prävention, darf sie nicht zwischen Personen mit besonderen Belastungen einerseits und anderen Personen andererseits unterscheiden. Angebote Sozialer Arbeit verstehen sich als Normalangebote für alle Menschen. Damit erweitert die Soziale Arbeit ihr Leistungsangebot und richtet sich auch an Menschen in unbelasteten Lebensumständen.

Integration

5. Partizipation:

„Wenn lebensweltorientierte Jugendhilfe darauf hinzielt, dass Menschen sich als Subjekte ihres eigenen Lebens erfahren, ist Partizipation eines ihrer konstitutiven Momente“ (Achter Jugendbericht 1990, 88). Wesentliche Merkmale der Partizipation sind Freiwilligkeit, Mitbestimmung und Selbsthilfe.

Freiwilligkeit, Mitbestimmung, Selbsthilfe

Lebensweltorientierte Sozialpädagogik bzw. Soziale Arbeit, die nach diesen Handlungsmaximen konzipiert ist, hat zur Folge, dass erstens Soziale Arbeit sich immer gesellschaftskritisch einmischen wird. Dabei wird Einmischung offensiv verstanden als Notwendigkeit, Grenzen zu sprengen, z. B. in der Sozialpolitik, Arbeitsmarktpolitik, Schulpolitik, Wohnungspolitik, Familienpolitik u. a., um die lebensweltbezogenen Ansprüche der Adressaten zu vertreten. Zweitens erfordert eine lebensweltorientierte Soziale Arbeit vom Sozialpädagogen ein hohes Maß an Reflexivität und Souveränität, die einhergehen müssen mit der Fähigkeit zur Selbstkritik. Nur so ist professionelle Sicherheit gewährleistet.

4.6.3 Kritische Würdigung

Thiersch differenziert deutlich, dass das lebensweltorientierte sozialpädagogische Konzept nur einen Aspekt einer Theoriebildung für Soziale Arbeit darstellt, es also weitere gibt. Er sieht und diskutiert darüber hinaus die Grenzen seines Theorieansatzes. Besonders hervorzuheben ist sein Bemühen, diesen Ansatz auch in die konkrete politische Ebene einzuführen und dessen Relevanz aufzuzeigen, was er durch seine Mitarbeit als Mitglied der Sachverständigenkommission bei der Erstellung des Achten Jugendberichts (1990) dokumentiert hat. Die Reichweite und die Ergiebigkeit seines Konzeptes wurden und werden in vielen Veröffentlichungen diskutiert und überprüft.

Kritisch anzumerken ist die fehlende Kooperation mit anderen ähnlichen Theorieansätzen. Das lebensweltorientierte Modell hat Vorgänger und es gibt ähnlich konzipierte Ansätze wie z. B. das Life Model (Lebensweltmodell) von Germain und Gitterman, das Netzwerkmodell von Wendt oder den Soziotop-Ansatz von Rothe und Wendt. Sie alle zeichnen sich durch den einen Denkansatz aus, der Soziale Arbeit und soziale Probleme als interdependentes Gefüge von räumlicher Umwelt, sozialer Struktur und sozialen Beziehungen versteht (Mühlum et al. 1986, 218). Leider zeigt Thiersch nicht die Verbindungen und Unterschiede zu diesen Theorieansätzen auf.

Halten wir fest

Die Sozialpädagogik (wie natürlich heute auch die Soziale Arbeit überhaupt) orientiert sich an der Lebenswelt ihrer Adressaten und gibt Hilfestellung zur Bearbeitung sozialer Konflikte. Sie arbeitet professionell und präventiv. Ihre Arbeit versteht sie als Normalangebot für KlientInnen aller Altersstufen.

Eine wichtige Aufgabe besteht darin, Hilfeangebote zu vernetzen, eine Infrastruktur herzustellen und soziale Angebote zu regionalisieren.

Der durch Hans Thiersch geprägte Begriff Lebensweltorientierung geht von der Freiwilligkeit, Mitbestimmung und Selbsthilfe des Einzelnen aus. Sie versteht sich als offensive Einmischung im Sinne des Adressaten.

4.7 Systemisch orientierte Theorie- und Methodenperspektiven für die Soziale Arbeit

4.7.1 Zwei Hauptströmungen systemtheoretischer Ansätze

Hinter dem Begriff „Systemtheorie" verbergen sich unterschiedliche theoretische Zugänge und Modelle – die eine Systemtheorie gibt es also nicht (Hollstein-Brinkmann/Staub-Bernasconi 2005). Man könnte vielleicht zwei große Richtungen voneinander differenzieren: einmal die soziologisch funktionalistisch-systemischen Zugänge (Luhmann, Merten, Kleve) und zum anderen die ontologisch-systemischen Zugänge der sog. „Züricher Schule" (Bunge, Obrecht, Staub-Bernasconi).

Funktionalistisch orientierte Systemtheorie

Ontologisch orientierte Systemtheorie

Zum Teil entlang der bisher vorgestellten Theorieentwicklung, hat die Theoriedebatte durch systemtheoretisch orientierte Arbeitsprinzipien eine qualitativ wichtige Erweiterterung und Ergänzung erfahren, die inzwischen auch unmittelbaren Einfluss auf die tägliche Praxis der Sozialen Arbeit nimmt. Hier wären auf der einen Seite die Arbeiten von Staub-Bernasconi einer systemisch-prozesshaft orientierten Sozialen Arbeit als Grundlage für eine Handlungswissenschaft zu nennen. Auf der anderen Seite haben z. B. Lüssi, Pfeiffer-Schaupp, Miller oder Kleve Publikationen für die Entwicklung systemisch orientierter Methodeninstrumentarien für die unmittelbare Praxis der Sozialen Arbeit vorgelegt.

Systemtheoretische bzw. systemisch orientierte Vorgehensweisen haben sich zu einer Hauptströmung zeitgenössischen Denkens entwickelt und in fast allen Wissenschaftsbereichen Eingang gefunden, so z. B. in Physik, Chemie, Biologie, Psychologie, Betriebswirtschaft, Medizin, Erkenntnistheorie, Philosophie, Naturwissenschaften und auch Sozialwissenschaften. Sie sind somit zu einer fast universell zu bezeichnenden Anerkennung auch als bedeutende basis-theoretische Formulierung für Theorie und Praxis der Sozialen Arbeit gelangt (Knoll 1993, 45; Engelke 2003, 397–400; Merten 2000; Miller 2001). In allen neueren theoretischen Modellen der Sozialen Arbeit werden Grundgedanken aus systemtheoretischen Theoriekonzepten verarbeitet.

Um fachsprachlich korrekt bleiben zu können, bietet es sich im Kontext der Sozialen Arbeit an, weniger von Systemtheorie zu sprechen, da es nicht die eine Systemtheorie gibt, sondern eher von, darauf aufbauend, systemisch orientierten Theorieansätzen und Praxismethoden.

Systemtheorie als Grundlage für systemische Methodenkonzepte

Aufgabe

Als Einstieg in systemisch-orientierte Arbeitsprinzipien betrachten Sie die folgenden Personen. Deuten Sie durch Kreise an, wie diese Personen zueinander stehen könnten.

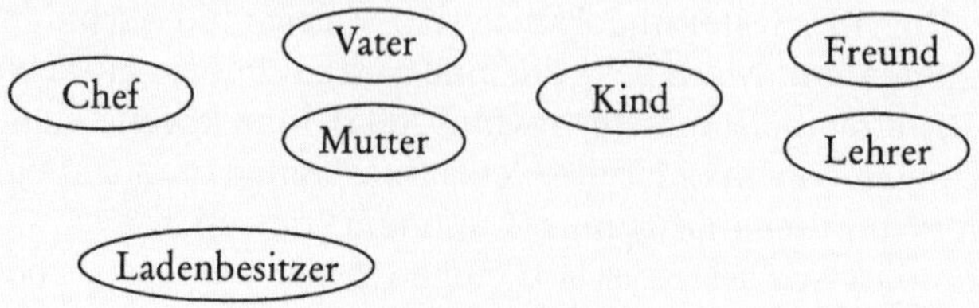

Abbildung 26: Systeme

Jede Person ist zunächst ein System ganz für sich. Dann bildet sich durch den Zusammenschluss mehrerer Personen wiederum ein neues System. Die Personen (Systeme) könnte man z. B. wie in Abbildung 27 dargestellt zu Gruppen (Systemen) zusammenschließen.

Im Folgenden sollen die wichtigsten Elemente systemischer Denkfiguren kurz dargestellt werden.

System

Kybernetik

Der Begriff System selbst ist bereits relativ alt. Schon im 18. Jahrhundert sprach der Philosoph Immanuel Kant vom „System des pädagogischen Wissens“. Der österreichische Biologe Ludwig von Bertalanffy hat seit 1937 in den USA gelehrt und dort nach 1945 eine allgemeine Systemtheorie erstmals für die Naturwissenschaften parallel zur Physik als Kybernetik entwickelt. Die Kybernetik ist eine Steuerungslehre von technischen Systemen und Prozessen von Informationsübertragungen. Dieses naturwissenschaftliche Konzept systemischer Prozesse hat auch Erklärungsmöglichkeiten für soziale Phänomene geboten. Die Systemtheorie hat sich dann auch als Denkmodell in den Sozialwissenschaften herausgebildet und weiterentwickelt. Die eigentlichen Begründer des systemischen Denkens innerhalb der Kommunikations- und Sozialwissenschaften waren Kurt Lewin, Talcott Parsons und Ludwig Moreno.

Niklas Luhmann

In Deutschland geht der Systembegriff auf Emil Durkheim zurück und wurde vor allem von dem konstruktivistischen Soziologen Niklas Luhmann

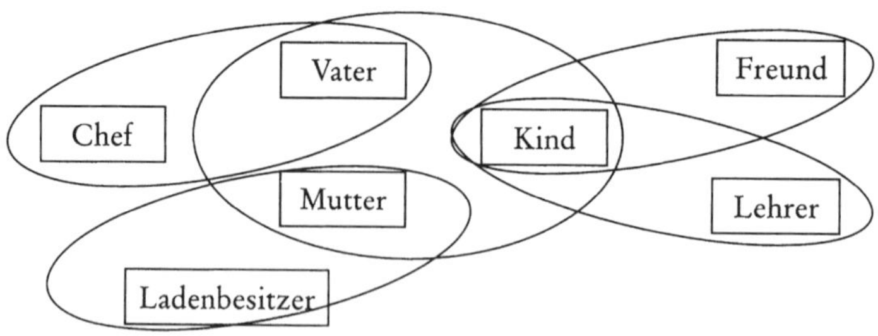

Abbildung 27: Systemgruppen

in seinem Hauptwerk „Soziale Systeme: Grundriss einer allgemeinen Theorie“ (1984) zur Systemtheorie in der Soziologie entwickelt.

Konstruktivismus

Die soziologische Denkschule des Konstruktivismus hat durch Luhmann Einzug auch in die Wissenschafts- und Methodendebatte innerhalb der Sozialen Arbeit gefunden. Nach dem konstruktivistischen Denkprinzip wird jede zwischenmenschliche Kommunikation konstruiert. Menschen erfahren nie die ganze Wirklichkeit eines Systems, sondern immer nur Teile der Realität und konstruieren damit ihre Realität weitgehend selbst.

> „Jeder soziale Kontakt wird als System begriffen bis hin zur Gesellschaft als Gesamtheit der Berücksichtigung aller möglichen Kontakte. Die allgemeine Theorie sozialer Systeme erhebt mit anderen Worten den Anspruch, den gesamten Gegenstandsbereich der Soziologie zu erfassen und in diesem Sinne universelle soziologische Theorie zu sein." (Luhmann in Wendt 1973, 72)

Was ist das Charakteristische des systemtheoretisch orientierten bzw. systemischen Denkens im Vergleich zu herkömmlichen „alten“ Denkstrukturen des moderenen Menschen? Systemische Vorgehensweise ist weniger eine Technik als vielmehr ein Denk- und Wahrnehmungsmodell. Man kann vier Kriterien aufstellen, die den Wandel der Denkweise und Anschauung deutlich machen:

Wandel der Denkweise

Vom Teil zum Ganzen: Charakteristisch für die alte Denkweise ist die Annahme, daß in jedem noch so komplexen System die Dynamik des Ganzen aus den Eigenschaften der Teile verstanden werden könne. Im Gegensatz dazu versucht man in der neuen Denkweise die Teile aus der Dynamik des Ganzen zu verstehen. Im Mittelpunkt der Betrachtung stehen nicht Grundbausteine, sondern Organisationsmuster.

Von Objekten zu Beziehungen: Aus der Sicht des Systemdenkens wird jedes „Objekt“, jeder „Teil“, als Muster in einem untrennbaren Netzwerk von Beziehungen verstanden. Die wesentlichen Eigenschaften eines solchen Objektes erwachsen aus dessen Beziehungen zu anderen Objekten. Dies gilt auch für jedes lebende System als Ganzes. Sein Wesen erwächst aus seinen Beziehungen zur Umwelt. Systemdenken ist daher immer auch Umweltdenken.

Von Strukturen zu Prozessen: Das alte Denken ging von fundamentalen Strukturen aus, die durch Kräfte und Wechselwirkungsmechanismen aufeinander einwirkten und so Prozesse hervorbrachten. Das neue Denken sieht Struktur und Prozess als komplementäre Begriffe. Jeder Prozess betrifft Strukturen, und jede Struktur ist Ausdruck von Prozessen. Systemdenken ist Prozessdenken.

Von Objektivitäten zur Konstruktion der Wirklichkeit: Im alten Paradigma glaubte man an eine objektive Beschreibung der Wirklichkeit, unabhängig vom Beobachter und vom Vorgang des Erkennens. Im neuen Paradigma

Tabelle 3: Mechanistisches und ganzheitlich-systemisches Weltbild

Mechanistisches Weltbild **Bisher standen im Vordergrund:**	**Ganzheitlich-systemisches Weltbild** **Jetzt erhalten Bedeutung:**
■ Hierarchie	■ Vernetzung
■ Maschinenweltbild	■ lebende Organismen
■ Organisation	■ Selbstorganisation
■ Führungskraft als Macher	■ Führungskraft als Entwickler
■ Druck ausüben	■ gedeihen lassen, Energien freisetzen
■ Objektivität	■ Subjektivität
■ Ursachen-Wirkungs-Denken	■ Denken in Wechselwirkungen
■ richtig/falsch Beurteilungen	■ Beurteilung nach Funktionalität
■ geplanter Wandel	■ Balance zwischen Verändern und Bewahren

setzt sich immer mehr die Überzeugung durch, daß das Verstehen des Erkenntnisprozesses integraler Teil jeder Naturbeschreibung sein muß. Ein lebendes System konstituiert sich einerseits durch seine Beziehungen zur Umwelt (siehe Kriterium Nr. 2), bringt andererseits aber auch diese Umwelt hervor. Es nimmt Umwelteinflüsse selektiv wahr und konstruiert so seine Umwelt." (Capra et al. 1992, 113)

Unterschiedliche Weltbilder

Dem systemischen Ansatz liegt ein anderes Weltbild zugrunde als das alte Modell, das von der Denkweise der Newtonschen Physik und dem Menschenbild des Descartes bestimmt ist. Die Unterschiede der beiden Weltbilder (Köningswieser/Lutz 1992, 2) kann man stichwortartig skizzieren (Tabelle 3).

Halten wir fest

Das Denken in linearen Zusammenhängen geht davon aus, dass jede Ursache eine Wirkung, also auch jede Wirkung eine Ursache hat. Das systemtheoretisch orientierte bzw. systemische Denken dagegen geht von zirkulären Zusammenhängen aus, die sowohl die Wechselwirkung zwischen Ursache und Wirkung als auch die jeweiligen BeobachterInnen dieser Zusammenhänge mit einbeziehen.

4.7.2 Begriffsklärung

Was versteht man unter einem System? Bisher konnte der Begriff nicht einheitlich definiert werden. Etymologisch gesehen ist ein System ein komplexes, zusammengesetztes Gebilde, das von anderen abgrenzbar ist. Systeme, ob das die kleinste Körperzelle oder soziale Gebilde sind, haben also immer ihre jeweilige Umwelt/Umgebung(systeme), mit denen sie verknüpft sind.

System

Hall und Fagan bieten eine inzwischen bereits klassisch gewordene Definition an: „Ein System ist ein Aggregat von Objekten und Beziehungen zwischen den Objekten und ihren Merkmalen." (Hall/Fagan in Ludewig 1992, 87)

Nach einer Definition von Watzlawick ist ein System ein Ensemble,

> „welches aus verschiedenen Bausteinen oder Elementen besteht. Diese Bausteine sind durch Beziehungen untereinander verknüpft. Die Eigenschaften der Systeme werden durch die nachfolgenden Systemgesetze beschrieben. Alle lebenden Systeme bestehen aus Subsystemen und einer sie umgebenden Umwelt." (Watzlawick in Knoll 1993, 60)

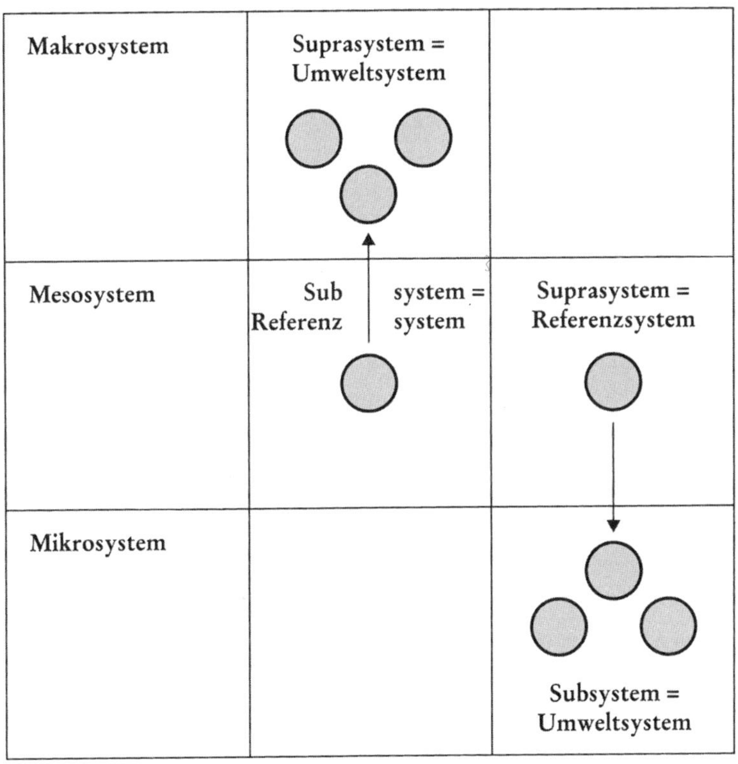

Abbildung 28: Systemebenen

Nach der Diskussion verschiedener Systemansätze formuliert Ludewig eine eigene Definition:

Selbstreferentialität

Systeme sind Einheiten, die durch Unterscheidung als zusammengesetzt und abgegrenzt konstruiert werden. Ist einmal das System entstanden, kann es für alle weiteren Belange und Prozesse als „selbstreferentiell" betrachtet werden. Selbstreferentialität bedeutet das Potenzial eines jeden Systems zur Selbstorganisation. Jedes System verfügt also über ein eigenes Selbsterhaltungsspotenzial.

Selbstreferentielle Prozesse (z. B. in einer Sozialverwaltung) sind von außen nicht einfach nur steuerbar, sondern die Prozesse der alten Strukturen bilden den Ausgangspunkt für neue Systeme. Alle Systeme sind danach selbstreferentielle, in sich geschlossen handelnde Systeme mit dem Charakteristikum der Selbstproduktion (basale Zirkularität) und dem innewohnenden Ziel der Erhaltung des Gleichgewichtes (Homöostase). Da auch das einzelne Individuum ein selbstreferentielles, homöostatisches System ist, neigt es, wie soziale Systeme auch, Abweichungen vom wünschbaren Normalzustand (Defizite) möglichst zu kompensieren.

Die Systemgrenzen erweisen sich als Funktion, die das Gebilde zugleich von seiner Umwelt trennt und an diese bindet. System, Komponenten/Elemente, Relationen/Bezüge und ihre jeweilige Umwelt bedingen sich immer wechselseitig. Komponenten, Bezüge und Grenzen entstehen gleichzeitig und begründen die „selbstreferentielle Organisation des Systems". Systeme verarbeiten im Sinne einer kybernetischen Ordnung nur ihre jeweiligen Eigenzustände. Veränderungen, z.b. von psychischen oder sozialen Problemen werden also nicht einfach kausal von außen bewirkt. Sondern sie folgen als Reaktionen auf komplexe Prozesse, deren einzelne Komponenten immer in Relation zueinander stehen. (Ludewig 1992, 90–91)

„Funktionale" und „dysfunktionale" Systeme

Die Familienforschung hat diesen wissenschaftlichen Denkprozess am sichtbarsten bereits in den frühen 1950er Jahren aufgegriffen und verschiedene Schulen Systemischer Familientherapien entwickelt. In den 1960er und 1970er Jahren haben Kommunikationstheoretiker und Psychologen wie z. B. Salvador Minuchin (1974) im Zusammenhang mit der Entwicklung einer Familientherapie Ideen über „funktionale" Familienstrukturen als Systeme formuliert. Hier sind systemische Handlungsanweisungen entstanden, wie man ein System, in diesem Fall einen Familienverband, von belastenden „dysfunktionalen" zu erträglicheren „funktionalen" Zuständen und Situationen operationalisieren kann. Die Dysfunktion eines Systems, z. B. einer Familie ist also erst eine der Voraussetzungen dafür, dass überhaupt wieder neue befriedigendere Beziehungsstrukturen aufgebaut werden können.

4.7.3 System und Systemzugehörigkeit

Die Systemtheorie kennt verschiedene Systemtypen, die durch die Beziehungen, in denen die Systeme zueinander stehen, sowie die Betrachterzugehörigkeit charakterisiert sind (diese Systematik ist in Abbildung 28 dargestellt).

Ganzheit und Übersummation: Systemisches Denken geht davon aus, dass der Mensch ein soziales Wesen ist und dementsprechend in der Regel auch zahlreichen Sozialsystemen angehört z. B. Familie, Freundeskreis, Firma, Sportverein usw. Diese einzelnen Systeme muss man als Ganzes verstehen. Das Ganze, wiederum bestehend aus einer Summe von Teilsystemen, ist immer etwas anderes als die Summe seiner Teile, vergleichbar mit einem Kreis, der aus vielen einzelnen Punkten besteht. Durch die Teilsysteme erhält das Gesamtsystem zusätzliche Qualitäten verliehen. Dabei sind die einzelnen Teilsysteme offen und stehen im ständigen Austausch. Es gibt einfache und komplexe Systeme.

Sub- und Suprasystem: Jedes System kann man in ein Makro-, Meso-, und Mikrosystem unterteilen, d. h. es gibt verschiedene Systemebenen, in denen größere und kleinere Systeme enthalten sein können. Das größere, umfassendere System liegt auf der höheren Systemebene und wird bezüglich des kleineren Systems Suprasystem genannt. Das kleinere System, das Teil des größeren ist, liegt auf der tieferen Systemebene und heißt in Bezug auf das größere System Subsystem (Lüssi 1992, 66).

- *Mikrosystem:* Als Mikrosystem werden kleine Kollektive in funktionaler Abhängigkeit oder Beziehungen stehende Einigkeiten bezeichnet wie z. B. Familie, Freundeskreis, Geschäftspartner.
- *Mesosystem:* Mesosysteme sind vermittelnde Instanzen wie z. B. Ämter oder soziale Dienstleistungssysteme. Auf dieser Ebene finden informelle Wechselbeziehungen statt, dann nämlich, wenn zwei Mikrosysteme z. B. Schule und Elternhaus miteinander in Beziehung treten. In diesem Fall befinden sich die beiden Mikrosysteme auf der Mesosystemebene.
- *Makrosystem:* Im Gegensatz zum Mikrosystem versteht man unter einem Makrosystem ein übergeordnetes Gebilde wie z. B. den Staat, große organisierte Institutionen, Gesellschaften.

Exosystem: Auf der Exosystemebene befinden sich alle Institutionen, in die das Individuum nicht direkt eingebunden ist, die aber Einfluss auf es nehmen wie z. B. die Polizei oder die Verwaltung. Allerdings gibt es auch hier Veränderungen. Wenn z. B. ein Individuum von einer Institution der Exosystemebene in Anspruch genommen wird, wird das Exosystem für die Person zum Mesosystem.

Hierarchie: Unter Hierarchie versteht man in der Systemtheorie nicht einen Machtbegriff, er zeigt lediglich den Umstand, dass die jeweiligen Elemente eines Systems wiederum als Systeme und das System selbst als Element eines umfassenderen Systems angesehen werden kann. Der Hierarchiebegriff versteht sich also als Ordnungsbegriff. Es ist z. B. möglich, dass eine einzelne Familie ein ganzes Verwandtschaftssystem dominiert, obwohl sie nur ein Subsystem im Suprasystem Verwandtschaft darstellt.

Umwelt- und Referenzsystem: Zur Umwelt zählt alles, was nicht Referenzsystem ist, d. h. alle anderen Systeme außer das, von dem aus ich denke. Das Referenzsystem steht in Beziehung zu einer Vielzahl von Umwelt-Systemen. Als Referenzsystem bezeichnet man dasjenige System, von dem aus man das andere System denkt. Das Referenzsystem kann sowohl das Subsystem wie auch das Suprasystem sein. Zum Beispiel ist die Familie im Bezug auf die Verwandtschaft ein Subsystem, jedoch in Bezug auf die Kinder ein Suprasystem. Der Unterschied zwischen dem höheren und niedrigeren System bedeutet jedoch keine Machthierarchie, wie wir gesehen haben.

4.7.4 Systemmerkmale

Charakteristisch für Systeme ist, dass sie – um überhaupt als Systeme existieren zu können – einerseits der Abgrenzung und andererseits des Austausches bedürfen.

Systemgrenzen: Ob jemand einem Sozialsystem angehört oder nicht, hängt von der Systemgrenze ab, die er zur Umwelt aufgebaut hat. Diese Grenze ist jedoch nicht als starr zu verstehen, sondern besitzt eine Flexibilität, durch die die Trennungslinie der Systeme verändert werden kann. Systemgrenzen sind Umweltausgrenzungen, die der Erhaltung des Systems dienen.

Umweltoffenheit: Jedes System hat also Grenzen, es ist aber auch offen gegenüber der Umwelt. An den Grenzen spielt sich der Kontakt und der Austausch mit anderen Systemen ab. Ein hermetisch abgeschlossenes System ist auf Dauer nicht überlebensfähig (Knoll 1993, 62).

Homöostase, Fließgleichgewicht: Ende der 1970er Jahre bildete sich einer der Zentralbegriffe für die Systemtheorie, die „Homöostase“ heraus. Damit ist ein Zustand von Gleichgewicht gemeint (z. B. Nervensystem, Immunsystem, soziale Systeme etc.). Homöostase ist eine Eigenschaft jedes Systems. Indem ein System mit anderen in Beziehung tritt, muss es ständig Energien aufnehmen und abgeben. Das System ist dabei immer bemüht, Balance zu halten und seine Existenz aufrecht zu erhalten. Das bedeutet, dass Systeme dynamisch sind und ihr Zusammenwirken Prozesscharakter hat.

„Das dynamische Gleichgewicht eines lebenden Systems zeichnet sich durch ständige, wechselseitig verknüpfte Fluktuationen aller Variablen aus. Um gesund zu sein, muss das System flexibel sein, und seine Flexibilität hängt davon ab, wie viele seiner Variablen in Fluss gehalten werden. Je dynamischer der Zustand des Systems, desto größer seine Flexibilität, desto stärker seine Fähigkeit, sich Umweltveränderungen anzupassen." (Capra 1992, 114)

Gleichgewicht

Tuggener unterscheidet drei Gleichgewichts-Modelle:

- *Innerpersönliches Gleichgewicht:* Bedürfnisse erzeugen Gleichgewichtsstörungen, die nach einem Ausgleich rufen. Eine Störung des Gleichgewichts wird als innerer Spannungszustand registriert, mit dem sich Gefühle des Unbehagens, der Bedrohung und der Angst verbinden können. Dies widerstrebt aber der Grundtendenz des Gesamtorganismus zur Erhaltung der Stabilität. Die Bedürfnisbefriedigung ist daher das Mittel zur Wiederherstellung des Gleichgewichts. Das wiederum gefundene Gleichgewicht zeigt sich im Gefühl des Wohlbefindens.
- *Soziales Gleichgewicht:* Es verweist auf die Beziehungen zwischen den Menschen. Stimmen die Beziehungen zwischen Personen, ist das Gleichgewicht hergestellt. Treten Veränderungen im sozialen Beziehungssystem ein, bedeutet das eine Störung des Gleichgewichts und dies fordert nach einem Ausgleich. Wohlbefinden ist eine Funktion von Gleichgewichtszuständen, Störung von Ungleichgewichtszuständen.
- *Gleichgewicht zwischen sozialen Systemen:* Hierunter versteht man das Gleichgewicht zwischen Gruppen und dem Makrosystem. Auch zwischen diesen Systemen können Störungen und Belastungen auftreten; beide sind unterschiedlich belastbar (Tuggener 1971, 118–119).

Regulationshilfe

Jedes System besitzt Selbstregulationskräfte, durch die es ein inneres und/oder äußeres Gleichgewicht herstellen kann. Die Aufgabe Sozialer Arbeit ist es, Regulationshilfe zu leisten, wenn die Selbstregulationsfähigkeit von Systemen nicht ausreichend wirksam ist. Ist diese z. B. überspannt bzw. überlastet, bedarf der Mensch einer Hilfe, die sein persönliches, soziales Gleichgewicht mit dem sozialen System wieder in Einklang bringt.

Interaktion und Kommunikation: Der Austausch der Systeme erfolgt ausschließlich über Interaktion und Kommunikation. Kriterien für diese Kommunikation sind dabei Variabilität (d. h. veränderliche) und Selektion (d. h. auswählende Kriterien). Solche Systeme werden auch selbstreferentielle (reflexive) Systeme genannt.

Rückkoppelungs- oder Feedback-Prinzip: Innerhalb eines Systems gibt es Rückkopplungsmechanismen, die dafür sorgen, dass das System sich selbst Auskunft über seinen Zustand gibt und sich dadurch selbsttätig regelt. Dies setzt eine gewisse Systemtransparenz voraus, d. h. die Kenntnis des Systems über sich selbst.

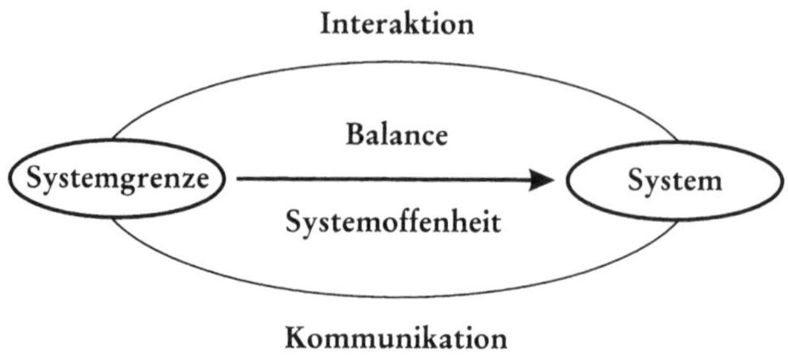

Abbildung 29: Systemgrenze

Abbildung 29 veranschaulicht den Zusammenhang zwischen Abgrenzung und Austausch von Systemen.

4.7.5 Systemfunktionalität

Lebende Systeme existieren nicht einfach per se, sondern haben einen Sinn, verfolgen einen Zweck, erfüllen eine Funktion (Abbildung 30).

Sinn, Finalität: Lebende, offene Systeme haben immer einen Sinn. Der Sinn leitet sich aus kulturellen Werten und sozialen Normen ab. Unterschiedliche Sozialsysteme haben auch unterschiedlichen Sinn bzw. Zweck. Man spricht vom inneren und äußeren Systemzweck.

Funktion: Alle menschliche Interaktion und Kommunikation erfüllt neben dem Ziel auch eine Funktion. Ist diese auf den Systemzweck ausgerichtet, bezeichnet man die betreffende Interaktion als ‚systemfunktionell' oder einfach funktionell. Entsprechend sind Handlungen (von Systemangehörigen), die dem Systemzweck direkt oder indirekt zuwiderlaufen, dysfunktionelle Handlungen. Funktionelles Handeln aller Systemangehörigen bewirkt, das das System als Ganzes richtig, d. h. zweckentsprechend funktioniert. Ein solches System nennt man ein funktionelles System. Ein System, das nicht zweckentsprechend funktioniert, ist ein dysfunktionelles System.

Abbildung 30: System-Sinn

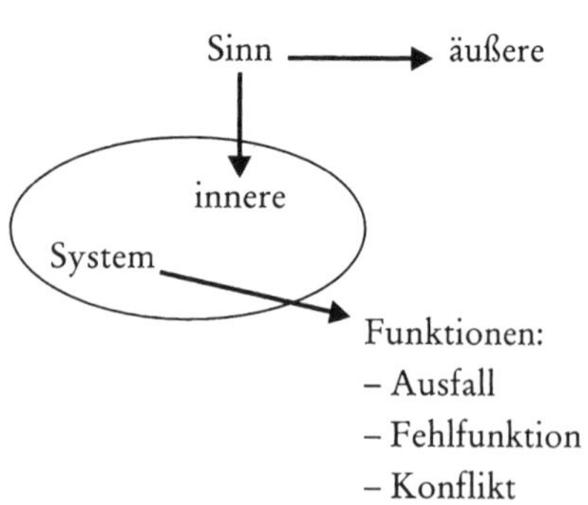

Das Handeln in der alten Sozialpädagogik und auch Sozialarbeit war weitestgehend durch ein lineares Vorgehen bestimmt. Die AdressatInnen wurden häufig nur als defizitäre Individuen betrachtet, die Probleme in sich tragen. Es folgten in der Regel individuumbezogene Einzelbetreuungen, welche die Umwelt nicht wesentlich einbezog. Im Zentrum des Denkens und Handelns steht vor allem der einzelne Mensch und nicht gleichermaßen die gesellschaftlichen Ursachen, die die sozialen Problemlagen mit hervorrufen und bedingen.

Das systemische Handeln sieht die AdressatInnen Sozialer Arbeit also mehr als Symptomträger eines gestörten Umfeldes. Deshalb wird im systemischen Handlungskonzept bei einer Störung (Dysfunktionalität) immer der ganze soziale Umfeld berücksichtigt.

Dysfunktionalität

Es gibt drei Arten von System-Dysfunktionalität:

- *Funktionsausfall:* Eine Funktion fällt aus, wenn der Systemzweck (voll) erfüllt werden soll.
- *Fehlfunktion:* Das System erfüllt nicht den vom Systemsinn gegebenen Systemzweck, funktioniert also falsch.
- *Funktionskonflikt:* Das System kann nicht zweckentsprechend funktionieren, weil entscheidende Systemangehörige gegeneinander handeln. Sie kooperieren nicht und verhalten sich insofern dysfunktionell. Es besteht also ein systeminterner Konflikt, der bewirkt, dass das System entweder blockiert ist oder falsch funktioniert (Lüssi 1992, 70).

4.7.6 Systembeziehungen

Systeme erfüllen ihre Zwecke und Funktionen nicht allein aus sich heraus, auch das Zusammenwirken mit anderen Systemen muss dafür geeignet sein.

Von *positiven Systembeziehungen* spricht man, wenn sie dem Sinn bzw. dem Systemzweck aller beteiligten Systeme entsprechen.

Analog zu den drei Arten von Systemdysfunktionalität gibt es auch hier drei Ausprägungen von *negativen Systembeziehungen:*

- *Mangelnde Systembeziehungen:* Es besteht überhaupt keine Beziehung.
- *Zweckfremde Systembeziehung:* Die Interaktionen zwischen den Systemen verlaufen reibungslos, aber sie widersprechen dem Zweck mindestens eines der beteiligten Systeme.
- *Systemkonflikt:* Bei dieser Form negativer Systembeziehung behindern sich die Systeme gegenseitig in ihrem zweckentsprechenden Funktionieren oder mindestens eines der beteiligten Systeme wird darin behindert,

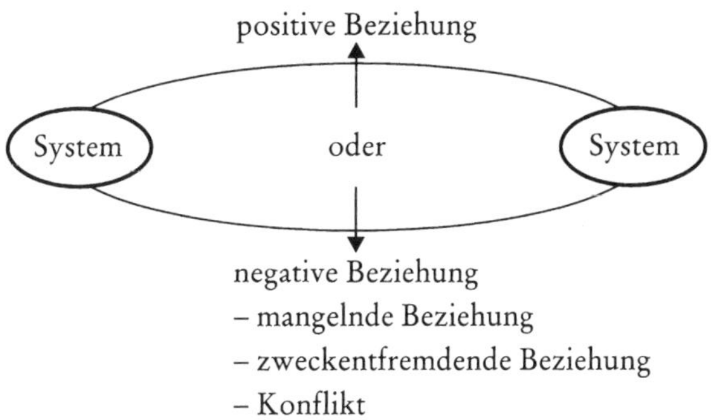

Abbildung 31: Systembeziehungen

seinen Systemzweck zu erfüllen. Solche Störungen eines anderen Systems können beabsichtigt sein, aber ebenso gut unabsichtlich geschehen (Lüssi 1992, 73).

Die möglichen Beziehungen zwischen Systemen sind in Abbildung 31 modellhaft dargestellt.

4.7.7 Methoden systemischen Handelns

Soziale Diagnose

Eine zentrale Rolle systemischen Handelns spielt die Erstellung einer Sozialen Diagnose, die bereits ein Bestandteil der Problemlösung sein kann. SozialpädagogInnen/SozialarbeiterInnen stellen sich bereits im Vorfeld wesentliche Fragen zu den Fakten individueller und sozialer Problemlagen:

- Eine Soziale Diagnose ist nicht als statische Aufnahme von Daten zu verstehen, sondern stellt eine bildliche Prozessbeschreibung dar.
- Die empfindlichen und kritischen Prozesse eines Wirkungs- und Beziehungsgefüges gilt es ausfindig zu machen.
- Eine Soziale Diagnose beginnt immer mit der Frage: Was ist das Problem?
- Die Soziale Diagnose soll herausfinden, warum ein System so und nur so und nicht anders auf bestimmte Problemkonstellationen reagiert (Bewertungen im Sinne von gut/schlecht, richtig/falsch verhindern oder erschweren dabei das Verständnis für diese Funktionsweisen).
- Man muss sich fragen, was die Vor- und Nachteile der zu diagnostizierenden Situation sind; welche Chancen und Gefahren sich dadurch ergeben.
- Systeme sind selbstorganisatorisch. Sie verarbeiten Impulse von außen in der ihnen entsprechenden Art und Weise mit dem Ziel der Identitätserhaltung (Jarmai/Köningswieser 1992, 18–21; vgl. dazu auch Pantucek 2006).

Konkret umgesetzt geschieht systemisches Handeln in der Sozialen Arbeit in folgenden Schritten, die familientherapeutischen Schulen entlehnt sind.

Unter Sozialen Diagnosen versteht man die Erfassung und Beurteilung komplexer Lebensumfelder von KlientInnen. Dies erfolgt durch den Einsatz unterschiedlicher sozialdiagnostischer Instrumente (z. B. Netzwerkkarten, Genogramme etc.). Der Begriff wurde von Alice Salomon in die Fachdebatte Deutschlands eingeführt. Sie baute in ihrem ersten Lehrbuch „Soziale Diagnose“ (1926) auf der Arbeit von Mary Richmond „Social Diagnosis“ (1917) auf.

Durch die nationalsozialistische „volks- und rassenhygienisch orientierte „Volkspflege“ wurden Instrumente der Sozialen Diagnose zu Selektionsverfahren an Menschen missbraucht. Dies führte nach 1945 zu einer notwendigen, großen Skepsis der sozialen Fachkräfte allen Verfahren einer

Sozialen Diagnostik gegenüber. Inzwischen werden unter Beibehaltung kritischer Gesichtspunkte (Normalitätsdebatte) einige sozialdiagnostische Instrumente an den (Fach)Hochschulen wieder gelehrt. Man kann sie in der Praxis professionell z. B. bei der Feststellung von Kindeswohlgefährdung einsetzen, um Daten einer Gefährdung oder sozialen Problemlage systematischer und strukturierter erheben zu können. Die psychosozialen Faktoren bilden dann eine sinnvolle Ergänzung z. B. zu den medizinischen ICD-10-Klassifikationen ärztlicher oder auch psychologischer GutachterInnen (vgl. Pantucek 2006, Heiner 2004b). ICD-10 bedeutet die „International Statistical Classification of Diseases and Related Health Problems", d. h. also eine Internationale Klassifikation der Krankheiten der Weltgesundheitsorganisation der Vereinten Nationen (WHO) zur Verschlüsselung von medizinischen Diagnosen.

Diagnostik im Allgemeinen vollzieht sich zunächst ganz grob gesehen in der Regel über den folgenden Dreischritt:

1. Anamneseprozess: Sammlung relevanter Daten
2. Zusammenfassung und Beurteilung der erfassten Informationen mit der anschließenden Diagnose und Prognose
3. Aufstellung eines Behandlungs-, Betreuungs-, Therapie- oder Hilfeplans

Nach Heiner (2004b, 72ff) können folgende vier systemisch orientierten Diagnosekonzepte oder Diagnoseformen voneinander unterschieden werden:

- das medizinisch-psychiatrische Diagnosekonzept
- das behavioristische Diagnosekonzept
- das psychosoziale Diagnosekonzept
- das sozialpädagogische Fallverstehenskonzept

Das Ablaufschema einer Sozialen Diagnose in differenzierterer Form durch soziale Fachkräfte

- Datensammlung und Datenintegration
- Gewichtung/Folgerungen
- Komplexitätsgewinnung
- Komplexitätsreduktion
- Anamnese
- Diagnose
- Prognose

(vgl. Pantucek 2006, 55)

Über Sichtdiagnosen, Netzwerkkarten, Genogramme, Instrumente zur Einschätzung von Kindeswohlgefährdung etc. wird auch den Anforderungen des § 27 SGB VIII Rechnung getragen. Hier wird zur Feststellung eines Hilfebedarfs (z. B. Hilfen zur Erziehung) eine systematisierte Diagnostik inzwischen explizit gefordert, um fachlich nachvollziehbare Prognosen einschätzen, Finanzierungen von Hilfen begründen und Empfehlungen sowie gutachterliche Stellungsnahmen formulieren zu können. Sie ermöglichen somit auch eine Abgrenzung bzw. die fachliche Ergänzung in Bezug auf die Einschätzungen der anderen Professionen, die am Hilfeprozess beteiligt sind.

4.7.8 Systemische Soziale Arbeit – Praktikabilität

Systemisch orientierte Elemente aus den beiden großen systemtheoretischen Denkschulen finden seit Jahren zunehmend in verschiedenen Wissenschaftsbereichen, so auch in der Sozialen Arbeit eine breite Beachtung und Anwendung. Systemisch-orientierte Praxismethoden in der Sozialen Arbeit verstehen sich als gedankliches Begreifen, als praktisches Prinzip. Sie gelten als Modelle für eine Art Verstehensrahmen, aber ersetzen nicht das Verstehen selber. Lüssi, der eine „Systemische Sozialarbeit" entwickelt hat, verweist auf diesen Zusammenhang:

> „Auch eine Sozialarbeitslehre, wie die unsrige, deren tragende Prinzipien systemischer Art sind, enthält also vieles, was mit Systemik nichts zu tun hat ... Eine Sozialarbeitslehre muß nicht a priori systemisch sein ...
>
> Auch ein so viel erschließendes theoretisches Konzept, wie es das System-Modell ist, erklärt dem Sozialarbeiter nicht alles und gibt ihm nicht überall einen Schlüssel zum problemlösenden Handeln." (Lüssi 1992, 75, 76)

Trotz dieser Einschränkungen bietet sich die Systemtheorie dem Sozialpädagogen/Sozialarbeiter als hilfreiches Problemlösungsmodell an. Lüssi stellt die These auf: „Der Sozialarbeiter kann optimale Sozialarbeit nur leisten, wenn er systemisch denkt und handelt." (Lüssi 1992, 75)

Als die wichtigsten Hilfen für die Praxis kann man festhalten:

Die systemische Vorgehensweise liefert zwar keine Rezepte für die Praxis, wohl aber liefert sie ein **Modell für das Erkennen und Verstehen von Hintergründen**, Beziehungen und Verbindungen, also des ganzen Beziehungsgeflechts von Personen. Sobald die Individuen in ihrer komplexen Systemzugehörigkeit betrachtet werden, kann man erkennen, dass viele Konflikte, die man gemeinhin für persönliche Beziehungsprobleme zwischen Individuen hält, tatsächlich Systemkonflikte sind.

- Treten Konflikte auf, richtet man das Augenmerk weniger auf die Individuen an sich, sondern auf die Funktionen, die sie mit ihren Interaktionen zwischen den Systemen ausgelöst haben. Dabei geht man von der Vorstellung sozial positiver Funktionszusammenhänge aus. Störungen werden vor allem als Störungen der Interaktion und Kommunikation zwischen den Individuen (Systemen) verstanden. Einfache Hilfeleistung wäre nur ein Kurieren am Symptom. Die effektive Betrachtung einer Störung (Dysfunktion) muss immer den ganzen Bereich einbeziehen, der mit ihr in Kommunikation steht.

- Die Rolle der systemisch arbeitenden SozialpädagogInnen/SozialarbeiterInnen muss neu überdacht werden. Denn sie treten ja auch wiederum als eigene Systeme in den Hilfeprozess mit ein. Sie werden somit selbst Elemente neuer Interaktions- und Hilfesysteme. Diese neuen Konstellationen müssen immer analysiert und reflektiert werden.
- Eine neue Art der Aufgaben Sozialer Arbeit zeichnet sich durch die Übernahme der systemischen Vorgehensweise ab – SozialpädagogInnen/SozialarbeiterInnen übernehmen die Funktion von RessourcenverteilerInnen. Die Angebote von Hilfsmaßnahmen bestehen weniger darin, individuell psychosozial zu helfen, sondern folgende **Aufgaben** zu erfüllen:
  - Analyse der Systemzugehörigkeit, -merkmale, -funktionalität und -beziehungen
  - Planung von Änderungen im Systemgefüge mehrerer Personen
  - Anbieten von Möglichkeiten, wie betroffene Systeme neue Interaktionen und Kommunikationen eingehen können.
  - Hilfestellungen beim (Neu-) Aufbau sozialer Bezugssysteme. Einzelne Systeme werden durch Veränderungen von Beziehungen und Kommunikation neu aufgebaut.
  - Vermittlung und Vernetzung von Ressourcen. Auch durch das Aufzeigen von alternativen Handlungsmöglichkeiten und der Anregung von Systemvernetzungen seitens der professionellen Sozialen Arbeit, müssen sich die KlientInnen schließlich selbst für neue Veränderungsprozesse einsetzen. Dies erfordert viel Verstehen und Geduld in der Arbeit mit Menschen. Dies führt aber auch zu der Frage, wo fängt die Verantwortung für KlientInnen an und wo hört sie auf?

Der letzte Punkt ist entscheidend, denn häufig identifizieren sich SozialpädagogInnen/SozialarbeiterInnen derart mit ihrer Zielgruppe, dass sie enttäuscht sind, wenn diese nicht so handelt, wie abgesprochen bzw. geplant wurde. Die Eigenverantwortung der Hilfesuchenden für ihr Handeln wird in dem systemischen Ansatz sehr deutlich betont.

„Eine Orientierung auf ‚Ressourcenarbeit' aktiviert außerdem vielfältigere ‚Arbeitsformen', als dies bei der Reduktion von Sozialer Arbeit auf Beratung oder (Sozial-) Therapie der Fall ist. So könnten dadurch Fachkräfte dazu angeregt werden, beispielsweise auf vielen Ebenen nach vorhandenen oder fehlenden Ressourcen zu fahnden, z. B. auf den Ebenen ‚Kommune', ‚Wohngebiet', ‚Gesetzgebung', ‚beteiligte Personen und Institutionen'. Damit wird das potenzielle Interventionsfeld der Fachkräfte verbreitert und erlaubt es, die ‚Multi-Dimensionalität' des Problemfeldes zumindest gedanklich zu berücksichtigen, auch wenn die tatsächlichen Handlungen dieser Multi-Dimensionalität nicht genügen werden und dies auch nicht können." (Meinhold 1994, 197; Staub-Bernasconi 1994, 61–63.)

4.7.9 Theorievielfalt und Universalität der Systemtheorie

In den letzten Jahren sind viele Theorie-Modelle für die Soziale Arbeit entwickelt worden, wie z. B. Life-Modell, Lebenslage-Modell, Netzwerk-Modell, sozio-ökologisches Modell, prozessual-systemisches Modell u. a. Jedes Modell hebt einen Aspekt der theoretischen Grundlage besonders heraus und entwickelt einen Erklärungsansatz für professionelles soziales Arbeiten. Keines von ihnen kann für sich Allgemeingültigkeit beanspruchen. Der Vorteil dieser Vielfalt an Theoriemodellen besteht in der Möglichkeit, das sehr komplexe Handlungsfeld Sozialer Arbeit von sehr unterschiedlichen Standpunkten auszuleuchten. Der Nachteil liegt in der Zerrissenheit, die einer, die wissenschaftlichen Bezugsdisziplinen integrierenden und umfassend allgemeinen, Theorie der Sozialen Arbeit wenig förderlich ist. Eine systemisch orientierte Soziale Arbeit könnte diesen integrierenden Aspekt der verschiedenen Ansätze ermöglichen. Hollstein-Brinkmann hat in seiner sehr gründlichen Untersuchung Ansätze der Interaktion verschiedener theoretischer Modelle aufgezeigt. So ließen sich das Life-Model, Vernetzungs-Modell, Lebenswelten-Modell, Prozessualsysteme-Modell wie das ökologische Modell zu einer systemischen Theorie der Sozialen Arbeit entwickeln. Seine Überlegungen fasst Hollstein-Brinkmann wie folgt zusammen:

Vorteil systemtheoretisch orientierter Theoriemodelle

- „Für die Entwicklung einer Handlungstheorie Sozialer Arbeit kann die Systemtheorie durch ihren Charakter als ‚operative Theorie' einen übergreifenden Bezugsrahmen zur Verfügung stellen. Systemtheorie dient hier als Instrument der Theorieintegration, das einzelwissenschaftliches Erklärungswissen, Gegenstandsbestimmungen und Arbeitsweisen miteinander verbinden kann. Mit den verschiedenen systemtheoretischen Ansätzen können alle Handlungs- und Beschreibungsebenen Sozialer Arbeit erfasst werden. Systemtheorie ermöglicht als ‚theoretische Klammer' die Anschlussfähigkeit der unterschiedlichen sozialen Kontexte und Dimensionen der Theoriebildung und kann Vorhandenes unter neuen Gesichtspunkten ordnen.
- Die Austauschbeziehungen zwischen Mensch und Umwelt bilden den Kerngedanken systemorientierter Handlungskonzepte. Damit stehen sie in einer Denktradition, die für Soziale Arbeit seit Beginn ihrer Verberuflichung kennzeichnend ist …
- Der Hauptertrag für die Theorie Sozialer Arbeit besteht in der Übernahme der Systemvorstellung als solche: Alle sozialen Phänomene können unter dem Aspekt ihrer Verbundenheit und Zugehörigkeit zu einem übergeordneten Kontext betrachtet werden. Die bei allen Beteiligten vorhandene Interdependenzerfahrung wird durch den Systemansatz konzeptionell ausgedrückt …
- Eine Kernaussage der Selbstorganisationstheorien besteht in der Eigendeterminiertheit und begrenzten Beeinflußbarkeit von Systemen … Die Betonung der Eigenverantwortung der Klienten für die Lösung ihrer Probleme ist zentral …
- Die gesellschaftlichen Wandlungsprozesse, die als Übergang vom sozialen zum ökologischen Paradigma gekennzeichnet wurden, betreffen Soziale Arbeit in mehrfacher Hinsicht: Ihre Bedeutung als Vermittlungsinstanz zwischen Rationalität funktionaler Teilsysteme und lebensweltlichen Bezügen

> nimmt zu. Immer mehr gesellschaftliche Probleme werden der Sozialen Arbeit zur Bearbeitung übertragen; immer mehr Menschen sind davon betroffen. Wandlungsprozesse drücken sich auch in Umstrukturierung des Systems sozialer Hilfen aus … Die Funktionsbestimmung Sozialer Arbeit erfährt auf der Basis der systemtheoretischen Gesellschaftsanalyse eine Neudefinition. In funktionaler Perspektive wird sie als Normalisierungsarbeit bestimmt. Ein politischer Veränderungsanspruch ist nicht mehr Teil einer solchen Standortbestimmung (…)" (Hollstein-Brinkmann 1993, 195–199)

Die Leistungsfähigkeit systemisch orientierter Konzepte für Soziale Arbeit sollte in mehrfacher Hinsicht veranschaulicht werden: als Theorierahmen für eine Handlungstheorie Sozialer Arbeit, bei Methodenkonzepten für soziale Fachkkräfte, als Analyse der Institutionen und Organisationen Sozialer Arbeit und für eine Funktionsbestimmung staatlicher Sozialpolitik.

Halten wir fest

Systemisch orientierte Praxismethoden können dazu verhelfen, komplexe Soziale Diagnosen zu erstellen (z. B. Netzwerkkarten, Genogramme, „Person in Enviroment"-Classification-System-Diagnosen (PIE) oder Symptom/Risikodiagnostische Instrumente bei Kindesvernachlässigung).

Sie dienen auch zur Vernetzung entsprechend unterstützender Hilfesysteme und zum Aufzeigen von Ressourcen, um aufgrund dieser Daten gemeinsam mit den KlientInnen Hilfepläne erstellen zu können.

4.8 Theorien für die Soziale Arbeit als emergente Handlungswissenschaft

„Leitwissenschaft" der Sozialen Arbeit

Bezüglich der Frage nach einer „Leitwissenschaft" oder leitenden wissenschaftlichen Disziplin für die Soziale Arbeit kann man zwei Richtungen feststellen:

- „Leitwissenschaft" war jahrzehntelang zunächst die Pädagogik bzw. Erziehungswissenschaft, dann eine sozialwissenschaftlich orientierte Erziehungswissenschaft. Diese Variante hatte den Vorteil, dass für die Ausbildung an der Fachhochschule wie Universität der Aspekt der Erziehung oder (Sozial)Pädagogik und damit gleichzeitig die Bedeutung von Prävention deutlich gemacht werden konnte.

Sozialarbeitswissenschaft

Wissenschaft Soziale Arbeit

emergente Handlungswissenschaft

Bezugsdisziplinen der Sozialen Arbeit

- „Leitwissenschaft" ist inzwischen aber das Bemühen, eine eigene „Sozialarbeitswissenschaft" (Mühlum), „Wissenschaft Soziale Arbeit" (Engelke) oder „emergente Handlungswissenschaft" (Staub-Bernasconi; Pfaffenberger, vgl. dazu das Kap. 4.8), zu entwickeln. Hierfür werden die zur Verfügung stehenden wissenschaftlichen Nachbardisziplinen somit zu wichtigen Bezugsdisziplinen für Lehre, Forschung und Praxis der Sozialen Arbeit.

Theorien sind Erklärungsmodelle

Theorien im Allgemeinen sind zunächst einmal nicht mehr und nicht weniger Erklärungsmodelle für die Reduzierung von komplexer Realität. Dies geschieht z. B., wie oben erläutert wurde, im Prozess der Sozialen Diagnose. SozialarbeiterInnen/SozialpädagogInnen müssen zuallererst das „Warum" sozialer Problemlagen klären, bevor sie nach dem „Wie" (also den Praxismethoden) fragen können. Oder anders ausgedrückt: Theorie informiert die Praxis über die jeweiligen individuellen und v. a. gesellschaftlichen Ursachen(bündel) und Entstehungsbedingungen von individuellen und sozialen Problemlagen.

Es hat in Deutschland langsam ein Prozess der (Praxis)wirkungs-, bzw. Evidenzforschung begonnen. Denn professionelle Praxis muss sich heute fragen lassen, ob die Interventionen, die durchgeführt werden, überhaupt und v. a. langfristig ihre gesetzten Ziele erreichen. Soziale Arbeit muss Antworten auf die Fragen finden, wie sie mit ihren

- Ambiguitäten, (d. h. den Mehr- und Doppeldeutigkeiten, Ungleichzeitigkeiten)
- Unsicherheiten, Zweifeln,
- (berufs)ethischen Konflikten und v. a. mit
- Machtfragen, die zwischen sozialen Fachkräften und Klientel entstehen, umgehen soll.

In diesem Kontext wird zunehmend auch der Zusammenhang zwischen internationalen Menschenrechtskatalogen (z. B. Sozial- und Zivilpakte und Europäische Sozialcharta) und dem berufsethischen Mandat Sozialer Arbeit wichtig. Wir unterscheiden zwischen:

1. Theorien aus der Praxis für die Praxis

Auf induktivem Wege entstehen Erklärungsmodelle aus der Praxis selbst heraus. Theorien ohne Praxis werden in ihrer Abstraktheit als nutzlos angesehen. In dem Augenblick, in welchem Interventionen evaluiert werden, beginnt dann die Theoriebildung aus der Praxis heraus für die Praxis. Induktiv bedeutet, dass man von wenigen Einzelfällen/Einzelphänomenen zu allgemeinen Aussagen (sog. aufsteigende Schlussfolgerungen) gelangt (z. B. von einzelnen auf der Strasse lebenden Alkoholkranken wird darauf geschlossen, dass alle auf der Straße lebenden Menschen AlkoholikerInnen sind).

2. Praxistheorien

Praxistheorien stellen Vermutungen darüber an, was SozialarbeiterInnen/SozialpädagogInnen konkret tun, d. h. man fragt danach, wie diese ihr Fachwissen praktisch anwenden und ob ihre Interventionen zum Ziel führen und nachhaltig sind.

Professionelles Wissen und ihre davon abgeleiteten Interventionen hängen mit Alltagserfahrungen oder bereits gemachten Berufserfahrungen, Intuitionen, von Persönlichkeitsstrukturen, Geschlechtszugehörigkeit, familiärem und sozialem Umfeld, eigenen sozioökonomischen Lebenssituationen, politischen Standpunkten, ethischen Überzeugungen, persönlichen Bedürfnissen und Interessen, Abhängigkeiten etc. zusammen. All diese Faktoren sollten aber eigentlich nicht in die Forschungsprozesse mit einfließen, sind aber gerade bei Praxistheorien kaum zu verhindern.

Während wir hier in Deutschland immer noch Diskussionen bezüglich der Begründung einer originären Sozialarbeitswissenschaft führen, ist diese z. B. in den angloamerikanischen Ländern über empirische (Wirkungs)Forschung und Evidenzbasierung inzwischen weit entwickelt.

Soziale Arbeit, die sich auf ein Segment gesellschaftlicher Praxis bezieht, das beruflich organisiert ist, wird im englischsprachigen Wissenschaftsdiskurs als „emergente Handlungswissenschaft" verstanden. Hans Pfaffenberger (2004) hat den Begriff als „emergente Handlungsdisziplin" aufgegriffen. Darunter werden nicht nur Paradigmen und Prinzipien wissenschaftlicher Disziplinen verstanden. Sondern es geht um die Bildung einer neuen, oder besser emergenten (Handlungs)Disziplin.

emergente Handlungswissenschaft

Wissenschaftliche Bezugsdisziplinen

Emergenz ist ein Begriff aus der neueren englischen Philosophie. Aus Faktoren, Perspektiven oder auch nur einzelnen Erkenntnisversatzstücken der Denkmodelle aus den Bezugsdisziplinen (Soziologie, Psychologie, Politologie, Jurispudenz, Kriminologie etc.), entstehen für die Soziale Arbeit als Handlungswissenschaft neue Erkenntnisbündelungen. Diese erhalten zwangsläufig andere, veränderte, auf die Praxis Sozialer Arbeit ausgerichtete, neue und fokussierende Qualitätsstufen für eine Umsetzung in die Praxis. Oder anders ausgedrückt: Für die Herausbildung einer emergenten Handlungswissenschaft werden Erkenntnisse transdisziplinärer Erklärungsmodelle (z. B. aus Soziologie, Psychologie, Politologie, Kriminologie, Jurisprudenz etc.) für die notwendigen methodischen Handlungs- und Interventionskonzepte über Fragen und Probleme der Praxis neu formuliert, erforscht und evaluiert. Zum Beispiel werden Einzelerkenntnisse über die Entstehungsfaktoren von Alkoholabusus aus der Sozialpsychologie, Psychoanalyse, der Biologie/Medizin oder aus systemtheoretisch orientierten Prinzipien zu anwendungsrelevanten Erklärungs- und Handlungsmodellen der Sozialen Arbeit in der ambulanten Suchtkrankenberatung entwickelt. Wir nehmen Erkenntnisse aus der psychologischen Reaktanzforschung, nach der erklärbar gemacht werden kann, wie Menschen in Zwangskontexten komplexe Abwehrmechanismen auf innere und äußere Einschränkungen entwickeln. Zum Beispiel müssen Erkenntnisse der Psychologie, Sozialpsychologie, vielleicht auch Traumatologie und nicht zuletzt der Menschenrechtsorientierung zusammengeführt werden, um ein begründbares Erklärungs- und Handlungsmodell für die Soziale Arbeit in Vollzugsinstitutionen entwickeln zu können. Für die Entwicklung von Interventionsmodellen und Hilfeplänen müssen SozialarbeiterInnen/Sozialpäd-

transdisziplinäre Erklärungsmodelle

agogInnen viel über die psychosozialen, manchmal auch traumatisierenden Folgen des engen Zusammenlebens von Strafgefangenen wissen oder für Menschen aus verschiedenen Kulturen in Asylbewerberheimen. Oder denken wir an die interessanten Ergebnisse aus der psychologischen Resilienzforschung (Entwicklung von Widerstands- und Lebensbewältigungsmechanismen) bei Kindern und Jugendlichen aus schwierigen sozialen Problemlagen (Opp/Fingerle 2008).

In diesem Sinne fügt – wie alle anderen Bezugsdisziplinen auch – Soziale Arbeit als Wissenschaft (Engelke) bzw. die Sozialarbeitswissenschaft (Mühlum) zentrale Wissensbestandteile und Grundbegriffe aus unterschiedlichen wissenschaftlichen Bezugsdisziplinen neu zu einer emergenten Handlungswissenschaft (Pfaffenberger) zusammen. Der Prozess zur Entwicklung einer emergenten Handlungswissenschaft für die Soziale Arbeit durchläuft nach Pfaffenberger drei Hauptphasen:

1. Herausgliedern von Einzelerkenntnissen aus Leitdisziplinen/Einzelwissenschaften (z. B. psychologische Erkenntnisse aus biologischen, neurologischen Wissensbestandteilen)
2. Verselbstständigungsprozess einer Subdisziplin zu einer eigenen Wissenschaftsdisziplin durch ausdifferenzierende Spezialisierungen (z. B. Linguistik, die zur Fächergruppe der Literatur- und Sprachwissenschaft gehört und weiterer Spezifizierung von Soziolinguistik für Genderfragen in der Jugendsozialarbeit)
3. Zusammenfügung, Bündelung und Reorganisation von problemverwandten Paradigmen, Theorien und Denkmodellen unterschiedlicher Wissenschaftsdisziplinen zu einer neuen, eben sog. emergenten (Handlungs) Wissenschaft (Pfaffenberger 2004, 88f.)

Das Hauptcharakteristikum einer emergenten Handlungswissenschaft ist ihre Transdisziplinarität. In diesem Sinne sind alle wissenschaftlichen Disziplinen letztlich emergente Handlungswissenschaften, da keine Wissenschaft ohne die Erkenntnisse anderer (Nachbar)Disziplinen auskommt.

Die Rolle der wissenschaftlichen Bezugsdisziplinen für die Wissenschaft Soziale Arbeit, bzw. Sozialarbeitswissenschaft als emergente Handlungswissenschaft ergibt sich aus jeweils gemeinsamen bzw. komplementären Fragestellungen heraus. Manchmal überschneiden sich Teile der jeweiligen wissenschaftlichen Gegenstandsbereiche. Die Erkenntnisinteressen unterschiedlicher wissenschaftlicher Disziplinen stimmen manchmal durchaus überein oder sie ergänzen sich. Es werden dieselben Forschungsmethoden (z. B. qualitative oder quantitative Sozialforschungsmethoden) angewandt. Und manchmal weisen einzelne Disziplinen vergleichbare Anteile in ihren Entstehungsprozessen auf, wie z. B. in der Entwicklung von Armutstheorien (vgl. Engelke 2003, 334).

4.9 Zusammenfassung

Die AutorInnen, die Theorie-Modelle bzw. -Ansätze erarbeitet haben, lassen sich grob in zwei Gruppen zusammenfassen: die KlassikerInnen und die neueren TheoretikerInnen.

Sozialpädagogik aus Sicht der Klassiker

Die KlassikerInnen (z. B. Nohl, Bäumer, Mollenhauer, Giesecke) begründen eine Sozialpädagogik aus hermeneutischer Sicht, d. h. sie versuchen, Sozialpädagogik aus der Entwicklung der Geschichte heraus zu erklären. Sozialpädagogik versteht sich als konkrete Pädagogik, die sich um den Menschen als Individuum und soziales Wesen gleichermaßen bemüht. Ihre Modelle leiten eine entscheidende Wende in der Fürsorge ein: Die Frage lautet nicht, welche Probleme macht das Kind/der Jugendliche, sondern welche Probleme hat es/er. Damit geht eine Hinwendung zur positiven Pädagogik einher: Sozialpädagogik wird als Handlungsbereich gesehen, der sich präventiv um den Menschen bemüht. Es vollzog sich die Wende von der Notstandspädagogik hin zur positiven Pädagogik.

Im Gegensatz zu den KlassikerInnen bemühen sich die AutorInnen der neueren Theorie-Modelle, Soziale Arbeit und ihre gesellschaftliche Komplexität inhaltlich näher zu fassen. Die an systemtheoretischen Prinzipien orientierten Erklärungs- und daraus ableitend entsprechende Praxismodelle der Sozialen Arbeit erheben den Anspruch, ‚alle bisherigen Theoriefragmente zu bündeln und die Wissenschaft Soziale Arbeit (Engelke)/ Sozialarbeitswissenschaft (Mühlum) als emergente Handlungswissenschaft (Staub-Bernasconi; Pfaffenberger) weiterzuentwickeln. Hier sind v. a. die Arbeiten von Werner Obrecht (2001) und Silvia Staub-Bernasconi (2007) zu nennen.

SP

Soziale Arbeit orientiert sich an der Lebenswelt ihrer AdressatInnen und berät sie bezüglich der Zurverfügungstellung von Ressourcen und deren Vernetzungen.

Sie mischt sich offensiv im Interesse des AdressatInnen ein. Die Vielfalt der Theoriemodelle bietet den Vorteil, das komplexe Handlungsfeld Sozialer Arbeit von unterschiedlichen Standpunkten her auszuleuchten.

Systemtheoretisch orientierte systemische Praxismethoden könnten die Vielfalt der Ansätze bündeln und für eine wissenschaftliche Disziplin Soziale Arbeit weiterentwickeln.

L

Lernfragen

Die Fragen 1–6 beziehen sich auf Hermann Nohl

1. Wie wird das Verhältnis zwischen Individuum und Gesellschaft gesehen?
2. Was versteht Nohl unter dem pädagogischen Bezug?

3. Worin sieht er die „kopernikanische" Wende in der pädagogischen Arbeit?
4. Worin besteht der Konstruktionsfehler im Aufbau eines Jugendamtes?
5. Ist die Sozialpädagogik nach Nohl vor allem vorbeugend oder nachsorgend ausgerichtet?
6. Was kann man an dem sozialpädagogischen Modell von Nohl kritisieren?

Die Fragen 7–9 beziehen sich auf Gertrud Bäumer

7. Wie begründet sie die Entstehung von Sozialpädagogik und wie wie definiert sie Sozialpädagogik?
8. Was versteht man unter primärer, sekundärer und tertiärer Erziehungs-, Bildungs- und Lerninstitution?
9. Wie könnte man Sozialpädagogik im Sinne von Nohl und Bäumer definieren?

Die Fragen 10–14 beziehen sich auf Klaus Mollenhauer und Hermann Giesecke

10. Welche Gründe führt Mollenhauer für die Entstehung von Sozialpädagogik an?
11. Wie schätzt er die Sozialpädagogik und die Familienerziehung ein?
12. Worin unterscheiden sich die erzieherischen Tätigkeiten in Familie, Schule und Sozialpädagogik?
13. Welches sind die drei typischen sozialpädagogischen Tätigkeiten?
14. Was versteht Giesecke unter offensiver Sozialpädagogik und welche Ziele verfolgt diese?

Die Fragen 15–23 beziehen sich auf Hans Thiersch

15. Welches sind nach Thiersch die zentralen Dimensionen einer sozialpädagogischen Theoriebildung?
16. Welche Aufgabe hat eine lebensweltorientierte Sozialpädagogik/Soziale Arbeit?
17. Welches sind die fünf Handlungsmaximen einer lebensweltorientierten Sozialpädagogik/ Sozialen Arbeit?
18. Wie versteht er Prävention?
19. Was versteht er unter Dezentralisierung?
20. Was versteht er unter Alltagsnähe?
21. Was versteht er unter Normalisierung?
22. Was versteht er unter Partizipation?
23. Welches sind die positiven und negativen Seiten der lebensweltorientierten Sozialpädagogik/ Sozialen Arbeit?

Die Fragen 24–35 beziehen sich auf die systemtheoretisch orientierten Theorieansätze

24. Welche beiden großen systemtheoretischen Richtungen können voneinander differenziert werden?

25. Was ist das Charakteristische des systemischen Denkens?

26. Worin besteht der Unterschied zwischen dem mechanistischen und dem ganzheitlich-systemischen Weltbild?

27. Was versteht man unter einem System?

28. Was verstehen die systemtheoretisch orientierten Wissenschaftsmodelle unter Ganzheit?

29. Was verstehen sie unter Sub- und Suprasystemen?

30. Was verstehen sie unter Referenzsystemen?

31. Welches sind die fünf Systemmerkmale?

32. Was versteht man unter Systemfunktionalität?

33. Was versteht man unter Systembeziehungen?

34. Was versteht man unter Sozialer Diagnostik?

35. Welche Hilfen und veränderten Sichtweisen können systemtheoretisch orientierte Wissenschaftsmodelle der Praxis der Sozialen Arbeit bieten?

Und zum Schluss die Frage:

36. Was verstehen wir unter einer emergenten Handlungswissenschaft?

Aufgabe

In ihrem Buch „Soziale Arbeit als Handlungswissenschaft" (2007) hat Silvia Staub-Bernasconi die „Theorie Sozialer Arbeit als normative Handlungswissenschaft" beschrieben. Versuchen Sie nachzulesen, was sie damit meint und in welcher Form sie die bisherigen Zugänge eines prozessorientert-systemischen Paradigmas bündelt und weiterentwickelt.

Das Schema der drei Säulen der Sozialen Arbeit als Wissenschaft (Tabelle 4) soll eine Art optisches Bindeglied zwischen diesem und dem nun folgenden Kapitel über Methodenfragen darstellen. Es soll zeigen, dass Praxismethoden/Arbeitsformen/Verfahrenstechniken, Forschungsmethoden und Erklärungstheorien immer untrennbar zusammengehören.

Tabelle 4: Die drei Säulen der Wissenschaft Soziale Arbeit/Sozialarbeitswissenschaft

Theorien der Wissenschaft Soziale Arbeit	**Forschungsmethodologie und Praxisforschung**	**Praxismethoden, Arbeitsformen Verfahrenstechniken**
Sozialintegrative/Normative Konzepte (z. B. H. Scherpner)	Empirische Forschungs-methoden (quantitativ, qualitativ)	„Klassische" Methoden: ■ Einzelhilfe ■ Gruppenarbeit ■ Gemeinwesenarbeit
Gesellschaftsverändernde Konzepte (z. B. K. Khella)	Hermeneutische Forschungsmethode (textkritische Inhaltsanalysen/ Textinterpretation)	Arbeitsformen (häufig aus den Nachbardisziplinen)
Kritisch – emanzipative Konzepte:		
Lebensweltorientierung (Thiersch) Prozess- und systemtheoretisch orientierte, normative Handlungstheorie Sozialer Arbeit (Staub-Bernasconi)	beobachten, beschreiben, analysieren, vergleichen, verstehen, erklären,	(z. B. klientenzentrierte Gesprächsführung; Case Management, Mediation, Streetwork, Empowerment, Soziale Netzwerkarbeit, Supervision, Sozialmanagement, Jugendhilfeplanung, Öffentlichkeitsarbeit etc.
	Evaluation (Evidencebasierte Soziale Arbeit)	Verfahrenstechniken z. B. Genogramm, Planspiel etc.
	Aktions- und Praxisforschung Biographieforschung Gendermainstreaming	

Weiterführende Literatur

Bunge, M., Mahner, M. (2004): Über die Natur der Dinge: Materialismus und Wissenschaft, Hirzel, Stuttgart
Engelke, E. (2009): Die Wissenschaft Soziale Arbeit. Werdegang und Grundlagen. 3. Aufl. Lambertus, Freiburg
–, Borrmann, S., Spatscheck, C. (2009): Theorien der Sozialen Arbeit. Eine Einführung. 4. Aufl. Lambertus, Freiburg
Erath, P. (2006): Sozialarbeitswissenschaft. Eine Einführung. Kohlhammer, Stuttgart
Heiner, M. (2010a): Soziale Arbeit als Beruf. Fälle – Felder – Fähigkeiten. 2. Aufl. Ernst Reinhardt, München/Basel
– (2010b): Kompetent handeln in der Sozialen Arbeit. Ernst Reinhardt, München/Basel
– (2004a): Professionalität in der sozialen Arbeit. Theoretische Konzepte, Modelle und empirische Perspektiven, Kohlhammer, Stuttgart
– (Hrsg.) (2004b): Diagnostik und Diagnosen in der Sozialen Arbeit. Ein Handbuch. Frankfurt/M.
Klassen, M. (2010): Soziale Problemlösung als Aufgabe der sozialen Arbeit des Case- und Sozialmanagements, Studia Universitätsverlag, Innsbruck
– (2009): Lehrbuch (System)Theorien der sozialen Arbeit, Studia Universitätsverlag, Innsbruck
– (2003): Was leisten Systemtheorien in der sozialen Arbeit: ein Vergleich der systemischen Ansätze von Niklas Luhmann und Mario Bunge, Haupt, Bern
Kleve, H. (2009): Die Praxis der Sozialarbeitswissenschaft. Eine Einführung. Schneider Hohengehren
– (2008): Konstruktivismus und Soziale Arbeit. Einführung in die Grundlagen der systemisch-konstruktivistischen Theorie und Praxis. 3. Aufl. VS Verlag für Sozialwissenschaften, Wiesbaden
– (2006): Systemisches Case Management. Falleinschätzung und Hilfeplanung in der Sozialen Arbeit. 2. Aufl. Carl-Auer, Heidelberg
– (2003): Sozialarbeitswissenschaft, Systemtheorie und Postmoderne. Lambertus, Freiburg
–, Haye, B., Hampe-Grosser, A., Müller, M. (2003): Sozialarbeitswissenschaft, Systemtheorie und Postmoderne. Lambertus, Freiburg
Luhmann, N. (1984): Soziale Systeme. Grundriss einer allgemeinen Theorie. Suhrkamp, Berlin
Lüssi, P. (1992): Systemische Sozialarbeit. Haupt, Bern
Merten, R. (Hrsg.) (2000): Systemtheorie und soziale Arbeit. Leske + Budrich, Opladen
Miller, T. (2001): Systemtheorie und Soziale Arbeit. Entwurf einer Handlungstheorie. Lucius & Lucius, Stuttgart
Mühlum, A. (Hrsg.) (2004): Sozialarbeitswissenschaft. Wissenschaft der Sozialen Arbeit. Lambertus, Freiburg
Niemeyer, C. (1998): Klassiker der Sozialpädagogik. Juventa, Weinheim
Obrecht, W. (2001): Das Systemische Paradigma der Sozialarbeitswissenschaft und der Sozialen Arbeit. Hochschule für Soziale Arbeit Zürich, Zürich
Pantucek, P. (2006): Soziale Diagnostik. Verfahren für die Praxis Sozialer Arbeit. Böhlau. Wien
–, Röh, D. (Hrsg.) (2009): Perspektiven sozialer Diagnostik. Über den Stand der Entwicklung von Verfahren und Standards, LIT, Münster

Pfaffenberger, H. (2004): Entwicklung der Sozialarbeit/Sozialpädagogik zur Profession und zur wissenschaftlichen und hochschulpolitischen Disziplin. In: Mühlum, Albert (Hrsg.) (2004): Wissenschaft der Sozialen Arbeit. Lambertus, Freiburg
Pfeifer-Schaupp (Hrsg.) (2002): Systemische Praxis. Modelle – Konzepte – Perspektiven. Lambertus, Freiburg
Staub-Bernasconi, S. (2007): Soziale Arbeit als Handlungswissenschaft. Systemische Grundlagen und professionelle Praxis – Ein Lehrbuch. Haupt UTB, München
Thiersch, H. (1992): Lebensweltorientierte Soziale Arbeit. Juventa, Weinheim
Thole, W., Galuske, M., Gängler, H. (Hrsg.) (1998): KlassikerInnen der Sozialen Arbeit. Luchterhand, Neuwied
Zeller, S. (2009): Theorie der Sozialen Arbeit als „emergente Handlungswissenschaft". Soziale Arbeit 6, 213–321

5 Ziele und Methoden in der Sozialen Arbeit

Werbung

Soziale Arbeit
betrifft alle

Soziale Arbeit
fängt vor Problemen an

Soziale Arbeit
steht für eine bessere Lebensqualität

Soziale Arbeit
bezieht sich auf alle Lebensbereiche

Soziale Arbeit
fördert die Menschlichkeit

Soziale Arbeit
umschließt alle Altersgruppen

Soziale Arbeit
bildet Gemeinschaft/en

Wir alle brauchen SozialpädagogInnen/ SozialarbeiterInnen!

Soziale Arbeit: Der ganze Mensch

Abbildung 32

5.1 Was heißt „sozial"?

In diesem Kapitel soll zunächst geklärt werden, was man unter „sozial" versteht. Sodann geht es um den Methodenbegriff und methodische Fragen. Hat Soziale Arbeit eigene, spezifische Ziele und Praxismethoden? Dann sollen Ziele der Sozialen Arbeit vorgestellt und diskutiert werden.

?

Aufgabe

Klären Sie für sich persönlich zunächst den Begriff „sozial".

Etymologie des Begriffs „sozial"

Im Folgenden geht es nicht um die Frage nach dem Wesen des Sozialen, sondern um eine Definition des vieldeutigen Begriffs „sozial".

Der Begriff „sozial" (lat. socius, gemeinsam, verbunden, verbündet') bezeichnet die wechselseitigen Bezüge als eine Grundbedingtheit menschlichen Zusammenlebens. Umgangssprachlich bedeutet „sozial", Bezüge zwischen Personen herstellen zu können. Dies beinhaltet die Fähigkeit (zumeist) einer Person, sich für Andere zu interessieren, sich einfühlen zu können, das Wohl Anderer im Auge zu behalten oder in der Lage zu sein, für Andere und auch für die Allgemeinheit Verantwortung übernehmen zu können.

Geck (1963) zeigte auf, dass der Ausdruck „social" bereits um 1800 in Frankreich geläufig war, in England erst nach 1800 und in Deutschland gegen 1850. Zwar findet man bereits 1801 das erste Mal in einem deutschen Wörterbuch (J. H. Campe) den Ausdruck „sozial". Doch erst während der 1840er Jahre wurde er endgültig in den deutschen Sprachgebrauch aufgenommen. Wie wir bereits an anderer Stelle gesehen haben, benutzt ihn Mager 1844 und entfaltet anhand dieses Begriffs seine „Social-Pädagogik". Bis etwa 1900 benutzte man die Schreibweise social mit „c".

Bedeutung von sozial

Das Ergebnis seiner sprachlichen Studien umschreibt Geck in drei Punkten:

- sozial = mehrmenschlich oder kollektiv, im Sinne von: mehrere, eine Zahl Menschen betreffend – der als sozial bezeichnete Tatbestand bezieht sich auf mehrere Menschen;
- sozial = die persönliche oder gruppliche Stellung oder die materielle Lage (das Wohlergehen) im Zusammenleben betreffend – z. B. soziale Stellung – Stellung in der Gesellschaft; soziale Lage = verhältnismäßig, durch Einkommen oder Eigentum bestimmte Lebenslage in der Gesellschaft;
- sozial = einmal Neigung zu Anderen habend, Gesellschaft-liebend; außerdem mit Rücksicht auf, Rücksicht nehmen auf einen oder mehrere Andere – zwei Begriffe, die zuweilen ins Normative oder Ethische überschlagen (Geck 1963, 46).

Mühlum (1981) unterscheidet vier Aspekte des Begriffs „sozial“:

„1. Sozial im Verständnis des Menschen als soziales Wesen, als zoon politikon oder homo sociale animal, insofern: sozial = gesellschaftlich, also in einer philosophisch – anthropologischen Bedeutung – im Gegensatz zu dem Begriff individualistisch, den Menschen als Einzelnen betreffend.
2. Die zwischenmenschlichen Beziehungen betreffend im Sinne des sozialen Handelns (vgl. Max Weber), also in einer soziologischen Bedeutung – im Gegensatz zu den Begriffen Einzelwesen oder individuell.
3. Soziale Merkmale oder Verhaltensweisen betreffend im Sinne einer positiven Beurteilung des Einzelnen als Mitglied der Gesellschaft oder gar der Gemeinschaft (im Sinne von F. Tönnies), also etwa gesellschaftskonformes Verhalten – ein Gegensatz zu gesellschaftsfeindlichem, asozialem Verhalten.
4. Sozial als Streben nach dem bonum commune, im Sinne also der sozialen Gerechtigkeit, d. h. in einer sozial-ethischen oder sozialkritischen Bedeutung – im Gegensatz zu den Begriffen egoistisch, unsozial.

Etwas verkürzt könnte demnach die Bedeutung des Begriffs sozial als gesellschaftlich – zwischenmenschlich – gesellschaftskonform/akzeptiert – gemeinnützig/wohltätig verstanden werden. Wobei die Bedeutung von 1 und 2 eher als wertfrei mit gesellschaftlichem Verhalten und 3 und 4 eher als normativ mit erwünschtem Verhalten umschrieben werden kann.“ (Mühlum 1981, 25)

Die Begriffserklärung von Mühlum ist in Abbildung 33 schematisch dargestellt.

Der Begriff „sozial“ meint etwas Positives, auf andere Menschen und deren Unterstützung gerichtetes Denken und Handeln (Henseler 2000, 33–35). Im Zusammenhang mit der Frage nach der „positiven Pädagogik“ (Kapitel 3) wurde bereits auf diesen Tatbestand hingewiesen. Man denke an Begriffe wie Sozialanthropologie, Sozialdemokratie, Sozialethik, Sozialforschung, Sozialkunde, Sozialmedizin, Sozialphilosophie, Sozialpolitik, Sozialstaat etc.

Lukas spricht von einem wachsenden Unbehagen angesichts der üblichen Reduzierung des Sozialen auf die beiden Bedeutungsaspekte „Wohltätigkeit“ und „Hilfsbereitschaft“ (Lukas 1977, 61).

Rauschenbach spricht ebenfalls von einem „Ladenhüter“ und nervigen Thema, das man nicht mehr hören könne (Rauschenbach 1992, 45).

Halten wir fest

Die Konsequenz aus diesen Überlegungen ist: Das Wort „sozial" und damit auch Sozialen Arbeit ist positiv zu werten. Es geht um das Ziel, den Menschen und die Gesellschaft im Positiven zu verändern, weiterzuentwickeln und zu fördern.

sozial

eher wertfrei:
gesellschaftliches Verhalten

- gesellschaftlich
- zwischenmenschlich

eher normativ:
erwünschtes Verhalten

- gesellschaftlich konform
- gemeinnützig/wohltätig

Abbildung 33: Bedeutung von sozial

5.2 Was ist ein Soziales Problem?

Bei dieser Fragestellung ist zu bedenken, dass es eine soziale Wirklichkeit an sich nicht gibt, sondern diese wird durch die jeweilige Konstruktion der Betrachtungs-, Denk- und Handlungsweise erst strukturiert. Psychologisch gesehen entsteht ein Problem, wenn eine motivierte Person an der Erreichung eines Zieles gehindert ist. Das Lösen eines Problems besteht dann darin, Wege zu finden, die von einem gegebenen Ausgangs- oder Anfangszustand zu einem gewünschten Endzustand führen.

Etymologisch betrachtet besagt das griechische Wort „problema" (von „pro-ballein") so viel wie „vor einen hinwerfen". „Mit dem Vormichhingeworfenen, dem Problema, muß ich nämlich etwas tun, z. B. es wegräumen, wenn ich meinen Weg fortsetzen will." (Stahel 1983, 59–60)

Aufgabe

Soziale Arbeit hat es mit individuellen und sozialen Problemlagen und deren Lösungen zu tun. Nicht jedes Problem ist jedoch ein soziales Problem. Wann wird ein Problem zu einem sozialen Problem?

Lesen Sie folgendes Beispiel und markieren Sie, an welcher Stelle bzw. ab welchem Punkt das Problem zu einem sozialen Problem wird.

Beispiel: Die Probleme einer kinderreichen Familie, in welcher der Ehemann und Vater Alkoholiker ist und eher unregelmäßig zur Arbeit geht, in der die Kinder nur unzureichend versorgt werden und in der die Ehefrau versucht, durch Gelegenheitsarbeiten zur materiellen Versorgung der Familie beizutragen, nehmen derartige Dimensionen an, dass die Frau beschließt, ihren Mann zu verlassen, ihre Kinder aber mitzunehmen.

Bis zu welchem Punkt war es ein privates und ab wann wurde es zu einem öffentlichen und damit sozialen Problem?

Was ist ein soziales Problem? Sidler ist dieser Frage nachgegangen und gibt einen interessanten Überblick.

> „Der Begriff des Problems im Sinne einer Aufgabe, deren Lösungswege ganz oder teilweise unbekannt sind, taucht in der deutschen Sprache im 16. Jahrhundert als Fremdwort aus dem Lateinischen und Griechischen auf. Die Kombination mit dem Adjektiv sozial ist, soweit ersichtlich im deutschen Sprachgebrauch sehr jungen Datums; sie ist vor 1970 nur selten zu finden." (Sidler 1989, 13)

In den englischsprachigen Ländern ist der Begriff „Social Problem" weit verbreitet und schon in der ersten Hälfte des 20. Jahrhunderts fest etabliert. Seit Mitte der 1970er Jahre ist „soziales Problem" dann auch in Deutschland ein Standardbegriff.

Probleme können im privaten wie im öffentlichen Bereich entstehen und sie können sehr vielfältig sein. Ob ein Problem als Privatangelegenheit gilt oder nicht, ist nicht festgelegt, sondern die Kriterien für die Zuordnung können sich im Laufe der Geschichte wandeln.

Probleme, die früher als Privatangelegenheiten galten, können heute als öffentliche Angelegenheiten betrachtet werden – und umgekehrt: Probleme, die früher in den Zuständigkeitsbereich der Öffentlichkeit gehörten, können heute als Privatangelegenheit gelten. Während beispielsweise vor der Institutionalisierung des Wohlfahrtsstaates die Altersversorgung als Privatangelegenheit angesehen wurde, die innerhalb des Familienkontextes zu behandeln sei, ist Altersversorgung heute ein öffentliches Problem.

Ob ein bestimmtes Problem in den Bereich der Privatheit oder in den der Öffentlichkeit gehört, hängt aber nicht nur von der Entwicklung des Wohlfahrtsstaates ab, sondern auch davon, in welchem institutionellen Kontext ein soziales Problem in Erscheinung tritt. Ein Tatbestand wird erst dann als ein soziales Problem definiert, wenn bestimmte Voraussetzungen erfüllt sind: Es darf kein zwischenmenschliches, privates, sondern muss ein öffentliches Problem sein/werden. Eheprobleme in der Gesellschaft Ostasiens, die ihre traditionelle Sozialstruktur bewahrt hat, gibt es bestimmt ebenso viele wie bei uns; da sie aber normalerweise zwischen den Familien der beteiligten Ehegatten ausgehandelt werden, bilden sie kein soziales Problem. Arbeitslosigkeit in einer Agrargesellschaft ist ein undenkbarer Begriff. Zu einem Problem wird Arbeitslosigkeit erst, wenn sie als öffentliche Störung des Sozialgefüges definiert wird.

Um auf den eingangs vorgestellten Fall zurückzukommen: Solange die Ehefrau versucht, die Probleme familienintern zu lösen, bleiben sie private und damit nicht öffentliche (soziale) Probleme. Erst wenn die Ehefrau ihren Mann verlässt und die Hilfe der Sozialbehörde in Anspruch nimmt, werden ihre Probleme damit öffentlich, d. h. sie werden so zu sozialen Problemen.

Kriterien

Hompesch-Cornetz hat Kriterien aufgestellt, wann ein Problem zu einem sozialen Problem wird:

- „Als ein soziales Problem, das Interventionen erfordert, wird das definiert, was die Reproduktionsfähigkeit von Individuen im Rahmen gesellschaftlich legitimierter Verkehrsformen gefährdet …

- Was als soziales Problem identifiziert wird, wird einer Klasse darauf bezogener institutionalisierter sozialpolitischer Bewältigungssysteme zugeordnet, etwa im Bildungswesen, Gesundheitswesen, Strafrecht, in der Jugendhilfe etc. Erst durch die spezifische Art der gesellschaftlichen Problemverarbeitung wird entschieden, ob ein angesichts sozialer Auffälligkeiten unterstelltes individuelles Problem z. B. als psychische Krankheit in einer psychiatrischen Einrichtung, als Verletzung von Strafrechtsnormen mittels Freiheitsentzug oder als Erziehungsnotstand in einer Einrichtung der öffentlichen Erziehung bearbeitet wird …
- In die Definition eines sozialen Problems gehen Common-sense-Annahmen darüber ein, was Gefährdung, Störung, Pathologie etc. ausmacht und welcher Reaktionstyp Zwang, Absonderung, Fürsorge, Behandlung u. a. – angebracht ist …
- In welchem gesellschaftlichen Interventionszusammenhang und in welchem organisatorischen Rahmen ein Problem bearbeitet wird, ist wesentlich schichtbestimmt …
- Die gesellschaftliche Regulierung sozialer Probleme wird vermehrt durch präventive Sozialisationsangebote vorgenommen. Die Bestimmung sozialpädagogischen und therapeutischen Handelns macht sich damit an der Sozialisationsbedürftigkeit fest, nicht erst an der Abweichung von Sozialisationszielen.“ (Hompesch-Cornetz 1987, 1030)

Demnach kann man **soziale Probleme** definieren als: Phänomene, die einzelne oder Gruppen in ihrer Lebenssituation beeinträchtigen, öffentlich als veränderungsbedürftig definiert und zum Gegenstand spezieller Programme und Maßnahmen gemacht werden.

Sozialwissenschaftlich gesehen, ist das ein soziales Problem, was gesellschaftlich bzw. politisch als soziales Problem gilt. Der sozialwissenschaftliche Begriff des sozialen Problems bezeichnet Situationen in der Gesellschaft, die von meinungsbildenden Teilen der Gesellschaft gesellschaftlich verbindlich als negativ definiert sind und impliziert, dass gesellschaftlich bzw. politisch korrigierende Veränderungen gefordert bzw. in die Wege geleitet werden (Sidler 1989, 21; Heiner et al. 1994, 289; Engelke 2003, 302).

Staub-Bernasconi definiert soziale Probleme als qualitative wie quantitative Ausstattungsdefizite bzw. -überschüsse primär von Individuen, sekundär von sozialen Systemen wie Familien, Organisationen der Nationen (Staub-Bernasconi 1994, 17–18).

Soziale Probleme entstehen dort, wo die Ressourcen fehlen. Vier solcher Defizite lassen sich zur Umschreibung des Begriffs „soziale Probleme“ heranziehen:

- nicht erfüllte Grundbedürfnisse und Wünsche und damit unzureichende Ausstattung von Menschen bei gleichzeitig überdurchschnittlicher Ausstattung anderer Menschen und Gruppen;

- asymmetrisches Geben und Nehmen und damit Austauschbeziehungen, die nicht auf Gegenseitigkeit beruhen;
- behindernde Machtverhältnisse;
- ethisch-moralische Dilemmata und Asymmetrie im Hinblick auf die Ausbalancierung von Pflichten und Rechten gegenüber sich selbst und anderen Mitgliedern der Gesellschaft (Heiner 1994, 289).

Bei der Klärung der Frage, was soziale Probleme sind, muss man des Weiteren sehen, dass in einer pluralistischen Gesellschaft soziale Probleme von verschiedenen Gruppen unterschiedlich erlebt werden. Soziale Probleme beginnen erst dadurch als soziale Probleme zu existieren, wenn sie von öffentlich wirksamen Personen oder Institutionen als solche definiert werden.

Mit Groenemeyer/Engelke kommen wir abschließend zu dem Ergebnis, dass soziale Probleme all die gesellschaftlichen Bedingungen sind, die Leiden und Störungen verursachen oder als solche verstanden werden. Wir müssen also das Problematische an gesellschaftlichen Entwicklungen, Strukturen und Institutionen analysieren, unter denen diese dann zu öffentlichen Problemen werden (Groenemeyer 1999, 14 in: Engelke 2003, 302). Damit wird gleichzeitig gesagt, dass die Definition sozialer Probleme von wirtschaftlichen, kulturellen und politisch-administrativen Strukturen abhängt:

Bedingungen

- Wirtschaftliche Bedingungen: Ein Großteil der Probleme ist wirtschaftlicher und nicht sozialer Natur. Erst wenn die wirtschaftlichen Probleme gelöst sind, kommen die eigentlichen sozialen Probleme zum Vorschein. So sind z. B. die sozialen Probleme der Betagten erst ins Rampenlicht getreten, als die wirtschaftliche Alterssicherung einen verhältnismäßig hohen Grad der Bedürfnisdeckung erreicht hatte. In einer Gesellschaft, in der die Betagten noch ums nackte Leben kämpfen müssen, sind Gerontologie und Geriatrie Luxusdienstzweige.
- Kulturelle Bedingungen: Wie wir schon gesehen haben, werden in anderen Kulturbereichen (z. B. Ostasien) bestimmte Probleme anders gesehen und gelöst, sie bleiben im Privaten und werden nicht im öffentlichen Bereich gelöst. In einer Gesellschaft, in der Menschen aus mehreren Kulturen zusammenleben, wie in der unsrigen, werden die gleichen Probleme unter Umständen unterschiedlich als private oder öffentliche definiert und angegangen, was nicht selten zu Missverständnissen führt (Stahel 1983, 61–70).
- Politische und administrative Bedingungen: Soziale Arbeit ist abhängig von den vorgegebenen politischen und administrativen Strukturen. Je nach den vorgegebenen Strukturen, in denen Soziale Arbeit ausgeübt wird, gestaltet sich auch die Praxis sehr unterschiedlich.

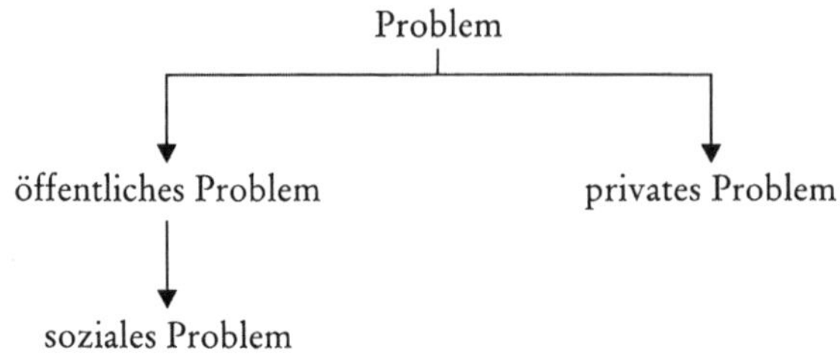

Abbildung 34

Will man den Gegenstandsbereich von Sozialer Arbeit bestimmen, kann man ihn auf die Kurzformel bringen: Soziale Arbeit geht es um die Bewältigung individueller und sozialer Problemlagen (Engelke 2003, 301–306; Staub-Bernasconi 2002, 249–251).

Halten wir fest

Die Begrifflichkeit „soziales Problem" ist seit mehr als hundert Jahren in den Sozialwissenschaften gebräuchlich.

Nach einer heute in der Soziologie verbreiteten Auffassung sind soziale Probleme „diejenigen gesellschaftlichen Tatbestände, Bedingungen oder Praxen, die Leiden und Störungen verursachen oder als solches aufgefasst werden. Es muss also das Problematische an gesellschaftlichen Entwicklungen, Strukturen, Institutionen und Praktiken zum Thema gemacht werden, um dann die Bedingungen zu analysieren, unter denen diese zu sozialen, das heißt zu öffentlichen Problemen werden. Die soziologische Diagnose gesellschaftlicher Störungen und sozialer Probleme setzt auch immer Annahmen über einen „ungestörten" oder ‚normalen' Zustand voraus." (Groenemeyer 1999, 14; zit. nach Engelke 2003, 302)

5.3 Ziele und Definitionen der Sozialen Arbeit

Wenn man der Zielfrage in der Literatur nachgeht, kann man feststellen, dass sich spätestens seit der Alltagswende der 1970er Jahre (Thiersch), der Wertewandel-Debatte (Olk/Otto 1987) und auch der Öffnung zu systemischen Ansätzen die gegenwärtige Soziale Arbeit von ihrer traditionellen Defizitorientierung verabschiedet hat. In diesem Prozess hat auch das professionelle Verständnis von Prävention zur neuen Zielformulierung im Umgang mit pluralen Lebenswelten geführt (Richter 1993, 363–364).

Man muss zur Kenntnis nehmen, dass ein Paradigmenwechsel (Paradigma = Beispiel, Muster) stattgefunden hat, der darin besteht, dass Soziale Arbeit nicht mehr nur von einfachen kausalen Erklärungsmustern bei sozialen Problemen ausgeht, sondern von zielgerichteten Erklärungs- und Handlungsansätzen. Diese Überlegungen fasst Mühlum in einem Schaubild zusammen (Mühlum 1994, 52).

Der gesellschaftliche Standort der Sozialen Arbeit liegt nach Mühlum zwischen den großen Funktionsbereichen des sozialen Sicherungssystems, des Gesundheitssystems, des Erziehungssystems und des Sanktionssystems. Er ist damit auf die Politikbereiche wie Sozialpolitik, Gesundheitspolitik, Bildungspolitik und Rechtspolitik verwiesen. Überwölbt werden diese Bereiche vom Gesellschaftssystem, dem kulturellen System, dem Wirtschaftsystem und dem ökologischen System.

Soziale Arbeit kann sich als ein Aufgabenfeld an der Schnittfläche der genannten Funktionsbereiche verstehen, die sich in den Handlungsfeldern Sozialhilfe und Altenhilfe, Gesundheitshilfe und Rehabilitation, Jugend- und Familienhilfe, Straffälligenhilfe und Resozialisation ausdifferenzieren. Da Soziale Arbeit Teilfunktionen aus allen vier Bereichen übernimmt, lässt sich auch von einer Querschnittsaufgabe sprechen (Mühlum 1994, 51–53).

Die in der Fachliteratur genannten übergeordneten Ziele der Sozialen Arbeit werden in der Regel eher

1. anthropologisch und/oder
2. gesellschaftlich begründet.

- **Friedländer und Pfaffenberger** haben in den 1960er Jahren des vergangenen Jahrhunderts die Ziele der damaligen Sozialpädagogik/Sozialarbeit wie folgt umschrieben: „Im Rahmen der genannten Grundwerte versucht die Sozialarbeit, Individuen, Gruppen und Gemeinden zu helfen, den höchstmöglichen Grad von sozialem, geistigem und leiblichem Wohlbefinden zu erreichen … Ihr Ziel ist nicht nur, dem Einzelnen, der Familie und einer Gruppe von Personen in ihren sozialen Beziehungen zu helfen, sondern sie befaßt sich auch mit der Verbesserung der allgemeinen sozialen Bedingun-

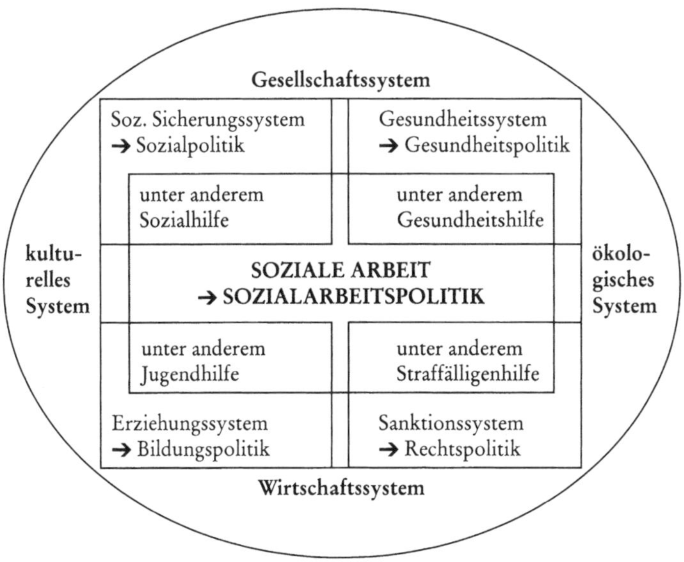

Abbildung 35: Querschnittsaufgabe der Sozialen Arbeit

gen durch Anhebung des gesundheitlichen und wirtschaftlichen Standards und durch Befürwortung besserer Wohn- und Arbeitsbedingungen und einer konstruktiven sozialen Gesetzgebung. ... Orientierung an den Zielvorstellungen:

- eines von natürlichen und gesellschaftlichen Nöten und Zwängen möglichst befreiten, mündigen, emanzipierten Menschen,
- einer auf den Ideen und Grundwerten Freiheit, Gleichheit, sozialer Gerechtigkeit, Solidarität und Abbau überflüssiger Herrschaft von Menschen über Menschen begründeten Gesellschaft und
- eines demokratischen und sozialen Rechtsstaates ...

Das Ziel ist: Menschen verschiedener Alterstufen in entwicklungsreife-, konflikt- oder notbedingten Situationen so zu helfen, daß sie möglichst zur vollen Entfaltung ihrer Persönlichkeit und all ihrer Kräfte und Möglichkeiten gelangen, daß sie sich aus unnötiger Abhängigkeit lösen und Sozialisationsdefizite wie Benachteiligungen und Unterprevilegierungen überwinden können. Selbstbestimmung, Mündigkeit, Hilfe zur Selbsthilfe und Ermöglichung eines der Würde des Menschen entsprechenden Lebens sind in Gesetzen und Richtlinien fixierte Zielformulierungen und Prinzipien solcher Arbeit." (Friedländer/Pfaffenberger 1966, 3, 7, 8, 9)

- **Schmidt** nannte knapp zwei Jahrzehnte später als Generalziel sozialer Arbeitsfelder die Sorge um ein allseitiges körperliches, seelisches und soziales Wohlbefinden. Diese Zielsetzung ging aus von besonderen Herausforderungen, „nämlich der Bewährung, die kulturellen, wirtschaftlichen, politischen und sozialen Ansprüche der Gesellschaft in Geschichte und Gegenwart kritisch zu hinterfragen in bezug darauf, inwieweit diese je konkrete Gesellschaft eine Bewährung des einzelnen ermöglicht oder hindert und Entwürfe der gesellschaftlichen und individuellen Sinnbestimmung für die Zukunft zu wagen." (Schmidt 1981, 295)

- **Mühlum** untersuchte Zielformulierungen von Sozialpädagogik in den 1960er und 1970er Jahren und klassifizierte sie in zwei Gruppen:

1. Zielformulierungen im Sinne von Sozialerziehung:
   - Entfaltung (der Anlagen/der Persönlichkeit), individuelle Existenz
   - Lebensbewährung, Bewältigung der Aufgaben, Bewährung, Tüchtigkeit
   - Anpassung/Integration an die/in die Gemeinschaft, normgerechtes Verhalten, Mitmenschlichkeit, soziale Existenz
   - Sinngebung, Bindung an höhere Werte, Menschwerdung, Bindung an Kulturwerte
   - Verantwortlichkeit, Verantwortungsbereitschaft
   - Selbstbestimmung im Sinne von: Mündigkeit, Eigenständigkeit, selbstverantwortliche Persönlichkeit, Autonomie, Kritik, Emanzipation, Veränderung des Bestehenden. (Mühlum 1981, 231–232)
2. Zielformulierungen im Sinne von gesellschaftlichen Funktionen:
   - Prävention
   - Kompensation
   - Korrektur
   - Sanktion/Kontrolle
   - Integration
   - Innovation. (Mühlum 1981, 241–242)

- **Lowy** wählte 1983 in den USA zu den Zielen und Aufgaben des amerikanischen Social Work Formulierungen, die teilweise bereits an die Definition von Sozialer Arbeit als Menschenrechtsprofession der International Federation of Social Workers (IFSW) der 1990er Jahre erinnern: „Der konstitutive Gegenstand ist die Persönlichkeit, welche der Entfaltung bedarf, soweit nicht Rechte anderer verletzt werden. Unter den personalen, geistigen und materiellen Gütern, die für das ethische und soziale Handeln des Menschen bedeutsam sind, ragen heraus die Menschen- und Personenwürde, das Recht auf Leben und körperliche Unversehrtheit, die Mitmenschlichkeit, das Recht auf Schutz der Familie (und, d. V.) die gesellschaftliche Solidarität (...).

1. Hilfe zur Befähigung von Menschen, Lebensaufgaben zu meistern und Probleme zu bewältigen,
2. die unmittelbare Umwelt, d. h. Situationen und gesellschaftliche Bedingungen zu verändern, um diese Probleme zu bewältigen und diese Lebensaufgabe zu erfüllen." (Lowy 1983, 48–57)

Mit dem letzten Jahrzehnt des 20. Jahrhunderts werden im deutschen Sprachraum Ziele und Aufgaben einer professionellen Sozialen Arbeit folgendermaßen umschrieben:

- **Erler** schreibt zu den Zielen der Profession: „Eine den gesellschaftlichen Strukturveränderungen adäquate Soziale Arbeit sollte
  - Menschen zu eigenständigen Entscheidungen und verantwortlichem Handeln bei der Gestaltung ihres Lebens, den Aufgaben, die es ihnen stellt, und den Anforderungen, denen sie begegnen, befähigen;
  - konstruktive Lösungen von Problem- und Konfliktsituationen ermöglichen;
  - gesellschaftliche und soziale Defizite ausgleichen sowie die Teilnahme aller Mitglieder an gesellschaftlichen Auswahlmöglichkeiten und Zugangschancen der Mobilität und Freiheit eröffnen helfen." (Erler 1993, 31)

- **Bock** beschreibt die Ziele und Aufgaben so: „Sozialarbeit/Sozialpädagogik unterstützen Menschen, eine Balance zu finden zwischen ihren jeweiligen Bedürfnissen und Fähigkeiten und ihrer Umwelt mit deren jeweiligen Angeboten und Anforderungen. Dabei sind sie einerseits bemüht, die Entwicklung, die Einstellung und die Verhaltensweisen von Menschen zu fördern, zu stärken und zu verbessern, die sie zur selbständigen und verantwortlichen Gestaltung ihres Lebens befähigen.

  Andererseits gehört es zu ihren Aufgaben, die Lebensbedingungen in der Umwelt des Klienten/Betroffenen so zu gestalten und zu beeinflussen, daß die notwendigen Voraussetzungen und Bedingungen für eine menschenwürdige Existenz vorhanden sind." (Bock 1993, 836)
- Der **Deutsche Verein für öffentliche und private Fürsorge** fasst die Ziele der Sozialen Arbeit wie folgt zusammen: „Das Ziel des beruflichen Handelns (...) ist es, einen Beitrag zur Verbesserung der Lebenschancen von Menschen zu leisten und mit die Voraussetzungen zu schaffen, die es den Mitgliedern der Gesellschaft, insbesondere den in irgendeiner Weise Benachteiligten, gestatten, ihre Anlagen und Fähigkeiten so gut wie möglich zu entwickeln, ihre Freiheit verantwortungsbewusst zu gebrauchen und am Leben der Gemeinschaft teilzuhaben.

  Die Aufgaben, die Sozialarbeiter/Sozialpädagogen hierzu übernehmen, stehen in engem Bezug zu der gesellschaftlichen Wirklichkeit als einem Gefüge sozialer, politischer, wirtschaftlicher, rechtlicher, technischer und kultureller Bedürfnisse und Fähigkeiten andererseits. Sie finden ihren Ausdruck in Rechtsvorschriften sowie politischen und fachlichen Leitlinien des Trägers sozialer Arbeit, in dessen Diensten der Sozialarbeiter/Sozialpädagoge jeweils steht." (Deutscher Verein für öffentliche und private Fürsorge 1993, 15)

- **Engelke** befasst sich im Rahmen der Zielfrage auch mit grundlegenden Werten und Normen. „In den Theorien der Sozialen Arbeit werden in großer Zahl Werte, Ziele und Normen genannt. Das Reservoire für Wert- und Zielbestimmungen der Sozialen Arbeit ist schier unerschöpflich: Solidarität, Subsidiarität, Partizipation, Emanzipation, Normalität, Subjektivität, Personenwürde, Partnerschaft, Bewußtsein, Bewußtheit, seelische und körperliche Gesundheit, Selbstbestimmung, Selbstverwirklichung, Veränderung, Integration, gerechter Austausch, Chancengleichheit, soziale Gerechtigkeit, Echtheit, Bildung, gerechter Güteraustausch, Liebe, Hoffnung, Wohlbefinden, Zukunft usw. ...

  So unterschiedlich diese Wertangaben sind, so lassen sie sich doch insgesamt dem Wert der Humanität und der menschlichen Würde unterordnen, was auch immer im einzelnen darunter verstanden wird. Die von den Vereinten Nationen erklärten Menschenrechte werden von allen AutorInnen – ohne daß das jeweils gesagt wird – offensichtlich als vorrangige Werte anerkannt." (Engelke 1999, 96)

- **Das Kinder- und Jugendhilfegesetz** (KJHG) bestimmt beispielsweise im § 1 Abs. 1 das Recht des jungen Menschen auf Förderung und Erziehung, in Abs. 2 das Erziehungsrecht und die Erziehungspflicht der Eltern, in Abs. 3 die Grundziele der öffentlichen Jugendhilfe:

§ 1 Recht auf Erziehung, Elternverantwortung, Jugendhilfe

(1) Jeder junge Mensch hat ein Recht auf Förderung seiner Entwicklung und auf Erziehung zu einer eigenverantwortlichen und gemeinschaftsfähigen Persönlichkeit.

(2) Pflege und Erziehung der Kinder sind das natürliche Recht der Eltern und die ihnen zuvörderst obliegende Pflicht. Über ihre Betätigung wacht die staatliche Gemeinschaft.

(3) Jugendhilfe soll zur Verwirklichung des Rechts nach Absatz 1 insbesondere

1. junge Menschen in ihrer individuellen und sozialen Entwicklung fördern und dazu beitragen, Benachteiligungen zu vermeiden oder abzubauen,
2. Eltern und andere Erziehungsberechtigte bei der Erziehung beraten und unterstützen,
3. Kinder und Jugendliche vor Gefahren für ihr Wohl zu schützen,
4. dazu beitragen, positive Lebensbedingungen für junge Menschen und ihre Familien sowie eine kinder- und familienfreundliche Umwelt zu erhalten oder zu schaffen.

Inzwischen muss unter der Globalisierung auch die Profession Soziale Arbeit immer mehr weltgesellschaftliche Problemlagen in den Blick nehmen. Deshalb soll zu diesem Punkt auch in diesem Kapitel auf die internationale Definition Sozialer Arbeit der International Federation of Social Workers (IFSW) hingewiesen werden. Zunächst ist hierbei zu betonen, dass unter der nun zentral gewordenen Menschenrechtsperspektive der Sozialen Arbeit die Unteilbarkeit der Menschenwürde (GG Art. 1) konstitutiv ist. Sie bildet immer das oberste ethische Prinzip und steht unter keiner äußeren, politischen, wirtschaftlichen und sozialen Bedingung zur Disposition.

philosophische Prinzipien

Das übergeordnete normative Bezugssystem des Menschenrechtskatalogs orientiert sich zunächst einmal an den folgenden allgemeinen ethischen Prinzipien westlicher Kulturen:

Philosophische Grundprinzipien unseres westlichen Kulturkreises

Recht auf Leben
Unabhängigkeit und Freiheit
Gleichheit und Gleichbehandlung
Gerechtigkeit
Solidarität
Soziales Verantwortungsbewusstsein
Evolution, Friede, Gewaltlosigkeit
Herstellen von Beziehungen zwischen Menschheit und Natur

(vgl. Menschenrechte und Soziale Arbeit 1997, 12–17, „Manual")

Unter der Prämisse dieser Grundprinzipien haben SozialarbeiterInnen/SozialpädagogInnen in angloamerikanischen Ländern die Social Work als (eine) „Human Rights Profession" definiert. Zur Verbreitung dieser berufsethischen Implikationen hat das Zentrum für Menschenrechte der Vereinten Nationen 1992 zusammen mit Social Workern aus inzwischen über 80 Nationen des IFSW und der Internationalen Vereinigung der Ausbildungsstätten für Sozialarbeit („International Association of Schools of Social Work Profession" – IASS) ein „Manual" für Sozialarbeit unter dem Titel „Human Rights and Social Work" herausgebracht. Dieses „Manual" wurde unter der Federführung von Hans Walz und Michael Moravek von der Fachhochschule Ravensburg-Weingarten übersetzt und liegt unter dem Titel „Menschenrechte und Soziale Arbeit" (1997) als „Handbuch" und Arbeitsmaterial in deutscher Sprache vor. Es ist Silvia Staub-Bernasconi zu verdanken, die zentrale Bedeutung der Menschenrechtsperspektive unter einer „systemisch-prozessorientierten Denkfigur" mit ihrer „Orientierung auf die Einlösung von Grundbedürfnissen von Menschen" bzw. KlientInnen für die Soziale Arbeit als normative Handlungswissenschaft im deutschsprachigen Raum publik gemacht zu haben.

Vor dem Hintergrund einer auch international ausgerichteten Sozialen Arbeit, kann sich die Profession künftig nicht mehr nur auf die eigenen nationalen Problemlagen ausrichten. Sondern sie hat mit professionsspezifisch „selbstbestimmten" Anliegen und Standards künftig auch mehr eine kulturübergreifend-europäische und auch „weltgesellschaftliche" Perspektive einzunehmen. SozialarbeiterInnen können also nicht immer nur darauf warten, was jeweilige regionale Arbeitgeber erwarten und ausschließlich aus diesen Erwartungen ihre Legitimation für das berufliche Handeln ziehen. Sondern Soziale Arbeit hat auch eigene professionelle Anliegen zu formulieren, die sich an sozialen Problemlagen und Bedürfnissen der Klientel orientieren. Diese stammen zudem auch immer häufiger aus anderen Kulturkreisen (Zeller 2006b, 531f). Dies bedeutet, dass nach Auffassung des IFSW die Ziele der Sozialen Arbeit folgendermaßen zu definieren sind:

Die Definition Sozialer Arbeit nach der International Federation of Social Workers (IFSW)

Soziale Arbeit als Beruf fördert den sozialen Wandel und die Lösung von Problemen in zwischenmenschlichen Beziehungen und sie befähigt die Menschen, in freier Entscheidung ihr Leben besser zu gestalten. Gestützt auf wissenschaftliche Erkenntnisse über menschliches Verhalten und soziale Systeme greift Soziale Arbeit dort ein, wo Menschen mit ihrer Umwelt in Interaktion treten. Grundlagen der Sozialen Arbeit sind die Prinzipien der Menschenrechte und der sozialen Gerechtigkeit."

(DBSH 2009, 13)

Diese Definition Sozialer Arbeit kommentiert die **IFSW** wie folgt: „Soziale Arbeit bezieht sich in ihren verschiedenen Formen auf die vielfältigen und komplexen Beziehungen zwischen Menschen und ihrer Umwelt. Ihr Ziel ist es, Menschen zu befähigen, ihr gesamtes Potenzial zu entwickeln, ihr Leben zu bereichern und sozialen Dysfunktionen vorzubeugen. Soziale Arbeit ist auf Problemlösung und Veränderung ausgerichtet. In diesem Sinne sind SozialarbeiterInnen AnwältInnen für sozialen Wandel sowohl in der Gesellschaft als auch im Leben von Individuen, Familien und Gemeinwesen. Soziale Arbeit ist ein Netzwerk von Werten, Theorien und Praxis." (Engelke 2003, 297–298)

Halten wir fest

Soziale Arbeit nimmt als Profession vor allem drei Zielbereiche in den Blick:
1. Hilfe zur Selbstfindung und Selbsthilfe, Entfaltung und Förderung der Persönlichkeit (individuelle Funktion)
2. Verbesserung bzw. Veränderung der gesellschaftlichen Bedingungen sozialer Problemlagen (gesellschaftliche Funktion).
3. Orientierung an europäischen, zunehmend auch mehr an weltgesellschaftlichen und menschenrechtlichen Perspektiven und Zielen Sozialer Arbeit

5.4 Methoden, Arbeitsformen und Arbeitsweisen/ Verfahrenstechniken in der Sozialen Arbeit

5.4.1 Klassische Methoden

Methoden können zunächst ganz allgemein als zielgerichtete Verfahrensweisen definiert werden. Im Fachdiskurs verstand man lange Zeit dann im engeren Sinne nur die Methoden der amerikanischen Sozialarbeit (Einzelhilfe (EH), Gruppenarbeit (GA), Gemeinwesenarbeit (GWA)) als sog. „klassische" Methoden.

geschichtliche Entwicklung

Man kann die geschichtliche Entwicklung der Methodenfrage vielleicht in folgende vier Phasen einteilen (Knoll 1993, 35–37):

1. Phase: Anfänge (Anfang des 20. Jh.)
2. Phase: Übernahme amerikanischer Methoden (1950er Jahre)
3. Phase: Methodenkritik (1968–1975)
4. Phase: Ausdifferenzierung (1980er Jahre)
5. Phase: Neue Trends (1990er Jahre)

Case-work

Erste Phase – Anfänge (Anfang des 20. Jh.): Die Anfänge der Entwicklung einer methodischen Sozialen Arbeit in Deutschland gehen vor allem auf Alice Salomon zurück. Durch ihre Aufenthalte in den USA (1923 und 1924) lernte sie die dort entwickelte Methode des „Case-work" kennen. In ihrem Buch „Soziale Diagnose" macht sie der Fachöffentlichkeit in Deutschland diese Methode zugänglich. Ihr Buch verfolgt die Absicht, die Methode der fürsorgerischen Arbeit gleichrangig neben die Kenntnisse der sozialen Gesetze und Einrichtungen zu stellen. Es stellt zugleich den Versuch dar, die Verfahrensweise des anglo-amerikanischen „Social Work" an die spezifischen deutschen Verhältnisse anzupassen. Darin unterscheidet sich Salomons Werk wesentlich von einigen Versuchen der Methodenrezeption nach Gründung der Bundesrepublik, bei denen es sich oft nur um Übersetzungen amerikanischer Fachliteratur handelt (Landwehr/Baron 1983, 116). Allerdings wurde ihr Buch eher zurückhaltend aufgenommen. Die von ihr vorgestellte Methode erhielt kaum praktische Bedeutung.

Ziel der Bemühungen von Salomon war es, durch die Etablierung beruflicher Methoden für die Soziale Arbeit eine fachliche Eigenständigkeit zu beanspruchen. Ähnlich wie die TherapeutInnen und MedizinerInnen spezifische Methoden entwickelt haben, sollte sich auch die Soziale Arbeit über ihre eigenen Methoden definieren.

„Es gehört nun eindeutig zu den Merkmalen einer Profession, daß sie über eine berufliche Methode verfügt, die durch eine längere und wesentlich theoretisch fundierte Spezialausbildung erworben wird. Die Methode wird zum Aushängeschild einer beruflichen Kompetenz innerhalb eines klar abgegrenzten Arbeitsbereiches. Sie ist eine wesentliche Säule der sozialen Legitimation zur Profession." (Tuggener 1971, 146)

Zweite Phase – Übernahme amerikanischer Methoden (1950er Jahre): Die Nachkriegszeit und die 1950er Jahre kann man als die Phase der Übernahme der klassischen amerikanischen Methoden bezeichnen. Zu den so genannten „klassischen Methoden" zählt man:

- soziale Einzel(fall)hilfe (Social-Casework)
- soziale Gruppenarbeit (Social-Groupwork)
- soziale Gemeinwesenarbeit (Social-Community-Organisation).

Soziale Einzelhilfe

Soziale Einzelhilfe geht vom Individuum aus, von seinen Grundbedürfnissen, wobei die Umwelt nicht außer acht gelassen wird. Man versucht, die Entfaltung der natürlichen Fähigkeiten, Fertigkeiten und das Können des Einzelnen so zu fördern, dass er zur selbständigen Lösung der Probleme angeregt wird. Dabei wird von folgenden Grundsätzen ausgegangen:

- Annehmen und Akzeptieren
- Individualisieren
- Selbstbestimmung des Individuums
- da anfangen, wo der Einzelne steht
- mit den Stärken und Ressourcen des Individuums arbeiten

In der sozialen Einzelhilfe erstellt man zunächst eine Bedingungsanalyse und erarbeitet aufgrund dieser Informationen einen Betreuungs- oder Hilfeplan. Das Ziel der sozialen Einzelhilfe geht in zwei Richtungen:

- intrapersonale Seite: Hinweis auf die eigenen Stärken und Möglichkeiten; diese gilt es zu entfalten.
- interpersonale Seite: Vermittlung von Ressourcen; wer aus dem sozialen Umfeld kann in den Hilfeprozess eingeschaltet werden?

Soziale Einzelhilfe versteht sich nicht als Therapie (Buchka 1992, 199–201, Belardi 1980, 69–140).

Soziale Gruppenarbeit

Soziale Gruppenarbeit:
Die historischen Wurzeln der Sozialen Gruppenarbeit sind sehr vielfältig und lassen sich auf vier Traditionslinien zurückführen:

- Jugendbewegung der 1920er Jahre (Entdeckung der Gruppe als Potenzial der Selbsterziehung)
- Reformpädagogik (John Dewey)
- Gruppendynamik (Kurt Lewin)
- Settlementbewegung (Jane Addams) (Galuske 2007, 88)

Die Soziale Gruppenarbeit gewann in Deutschland erst nach 1945 im Zuge des gesellschaftspolitischen Demokratisierungsprozesses und der Entnazifizierung einen großen Einfluss, verlor diesen aber durch die Kritik an den sog. „klassischen Methoden“ der damaligen Sozialpädagogik/Sozialarbeit während der 1970er Jahre des vergangenen Jahrhunderts wieder.

Die Soziale Gruppenarbeit geht von folgenden Grundprinzipien aus:

- dort beginnen,, wo die Gruppe steht und sich mit ihr in Bewegung setzen
- mit den Stärken und Ressourcen der einzelnen Gruppenmitglieder arbeiten
- Zusammenarbeit ist besser als Konkurrenz

- Raum für Entscheidungen geben
- notwendige Grenzen setzen
- sich als GruppenleiterIn nach und nach überflüssig machen

Ziel der sozialen Gruppenarbeit ist es, durch die Erfahrung der Gruppe den einzelnen Mitgliedern Sicherheit, Anerkennung, Unterstützung und Hilfe zu geben, zweitens ihnen Werte und Normen zu vermitteln und drittens Möglichkeiten der Konfliktlösung zu bieten (Buchka 1992, 201–207; Belardi 1980, 141–227).

Gemeinwesenarbeit

Gemeinwesenarbeit: Die Gemeinwesenarbeit/Community Work geht auf die, von dem Pfarrerehepaar Barnett in London 1884 gegründete englische Settlementbewegung zurück. In England und den USA hat Community Work sowie das damit verbundene Social Development von Gemeinwesen eine bedeutende Tradition bis heute. In Deutschland hat sich GWA als Methode nicht flächendeckend durchsetzen können. Sie hat immer nur vereinzelt in einzelnen größeren oder kleineren Projekten Anwendung gefunden. Die Vermittlung der GWA wird an den (Fach-)Hochschulen vielfach vernachlässigt, bzw. überhaupt nicht explizit gelehrt. Unter GWA versteht man Aktionen von Menschen/BürgerInnen/KlientInnen in ihrem jeweiligen Gemeinwesen,

- die durch räumliche Nähe miteinander verbunden sind,
- die durch gemeinsame Problemlagen aufgrund äußerer Bedingungen benachteiligt sind,
- die durch gemeinsames Planen und Handeln ihre Benachteiligungen aufzuheben versuchen,
- die in Kommunikationsprozessen ihre Fähigkeiten zur Verbesserung ihrer Situation einsetzen (Belardi 1980, 229).

Im Anschluss an Dieter Oelschlägel schreibt Galuske, dass die Gemeinwesenarbeit ihren Schwerpunkt nicht in der Arbeit mit Individuen oder Kleingruppen hat, sondern

- „territorial" in sozialen Netzwerken (z. B. Nachbarschaften, Stadtteilen, Gemeinden, Wohnblocks etc.),
- „kategorial" in ethnischen, altersbedingten und geschlechtsspezifisch voneinander abgrenzbaren Bevölkerungsgruppen und/oder
- „funktional" im Hinblick auf inhaltlich bestimmbare, z. B. gemeinsame psychosoziale Problemlagen (Einkommen, Bildungsgrad, Wohnsituation).

Ausgangspunkte einer Institutionalisierung von Gemeinwesenarbeit liegen in der Regel in sozialen Konflikten innerhalb sozialer Netzwerke.

„In diesem Kontext kann Gemeinwesenarbeit eine für das System funktionale Rolle als eine Art „Frühwarnsystem" für Konfliktgenese und -eskalation übernehmen. (...) Das Ziel der Gemeinwesenarbeit ist die Aktivierung der Bevölkerung innerhalb eines Gemeinwesens, ist die Nutzung der Ressource Gemeinschaft zur Bearbeitung sozialer Problemlagen" (Galuske 2007, 102).

Soziale Emanzipation

Es geht um Soziale Emanzipation. Sie wird hier verstanden als Prozess, der von Bedingungen, die eine Benachteiligung verursachen, befreit. Diese Befreiung geschieht durch die aktive Beteiligung von sozial Benachteiligten an dem Prozess. Die eigene Aktion führt zur Befreiung von inneren und äußeren Zwängen.

Das Thema in der Gemeinwesenarbeit ist die Gesellschaft und die Frage, was die Gesellschaft zum Wohle des Menschen unternimmt. Aus der systemischen Perspektive geht man von der Überlegung aus, dass Notsituationen bzw. soziale Problemlagen als „Störung des Gleichgewichts" (Homöostase) im Verhältnis des Menschen zu seiner sozio-kulturellen Umgebung anzusehen sind. Deshalb geht es der Gemeinwesenarbeit primär um die Beeinflussung bzw. Veränderung der sozio-kulturellen Umgebung des Menschen.

Das Vorgehen in der Gemeinwesenarbeit geschieht in vier Schritten:

- Definition der eigenen Situation durch und für die Betroffenen
- Ermittlung des Bedarfs an Förderung und der Chancen für Förderung durch Fachleute
- Weiterbildung und Beratung der Fachleute zur ständigen Reflexion ihres zentralen Berufskonfliktes
- Soziale Emanzipation kann nur realisiert werden, wenn zwischen den SozialarbeiterInnen/SozialpädagogInnen und der Zielgruppe eine angstfreie, vertrauensvolle Beziehung besteht (Belardi 1980, 247, 229–253; Buchka 1992, 207–209).

In der GWA übernehmen die SozialarbeiterInnen/SozialpädagogInnen beraterische, vermittelnde und soziale Netze knüpfende Funktionen. Ziel in einem Konzept der Gemeinwesenarbeit ist es, Menschen in ihrem Gemeinwesen so zu befähigen und zu unterstützen, dass sie in Eigenverantwortung die Gestaltung ihres Lebens übernehmen können. Dieses wird auch als Empowerment bezeichnet. Sie sollen sich ihrer eigenen Stärken und Ressourcen bewusst werden. Durch Vernetzung und Ressourcenvermittlung sollen sie in die Lage versetzt werden, selbst Veränderungen in ihrem sozio-kulturellen Milieu und damit in ihrem Leben herbeizuführen.

Die Übernahme der amerikanischen Methoden übersah, dass z. B. „Methode" im amerikanischen Sprachgebrauch sehr viel mehr bedeutet als das, was der Methodenbegriff bei uns meint.

„Mit Social Work Methode ist ein umfassendes Verständnis von Sozial Work gemeint. Die Bezeichnung umfaßt Problemstellung, Ziele, Mittel und Werte. Nach unserem Sprach- und Theorieverständnis meint die Bezeichnung ‚Methode' jedoch ‚nur' ein planvolles, gezieltes und reflektiertes Vorgehen. Diese Unterschiede im Verständnis wurden nicht früh genug reflektiert und diskutiert. Erst seit einigen Jahren spricht man anstelle von ‚Methoden' von den ‚Arbeitsformen' der Sozialen Einzelhilfe, Sozialen Gruppenarbeit und Gemeinwesenarbeit. Diese Bezeichnung hat das Problem entschärft, aber nicht grundlegend gelöst." (Staub-Bernasconi et al. 1983, 249)

Des Weiteren zweifelten einige Autoren den amerikanischen Ursprung der Methoden an. Pfaffenberger bemerkte dazu in den 1960er Jahren:

> „Die sogenannten modernen ausländischen Methoden sind weder so modern noch ausländisch, wie vielfach angenommen und behauptet wird. Schon eine kurze historische Orientierung zeigt, wie viele Ansätze und Grundlagen auf diesem Gebiet auch in Deutschland in den zwanziger und dreißiger Jahren vorhanden waren, dann allerdings verloren gingen." (Pfaffenberger 1968, 39)

Erst nach dem Zweiten Weltkrieg kehrten diese methodischen Ansätze nach Deutschland zurück.

- Einzelhilfe übernahm Elemente aus dem alten Elberfelder System und dem individualpädagogischen Ansatz der Reformpädagogik des letzten Drittels des 19. Jahrhunderts.
- Soziale Gruppenarbeit griff auf Konzepte der Jugendbewegung, Reformpädagogik, Gruppendynamik und Settlementbewegung zurück.
- Die Gemeinwesenarbeit zeigte Verbindungen zur Arbeiter- und Frauenbewegung auf (Achter Jugendbericht 1990, 169; Iben 1969, 393; Pfaffenberger 1981, 3–9;). Eine Untersuchung zu den Wurzeln des Community Organizing, die auf Saul D. Alynsky (1909–1972) in Chicago zurückgeht, hat der Sozialarbeiter und Soziologe Peter Szynka vorgelegt (Szynka 2006).

Dritte Phase – Methodenkritik (etwa 1968–1975): Die dritte Phase umfasst etwa die Zeit zwischen 1968 und 1975. Man nennt sie allgemein die Phase der Methodenkritik, d. h., SozialwissenschaftlerInnen zeigten die Unwissenschaftlichkeit der Methoden auf. Das Ergebnis dieser Kritik war, dass der teilweise unkritische Optimismus und Fortschrittsglaube der 1950er Jahre überwunden wurde (Hege 1981, 145–161; Müller 1994b, 13ff). Was die Praxis betrifft, wäre es überhaupt ratsam, nicht von Methoden, sondern von Arbeitsformen zu sprechen (Hamann 1975, 95). Die Kritiker waren sich darin einig, dass die Terminologie unklar und missverständlich ist. Deshalb schlug Pfaffenberger vor,

> „statt von Methoden differenzierter von Arbeitsformen, Methodik, Methodensystemen und methodischem Arbeiten zu sprechen und zwischen diesen verschiedenen Begriffen und Begriffsinhalten zu unterscheiden:
>
> Methodik wird ein theoretisches Aussagesystem genannt, das als Raster der Praxisstrukturierung dienen und damit eine Basis für ein methodisch strukturiertes und methodisch reflektiertes Handlungssystem abgeben soll …
>
> Methodisches Arbeiten liegt dann vor, wenn die jeweiligen konkreten Handlungsvollzüge der Sozialarbeit/Sozialpädagogik nach einem solchen Raster aufgebaut, d. h. strukturiert und überprüft, d. h. reflektiert werden." (Pfaffenberger 1981, 3)

Rauschenbach stellt fest, dass das Ende des „methodischen Dreigestirns" eingeläutet ist. Man spricht nicht mehr von den „klassischen Methoden" der Sozialarbeit, sondern verwendet andere, die Sache eher treffende Bezeichnungen wie z. B.:

- Arbeitsformen, Arbeitsweisen, Arbeitskonzepte, Arbeitsprinzipien;
- Strategien;
- Interventionen, Interventionsstrategien;
- (Verfahrens-)Techniken;
- Mittel (vgl. Rauschenbach 1993, 7).

neue Methoden

Vierte Phase – Ausdifferenzierung (1980er Jahre): Die Methodenkritik der 1970er Jahre kann man als abgeschlossen betrachten. Die klassischen Methoden sind von neuen Methoden überformt,

> „so dass die traditionelle Methoden- und Praxiskompetenz der Sozialen Arbeit zur Identifizierung der Profession kaum ausreicht. Darüber hinaus haben qualitativ neue soziale Notlagen zur Entwicklung und Ausdifferenzierung neuer Arbeitsansätze geführt und damit eine Entwicklung in Gang gesetzt, die nahezu unüberschaubar geworden ist." (Schumann 1994a, 12)

Als „neue Methoden" werden u. a. vorgeschlagen:

- Beratung, Therapie, Supervision (Ehrhardt-Kramer 1993)
- prozessorientierte Methoden wie soziale Technik, Krisenintervention (Erler 1993)
- multiperspektivisches Vorgehen (Müller, B. 1993)

vier heutige Trends

Fünfte Phase – Neue Trends (1990er Jahre): Nach dem Ende der methodischen Dreifaltigkeit (Einzelhilfe, Gruppenarbeit, Gemeinwesenarbeit) in der Sozialen Arbeit zeichnen sich besonders vier neuere Trends ab:

- Alltags- und Lebensweltnähe sowie sozial-räumliche Ansätze
- Soziales Casemanagement und Netzwerkarbeit
- Fallarbeit und Diagnostik
- Sozialmanagement (Galuske/Müller 2002, 502–504)

Wenn man von einem didaktisch/methodischen Verständnis ausgeht, sind Methoden die letzte Einheit, Ziele in konkrete Handlungsweisen umzusetzen. Dies bedeutet, dass die sog. „klassischen“ Methoden EH, GA, GWA nicht mehr als Methoden, sondern heute eher als Arbeitsformen angesehen und bezeichnet werden. Insofern sprechen wir bei der EH, GA und GWA von Arbeitsformen. Innerhalb dieser Arbeitsformen werden konkrete Methoden bzw. methodische Vorgehensweisen der Sozialen Arbeit angewandt (z. B. Klientenzentriertes Beratungskonzept).

Die Frage nach dem methodischen Handeln muss dabei immer im Zusammenhang mit Zielen und einer vorausgegangenen Bedingungsanalyse beantwortet werden. Zwischen Zielen und spezifischen Methoden (z. B. EH) besteht somit ein untrennbarer Zusammenhang, d. h. jede Methode enthält einerseits inhaltliche und problembezogene Vorentscheidungen (z. B. innerhalb der Arbeitsform Einzelhilfe die Methode der Mediation oder Streetwork). Andererseits lassen sich Zielsetzungen nicht ohne Bezugnahme auf die mögliche methodische Umsetzung verstehen.

In diesem Sinne versteht man unter methodischem Handeln in der Profession Soziale Arbeit das planmäßige Vorgehen zur Erreichung von Zielen, die mit den Adressaten natürlich gemeinsam entwickelt werden. Methoden sind spezifische Formen des Herangehens an Aufgaben und Lösungen von Zielen und/ oder individuellen und sozialen Problemlagen. Bei der Methode geht es nicht nur um Vermittlung von Informationen, orientiert am Ziel, sondern Methoden sollen Kommunikation stiften und Handlungen anregen. Methode ist ein Grundmuster menschlichen Handelns (Galuske/Müller 2002, 486).

5.4.2 Methodisches Handeln in der Sozialen Arbeit

Dilemma

Versteht man Methoden vor diesem Hintergrund, ist einzusehen, dass man nicht von spezifischen Methoden der Sozialen Arbeit sprechen kann, die nur dort angewandt werden. Denn die Soziale Arbeit entlehnt ihr methodisches Instrumentarium, wie allerdings andere Professionen ebenso, transdisziplinär aus ihren wissenschaftlichen Bezugsdisziplinen und/oder auch aus speziellen psychologischen Beratungs- und Therapiekonzepten. Hierbei ist v. a. die Klientenzentrierte Gesprächsführung zentrales Konzept, das auf Carl Rogers zurückgeht. Entsprechend der Breite der sozialen Arbeitsfelder gibt es eine Vielzahl von Methoden, die in der Praxis miteinander verknüpft werden.

Wie kann man nun das Dilemma lösen: auf der einen Seite die drei „klassischen Methoden“ der Sozialarbeit und auf der anderen Seite eine Vielzahl von anderen verwirrenden, nicht eindeutig geklärten Begriffen und Begriffsumwidmungen? Man spricht, wie oben bereits erwähnt, in der Fachdiskussion bei Einzelhilfe, Gruppenarbeit und Gemeinwesenarbeit heute nicht mehr nur einfach von den (klassischen) Methoden. Sondern diese klassischen Methoden werden inzwischen überwiegend auch als Arbeitsformen bezeichnet, innerhalb derer wiederum spezifische (Praxis-)Methoden, Verfahrens- oder Interventionstechniken oder auch Arbeitsweisen zur Anwendung kommen.

Die Profession muss im Augenblick noch damit leben, dass die Begriffe Methoden, Arbeitsformen, Arbeitsweisen/(Verfahrens-)Techniken häufig synonym verwendet bzw. jeweils etwas anders akzentuiert werden. Silvia Staub-Bernasconi verwendet z. B. den Begriff „Arbeitsweise" und stellt den Zusammenhang zwischen Arbeitsweise und Problemlage her. Sie formuliert dies so:

> „Welche Arbeitsweisen Sozialer Arbeit zum Tragen kommen, hängt zunächst von der Problemdefinition der Beteiligten, aber zusätzlich auch vom realen Problemdruck, der Kooperationsmotivation der Adressat(innen), der Interaktionsdichte und dem organisationellen Kontext, vom Fachwissen der Professionellen wie den Ressourcen und Zielen der Trägerorganisation ab. Wenn immer möglich soll versucht werden, der Sichtweise der Klient(innen) Priorität einzuräumen." (Staub-Bernasconi 2007, 271)

Das Ergebnis der jeweiligen Vorgehensweisen bezeichnet Staub–Bernasconi als den „Arbeitsauftrag" der Sozialen Arbeit und verweist in diesem Zusammenhang auf die Entwicklung des beruflichen Mandats (siehe hierzu Kap. 6)

Zwölf Querschnittskompetenzen der professionellen Sozialarbeit

Staub-Bernasconi unternimmt es, soziale Probleme, Ziele, Mitteleinsatz und berufliche Qualifikation hypothetisch miteinander zu verknüpfen. Hieraus entwickelt sie acht grundlegende Querschnittskompetenzen der professionellen Sozialen Arbeit. Zu diesen acht werden hier ergänzend noch weitere vier hinzugefügt. Diese kommen dann unterschiedlich akzentuiert im Rahmen der jeweiligen Arbeitsform Einzelhilfe, Gruppenarbeit oder Gemeinwesenarbeit zum Tragen, die sich in vielen Arbeitsfeldern natürlich auch überschneiden können.

Zwölf Querschnittskompetenzen der professionellen Sozialen Arbeit in Anlehnung an Staub-Bernasconi (2007, 272–286)

1. Situations-Problemanalysen
2. Ressourcenerschließung
3. Nicht-direktive Beratungskompetenzen mit dem Ziel der Erhöhung von individuellen und öffentlichen Artikulationschancen der Klientel
4. Kulturveränderung – interkulturelle und kultursensible Kommunikationskompetenzen
5. Handlungskompetenzen – Training und Teilnahmeförderung
6. Soziale Vernetzungsarbeit
7. Umgang mit Machtquellen und Machtstrukturen
8. Öffentlichkeitsarbeit
9. Konzeptentwicklung

10. Hilfeplanung und Durchführung
11. Casemanagement
12. Sozialmanagement

Diese Querschnittskompetenzen bilden die professionelle Voraussetzung für die in der Sozialen Arbeit tätigen Berufsangehörigen. Je nach Arbeitsfeld kommt die eine oder andere zum Tragen bzw. wird unterschiedlich akzentuiert.

SozialpädagogInnen/SozialarbeiterInnen arbeiten in einem bestimmten Arbeitsfeld z. B. in einer Drogeneinrichtung. Hier wenden Sie die Arbeitsform Einzelhilfe (in der alten Formulierung „Methode") an. Innerhalb dieser Arbeitsform EH können verschiedene Methoden und Verfahrenstechniken (z. B. niederschwellige Beratungs- und Betreuungsangebote nach lösungsorientierten Verfahrenstechniken bzw. Krisenintervention, Öffentlichkeitsarbeit etc.) eingesetzt werden.

Methodisches Arbeiten am Beispiel des Arbeitsfeldes Drogenarbeit

Arbeitsform:	**Methode:**	**Methodische Verfahren(stechniken):**
Einzelhilfe (EH)	aufsuchende Straßensozialarbeit	Beratungsangebote z. B. mit lösungsorientierten Verfahrenstechniken bzw. Krisenintervention

Ein weiteres Beispiel: Eine SozialpädagogIn/SozialarbeiterIn hat im Arbeitsfeld Suchtklinik gelernt, spezifische Methoden der Arbeitsform Soziale Gruppenarbeit anzuwenden. In der Sozialen Gruppenarbeit einer Suchteinrichtung geht es in bestimmten Sequenzen der methodischen Arbeit mit Suchtkranken z. B. vorwiegend um konfrontative Methoden, sich in einer Gruppe mit der eigenen Krankheit auseinander zu setzen. Innerhalb dieser methodischen Vorgehensweise werden dann wiederum spezielle Arbeits- oder Verfahrenstechniken wie z. B. Genogramm oder Rollenspiel angewandt.

Methodisches Arbeiten am Beispiel des Arbeitsfeldes Suchtklinik

Arbeitsform:	Methode:	Methodische Verfahren(stechniken):
Gruppenarbeit (GA)	Konfrontative Vorgehensweise	Genogramm, Rollenspiel

Das methodische Handlungsinstrumentarium in der Sozialen Arbeit muss z. B. nach Auffassung von Galuske/Müller sechs allgemeine Elemente enthalten:

- „Hilfe zur Informationsgewinnung über sowie Analyse und Reflexion von KlientInnen(biographien), Situationen, institutionellen Settings, sozialräumlichen Strukturen und Netzwerken;
- Hilfen zur Gestaltung von Kommunikation und Interaktion mit KlientInnen, Klientengruppen und Akteuren in sozialen Netzwerken;
- Hilfen zur Gestaltung von flexiblen institutionellen Settings, je nach den Erfordernissen des Einzelfalls;
- Hilfen zur Phasierung des Hilfeprozesses in einzelne Handlungsschritte;
- Hilfe zur Sicherung der Partizipation von KlientInnen, Klientengruppen und sozialen Netzwerken im Hilfeprozess;
- Hilfen zur prozessbegleitenden Kontrolle der Folgen der Intervention.“ (Galuske/Müller 2002, 491)

Methoden, Arbeitsformen, Verfahrenstechniken

Halten wir fest

Wie wir sehen, werden in der Fachliteratur die klassischen Methoden (EH, GA, GWA) nicht mehr als Methoden der Sozialen Arbeit, sondern eher als Arbeitsformen bezeichnet. Innerhalb dieser Arbeitsformen werden dann einzelne Methoden bzw. methodische Vorgehensweisen oder auch Verfahrenstechniken im Zusammenhang von sozialen Problemlagen und Zielen differenziert. Allerdings herrscht hier unter den AutorInnen noch nicht immer begrifflicher Konsens. Es werden unterschiedliche Systematisierungen vorgenommen. Studierende der Sozialen Arbeit werden je nach Fachbuch (hier v. a. Galuske; Stimmer; Spiegel v., Staub-Bernasconi) noch an jeweils etwas unterschiedlich akzentuierte Definitionen dieser Begriffe herangeführt.

Anders als Rauschenbach sehen Kreft und Müller noch keinen Abschluss der Methodendiskussion. Sie starten in der „babylonischen Erklärungsverwirrung" einen neuen Ordnungsversuch. Ihrer Meinung nach sollte der Methodenbegriff künftig nur noch für die drei klassischen Methoden benutzt werden, alle anderen Versuche planvollen Handelns seien Verfahren. „Für eine Ordnung, die das Lehren, Lernen und Handeln zu erleichtern vermag, schlagen wir stattdessen vor, nur noch zwischen Konzepten, Methoden, Verfahren und Techniken zu unterscheiden, weil nach unserer Auffassung darunter alle Formen methodischen Handelns in der Sozialen Arbeit einigermaßen trennscharf gefasst werden können" (Kreft/Müller 2010, 15).

Im Folgenden soll nun auf eine der wichtigsten Methoden hingewiesen werden, die in allen drei Arbeitsformen (EH, GA, GWA) eine zentrale Querschnittskompetenz und Schlüsselqualifikation gleichermaßen darstellt. Deshalb soll im Rahmen dieses Buches allein die Methode der (Sozialen) Beratung Erwähnung finden. Zum vertieften Studium und Erarbeiten von anderen wichtigen Methoden und speziellen Verfahrenstechniken sei ausdrücklich auf einschlägige Fachbücher zum Weiterlesen verwiesen.

5.5 Beratung als Schlüsselkompetenz der Sozialen Arbeit

Beratung gilt als wesentliche methodische Kompetenz und ist ein charakteristischer Bestandteil aller Sozialen Arbeit. Wegen ihrer Bedeutung soll im Folgenden auf diese Verfahrenstechnik etwas ausführlicher eingegangen werden. Sie kann auf der einen Seite als
- eigenständige Methode und auf der anderen Seite als
- Querschnittsmethode angesehen werden.

5.5.1 Bedeutung, Abgrenzung

Nach Melzer ist Beratung Krisen- und Konflikthilfe und damit ein Strukturelement einer demokratischen Leistungsgesellschaft, die aus dem Widerspruch von individueller Ausformung und gesellschaftlicher Leistungsorientierung Krisen und Konflikte geradezu beinhaltet und damit ihre Unvollkommenheit deutlich macht. (Melzer 1978, 81–82).

> Beratung „ermöglicht es, auf der Basis der Freiwilligkeit und über Einsicht und Zustimmung die rechtsstaatlich garantierte Freiheit des einzelnen mit der besonderen Fürsorgepflicht des Sozialstaates und seinem Leistungsangebot gegenüber den sozial schwachen Bevölkerungsgruppen zu verknüpfen, und sie bietet im Hinblick auf die Integration von Personen, deren gesellschaftliche Ausgliederung infolge Fehlverhaltens droht oder eingetreten ist, eine die Personenwürde achtende, auf die optimale Nutzung des Sozialleistungsangebots gemäß den Zielen des § 1 des Sozialgesetzbuches – Allgemeiner Teil – (SGB I) gerichtete und die Fähigkeit zur Selbsthilfe fördernde Handlungsform." (Giese/Retaiski 1993, 136)

Aufgabe

Will man umschreiben, was Beratung ist, muss man sie von ähnlichen Angeboten abgrenzen. Versuchen Sie, die Unterschiede zwischen Beratung – Therapie – Auskunft, Aufklärung, Ratschlag herauszustellen.

> „Beratung ist die erschöpfende Orientierung über Mittel und Wege zur Erreichung eines Ziels, das entweder vom Ratsuchenden angegeben oder für ihn oder zusammen mit ihm mit Hilfe der Identifizierung von Seiten des Beratenden ermittelt worden ist. Darüber hinaus ist Beratung ein gezieltes und kontrolliertes fachliches Verhalten einer zur Beratung legitimierten und somit kompetenten Person, das die Aufhebung der Ratlosigkeit, von Problemen und Konflikten durch methodische Interaktion anzielt." (Melzer 1978, 142)

Therapie: (Psychoanalyse oder Psychotherapie) Die Therapie wendet sich an Menschen, „bei denen der Verlust von Kontroll- und Steuerungsfunktion so groß ist, daß sie ihr Leben nicht ohne schwerwiegende Störungen selbst regulieren können und massive Hilfe brauchen." (Giese 1978, 138) Dagegen richtet sich die Beratung an Menschen, die in der Lage sind, ihre Lebenssituation noch eigenständig zu regeln und Verantwortung für ihr Handeln zu übernehmen.

Aufklärung, Auskunft, Ratschlag: Diese Formen der Hilfestellung wenden sich an jedermann und zeichnen sich durch ihre geringe Intensität bezüglich der Beziehung zu den Fragenden aus. Sie gehen von einer sachlich präzisen Frage aus, die der Ratsuchende formuliert hat. Beratung unterscheidet sich von diesen Angeboten vor allem durch den intensiven kommunikativen Kontakt zwischen Berater und Ratsuchendem (Giese 1978, 29).

So verwischen sich z. B. manchmal die Grenzen von Beratung und Therapie. Beratung ist jedoch keine quasi-therapeutische Methode oder eine „kleine Therapie", sondern besitzt Eigenständigkeit gegenüber therapeutischen Konzepten. Dewe u. a. haben den Unterschied zwischen (Familien-)Beratung und Therapie folgendermaßen dargestellt:

> „Als das relevante Unterscheidungskriterium von Beratung und Therapie kann gelten, dass in der Beratungskommunikation die gezielte Veränderung individueller Identität einzelner Personen nicht im Zentrum der Interaktion steht und sich Beratung primär darauf bezieht, soziale Problembeziehungen innerhalb der Familie auf der Grundlage sozial typischer familialer Problemkonstellationen zu interpretieren und diesbezüglich relevante, sozial gültige Muster der Problembearbeitung fallbezogen darzustellen.
>
> Es geht im Falle der Beratung um die Wiedergewinnung einer zur handlungspraktischen Problembewältigung befähigenden Wirklichkeitssicht aller Familienmitglieder … Vielmehr läßt sich sozialpädagogische Beratung fassen als ein Deutungsangebot individueller Problemsituation durch den Verweis auf strukturgleiche oder ähnliche, sozial typische Problemsituationen in Familienkontexten und die gemeinsame Entwicklung und Antizipation von Bewältigungsstrategien. Beratung präsentiert dem Klienten also mögliche und wahrscheinliche Deutungsfolien seiner je individuellen Situation, ohne beanspruchen zu können, daß hiermit die individuell gültigen und angemessenen Aspekte notwendig und umfassend erfaßt sind. Beratung verordnet in diesem Sinn keine individualspezifische Therapie im Sinne einer erst durch Rekonstrukturierungen individueller Identität zu erlangenden Handlungsfähigkeit, sondern zeigt den Betroffenen mögliche Variationen der Problemsicht und Handlungsalternativen auf, wobei die soziale und strukturelle Seite des je thematischen Problems expliziter

Gegenstand der Beratungskommunikation ist … Die spezifische Leistung sozialpädagogischer Beratung ist u. E. also darin zu sehen, zur problembezogenen Erweiterung des Horizontes an Deutungsmöglichkeiten beizutragen, auf dessen Hintergrund die Familie selbst ihre Situation interpretiert und Handlungsalternativen entwirft. Die hier benötigte und verausgabte Kompetenz von SozialarbeiterInnen/SozialpädagogInnen ist folglich nicht reduzierbar auf die Verfügung über Techniken der therapeutischen Gesprächsführung." (Dewe et al. 1993, 104–106)

Halten wir fest

Beratung ist eine zentrale Arbeitsform der Sozialen Arbeit. Beratung ist aber keine Therapie.

5.5.2 Beratung, Auskunft, Aufklärung

Zwei wesentliche Formen der Beratung in der Sozialen Arbeit kann man unterscheiden: Rechtsberatung und Lebensberatung.

Die Rechtsvorschriften über die Aufklärungspflichten (§ 13), Beratungspflichten (§ 14) und Auskunftspflichten (§ 15) sind im allgemeinen Teil des Sozialgesetzbuches vom 11. Dezember 1975 (BGB I.I, 3015) zu finden. Bei diesen Vorschriften geht es darum, für den Ratsuchenden bezüglich seiner besonderen Situation und seiner Anliegen die geltenden Rechtssätze zu ermitteln, um seine Rechts- und Lebenssituation zu klären und zu verbessern.

§ 13 Aufklärung: Die Leistungsträger, ihre Verbände und die sonstigen in diesem Gesetzbuch genannten öffentlich-rechtlichen Vereinigungen sind verpflichtet, im Rahmen ihrer Zuständigkeit die Bevölkerung über die Rechte und Pflichten nach diesem Gesetzbuch aufzuklären.

„Aufklärung der Bevölkerung über die Rechte und Pflichten nach dem SGB bedeutet ein Bekanntmachen dieser Rechte und Pflichten in geeigneter Weise durch den Leistungsträger, der die Rechte zu erfüllen hat bzw. demgegenüber die Pflichten bestehen. Im Unterschied zur Beratung und Auskunft wendet sich die Aufklärung an die Bevölkerung, also an die Allgemeinheit und damit an einen unbestimmt großen Personenkreis. Dies schließt nicht aus, daß bestimmte Zielgruppen in besonderer Weise … angesprochen werden …

Die Aufklärung wird im wesentlichen den Zweck verfolgen müssen, auf die Rechte und Pflichten aufmerksam zu machen und ihren Inhalt allgemein zu erläutern und gegebenenfalls durch Beispiele zu veranschaulichen. Die Aufklärung wird die Auskunft und Beratung nicht ersetzen können, sie wird vielmehr zu diesen hinführen müssen … Eine Amtspflicht zur Aufklärung besteht gegenüber dem einzelnen Staatsbürger nicht. Die generelle Verpflichtung zur Aufklärung macht die Durchführung von Aufklärungsmaßnahmen dem Leistungsträger zwar zur Pflicht; sie verleiht dem einzelnen Leistungsberechtigten aber kein einklagbares Recht gegen den Träger." (Giese 1978, 61–62)

§ 14 Beratung: Jeder hat Anspruch auf Beratung über seine Rechte und Pflichten nach diesem Gesetzbuch. Zuständig für die Beratung sind die Leistungsträger, denen gegenüber die Rechte geltend zu machen oder die Pflichten zu erfüllen sind.

> „Die Vorschrift verpflichtet jeden Leistungsträger nach dem SGB zur individuellen Beratung von Einzelpersonen über deren Rechte und Pflichten nach dem SGB. Beratung ist im Unterschied zur Auskunft die … Erörterung der Rechtsstellung des Ratsuchenden im Hinblick auf soziale Leistungen, soweit sie von dem um Beratung gebetenen Sozialleistungsträger zu erbringen sind …
>
> Auf die Beratung besteht ein Rechtsanspruch, der gegebenenfalls mit einer Klage geltend gemacht werden kann. Klageart ist die allgemeine Leistungsklage …, dagegen nicht die Verpflichtungsklage." (Giese 1978, 62, 63)

§ 15 Auskunft: (1) Die nach Landesrecht zuständigen Stellen sowie die Träger der gesetzlichen Krankenversicherung sind verpflichtet, über alle sozialen Angelegenheiten nach diesem Gesetzbuch Auskünfte zu erteilen. (2) Die Auskunftspflicht erstreckt sich auf die Benennung der für die Sozialleistungen zuständigen Leistungsträger sowie auf alle Sach- und Rechtsfragen, die für die Auskunftssuchenden von Bedeutung sein können und zu deren Beantwortung die Auskunftsstelle imstande ist. (3) Die Auskunftsstellen sind verpflichtet, untereinander und mit den anderen Leistungsträgern mit dem Ziel zusammenzuarbeiten, eine umfassende Auskunftserteilung durch eine Stelle sicherzustellen.

> „Die umfassende Verpflichtung des Abs. 1 (Auskünfte über alle sozialen Angelegenheiten nach dem SGB) wird durch Abs. 2 erheblich eingeschränkt. Unbedingt ist nur die Verpflichtung der Auskunftsstelle, dem Auskunftssuchenden die für die Sozialleistungen zuständigen Leistungsträger zu benennen. Darüber hinausgehende Auskünfte in Sach- und sonstigen Rechtsfragen zu erteilen, ist die Auskunftsstelle insoweit verpflichtet, als dies für den Auskunftssuchenden von Bedeutung sein kann und zu deren Beantwortung die Auskunftsstelle imstande ist. Im letzten liegt eine wesentliche Einschränkung der Verpflichtung der genannten Stellen …
>
> Auf die Auskunft besteht ein Rechtsanspruch. Wie weit der Anspruch reicht und auf welche Weise er geltend zu machen ist, ist umstritten." (Giese 1978, 67)

!

Halten wir fest

Die Rechtsberatung umfasst Aufklärung, Beratung und Auskunft. Sie wird im SGB geregelt.

5.5.3 Soziale Beratung

Soziale Beratung umfasst z. B. spezielle Beratungsangebote in der Erziehungs-, Familien- Suchtberatung. Träger institutioneller Beratungsangebote für individuelle und soziale Problemlagen sind Sozial-, Jugend- und Gesundheitsamt sowie eine Vielzahl von sozialen Diensten und Einrichtungen der freien Wohlfahrtspflege.

Das methodische Vorgehen in einer Beratungsinstitution ist in der Regel psychologisch ausgerichtet, wobei die Grenzen zu therapeutischen Beratungsprinzipien bei entsprechender Fort- und Weiterbildung der sozialen Fachkräfte häufig fließend sind. Die konkrete Anwendung von speziellen Beratungsmethoden setzt sich manchmal aus verschiedenen Beratungstheorien oder Beratungskonzepten zusammen. Gängig sind z. B. Beratungskonzepte aus der Klientenzentrierten Gesprächstherapie (Rogers, Tausch), der systemischen Beratung, der Psychoanalyse, der Kognitiven Therapie (Ellis), der Transaktionsanalyse (Berne), der Kommunikationstherapie (Watzlawick, Mandel), der Themenzentrierten Interaktion (Cohn) und dem Psychodrama (Moreno).

Inhalts- und Beziehungsebene

Entscheidend für eine Beratung ist die Beziehung. Nach den Untersuchungen von Watzlawick u. a. kommuniziert der Mensch immer auf zwei Ebenen: Inhalts- und Beziehungsebene. Der Inhaltsaspekt betrifft die kognitive, der Beziehungsaspekt die emotionale Dimension einer Kommunikation. Der Inhaltsaspekt wird vorwiegend durch die Sprache, der Beziehungsaspekt durch Wahrnehmung und Sprache repräsentiert. Beide Aspekte sind untrennbar miteinander verbunden, jedoch steht der Beziehungsaspekt vor dem Inhaltsaspekt. Der Inhaltsaspekt vermittelt „Daten", während der Beziehungsaspekt aufzeigt, wie diese Daten aufzufassen sind. Für den Sozialpädagogen besagen diese Überlegungen, dass er besonderes Augenmerk auf die Beziehungsseite richten sollte. Für eine positive Kommunikation ist eine gute Beziehung Basis und Voraussetzung. Bei einer Beratung muss es demnach zunächst um eine gute, positive Beziehung gehen. Dies hat bereits Nohl mit seiner Formulierung des „pädagogischen Bezuges" herausgearbeitet. Stimmen die Beziehungen, kann man sich vermehrt auf den Inhalt konzentrieren. Es geht um die Reihenfolge der Bedeutsamkeit. Sind die Beziehungen zwischen dem Berater und dem Ratsuchenden positiv abgestimmt, verläuft der Prozess der Beratung nach Dewe (Dewe et al. 1993, 110) in mehreren Phasen (Tabelle 5).

Wichtig ist, dass BeraterInnen ihr Handeln stets reflektieren. Dies sollte am besten in einem Team oder in Zusammenarbeit mit SupervisorInnen geschehen.

Tabelle 5: Beratungsmodell

Phasen	**Verhältnis von Berater und Klient**	**Merkmale**
Eröffnung	symmetrisch	Definition der Rollenverteilung
Datensammlung	asymmetrisch	Fragerecht des Beraters/ Antwortpflicht des Klienten
Interpretation	Dominanz des Beraters	Deutungsmonopol des Beraters
Entwicklung von Handlungsoptionen	Dominanz des Beraters	Berater: Handlungsoptionen als Problemlösung
Stellungnahme	asymmetrisch	Prüfung der lebenspraktischen
	Dominanz des Klienten	Angemessenheit des Handlungsvorschlags
Beendigung	symmetrisch	Vereinbarung des weiteren Verlaufs

Aufgabe

Wenn jemand ein soziales Problem hat und Sie um Rat fragt, worauf sollten Sie bei der Beratung besonders achten?

Kriterien der Beratung

Mollenhauer und Müller haben bezüglich der Beratung Kriterien aufgestellt, die hier kurz zusammengefasst genannt werden sollen:

1. Beratung entsteht und beginnt mit einer Frage. Mit dieser Frage drücken Ratsuchende gleichzeitig aus, dass nur deren Erwartungen und nicht die der jeweiligen BeraterInnen den Ansatz und Fortgang des Beratungsprozesses bestimmen.
2. „Der Befragte ist nicht in seiner Rolle als Erzieher angesprochen, sondern als jemand, der sich im Geflecht der persönlichen und gesellschaftlichen Existenz besser auskennt. Man erwartet von ihm keine Anweisungen, sondern dass er zuhört und aus vielleicht besserer Übersicht eine Antwort als Möglichkeit gibt. Man erwartet von ihm keinen Zwang, keine

Vorschrift, keine unumstößlichen Wahrheiten, kein Urteil, das nicht revidiert werden könnte …"

3. „Der Rat hat deshalb auch zunächst keine Verbindlichkeit für den Ratsuchenden. Die Antwort des Beratenden ist allenfalls Beispiel, nicht Vorbild, das zur Nachahmung oder Befolgung auffordert. Insofern liegt der pädagogische Sinn der Beratungssituation gerade darin, daß sie die Selbständigkeit, die Produktivität, die Rationalität und Phantasie des Ratsuchenden anspricht und anregt, daß sie ihn instande setzt, selbst auf einen Ausweg zu verfallen bzw. die erteilte Antwort nun als gleichsam selbst vollzogene zu akzeptieren oder auch sie zu verwerfen. Eine Beratung, die das Nein des Ratsuchenden nicht duldet oder ihm diese Möglichkeit nicht beständig ernsthaft zugesteht, verfehlt damit ihren Bildungssinn."
4. Beratung erfolgt in einem Gespräch. In diesem werden Informationen ausgetauscht. In der jeweils zu verhandelnden Frage liegt auch die Frage nach den eigenen Möglichkeiten. Insofern enthält ein Beratungsgespräch auch Elemente einer kritischen Aufklärung. „Das Gespräch schafft Distanz, es ermöglicht ein rationales Verhalten zu sich selbst und zu den Bedingungen der eigenen Existenz. In der Beratung werden nicht nur Antworten gegeben, sondern zugleich neue Fragen formuliert; die rationale Erhellung eines Problems wird soweit wie möglich versucht, um eine Entscheidung vorzubereiten, die von Vorurteilen und Verfestigungen frei, nach dem Abwägen der vernünftig erscheinenden Fragen getroffen werden kann."
5. Beim Beratungsgespräch werden Informationen ausgetauscht, welche die besondere Lebensproblematik des Einzelnen umfassen. Es sind nicht allein Probleme des Berufs, der Freizeit, der Sexualität, des politischen Verhaltens, „sondern die spezielle Situation des ratsuchenden Subjekts, in die zwar die allgemeinen Bedingungen seiner gesellschaftlichen Existenz mit eingehen, aber ausschließlich in der subjektiven und individuellen Darstellung zum Gegenstand und Inhalt der Beratung werden. Das schließt nicht aus, sondern ausdrücklich ein, daß im Beratungsvorgang gerade jene objektiven gesellschaftlichen Bedingungen als Bedingungen der eigenen Problematik zum Bewußtsein gebracht werden."
6. „Die Beratung endet mit dem Rat, der, wenn er sich nicht als Ergebnis des Gesprächs für den Ratsuchenden selbst ergibt, vom Berater erteilt wird. Dieser Rat ist insofern verbindlich (für den Berater), als er das Engagement des Beraters enthält. Er ist insofern unverbindlich (für den Ratsuchenden), als er auch die subjektiven Motivationen des Beraters enthält, für den Ratsuchenden also nur Beispiel ist … Der Sinn, den der Ratsuchende seinem eigenen Schritt gibt, würde hintergangen, und ein im engeren Sinne des Wortes pädagogisches Verhältnis würde vom Berater erschlichen, wenn er die vorübergehende Abhängigkeit des Ratsuchenden zu etwas benutzen würde, das nicht eindeutig zu dessen größerer Selbständigkeit führt. Gerade weil sich nicht zweifelsfrei vorhersagen läßt, wohin im Lebenszusammenhang des Klienten eine Beratung führt, gerade weil auch jeder Rat des Beraters notwendig subjektiv bleibt, an-

dererseits die Beratung durch nichts anderes als die ratsuchende Frage konstituiert wird, bleibt der Berater an die Legitimation durch den Klienten gebunden, handelt er in dessen Auftrag. Die Verantwortung des Beraters ist die Verantwortung vor der gewollten Freiheit des Klienten …"

7. „So wenig indessen der Berater auf eigenes Engagement verzichten bzw. es völlig unterdrücken kann, so sehr kann gerade dies das entscheidende Engagement des Ratsuchenden verhindern. Häufig genug hat der Ratsuchende die Tendenz, in der akuten Unselbständigkeit, in der er sich befindet, zu verharren, noch tiefer in sie hineinzuflüchten dadurch, daß er sich an den Berater anlehnt, sich seiner Meinung unterwirft, sich als selbst Entscheidender und Planender aufgibt. Der Beratungsvorgang würde seiner Möglichkeit als Aufklärung zuwiderlaufen, wenn das Engagement des Beraters entscheidendes Gewicht bekäme. Er würde aber die Möglichkeit der Aufklärung wie die Möglichkeit, zur Selbständigkeit (Autonomie) zu führen, bewahren können, wenn er dem Ratsuchenden dessen Situation zu spiegeln vermöchte, wenn der Bedingungszusammenhang, in dem die vorstellbaren Entscheidungen stehen, zu realmöglichen Folgen eines Handelns konkret vergegenwärtigt werden." (Mollenhauer/Müller 1965, 31–41)

!

Halten wir fest

Beratung ist einmal eine eigenständige Methode der Sozialen Arbeit und zum anderen auch eine Querschnittsmethode der Profession. Nach einem Grundsatzurteil des Bundesgerichtshofes (BGH) vom 26.09.1957 gehört es in einem „sozialen Rechtsstaat zu den Amtspflichten der mit der Betreuung der sozial schwachen Bevölkerungskreise betrauten Beamten, diesen zur Erlangung und Wahrung der ihnen vom Gesetz zugedachten Rechte und Vorteile nach Kräften beizustehen." (Giese 1978, 15; vgl. dazu auch z. B. Ansen 2006)

Soziale Beratung umfasst beispielsweise Erziehungs-, Familien- Suchtberatung. Träger institutioneller Beratungsangebote für individuelle und soziale Problemlagen sind Sozial-, Jugend- und Gesundheitsamt sowie eine Vielzahl von sozialen Diensten und Einrichtungen der freien Wohlfahrtspflege

Die BeraterInnen verstehen sich als UnterstützerInnen, die aus einer gewissen professionellen Distanz und Übersicht heraus mögliche Antworten und Alternativen den Ratsuchenden aufzeigen können, manchmal auch müssen. Die letzte Entscheidung zur Problemlösung treffen allerdings in den meisten Beratungskontexten, soweit es keine Zwangskontexte sind (z. B. in Vollzugsinstitutionen oder in der Bewährungshilfe), die Ratsuchenden allein.

5.6 Evidence-Based Practice in der Sozialen Arbeit

Zum Schluss dieses überblicksartigen Kapitels über Methodenfragen in der Sozialen Arbeit soll noch auf die, bei uns in Deutschland derzeit noch wenig praktizierte, Wirkungsforschung, d. h. der Evedenzbasierung in der Sozialen

Arbeit hingewiesen werden. Die Sozialarbeiterin Josefine Meng hat hierzu eine erste größere Arbeit zur besseren Versorgungspraxis und notwendigen Wirkungsforschung von Sozialer Arbeit vorgelegt. Die aus dem Englischen entnommene Evidence-Based Practice meint eine wissenschaftlich fundierte Praxis der Sozialen Arbeit. Es ist ein Anspruch, der sich gegen tradierte und nicht überprüfte Meinungen und Methoden der Versorgungspraxis ausspricht. Dieser Ansatz fordert demgegenüber eine konsequente Analyse professioneller Verfahren hinsichtlich ihrer tatsächlichen Wirksamkeit sozialer Praxis und ihrer Methoden, Arbeitsformen und Verfahrenstechniken.

Evidence-Based Practice

Soziale Arbeit leistet bei der Bewältigung sozialer Probleme einen wichtigen Beitrag für den Einzelnen sowie für die Gesamtgesellschaft. Bisher ist es der Sozialen Arbeit – zumindest hierzulande – noch nicht gelungen, zuverlässige Hinweise über die tatsächliche Fähigkeit des Erreichens ihrer Zielbestimmung zu gewinnen. Die einzelnen bekannten und angewandten Versorgungsstrategien sind nicht in gleichem Maße zweckmäßig. Manche sind von hohem Nutzen, einige sind von geringem Nutzen, manche bleiben wirkungslos und einige sind sogar schädlich. Eine Wissensbasis über die Wirksamkeit der einzelnen Methoden, Arbeitsformen, Verfahrenstechniken, kurz Versorgungsstrategien, deren Generierung eine eigenverantwortliche Grundaufgabe einer jeden Profession darstellt, ist bei uns in Deutschland dringend aufzuholen.

Evidence-Based Practice in der Sozialen Arbeit holt eine Entwicklung nach, die in anderen Berufs- und Tätigkeitsfeldern (z. B. in der Medizin oder Pflegewissenschaft) bereits eingeführt und etabliert ist: die wissenschaftliche Überprüfung und Ausrichtung der einzelnen Versorgungsstrategien gemäß ihrer Fähigkeit zur tatsächlichen Erreichung von vereinbarten Zielen.

Evidence-Based Practice ist eine systematische, methodisch ausgefeilte und anwenderfreundliche Strategie des Wissensmanagements für eine zielgerichtete und wirksame Versorgungspraxis. Der Ansatz bzw. die Forschungsmethodik umfasst:

- auf der Mikroebene die für den Einzelfall potenziell wirksamste fachliche Vorgehensweise – zur gemeinsamen Abstimmung mit den NutzerInnen,
- auf der Mesoebene die für die Einrichtung wirksamste fachliche Vorgehensweise – zur Ausgestaltung des Leistungsangebotes,
- auf der Makroebene die für die bundesweite Sozialversorgung wirksamste fachliche Vorgehensweise – zur gerechteren Mittelverteilung und Entwicklung von fachlichen Standards in der Sozialen Arbeit.

Der Ansatz fragt dabei stets nach den „derzeit besten erreichbaren wissenschaftlichen Erkenntnissen", um trotz des momentan bestehenden Mangels an empirischen Nachweisen der Wirksamkeit innerhalb der Sozialen Arbeit handlungsfähig zu sein.

Den Anspruch auf eine wissenschaftlich fundierte Versorgungspraxis weiterhin zu negieren wäre riskant, weil ein Berufsstand, der für sich den Status von Fachkräften beansprucht hinsichtlich seiner zu empfehlenden Versorgungsstrategien auf Dauer nicht mehr argumentationsfähig ist. Dazu gehören die transdisziplinäre Zusammenarbeit mit den wissenschaftlichen Nachbardisziplinen sowie die Entscheidung und Begründung über die Mittelgewährung gegenüber den zunehmend kritischer beobachtenden Kostenträgern und damit der Gesamtbevölkerung (vgl. Meng 2006). Die nächsten Jahre werden erst noch zeigen, wie diese notwendige Entwicklung einer Wirkungsforschung von Sozialer Arbeit in Deutschland zum Standard professioneller Arbeit gehören wird.

5.7 Zusammenfassung

Der Begriff „sozial" wird in sehr verschiedenen Variationen gebraucht und ist deshalb missverständlich. Unter „sozial" versteht man:

1. sozial = der Mensch als soziales Wesen
2. sozial = zwischenmenschliche Beziehungen
3. sozial = positive Beurteilung im Sinne von Gemeinschaft
4. sozial = im Sinne von sozialer Gerechtigkeit.

Die Untersuchungen zum Begriff „sozial" ergeben, dass der Begriff etwas Positives bezeichnet, auf andere Menschen und deren Unterstützung positiv Gerichtetes.

Die Umsetzung von Zielen in der Sozialen Arbeit erfolgt im methodischen Handeln. Hierbei werden die Begriffe Methoden, Arbeitsformen, Verfahrenstechniken voneinander differenziert. Die zentrale Schlüsselkompetenz in allen Handlungsfeldern der Sozialen Arbeit sind Beratungskompetenzen der Sozialen Beratung.

Zentrale Zielsetzungen in der Sozialen Arbeit beziehen sich vor allem auf zwei Bereiche:

1. Hilfe zur Selbsthilfe in individuellen und sozialen Problemlagen (individuelle Funktion)
2. Verbesserung bzw. Veränderung der gesellschaftlichen Bedingungen (gesellschaftliche Funktion)

Lernfragen

L

1. Wann wird ein Problem zu einem sozialen Problem?
2. Welche Kriterien zur Definierung sozialer Probleme gibt es?
3. Wovon hängt die Definition sozialer Probleme ab?
4. Welches sind die zwei wichtigsten Zielsetzungen Sozialer Arbeit?
5. Was versteht man unter den „klassischen Methoden" der Sozialen Arbeit?
6. Wie verstand Salomon den Begriff „Methode"?
7. Was versteht man unter sozialer Einzelhilfe?
8. Was versteht man unter sozialer Gruppenarbeit?
9. Was versteht man unter Gemeinwesenarbeit?
10. Welche Bedeutung hat der Begriff des „social work method" im Amerikanischen?
11. Welche VorläuferInnen hatten die „klassischen Methoden" in Deutschland?
12. Was versteht man in der neuen Fachdiskussion unter dem Fachbegriff „Arbeitsform" und welche gibt es?
13. Welches sind die vier Haupttrends der neueren Entwicklung der Sozialen Arbeit?
14. Was könnte eine Orientierung auf die Einlösung von Grundbedürfnissen von KlientInnen in einem Arbeitsfeld konkret bedeuten?
15. Woran orientieren sich die eigenen professionellen Anliegen von Sozialer Arbeit als Menschenrechtsprofession?
16. Worin unterscheiden sich Beratung, Therapie, Auskunft, Aufklärung und Ratschlag?
17. Welche rechtlichen Pflichten sind bei der Aufklärung zu beachten?
18. Welche rechtlichen Pflichten sind bei der Beratung zu beachten und welche bei einer Auskunft?
19. Was versteht man unter Sozialer Beratung?
20. Welche Erkenntnis (Axiom) wurde von Watzlawick herausgearbeitet?
21. In welchen Phasen verläuft eine Soziale Beratung?
22. Welches sind die wichtigsten Kriterien für eine Soziale Beratung?
23. Was versteht man unter der Evidence-Based Practice in der Sozialen Arbeit?

Weiterführende Literatur

Ansen, H. (2006): Soziale Beratung bei Armut. Ernst Reinhardt, München/Basel

Galuske, M. (2007): Methoden der Sozialen Arbeit. Eine Einführung. Grundlagentexte Sozialpädagogik/Sozialarbeit. Juventa, Weinheim

Heiner, M., Meinhold, M., Spiegel, H. v., Staub-Bernasconi, S. (1994) (Hrsg.): Methodisches Handeln in der Sozialen Arbeit. Lambertus, Freiburg

Kreft, D., Müller, C. W. (Hrsg.) (2010): Methodenlehre in der Sozialen Arbeit. Ernst Reinhardt, München/Basel

Meng, J. (2006): Evidence-Based Social Work Practice. Wissenschaftlich fundierte Versorgungspraxis der Sozialen Arbeit. Paulo Freire, Oldenburg

Nestmann, F. (2008): Die Zukunft der Beratung in der sozialen Arbeit. Beratung Aktuell. Fachzeitschrift für Theorie und Praxis der Beratung 2, 1–15

–, Engel, F., Sickendiek, U. (Hrsg.) (2007): Das Handbuch der Beratung 1 und 2: Disziplinen und Zugänge. Ansätze und Methoden. Dgvt-Verlag, Tübingen

Pfeifer-Schaupp (Hrsg.) (2002): Systemische Praxis. Modelle – Konzepte – Perspektiven. Lambertus, Freiburg

Schilling, J. (2008): Didaktik/Methodik Sozialer Arbeit. 5. Aufl. Ernst Reinhardt, München/Basel

Sickendiek, U., Engel, F., Nestmann, F. (2008): Beratung: Eine Einführung in sozialpädagogische und psychosoziale Beratungsansätze. 3. Aufl. Juventa, Weinheim

Spiegel, H. v. (2008): Methodisches Handeln in der Sozialen Arbeit. 3. Aufl. Ernst Reinhardt, München/Basel

Stimmer, F. (2006): Grundlagen des Methodischen Handelns in der Sozialen Arbeit. Kohlhammer, Stuttgart

6 Studium – Berufsfelder – Profession

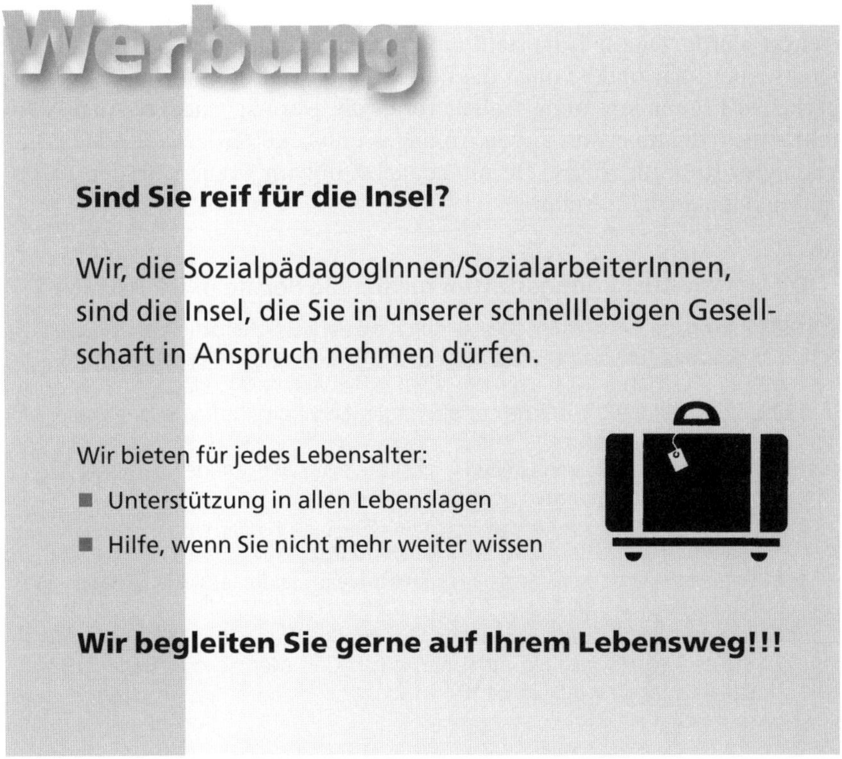

Abbildung 36

6.1 Das Studium der Sozialen Arbeit

6.1.1 Von den ersten vierwöchigen Kursen zum Bachelor und Master

In diesem Kapitel soll das weite Feld der Sozialen Arbeit in drei Schritten näher umschrieben werden. Aufschluss über Soziale Arbeit gibt sicher die Art des Studiums. Dieser erste Teil soll einen Überblick über Struktur und Situation des Studiums Soziale Arbeit geben.

Im zweiten Themenkomplex sollen Punkte behandelt werden, in denen Soziale Arbeit aus der Sichtweise der Praxis erläutert wird. Es geht um die Analyse der Struktur des Geschehens.

Der dritte Themenbereich geht der Frage nach der Funktion, Stellung und dem öffentlichen Image der Sozialen Arbeit in unserer Gesellschaft nach.

6.1.2 Die Entwicklung der Berufausbildung 1893–1933

Entwicklung der Berufsausbildung

Die eigentliche Entwicklung der Ausbildung von FürsorgerInnen/SozialpädagogInnen/SozialarbeiterInnen begann 1893 mit einem vierwöchigen Kursus der Berliner „Mädchen- und Frauengruppen für soziale Hilfsarbeit", der 1899 zu einem Jahreskursus für die Arbeit in der Wohlfahrtspflege erweitert wurde. Dieser Kurs stellt die Wurzeln sozialer Berufsausbildung in Deutschland dar und ist ohne die führenden Sozialreformerinnen der bürgerlichen Frauenbewegung – allen voran die Berufsgründerin Alice Salomon – nicht denkbar. Aus diesen Anfängen entwickelten sich die ersten Ausbildungsstätten für soziale Berufe zunächst nur für Frauen, ab den 1920er Jahren dann auch für Männer:

Die ersten Ausbildungsstätten für soziale Berufe in Deutschland

1893 die ersten vierwöchigen Kurse durch die Berliner „Mädchen- und Frauengruppen für soziale Hilfsarbeit" (Jeanette Schwerin, Alice Salomon)
1899 der erste Jahreskursus für die Arbeit in der Wohlfahrtspflege
1905 die einjährige Christliche Soziale Frauenschule des Evangelischen Frauenbundes in Hannover
1908 die von Alice Salomon in Berlin geleitete erste zweijährige überkonfessionelle Soziale Frauenschule in Deutschland
1909 die erste Evangelische Soziale Frauenschule der Inneren Mission in Berlin-Spandau durch Bertha von der Schulenburg
1911 die erste Katholische Soziale Frauenschule in Heidelberg durch Maria von Graimberg
1923 die ersten fünfzehnmonatigen Jugendpflegekurse für Männer an der deutschen Hochschule für Politik durch Carl Mennicke in Berlin (1927 staatlich anerkannt) (Zeller 1994)

1932 existierten laut dem Statistischen Jahrbuch für den Freistaat Preußen 29, 1933 im gesamten Deutschen Reich 33 staatlich anerkannte Soziale Frauenschulen mit einer zweijährigen Ausbildung (Zeller 1994, 73)

An die historischen Entwicklungsepochen der Sozialpädagogik und Sozialarbeit und ihrer Ausbildungsvarianten auch im Studium immer wieder zu erinnern, ist wichtig, weil durch die Entscheidung für den Aufbau eigenständiger Ausbildungsstätten außerhalb der deutschen Universität bereits frühzeitig programmatische Weichen für eine Profilbildung und die weitere (vor-)wissenschaftliche Entwicklungen der Sozialpädagogik und Sozialarbeit gestellt worden sind.

Die ersten Ausbildungsstätten für Soziale Arbeit außerhalb Deutschlands

1893 Schulungskursus des Settlements in London
1897 Kursus für Social Work in New York
1899 Interkonfessionelle private „School voor Maatschappelijk Werk" in Amsterdam
1908 Kursus für soziale Hilfstätigkeit in Zürich
1911 „Ecole normale Social" in Paris
1912 „Fachkursus für Volkspflege" in Wien
1920 „Ecole Centrale de Service Social" in Brüssel
(Salomon 1927, 254ff.; Zeller 1994, 49)

Im Oktober 1920 wurde in Deutschland durch einen Erlass des Preußischen Ministeriums für Volkswohlfahrt eine einheitliche staatliche Regelung der Ausbildung vorgenommen. Diese Prüfungsordnung bildete die Grundlage für die soziale Berufsausbildung in Deutschland bis nach dem Zweiten Weltkrieg.

Ausbildung für Männer

Seit 1923 boten die Sozialen Frauenschulen Nachschulungskurse für Männer an. Die erste reguläre Ausbildungseinrichtung für Männer, das *Seminar für Jugendwohlfahrt* unter der Leitung von Karl Mennicke an der Hochschule für Politik in Berlin, bot einen den Sozialen Frauenschulen entsprechenden Ausbildungsgang für die männlichen sozialen Berufsarbeiter an. Es wurde 1925 in *Sozialpolitisches Seminar, Wohlfahrtsschule und Wirtschaftsschule für Männer* umbenannt und 1927 staatlich anerkannt (Oelschlägel 1987, 162; Zeller 1994, 17–93).

6.1.3 Die Nationalsozialistischen Volkspflegeschulen (1933–1945)

Nationalsozialismus

Auf die Entwicklung bzw. den dramatischen Paradigmenwechsel des Weimarer Fürsorgewesens mit seinen programmatischen sozialen Ausbildungsstätten und Sozialreformen hin zur nationalsozialistisch „erb- und rassehygienisch" ausgerichteten „Volkspflege" zwischen 1933–1945 wurde auch schon in Kapitel 1.7.3 und Kap. 2.6.2 eingegangen.

Zu den ersten Aktivitäten der Nationalsozialisten in Bezug auf die Gleichschaltung aller Verwaltungskörperschaften gehörte das „Gesetz zur Wiederherstellung des Berufsbeamtentums“ vom 7. April 1933. Nach § 4 und § 5 dieses Gesetzes wurden politisch „unzuverlässige“ und vor allem jüdische Erwerbstätige des öffentlichen Dienstes in den „Ruhestand“ geschickt. (Reichsgesetzblatt (RGBl) Berlin 7.4.1933, 175ff; 255ff).

Die neuen politischen Machtverhältnisse hatten unmittelbare Auswirkungen auf die Praxis der Sozialfürsorge und natürlich auch auf die konkrete Ausgestaltung der Sozialen Frauenschulen.

Bereits auf der Lehrplankonferenz 1928 hatte der preußische Städtetag den Sozialen Frauenschulen mangelnden Praxisbezug vorgeworfen. Im gleichen Jahr hatte die Schulleiterin der katholischen Frauenschule Aachen, Maria Offenberg, während ihres Vortrages auf der Lehrplankonferenz einen engen Zusammenhang zwischen „Wohlfahrtsschule und deutschem Volkstum“ hergestellt. Sie forderte die Schulleiterinnen auf, wieder mehr Vertrauen in die „wachstumsfähige Urkraft des Volkes“ zu setzen. In Zukunft müsse dem „Gefährdeten und Abwegigen“ weniger Bedeutung beigemessen werden. Vielmehr sollten sich die Wohlfahrtsschulen daran orientieren, wie dem Volk günstige Bedingungen zu einem kräftigen und „gesunden Volkstum“ bereitzustellen waren. Nicht die „selbstzerstörerischen“ kritischen und grübelnden Fürsorgerinnen seien gute Fürsorgekräfte, sondern diejenigen, die noch „unmittelbare Lebensnähe“ ausstrahlten, die „inmitten der Abgründigkeiten der modernen Psyche wie erfrischende neu erstehende Generationen“ wirkten. Das Können einer Fürsorgerin müsse in Zukunft mehr auf die Bewältigung praktisch-pflegerischer Anforderungen ausgerichtet sein (z. B. eine Krankensuppe bereiten zu können oder einen verwahrlosten Haushalt mit wenigen Mitteln umzugestalten; vgl. Offenberg 1928, 90ff.).

Am 24.8.1931 wurden die Wohlfahrtsschulen durch einen Erlass aufgefordert, den Unterricht „auf die wirtschaftliche und soziale Notlage der Zeit“ einzustellen und eine „strenge Auslese“ der Schülerinnen in Bezug auf deren berufliche Eignung und charakterliche Reife vorzunehmen.

Das nach der Auflösung des Volkswohlfahrtsministerium nun für die Wohlfahrtsschulen zuständige preußische Ministerium für Wissenschaft, Kunst und Volksbildung ordnete an, dass die Schulen jetzt unmittelbar auf die „Erfordernisse der Praxis“ einzugehen hatten, das hieß z. B. die Vorbereitung der Wohlfahrtspflegeschülerinnen auf den Arbeitsdienst, Betreuung jugendlicher Erwerbsloser und auf die Heranbildung ehrenamtlicher Kräfte des sozialen Dienstes. (Zeller 1987, 92ff).

Nach Adolf Hitlers Ernennung zum Reichskanzler am 30.1.1933 wurde endgültig durch das „Gesetz zur Wiederherstellung des Berufsbeamtentums“ vom 7.4.1933 und durch das „Gesetz gegen die Überfüllung deutscher Schulen und Hochschulen“ vom 25.4.1933 in die Autonomie der Wohlfahrtsschulen eingegriffen. Das Ministerium für Wissenschaft, Kunst und Volksbildung behielt sich dabei auch vor, die „Aufnahme von Personen, die im Sinne des Gesetzes nichtarischer Abstammung“ waren, zu verweigern.

Schülerinnen der Berliner Alice-Salomon-Wohalfahrtsschule hatten unmittelbar nach dem politischen Umbruch vielfach Schwierigkeiten. Manche Bezirksämter äußerten jetzt Bedenken, Praktikantinnenstellen für die Angehörigen einer Schule, die von einer Jüdin errichtet und so lange geleitet worden war, einzurichten. Manche der Schülerinnen brachen auch von sich aus ihre Ausbildung dort ab, um an eine andere Wohlfahrtsschule zu gehen.

Für die Nationalsozialisten wurzelten die Ziele der ehemaligen Frauenbewegung und ihrer Sozialen Frauenschulen vor der „nationalen Erhebung" in den „Ideen des westeuropäischen Liberalismus und zersetzenden Marxismus des Weltjudentums". Deshalb seien statt „national gesinnter Führerinnen" zunehmend Mitglieder der „jüdischen Rasse" für die soziale Ausbildung bestimmend geworden (vgl. Kranz 1941).

Neben den zügig durchgeführten Nachschulungslehrgängen für Sozialkräfte erließ am 27.1.1934 das Ministerium die „Übergangsbestimmungen" für die Neuregelungen der Lehrpläne an den künftigen „Nationalsozialistischen Frauenschulen für Volkspflege". Zielsetzung des Ministeriums war, dass einmal das „nationalsozialistische Gedankengut" Berücksichtigung finden – und zum anderen der angeblich ins „Übermaß gesteigerter Lehrstoff" eingeschränkt und vereinfacht werden sollte (vgl. Zeller 1987, 92ff).

Lehrpläne an den NS-Frauenschulen

nationalsozialistische Rassen- und Gesinnungspflege

Stoffgebiete der bis 1934 geltenden Lehrpläne an Sozialen Frauenschulen wie Sozialpolitik, Psychologie und Pädagogik sollten mit der ideologischen Umwertung der sozialstaatlichen Fürsorgeprinzipien zugunsten einer "völkischen Aufartung" durch „nationalsozialistische Rassen- und Gesinnungspflege" aufgegeben werden. Wesentliche sozialpädagogische wie psychologische Unterrichtsinhalte erschöpften sich den neuen Anspruch nach im Pathos deutscher (Helden- und Schlachten-)Geschichte, Kultur, Germanenkult und in der Erziehung zur „arischen" Volksgemeinschaft und zum Volkstümlichen durch Dichtung, Tanz und Spiel. Adolf Hitlers Buch „Mein Kampf" sollte Pflichtlektüre auch an den neuen nationalsozialistischen Frauenschulen für Volkspflege werden.

Neue Unterrichtsfächer an den nationalozialistischen Volkspflegeschulen 1934

„A. Nationalsozialistische Weltanschauung und Lebenseinstellung

1. Deutsche Schicksalsgemeinschaft:

a. Rassenkunde (mit nationalsozialistischer Auswertung)
b. Grundzüge der Rassengeschichte
c. Deutsche Geschichte in nationalsozialistischer Beleuchtung
d. Deutsche Volkserziehung
e. Adolf Hitler und die Geschichte der NSDAP

2. Deutsche Volkskultur:
a. Deutsche Frömmigkeit
b. Deutsche Kunst
c. Deutsche Arbeit

B. Nationalsozialistische Volkspflege

1. Gesundheitspflege:
a. Erbgesundheitslehre
b. Körperpflege- und Schulung
c. Wichtigste Krankheiten
d. Erste Hilfe bei Unglückfällen
e. Rechtsfragen

2. Haushaltspflege:
a. Grundzüge nationalsozialistischer Volkswirtschaft
b. Nationalsozialistische Haushaltsführung; Theorie und Praxis (gesundheitlich, artgemäß, bodenständig, sparsam)
c. Rechtsfragen

3. Familienpflege:
a. Säuglings-Kleinkinderfürsorge und Fragen der Kindererziehung
b. Jugendpflege und Fragen der Jugenderziehung (Familie, Schule, Bund, Fürsorge)
c. Jugendwohlfahrtsgesetz
d. Heimpflege
e. Beschäftigungsspiele
f. Häusliche Feste

4. Volksgemeinschaftspflege
(Pflege organisch gewachsener Gemeinschaften und Beseelung organisierter Gemeinschaften):
a. Nächstenhilfe unter Volksgenossen
b. Volkstümliche Gemeinschaftsfeiern
   1. Volksmusik, -dichtung, -tanz
   2. Laienspiel
   3. Körperschulung und Sport

5. Einrichtungen deutscher Volkswohlfahrtspflege"

(Zentralblatt für die gesamte Unterrichtsverwaltung in Preußen 76/1934, H. 16, S. 46f)

Soziale Frauenschulen durften ihren Namen mit der Einschränkung weiterhin behalten, solange nicht der Begriff „Wohlfahrt" darin vorkam. Die Bezeichnung „Nationalsozialistische Frauenschule für Volkspflege" erhielten alle Ausbildungsstätten, die von der NSV übernommen oder neu eingerichtet worden waren.

Lichtbildmaterial für Unterrichtszwecke über Rassenkunde, Eugenik, Erblehre und Geschichte der nationalen Erhebung mussten ab August 1934 der Reichsstelle für den Unterrichtsfilm in Berlin zur Überprüfung vorgelegt werden (vgl. ebenda 1934, 248). Nichtarische BewerberInnen waren an den „Nationalsozialistischen Frauenschulen für Volkspflege“ zu den schulwissenschaftlichen Vorprüfungen ab August 1934 nicht mehr zugelassen. Die staatliche Anerkennung als Volkspflegerin und Volkspfleger wurde allen „nicht-arischen“ BewerberInnen verweigert.

Die Gründerin und Leiterin der ersten Ausbildungsstätte für soziale Fachkräfte in Deutschland – Alice Salomon – musste 1933 alle Ämter niederlegen und unter dem Zwang der Nationalsozialisten schließlich 1937 in die USA emigrieren, um dem Konzentrationslager zu entgehen (Zeller 1987, 92–100 und 1994, 133–177).

6.1.4 Die Entwicklung nach dem Zweiten Weltkrieg (1945–1971)

Nach dem Zweiten Weltkrieg wurde versucht, an die alten Strukturen der Weimarer Zeit wieder anzuknüpfen und unter den Bedingungen einer demokratischen Gesellschaft die Ausbildung weiter zu entwickeln. Neue – eigentlich aber oft alte – methodische Entwicklungen wurden über jüdische vertriebene Angehörige der Sozialen Arbeit vor allem aus den USA nach Deutschland reimportiert (Müller 1988, Wieler/Zeller 1995). Die Reformdiskussion brachte folgende Neuerungen:

1959–1961: Berufsbezeichnung „Sozialarbeiter“(statt der bisher meist üblichen „Wohlfahrtspfleger“), Bezeichnung des Schultyps „Höhere Fachschule für Sozialarbeit“ (statt bisher „Wohlfahrtsschule“).

1971: Anhebung der Ausbildung (von Höheren Fachschulen zu Fachhochschulen), Einbeziehung in den tertiären (Hochschul-)Bereich des Bildungswesens und damit Beseitigung der bisherigen bereichsspezifischen Ungleichheit in ihrer krassesten Form (Pfaffenberger 1986, 59–60).

Mit der Anpassung des Landeshochschulgesetzes an das Hochschulrahmengesetz vom 26. Januar 1976 zum 1. Januar 1979 wird die bisherige Graduierung durch ein Diplom für alle berufsqualifizierenden Abschlüsse aller Hochschulen ersetzt.

Die Ausbildung von ehrenamtlichen Mitarbeiterinnen in der Armen- bzw. Wohlfahrtspflege beginnt spätestens mit dem Elberfelder-System bzw. Straßburger- und Hamburger-System, also während des letzten Drittels des 19. Jahrhunderts. Als weitere Vorläufer sind in diesem Zusammenhang zu nennen:

Kindergärtnerin

- das von Wichern 1834 gegründete „Rauhe Haus“, das Ausbildungskurse anbot;
- die von Fliedner 1836 eingerichtete Diakonissenanstalt in Kaiserwerth, in der Seminare für Kleinkinderlehrerinnen angeboten wurden;
- die von Fröbel 1839 in Blankenburg mehrmonatige Ausbildung von Kindergärtnerinnen;
- die von Schrader-Breymann 1880 im Pestalozzi-Fröbel-Haus in Berlin durchgeführte einjährige Ausbildung von Kindergärtnerinnen.

Aus diesen Vorläufern, vor allem der Kindergärtnerinnenausbildung, ist der Beruf des Sozialpädagogen hervorgegangen.

Jugendleiterin

Anfang des 20. Jahrhunderts entwickelte sich dann der Beruf der Jugendleiterin. Er verstand sich als Aufbauberuf für den Beruf der Kindergärtnerin. Voraussetzung für die Ausbildung als Jugendleiterin war eine zunächst einjährige, seit 1932 dreijährige Tätigkeit als Kindergärtnerin. Die Ausbildung dauerte ein Jahr, seit 1956 zwei Jahre und wurde an einer Fachschule oder Fachoberschule absolviert. Jugendleiterinnen konnten nach einem Erlass vom 9.9.1922 neben Tätigkeiten in Kindergarten, Hort, Heim, Tagesstätten auch in öffentlichen Schulen für Aufgaben und Fächer der Mädchenbildung eingestellt werden.

Höhere Fachschule

Mit dem Beschluss der Kultusministerkonferenz (KMK) vom 25.10.1965 wurde die Bezeichnung der Ausbildungsstätte in „Höhere Fachschule" geändert.

Am 13./17. März 1967 beschlossen die Kultusminister der Länder eine Rahmenvereinbarung über sozialpädagogische Ausbildungsstätten:

- Studienzeit: 6 Semester und 1 Jahr Berufspraktikum.
- Ausbildung öffnet sich auch für Männer, die bisher durch die Bedingung der vorausgegangenen Kindergärtnerinausbildung praktisch ausgeschlossen waren.
- Die Ausbildungsstätten erhalten den Status der Höheren Fachschule (Pfaffenberger 1986, 55–56; Rohde 1989, 21; Küster 2002, 828–830).

Fachhochschule

Lehrpersonal

Fächersalat

Ein weiterer programmatischer Reformschritt im deutschen Hochschulwesen erfolgte im Wintersemester 1971/72: die Umwandlung der „Höheren Fachschule" zur „Fachhochschule" und damit die Überleitung in den tertiären Bildungsbereich, d. h. Hochschulbereich. Die Gründung von Fachhochschulen geschah deshalb, weil schon damals berufliche Ausbildungsgänge innerhalb der EWG einander angeglichen und auch aufgewertet werden sollten. Die Attraktivität der Fachhochschulen war von Beginn an sehr hoch. Dem Gründungsfieber dieses neuen Hochschultypus entsprach jedoch noch keineswegs auch das Angebot an ausreichend einschlägig ausgebildetem Lehrpersonal. Mit der Umwandlung der Höheren Fachschule in die Fachhochschule änderte sich somit zunächst in der Ausbildung noch nichts Wesentliches. Als Merkmal des Fachhochschulstudiums für Sozialpädagogik und auch Sozialarbeit stellt Rohde einen „Fächersalat" fest, der von den Höheren Fachschulen übernommen wurde. Ein eigentliches Kernfach „Sozialpädagogik" und/oder „Sozialarbeit" als Hauptfach des Studiums fehlte ganz. Eine von der Deutschen Gesellschaft für Sozialarbeit 1993 an den Fachbereichen „Sozialwesen" der Fachhochschulen und ergänzend bei den entsprechenden Studiengängen an Universitäten durchgeführte Befragung ergab: Die Mehrheit der Fachhochschulen mit Ausbildungsgängen in Sozialwesen bietet weiterhin nur ein Fächerstudium an, in dem die Sozialpädagogik/Sozialarbeit fachlich nicht dominiert. Die Professoren vertreten ihr angestammtes Fachgebiet, und ein eigenständiges Fach für die Soziale Arbeit gibt es nicht (Wendt 1994, 22).

Dieser Fächersalat ist sicherlich auch ein Verweis auf die Zusammensetzung des hauptamtlichen Lehrkörpers. Alle Fächer werden von Fachwissenschaftlern vertreten. Es handelt sich um ProfessorInnen für Psychologie, Soziologie, Recht, Medizin usw., die jeweils aus der Perspektive ihres Faches für ein ganz anderes Fach ausbilden (Rohde 1989, 381–382). Entsprechend werden an den Fachhochschulen eher Mini-Juristen, Mini-Therapeuten usw. ausgebildet als SozialpädagogInnen und SozialarbeiterInnen.

Inzwischen gibt es jedoch auch Fachhochschul-ProfessorInnen, die auf eine Erstausbildung als SozialpädagogInnen/SozialarbeiterInnen mit einschlägiger Berufserfahrung verweisen können, allerdings bilden sie immer noch eine Minderheit.

Fachhochschulstudium

Ein vorläufiges Ende der Reformen wurde durch das Hochschulrahmengesetz (HRG) vom 26. Januar 1976 eingeleitet. Die Bundesländer hatten innerhalb von drei Jahren nach Inkrafttreten zur Ausfüllung des gesteckten Rahmens entsprechende Landesgesetze zu erlassen. Das HRG regelt, dass zum 1. Januar 1979 die bisherige Graduierung durch ein Diplom für alle berufsqualifizierenden Abschlüsse aller Hochschulen ersetzt werden soll.

Diplom

6.1.5 Das Studium der Sozialen Arbeit heute

Bologna-Prozess

Das 1999 erfolgte politische Vorhaben von 29 europäischen Ländern, bzw. deren Bildungsministerien, bis 2010 das gesamte europäische Hochschulwesen durch vergleichbare Studienabschlüsse vereinheitlicht zu haben, kann inzwischen als umgesetzt und damit weitgehend abgeschlossen gelten.

Dieser „Bologna-Prozess" ging auf eine, in der italienischen Stadt Bologna zunächst völkerrechtlich noch nicht bindende, Erklärung der Unterzeichnerstaaten zurück. Das erste völkerrechtlich bindende Abkommen zur gegenseitigen Anerkennung von Studienabschlüssen wurde vom Europarat zusammen mit der UNESCO im April 1997 in Lissabon erarbeitet. Diese Konvention legte die grundlegende Anerkennung aller Studienabschlüsse der Unterzeichnerstaaten untereinander fest. Im Gegenzug sollte jedes Land zusätzliche Bedingungen zur Fortsetzung von bereits im Ausland begonnenen Studiensemestern in seinen Grenzen definieren dürfen. Darüber hinaus enthielt die Übereinkunft Regelungen zur Beilegung zusätzlicher Leistungsnachweise („Diploma Supplement") zu jeder Hochschulurkunde und schrieb vor, die im Ausland erworbenen Leistungen unbürokratisch anerkennen zu lassen, Bachelor (BA) und Master of Arts (MA) Studiengänge einzuführen und ein vereinheitlichendes Credit-Punktewesen zu erlassen. Hauptziele dieses hochschulpolitisch einschneidenden Prozesses in Europa lagen in dem Bemühen, die Studieninhalte durch Modularisierung mehr zu vereinheitlichen, die studentische Mobilität und internationale Wettbewerbsfähigkeit zu fördern sowie die in manchen Ländern zu langen Studienzeiten zu verkürzen.

Bachelor und Master

Die Studiengänge müssen sich regelmäßig auf Inhalte und Studienqualität vor Akkreditierungskommissionen überprüfen lassen. Dieser vollständige Wandel der deutschen (Fach-)Hochschulen von den alten achtsemestrigen Diplom- und Magisterstudiengängen in die neuen sechssemestrigen BA- und den meist viersemestrigen MA-Studiengänge ist von Beginn an auch mit viel Skepsis unter HochschullehrerInnen und Studierenden aufgenommen worden. Unter Beibehaltung von vorgeschriebenen Grundstrukturen (Module, Credits) versuchen die (Fach)Hochschulen derzeit ,die mit diesem Prozess gemachten Erfahrungen zu überprüfen und die noch verbliebenen hochschulpolitischen Freiräume zu nutzen und Studiengänge inhaltlich und strukturell erneut kleineren oder größeren Reformen zu unterziehen.

Gleichstellung von Diplom- und BA-AbsolventInnen?

Wir befinden uns nun in der ersten interessanten Überpüfungsphase nach Abschluss dieses zehn Jahre andauernden Bologna-Prozesses. Und berufspolitisch bleibt noch abzuwarten, ob die Länder, Kommunen und freien Träger auf Dauer flächendeckend die AbsolventInnen der kürzeren Studiengänge für Sozialwesen den diplomierten KollegInnen gleichstellen werden, oder ob sie angesichts der knappen Finanzhaushalte diese Situation (aus)nutzen, um weitere tarifliche Absenkungen vornehmen zu können. Der Bachelor-Abschluss wird künftig die Voraussetzung für ein Master-Studium sein. Der Master-Abschluss eröffnet den Zugang zur Promotion. Bedauerlicherweise kann in Deutschland noch nicht der Dr. in Sozialer Arbeit erworben werden, wie das in allen angelsächsischen Hochschulen seit Langem der Fall ist. FachhochschulabsolventInnen können lediglich an universitären Studiengängen (meist Erziehungswissenschaftlichen Fakultäten) promovieren. Die ZweitgutachterInnen der Dissertationen dürfen allerdings dann aus den Fachhochschulen kommen, wenn ein Kooperationsvertrag zwischen der jeweiligen Universität und der Fachhochschule abgeschlossen wurde, wo die PromovendInnen studiert haben. Dies bedeutet, dass SozialarbeiterInnen/SozialpädagogInnen zwar als solche erwerbstätig sein, aber in ihrem eigenen Fach nicht promovieren können. Die Fachhochschulen sind inzwischen aber auf dem Weg, fähige AbsolventInnen der Master-Studiengänge zu fördern und zur Promotion zu motivieren, damit in Zukunft mehr SozialarbeiterInnen/SozialpädagogInnen als Lehrende und Forschende an die (Fach)Hochschulen gelangen und ihren eigenen Berufsnachwuchs ausbilden können. Dieser Entwicklungsprozess verläuft zwar langsam, aber ist nicht mehr aufzuhalten.

"Leitwissenschaft" der Sozialen Arbeit

Bezüglich der Frage nach einer „Leitwissenschaft“ oder leitenden wissenschaftlichen Disziplin für die Soziale Arbeit kann man zwei Richtungen feststellen:

Sozialarbeitswissenschaft

Wissenschaft Soziale Arbeit

- „Leitwissenschaft“ war Jahrzehnte lang zunächst die Pädagogik bzw. Erziehungswissenschaft, dann eine sozialwissenschaftlich orientierte Erziehungswissenschaft. Diese Variante hatte den Vorteil, dass für die Ausbildung an der Fachhochschule wie Universität der Aspekt der Erziehung oder (Sozial)Pädagogik und damit gleichzeitig die Bedeutung von Prävention deutlich gemacht werden konnte.

- „Leitwissenschaft" ist inzwischen der Prozess, eine eigene „Sozialarbeitswissenschaft" (Mühlum), „Wissenschaft Soziale Arbeit" (Engelke) oder „emergente Handlungswissenschaft" (Staub-Bernasconi; Pfaffenberger, vgl. dazu Kap. 4.8) zu entwickeln. Hierfür werden die zur Verfügung stehenden wissenschaftlichen Nachbardisziplinen somit zu wichtigen Bezugsdisziplinen für Lehre, Forschung und Praxis der Sozialen Arbeit.

emergente Handlungswissenschaft

Bezugsdisziplinen der Sozialen Arbeit

6.2 Arbeitsfelder der Sozialen Arbeit

Nachdem im vorausgegangenen Punkt die Entwicklung der Studiengänge für die Soziale Arbeit aufgezeigt worden ist, geht es jetzt um die Frage: Wo arbeiten SozialpädagogInnen/SozialarbeiterInnen in der Praxis?

Aufgabe

Werden Sie gefragt, was Soziale Arbeit ist, könnten Sie die Antwort vielleicht in zwei Richtungen geben:

1. Sie erklären Soziale Arbeit aus der Entwicklung der Geschichte heraus und aus der Sicht theoretischer Überlegungen.
2. Sie wählen die Möglichkeit, indem Sie an ausgewählten Tätigkeitsfeldern beschreiben, was SozialpädagogInnen/SozialarbeiterInnen praktisch tun.

Versuchen Sie eine Umschreibung von Sozialer Arbeit in beiden Richtungen.

Will man das Berufsfeld von Sozialer Arbeit darstellen, trifft man bei näherer Betrachtung auf eine sehr differenzierte berufliche Landschaft. Es ist im Laufe des 20. Jahrhunderts zu einem großen Beschäftigungsfeld geworden, wobei sich der entscheidende Entwicklungsschub in den letzten Jahrzehnten vollzogen hat. Und dieser Ausbau ist offensichtlich noch nicht abgeschlossen.

Berufsfelder

Ein paar Beispiele dieser sozialen Berufsfelder sollen hier aufgeführt werden, um zum einen die Vielfalt zu demonstrieren und zum anderen an der Fülle zu verdeutlichen, wo SozialpädagogInnen/SozialarbeiterInnen ihr Betätigungsfeld haben.

Berufsbild

- Wenn wir uns das Berufsbild für SozialarbeiterInnen/SozialpädagogInnen vor Augen halten, finden in den Publikationen der Fachgewerkschaft Deutscher Berufsverband für Soziale Arbeit e. V. (DBSH) zunächst folgende grundsätzliche Aufgabenbereiche für Soziale Arbeit aufgeführt:

Aufgaben

■ „Aufgaben
Aus der Zielsetzung ergeben sich folgende Aufgaben:

- Förderung von Menschen in sozialen Notlagen durch persönliche und umweltbezogene Hilfen, damit sie in ihrer Lebenswelt (wieder) handlungsfähig werden (u. a. durch psychosoziale Hilfen, Bildung, Erziehung und Hilfen zur materiellen Existenzsicherung),
- Unterstützung Einzelner und Gruppen bei der Überwindung eingeschränkter Lebensbedingungen, so dass sie ihre Konflikte selbst bearbeiten und ihre Interessen selbst vertreten können,
- Einflussnahme auf die sozialräumliche Entwicklung der Lebensbedingungen im Rahmen von Stadtteil- und Gemeinwesenarbeit, um für die Bewohnerinnen/Bewohner Lebenschancen durch Mitverantwortung und Mitentscheidung zu erweitern und die Wohn- und Infrastruktur im jeweiligen Gemeinwesen zu verbessern,
- Beratung und Unterstützung von MitarbeiterInnen in Unternehmen,
- Mitwirkung an einer den sozialen, gesundheitlichen und psychischen Bedürfnissen der MitarbeiterInnen gerecht werdenden Organisations- und Personalpolitik in Unternehmen,
- Mitwirkung an einer umfassenden Förderung der gesundheitlichen, sozialen und kulturellen Teilhabe von NutzerInnen und MitarbeiterInnen in Einrichtungen der sozialen und gesundheitlichen Infrastruktur,
- Ermöglichung des Zugangs zu den vielgestaltigen gesellschaftlichen sozialen Dienstleistungsangeboten und deren Nutzung,
- Kontrolle und Optimierung ihrer Wirksamkeit durch Mitwirkung an Sozialplanung und Einwirkung auf Richtlinien, Erlasse und Gesetze,
- Erschließen von Ressourcen vor Ort, u. a. durch die Gewinnung, Beratung, Begleitung, Schulung freiwillig tätiger bzw. ehrenamtlicher Mitarbeiter,
- Stärkung des bürgerschaftlichen bzw. zivilgesellschaftlichen Engagements (u. a. durch Aktivierung und Förderung der Selbsthilfe, Unterstützung von Selbstorganisation),
- Förderung der Zusammenarbeit aller an der Hilfe beteiligten Personen und Organisationen (Vernetzung und Kooperation),
- Einbringen der fachlichen Expertise der Sozialen Arbeit in die Öffentlichkeitsarbeit und das Lobbying für die Interessen Benachteiligter,

– öffentlich machen problematischer Entwicklungen im Arbeitsfeld, um auf diese Weise Verantwortlichkeiten neu zu klären und gesellschaftlichen Ausgrenzungsprozessen gegenzusteuern,

– Leitung von sozialen Institutionen, Diensten und Einrichtungen.

Nicht alle diese Aufgaben werden gleichwertig und gleichzeitig umfassend von einer Fachkraft wahrgenommen. Professionelle und erfolgreiche Sozialarbeit ist auf das Zusammenwirken verschiedener Arbeitsfelder und Berufsgruppen angewiesen. Interdisziplinäres Arbeiten ist für die Soziale Arbeit berufstypisch." (DBSH 2009, 23)

Berufsspezifische Funktionen

Unter berufsspezifischen Funktionen werden folgende aufgeführt:

- „**Berufsspezifische Funktionen**

– Sozialprofessionelle Beratung,

– Bildung und Erziehung,

– Förderung von Partizipation – Politische Bildung,

– Befähigung und Training,

– Organisation von Lernprozessen (in Bildung, Ausbildung, Erziehung und Personalentwicklung),

– Schutz und Kontrolle, (…)

– Organisationsberatung,

– Gemeinwesengestaltung,

– Information und Öffentlichkeitsarbeit,

– Vermittlung und Koordination,

– Betreuung/Langzeitbegleitung,

– gutachtliche Stellungnahme,

– Interessenvertretung und politische Einflussnahme,

– Leitung und Führung."

(DBSH 2009, 23).

- **Michael Erler** hat eine – keineswegs vollständige und auch nur grob systematisierte – Zusammenstellung von Tätigkeitsbereichen und Einrichtungen aufgelistet:

  1. Bildung und Erziehung
     a) Vorschulerziehung (Kindergarten, Eingangsstufe, Vorklasse), Schulsozialarbeit, Horteinrichtungen, Sonderschule
     b) Jugendbildung (Bildungsstätten, Verbände), Jugendarbeit (Jugendhäuser, -zentren), Inobhutnahme (eh. Heimerziehung)
     c) Erwachsenenbildung (Verbände, VHS), Altenbildung (Seniorentagesstätten)
  2. Beratung und Hilfe von Familien (Erziehungsberatung, pro familia), Kindern (Spielstuben, sexuelle Misshandlungen), Jugendlichen (Heime, Wohngruppen), Behinderten (ambulante, Behindertenwerkstätten), Kranken (Pflegefälle), Alten (Beratungsstellen, Alten- und Pflegeheime)
  3. Beratung und Hilfe für Angehörige spezieller sozialer Gruppen wie Arbeitsimmigranten (multikulturelle soziale Arbeit), Obdachlose (soziale Brennpunkt), Nichtsesshafte (‚street work'), Straffällige und -entlassene (Bewährungshilfe, Jugendgerichtshilfe), Suchtkranke (Beratungsstellen, Therapieeinrichtungen), Kranke (Aidskranke, ambulant, stationär)
  4. Arbeit in medizinischer und sozialer Rehabilitation: Krankenhäuser, Psychiatrie (stat. und ambulante Betreuung), Umschulungsmaßnahmen
  5. Berufs- und Bildungsberatung: Arbeitsämter, Verbände (Gewerkschaften, Parteien, Stiftungen), Einrichtungen des 2. Bildungswegs
  6. Sozial-, Jugend- und Gesundheitsämter: Hilfen und Entscheidungen nach dem BSHG (Bundessozialhilfegesetz), Beratung in Fragen der Partnerschaft, Trennung und Scheidung, Beratung und Begutachtung bei der Ausübung der Personensorge, Mitwirkung bei Hilfen außerhalb der eigenen Familie, Mitwirkung bei Inobhutnahme, Beratung, Exploration, Therapieergänzung.

  „Es wird vielleicht deutlich, daß bei der Darstellung der Tätigkeitsfelder keine Systematik präzise durchgehalten wurde. Dies liegt an der Materie: jeder Systematisierungsversuch hat seine Schwächen bzw. bleibt unbefriedigt." (Erler 1993, 21–22)

- **Franz Hamburger** nimmt folgende Auflistung vor:
  1. Kindheit
  2. Jugend
  3. Erwachsenenstatus
  4. Alter
  5. Familie
  6. Schule und Berufsausbildung
  7. Erwerbsarbeit und Familienarbeit
  8. Familie und Partnerschaft
  9. Tagesbetreuung von Kindern und Elternbildung
  10. Jugendarbeit
  11. Kranken- und Arbeitslosenversicherung
  12. Renten- und Pflegeversicherung
  13. Unterstützung der Familienerziehung
  14. Jugendhilfe
  15. Beratung für Erwachsene
  16. Offene und ambulante Altenarbeit
  17. Kinderschutz

18. Armut und Abweichung im Erwachsenenalter
19. Stationäre Altenhilfe
20. Ausgrenzung von Jugendlichen
21. Psychiatrie und Strafvollzug
22. Sterbebegleitung (Hamburger 2003, 162–173)

Dieser Überblick über die Arbeitsbereiche von Sozialer Arbeit lässt zwar den Versuch erkennen, von einer Katalogisierung zu einer Systematisierung zu gelangen, belegt aber zugleich, dass es eine zuverlässige Systematisierung des Handlungsfeldes noch nicht gibt, vielleicht auch gar nicht geben wird (Chassé/Wensierski 2004). Wie schwer es ist, die sozialen Arbeitsfelder sehr genau zu systematisieren, zeigt auch die Datenerfassung des Statistischen Bundesamtes. Es fasst die Tätigkeitsmerkmale unter den Kennziffern 861, 862, 864 (insgesamt 183 Sozial- und Erziehungsberufe) zusammen:

Statistisches Bundesamt

861 Sozialarbeiter, Sozialpfleger
8610 Sozialarbeiter, Fürsorger, Wohlfahrtspfleger
8611 Gesundheitsaufseher, -fürsorger
8612 Ehe-, Erziehungsberater
8613 Jugendpfleger, -fürsorger
8614 Altenpfleger
8615 Haus-, Familienpfleger
8616 Sozialpflegerische Berufe
8619 andere Sozialarbeiter, -pfleger

862 Heimleiter, Sozialpädagogen
8621 Jugendheimleiter
8622 Erwachsenenheimleiter
8623 Heimerzieher (nicht Kindergärtnerinnen)
8624 Sozialpädagogen
8625 Heimleiter
8627 Sozialpädagogenhelfer
8628 Diakone
8620 andere Heimleiter, Sozialpädagogen
864 Kindergärtnerinnen, Kinderpflegerinnen
8641 Erzieherinnen
8642 Kindergartenleiterinnen
8643 Säuglings-, Kinderpflegerinnen (nicht Kinderkrankenschwestern oder Hausgehilfinnen)
8647 Kindergarten-, Kinderpflegehelferinnen.

Halten wir fest

Eine ganz exakte Systematisierung von Berufsfeldern der Sozialen Arbeit gibt es nicht und erscheint auch aufgrund der immer größer werdenden Vielfältigkeit des Arbeitsfeldes als nicht machbar. Die Differenziertheit der Tätigkeitsbereiche ist ein Teil des Spezifikums der Sozialen Arbeit und ihres gesellschaftlichen Auftrages.

6.3 Träger von Einrichtungen in der Jugendhilfe

1. Der gesamte Arbeitsbereich der Jugendhilfe/Jugendsozialarbeit befindet sich in einer Umstrukturierung, der Prozess der Verlagerung von öffentlichen auf private Träger ist erkennbar.
2. Die Vielfältigkeit der Träger als Anbieter von Dienstleistungen für Kinder, Jugendliche und Familien ist schwer überschaubar.

Jugendhilfe

Auf drei Gruppierungen von Trägern der Jugendhilfe soll kurz und beispielhaft eingegangen werden: öffentliche Träger (Jugendamt), freie Träger (Jugend- und Wohlfahrtsverbände) und Selbsthilfegruppen.

6.3.1 Öffentliche Jugendhilfe (Jugendamt)

Jugendamt

Die Vielfältigkeit öffentlicher und freier Fürsorge hatte im Laufe der Geschichte zu einem friedlich-chaotischen Miteinander der Einrichtungen geführt. Die Etablierung des Wohlfahrtsstaates und die Demokratisierung der Gesellschaft führten zu einer entscheidenden Veränderung der klassisch-bürgerlichen Organisationen privater caritativer Wohlfahrtspflege. Durch die Gründung der Weimarer Republik und deren schwierige politische und wirtschaftliche Entwicklung veränderten sich die Rahmenbedingungen für die freie Wohlfahrtspflege. Für die Entwicklung der Wohlfahrtspflege wurde das Reich zur entscheidenden Instanz, der Wohlfahrtsstaat wurde zum politischen Programm, mit dem der Staat eine soziale Gesamtverantwortung übernahm und daher der herkömmliche Zuständigkeitsrahmen der Gemeinden bei weitem überschritten wurde (Sachße/Tennstedt 1988, 160).

Um die Jahrhundertwende (19./20. Jh.) entstand der Gedanke einer institutionellen Einrichtung von Seiten der staatlichen Behörde. Erste Jugendämter gab es zu Beginn des 20. Jahrhunderts, z. B. 1909 in Mainz: Städtische Zentrale für Jugendfürsorge; 1909 in Dresden: Städtisches Fürsorgeamt; 1910 in Magdeburg: Jugendfürsorgeamt. Es folgten weitere Städte wie Breslau, Bremen, Mannheim u. a. (Kühn 1993, 368). 1910 hatte Petersen in Hamburg die erste Zusammenfassung von Aufgaben der Jugendfürsorge in der Hamburger Behörde für Jugendfürsorge erreicht. Diese Behörde kann als Vorläufer der späteren Jugendämter nach dem RJWG gelten (Münchmeier 1981, 56).

Das Jugendamt ist die für die Gestaltung der öffentlichen Jugendhilfeleistungen zuständige Sozialbehörde für öffentliche Dienstleistungen. Zwei besondere Kennzeichen des Jugendamtes sind zu nennen:

1. Das Jugendamt sollte eine Erziehungsbehörde sein. Es sollte die verschiedenen Aktivitäten der Jugendhilfe, die vorher von anderen Behörden nebenbei wahrgenommen wurden, unter dem Leitgedanken der Erziehung zusammenfassen.
2. Charakteristisch für das Jugendamt ist die Zweiteilung der Behörde in

einen Jugendwohlfahrtsausschuss, nach dem KJHG Jugendhilfeausschuss, und die Verwaltung des Jugendamtes (§ 71 KJHG).

Die Jugendämter sind Angelegenheit der kommunalen Selbstverwaltung (§ 71 KJHG). Sie sind also ganz geprägt von den finanziellen, politischen und ökonomischen Gegebenheiten der jeweiligen Stadt oder des Landkreises, denen sie zugehören (Dritter Jugendbericht 1972, 28, 32).

KJHG

Am 11. Mai 1990 fand das Kinder- und Jugendhilfe-Gesetz (KJHG) die Zustimmung im Bundesrat und wurde am 28. Juni 1990 im Bundesgesetzblatt verkündet. Einige wichtige Elemente der Regelung der gemeinsamen Aufgaben der Träger der freien Jugendhilfe und der Träger der öffentlichen Jugendhilfe sind:

- Das KJHG als Leistungsgesetz verpflichtet die Träger der öffentlichen Jugendhilfe zur Wahrnehmung der gesetzlich vorgeschriebenen Aufgaben und zur Gewährung der Leistungen. Zugleich haben sie die Planungskompetenz für den bedarfsgerechten Ausbau der erforderlichen Einrichtungen und Dienste.
- Soweit geeignete Einrichtungen, Dienste und Veranstaltungen von Trägern der freien Jugendhilfe betrieben oder rechtzeitig geschaffen werden können, sollen die Träger der öffentlichen Jugendhilfe von eigenen Maßnahmen absehen (so genanntes Subsidiaritätsprinzip).
- Die Träger der freien Jugendhilfe sind in ihrer Aufgabenstellung autonom und werden durch das Gesetz keinen Einschränkungen unterworfen (Junge/Lendermann 1990, 19–20).
- Das Jugendamt ist nicht mehr eine ordnungspolitische Eingriffsbehörde, sondern ein sozialpädagogisches Dienstleistungsangebot.

Nach dem KJHG ist jeder Kreis und jede kreisfreie Stadt zur Errichtung eines Jugend- bzw. Sozialamtes verpflichtet (§ 69 KJHG).

ASD

Sozial- und Jugendhilfe wird von örtlichen und überörtlichen Trägern, d. h. von kreisfreien Städten und Landkreisen durchgeführt. Die Kommunen können die Sozialdienste im Jugend-, Sozial-, Gesundheitsamt oder als eigene Behörde organisieren. Grundlage des Sozialsystems auf kommunaler Ebene bildet der Allgemeine Sozialdienst (ASD). Er ist prinzipiell für alle individuellen, zwischenmenschlichen und materiellen Probleme der Bürger des jeweiligen Landkreises oder der kreisfreien Städte sowie für die örtlichen sozialen Probleme zuständig (Textor 1994, 9).

kommunale Spitzenverbände

Diese örtlichen bzw. überörtlichen Träger haben sich zu Interessengemeinschaften zusammengeschlossen. In der Bundesrepublik Deutschland gibt es drei kommunale Spitzenverbände als freiwillige Zusammenschlüsse von Gemeinden, die sich auf Bundesebene zur Bundesvereinigung der kommunalen Spitzenverbände zusammengetan haben. Die drei Spitzenverbände sind: Deutscher Städtetag, Deutscher Landkreistag, Deutscher Städte- und Gemeindebund. Die Aufgaben des Deutschen Städtetages sind u. a.:

1. die Gemeindeselbstverwaltung zu bewahren, die Städte gegenüber Bundesregierung, Bundestag, Bundesrat und zahlreichen Organisationen zu vertreten und die Interessen der Gemeinden in die Gesetzgebung einzubringen;
2. die Mitgliedsstädte über bedeutsame Entwicklungen zu informieren;
3. den Erfahrungsaustausch zwischen den Kommunen zu fördern (Holtmeyer 1981, 114).

6.3.2 Freie Jugendhilfe (Jugend- und Wohlfahrtsverbände)

Wohlfahrtsverbände

Bis ins 19. Jahrhundert hielt sich der liberale Rechtsstaat weitestgehend zurück und überließ den Vereinigungen und Verbänden der Wohlfahrtspflege das Feld der Hilfestellung. Man hatte sich auf eine Aufgabenverteilung stillschweigend geeinigt: Der Staat beschränkt sich auf die notdürftige Grundversorgung, die Privatwohltätigkeit, die caritativen und kirchlichen Dienste auf individuelle Hilfe und Vorbeugung.

Als der Staat sich sozialpolitisch stärker engagierte, organisierten sich die Hilfsorganisationen in freigemeinnützigen Wohlfahrtsverbänden, die in der Regel in der Rechtsform eines gemeinnützigen, eingetragenen Vereins organisiert sind.

Unter **freier Wohlfahrtspflege** versteht man

„die aus Nächstenliebe, Bürgersinn und/oder unmittelbarer Betroffenheit motivierte, durch Gesetz nicht erzwingbare, wohl aber den Gesetzen verpflichtete, in privatrechtlicher Form organisierte, auf dem Wahlrecht des Hilfesuchenden einerseits, dem mitbürgerlichen Recht auf Helfen andererseits beruhende und über den Bereich von Familie und Nachbarschaft hinausreichende Hilfestellung für benachteiligte, bedrängte, ratlose Mitbürger. Freie Wohlfahrtspflege bietet die Möglichkeit, die Vielfalt der Überzeugungen und Gestaltungsmöglichkeiten, die sich in einer pluralistischen Gesellschaft entwickelt haben, in helfendes Handeln und soziale Dienstleistungsangebote umzusetzen. Die freie Wohlfahrtspflege sieht eine vorrangige Aufgabe in der Förderung ehrenamtlicher Mitarbeit und in der Wahrnehmung einer Anwaltsfunktion für Hilfesuchende." (Fachlexikon der sozialen Arbeit 1993, 357–358)

Die freien Wohlfahrtsverbände gehören, gemessen an Einrichtungs- und Beschäftigungszahlen, heute zu den größten Arbeitgebern in Deutschland. Zu dieser Zahl der haupt- und nebenberuflich Tätigen muss man noch die große Zahl der ehrenamtlichen Mitarbeiter hinzurechnen, ohne die die Dienstleistungen der professionellen Sozialen Arbeit gar nicht aufrechtzuerhalten wären

Zu den *Wohlfahrtsverbänden* zählen:

- *Diakonisches Werk der Evangelischen Kirche in Deutschland e. V. (DW)*: Das Diakonische Werk geht in seinen Ursprüngen auf die Gründung von J. H. Wichern zurück, der 1849 die „Innere Mission" ins Leben rief. Die „Innere Mission" vereinigte sich 1957 mit dem „Hilfswerk der Evangelischen Kirche in Deutschland".
- *Deutscher Caritasverband e. V. (DCV)*: Er wurde 1887 von L. Werthmann gegründet. In ihm sind die gesamten sozial-caritativen Dienste und Einrichtungen im Bereich der katholischen Kirche in Deutschland organisiert.
- *Deutscher Paritätischer Wohlfahrtsverband (DPWV)*: Als Gegenmodell zu den konfessionellen Wohlfahrtsverbänden schlossen sich nichtkonfessionelle Krankenanstalten 1920 zu einem Verband zusammen. Später kam zu den ursprünglichen Aufgaben noch die Erziehungsfürsorge hinzu. Seit 1930 nennt sich der Verband „Paritätischer Wohlfahrtsverband".
- *Arbeiterwohlfahrt e. V. (AWO)*: Marie Juchaz (1879–1956) gründete 1919 die Arbeiterwohlfahrt als Teil der sozialdemokratischen Arbeiterbewegung. Seit 1945 versteht sich die Arbeiterwohlfahrt jedoch als parteipolitisch und konfessionell unabhängige selbständige Wohlfahrtsorganisation.
- *Deutsches Rotes Kreuz (DRK)*: Der Gründer des (Internationalen) Roten Kreuzes ist der Schweizer H. Dunant (1828–1910). Das Deutsche Rote Kreuz wurde 1921 gegründet. Zunächst übernahm es nur Aufgaben wie Krankenpflege, Katastrophenschutz, Rettungsdienst u. Ä., später kamen auch sozialpädagogische Dienste, vorwiegend auf dem Gebiet der Kranken- und Altenhilfe, der Jugendsozialarbeit, der Mütter- und Kindererholung und der Rehabilitation hinzu.
- *Zentralwohlfahrtsstelle der Juden in Deutschland e. V. (ZWST)*: Als Zentralorgan der gesamten jüdischen Wohlfahrtspflege wurde 1917 die „Zentralwohlfahrtsstelle der deutschen Juden" gegründet; 1926 wurde sie als Spitzenverband der freien Wohlfahrtspflege anerkannt. Die ZWST wurde aber 1939 durch die Nationalsozialisten zwangsaufgelöst und konnte sich erst 1951 wieder neu konstituieren.

Bundesarbeitsgemeinschaft der Freien Wohlfahrtspflege

Die sechs Spitzenverbände der freien Wohlfahrtspflege haben sich in einer Dachorganisation *Bundesarbeitsgemeinschaft der Freien Wohlfahrtspflege e. V. (BAG FW)* zusammengeschlossen. Diese Stelle fungiert als Koordinierungsstelle zwischen den Verbänden. Sie sorgt für die Abstimmung der sozialen Tätigkeiten, besonders bei neuen Aufgaben. Sie vertritt die Interessen der freien Träger der Wohlfahrtspflege gegenüber der Gesetzgebung und dem öffentlichen Sozialwesen.

Deutscher Verein für öffentliche und private Fürsorge

Noch einen Zusammenschluss der sozialen Dienste gilt es zu nennen, den *Deutschen Verein für öffentliche und private Fürsorge*. In diesem haben sich die öffentlichen Träger (Bund, Länder, Kommunen) und die in der „Bundesarbeitsgemeinschaft der Freien Wohlfahrtspflege" organisierten sechs Spitzenverbände zusammengeschlossen. Neben diesen Spitzenverbänden engagieren sich weitere Einrichtungen, Verbände wie z. B. Jugendverbände, Kirchen sowie Selbsthilfegruppen im sozialpädagogisch/sozialen Bereich.

Jugendverbände

Neben den Wohlfahrtsverbänden möchte ich als weiteren Anbieter im Bereich der privaten Jugendhilfe beispielhaft die Jugendverbände erwähnen. Sie sind kirchlich oder privat organisiert und bieten ein vielfältiges Angebot. Etwa 90% aller Maßnahmen bezüglich der Jugendarbeit wird von freien Trägern durchgeführt.

Der größte Jugendverband ist die *Deutsche Sportjugend*, die nach eigenen Angaben etwa sechs Millionen Mitglieder zählt.

Neben diesem größten Jugendverband sind vor allem die kirchlich organisierten Jugendverbände zu nennen. Eine einheitliche Struktur dieser Verbände gibt es allerdings nicht. Die in der katholischen Kirche anerkannten Verbände haben sich im Dachverband *Bund der katholischen Jugend (BDKJ)* und die der evangelischen Kirche angehörenden Vereinigungen in der *Arbeitsgemeinschaft der Evangelischen Jugend in Deutschland (AGEJD)* zusammengeschlossen.

Die Jugendverbände haben ein doppeltes Mandat. Einerseits sind sie Träger allgemeiner sozialstaatlicher Aufgaben, d. h., sie haben vom Staat den Auftrag der Erziehung und Bildung. Andererseits haben Jugendverbände Sprecherfunktion, d. h., sie sollen die Belange junger Menschen öffentlich bewusst machen und deren Anliegen politisch vertreten.

Die Aufgaben und Ziele der Jugendverbandsarbeit werden in den einzelnen Verbänden autonom festgelegt. Jeder Verband hat eine eigene Satzung, in der Ziele und Aufgaben niedergeschrieben sind (Schilling 1991, 61–67).

6.3.3 Zusammenarbeit der Träger

Entscheidend für die Aufgaben der freien Verbände war nach den Erfahrungen des totalitären Hitlerregimes die Herausarbeitung der Vorrangigkeit der Maßnahmen und Einrichtungen der freien Träger und der Verpflichtung der öffentlichen Hand zu ihrer Unterstützung.

Bürgerinitiativen und Selbsthilfegruppen

Die Nachteile der Spitzenverbände, nämlich ihre Bürokratisierung und Zentralisierung und damit ihre bürokratische Verkrustung wurden von kleinen, solidarisch organisierten Alternativbewegungen wie Bürgerinitiativen und Selbsthilfegruppen aufgezeigt. Ihnen ging es um bislang vernachlässigte Problemlagen (z. B. selbstverwaltete Heime, Frauenhäuser, Stadtteilgruppen, Selbsthilfegruppen im Gesundheitssektor u. a.). Die Selbsthilfegruppen werden auch als „dritte Struktur“ bezeichnet. Ihnen geht es primär um eine solidarische und demokratische Form der Hilfe. Allerdings muss man sehen, dass die Selbsthilfegruppen keine allgemeine, bedarfsgerechte Versorgung der Bevölkerung flächendeckend und dauerhaft übernehmen wollen und können. Wesentliches Merkmal ihrer Arbeit ist das spontane Aufgreifen aktueller Probleme. Da sie nicht durch eine große Bürokratie in ihrem Handlungsbereich eingeschränkt sind, können sie viel variabler auf akute soziale Probleme reagieren. Insofern gilt es, ihr Engagement im sozialen Bereich zu fördern.

Pluralität und Subsidiarität

In den §§ 3 und 4 KJHG wird die Zusammenarbeit der öffentlichen und der freien Jugendhilfe nach dem Prizip der Subsidiarität geregelt. Darin heißt es, dass Jugendhilfe kein Monopol der öffentlichen Träger ist. Wesensmerkmal der Jugendhilfe ist ihre *Pluralität*. Dies kommt in dem Grundsatz der Vielfalt von Trägern unterschiedlicher Wertorientierungen und der Vielfalt von Inhalten, Methoden und Arbeitsformen zum Ausdruck. Eine Monopolisierung der Jugendhilfe widerspricht dem Wesen der Jugendhilfe. Im § 4 KJHG wird das Verhältnis zwischen den Trägern geregelt. Es geht um eine partnerschaftliche Zusammenarbeit.

> „Aus Gründen der grundgesetzlich geschützten Trägerautonomie, aber auch zur Wahrung der Pluralität hat die öffentliche Jugendhilfe bei der Zusammenarbeit die Selbständigkeit der freien Jugendhilfe in einem umfassenden Sinne zu achten …
>
> Im Kern besteht der Funktionsschutz der freien Träger in einem bedingten Konkurrenzverbot, das es dem Träger der öffentlichen Jugendhilfe … verwehrt, neben oder anstelle von Angeboten der freien Träger eigene Maßnahmen zu schaffen, ohne daß dies etwa zu Wahrung eines vielfältigen Angebots oder aus fachlichen oder wirtschaftlichen Gründen angezeigt ist." (Junge/Lendermann 1990, 33–34)

Halten wir fest

Man unterscheidet zwischen öffentlicher Jugendhilfe (Jugendamt) und freier Jugendhilfe, die von den sechs Spitzenverbänden der Wohlfahrtspflege, sozialen Einrichtungen, Kirchen, Verbänden, Selbsthilfegruppen u. a. durchgeführt wird. In den §§ 3 und 4 KJHG wird die Zusammenarbeit der öffentlichen und freien Jugendhilfe geregelt. Eine Monopolisierung widerspricht dem Wesen der Jugendhilfe. Zwischen den Trägern besteht eine partnerschaftliche Zusammenarbeit.

6.4 Image der Sozialen Arbeit in der Öffentlichkeit

Wir können heute mit Lüders und Winkler (1992, 359) konstatieren: Aus dem einstigen etwas verstaubten ‚Aschenputtel' Sozialarbeit/Sozialpädagogik ist inzwischen ein unauffälliges, aber gleichwohl bemerkenswert erfolgreiches Unternehmen Soziale Arbeit geworden, dass allerdings noch einigen gesellschaftlichen Stürmen und berufspolitischen Herausforderungen ausgesetzt sein wird. Die Berufsgruppe hat es ganz unmittelbar mit den gesellschaftlich-sozialpolitischen Auswirkungen zu tun. Die Arbeit steht ständig in einem Spannungsfeld zwischen gesellschaftlichen Interessen und den Interessen unserer KlientInnen. Soziale Leistungen werden gekürzt, die Arbeitsbedingungen durch Personal- und Geldmangel oft sehr schwierig. Und um angemessene und leistungsgerechte Bezahlung muss gekämpft werden. Die Gefahr des Ausbrennens ist groß. Auch die Anerkennung der Arbeit bleibt häufig versagt.

Interessanterweise wird ungeachtet dieser Bedingungen die Soziale Arbeit in ihrer Außenwirkung von der Öffentlichkeit viel positiver eingeschätzt als von der Berufsgruppe selbst. Dies hat eine Untersuchung gezeigt.

Das Ansehen der Sozialen Arbeit in der Öffentlichkeit

Dass das Ansehen des Berufsstandes in der Öffentlichkeit viel besser und differenzierter ist, als viele wissen, zeigt die empirische Untersuchung über Anerkennung und den Stellenwert Sozialer Arbeit in der Öffentlichkeit. Der Deutsche Berufsverband für Soziale Arbeit e. V. (DBSH), der die Untersuchung in Auftrag gegeben hat, versuchte über einen klassischen „Imagetest", d. h. über eine zielgruppenspezifische Analyse von Einstellungen herauszufinden, wie Soziale Arbeit, deren Institutionen, Strukturen und die Berufsangehörigen selbst von der Bevölkerung eingeschätzt werden.

Die drei Fragebereiche waren:

- Fragen, die sich auf soziale und demographische Situationen der Befragten beziehen (Alter, Geschlecht, Einkommen, Wohnraumsituation, Wohnort etc.)
- Fragen nach Einstellungen und Haltungen zur Sozialen Arbeit
- Testfragen, die soziokulturelle Einstellungen und Verhaltensweisen betreffen

Für die Befragung wurden 800 Menschen in Deutschland, einschließlich sprachassimilierter Menschen aus anderen Herkunftskulturen über eine Zufallsstichprobe aus offiziellen Telefonverzeichnissen und bevölkerungsproportional nach geographischen Regionen, Alter und Geschlecht befragt.

Zusammenfassende Endergebnisse und Trends aus der empirischen Studie des DBSH:

Image der Sozialen Arbeit

1. Das Bild der Sozialen Arbeit in der Öffentlichkeit:

- Soziale Arbeit wird in der Bevölkerung v. a. als „Hilfsangebot" verstanden, das innerhalb von institutionellen Kontexten stattfindet und mit der Lösung aktueller Probleme beauftragt ist.
- Menschen mit idealistischen und zukunftsorientierten Einstellungen und Werthaltungen scheinen eher bereit zu sein, Soziale Arbeit im Zusammenhang mit aktuellen gesellschaftlichen Problemen zu sehen.
- Junge Menschen und davon v. a. junge Frauen interessieren sich besonders intensiv für den Gegenstand „Soziale Arbeit"
- Menschen mit hohen Bildungsabschlüssen sind über Ziele und Aufgaben

Sozialer Arbeit in der Regel besser informiert als der „Mittelstand“ oder wenig formal gebildete Bevölkerungsgruppen

2. Die Bedeutung der Sozialen Arbeit(sfelder) für die Öffentlichkeit

Bedeutung der Sozialen Arbeit

- In den Augen der Bevölkerung erfahren alle Arbeitsfelder der Sozialen Arbeit große Akzeptanz
- Die Arbeit mit Kranken und Behinderten steht an oberster Stelle. Soziale Arbeit wird als „Problemlösungsinstrument“ angesehen
- Die Straßensozialarbeit wird von jüngeren Frauen und von Frauen ab 45 Jahren als wichtigeres Arbeitsfeld eingeschätzt als von jüngeren Männern und Männern ab 45 Jahren
- Die größere Skepsis gegenüber den Beratungsdiensten der behördlichen Sozialen Arbeit ist vorherrschender bei Menschen mit höherem und hohen Einkommen
- Eindeutig ablehnende Haltungen gegenüber behördlicher Sozialarbeit als „Feldarbeit“ wird mehr von weiblichen Befragten mit geringem Einkommen geäußert

3. Einsatz öffentlicher und privater Mittel für die Soziale Arbeit

Öffentliche und private Mittel

51% der Befragten wollen mehr öffentliche Mittel investiert sehen, ungeachtet des angekündigten „Endes des bisherigen Sozialstaates“, 38% wünschen eine Fortsetzung des bisherigen Standards

- Vor allem jüngere Frauen treten für den vermehrten Einsatz öffentlicher Mittel ein, während jüngere Männer eher weniger Mittel einsetzen wollen
- Betroffenheit von sozialen Problemen im eigenen Umfeld, ein guter Bildungsgrad und progressive, zukunftsorientierte Werthaltungen sind Indikatoren für eine Bereitschaft, den Sozialstaat bewahren zu wollen
- In der Gesellschaft sind 42% und davon v. a. Menschen mit höheren Bildungsabschlüssen und Einkommen bereit, mehr private Mittel als bisher für Zwecke der Sozialen Arbeit einzusetzen. 43% wünschen sich eine Fortsetzung der bisherigen Strukturen und Praxis.

4. Gesellschaftliche Funktionen der Sozialen Arbeit

Gesellschaftliche Funktionen

- Die höchste Priorität genießt die Auffassung, dass Soziale Arbeit entscheidend zur Vermeidung gesellschaftlicher Konflikte beiträgt. Soziale Arbeit wird überwiegend sehr positiv bewertet. Auch das Ansehen der Berufsangehörigen Sozialer Arbeit ist in der Bevölkerung hoch, hier besonders bei Angehörigen höherer Bildungsabschlüsse und Einkommen.
- Ein Großteil der Befragten ist deshalb auch der Auffassung, dass Soziale Arbeit ihre Erfolge und ihre gesellschaftliche Funktion über moralische und ethische Ansprüche hinaus gegenüber der Gesellschaft deutlicher formulieren und berufspolitisch einfordern müsste als bisher.
- Auch das im politischen Diskurs und in der Öffentlichkeit oft vorgebrachte Vorurteil, dass Soziale Arbeit „verpolitisiert und Tummelfeld linker und weltfremder Utopien“ sei, erweist sich als falsch.

- Es wird kein Gegensatz zwischen Wirtschaft und Sozialstaat gesehen, sondern ein „sowohl als auch“, wobei eine Mehrheit der Befragten eher staatliche Institutionen in der Verpflichtung sehen, Sozialstaatlichkeit zu sichern.
- Eigene Erfahrungen von Erfolglosigkeit können demgegenüber aber auch zu großer Skepsis gegenüber staatlichen Einrichtungen und in deren Folge zu Individualisierung und Resignation führen (DBSH 1999).

hohe Zustimmung

Die DBSH-Studie belegt also eine hohe Zustimmung zur Sozialen Arbeit in der Bevölkerung. 87% der Befragten sehen Soziale Arbeit als Instrument zur Vermeidung sozialer Konflikte an. Genauso viele sehen in der Berufsgruppe der Sozialen Arbeit wichtige Ansprechpartner bei Problemen. Und 85% drücken auch ihre Bewunderung für diesen Einsatz aus. Eine florierende Wirtschaft und ein gutes Angebot der Sozialen Arbeit werden als Einheit begriffen, um soziale Konflikte zu vermeiden. Die Ergebnisse zeigen, dass die Zustimmung zur Sozialen Arbeit in der Bevölkerung wesentlich höher ist als Teile der Politik, d. h. also Staat und Kommunen einräumen. Der von der Politik propagierte Gegensatz zwischen starker Wirtschaft und sozialen Dienstleistungen stimmt ein Großteil der Bevölkerung ganz offensichtlich nicht zu.

Bei aller Wertschätzung für Soziale Arbeit und für die Angehörigen unserer Berufsgruppe ist allerdings der kritische Blick auf KlientInnen („Sozialschmarotzer“) bemerkenswert. Das methodische Instrumentarium Sozialer Arbeit wird von den KlientInnen selbst oft eher als behindernd, denn als fördernd angesehen. Dies wird überwiegend von Angehörigen niedriger Bildungsabschlüsse und Einkommen so gewertet. Hier mögen „Abgrenzungswünsche“ (Ich bin anders“ oder „Ich brauche es nötiger als andere“) eine Rolle spielen. Denn Menschen mit weniger Chancen, Bildung und Einkommen stehen ja in Konkurrenz um die Leistungen der öffentlichen Sicherungssysteme. In dieser Einschätzung zeigt sich die Folge des öffentlichen Diskurses um „Sozialschmarotzertum“ und sog. überzogene Anspruchshaltungen. Die Botschaft der Politiker ist also angekommen. Dabei hat man den Eindruck, es geht Staat und Kommunen um Sparprogramme um des Sparens willen und nicht um wirkliche soziale Reformen. Denn Mittel sind in einem der wohlhabendsten Länder der Welt genügend da. Wie wir wissen, es ist ein Verteilungsproblem.

Hier setzt eine kritische Wissenschaft Soziale Arbeit/Sozialarbeitswissenschaft/Soziale Arbeit als emergente Handlungswissenschaft an. Soziale Arbeit ist (eine) „Menschenrechtsprofession“. Es geht darum, die Bedürfnisse und die Verletzung von Menschen- und Sozialrechten von KlientInnen öffentlich mit ihnen zusammen zu formulieren, bzw. viel öfter auch zu skandalisieren. Professionelle Soziale Arbeit ist von ihrem eigentlichen Auftrag her demnach viel weniger reine individuelle „Beziehungsarbeit“. SozialpädagogInnen/SozialarbeiterInnen haben zwar kein politisches Mandat, aber soziale Verantwortung und den Auftrag, soziale Gerechtigkeit mit ausbauen zu helfen.

Die Sensibilisierung der Öffentlichkeit für die Probleme der Berufsgruppe und der sozialen Gerechtigkeit wird den Angehörigen des Berufsstandes von niemandem abgenommen. Das können nur die BerufsträgerInnen gemeinsam selbst tun. Sie können aber auf der Basis des guten Ansehens der Öffentlichkeit klar machen, dass Soziale Leistungen keine Almosen sind, sondern ein Menschenrecht und eine gesellschaftliche und wirtschaftliche Investition in die Zukunft demokratischer und humaner Strukturen unserer Gesellschaft (Zeller 2004).

Aufgabe

Machen Sie Vorschläge, wie man das Image der Sozialen Arbeit verbessern könnte.

Imagepflege

Hier einige Vorschläge:

Praxis: Die PraktikerInnen sollten weniger über sich und ihre berufliche Situation klagen, als vielmehr ein eigenes Selbstbewusstsein von ihrer Arbeit und ihrem Beruf aufbauen. Niemand kann ein positives Bild seiner Arbeit vermitteln, wenn die innere Einstellung dazu fehlt. SozialpädagogInnen/SozialarbeiterInnen müssen vielmehr Öffentlichkeitsarbeit betreiben. Von den vielen und sehr positiven Aktivitäten sozialer Einrichtungen erfährt die Öffentlichkeit kaum etwas. Noch einen weiteren Aspekt sollte man betonen: SozialarbeiterInnen/SozialpädagogInnen sollten sich unbedingt gewerkschaftlich organisieren. Eine mitgliederstarke Berufsorganisation ist eher in der Lage, die Interessen der Profession politisch durchzusetzen.

Studium: Das Studium Soziale Arbeit erfolgt an (Fach-)Hochschulen. Es ist auffällig, dass an vielen Hochschulen das Kernfach „Soziale Arbeit" in den Studienordnungen fehlt. Inzwischen sind aber die zahlreichen wissenschaftlichen Bezugsdisziplinen in den Modulen der neuen Bachelor- und Masterstudiengänge auf die Soziale Arbeit hin orientiert.

Wissenschaft Sozialer Arbeit

Sozialarbeitswissenschaft

Handlungswissenschaft

Wissenschaft: Soziale Arbeit wird im Hinblick auf ihren Wissenschaftsgehalt mit Ernst Engelke als eine Wissenschaft Sozialer Arbeit, mit Albert Mühlum als eine Sozialarbeitswissenschaft und mit Silvia Staub-Bernasconi als Handlungswissenschaft bezeichnet. Wenn es im Studium um die Frage nach dem Selbstverständnis von Sozialer Arbeit geht, sollte es Aufgabe der Sozialen Arbeit als Wissenschaft sein, sich intensiv mit der Frage des Ansehens dieser wissenschaftlichen Disziplin zu beschäftigen. Dazu gehört v. a. auch die Forderung nach intensiver Forschungstätigkeit des eigenen Berufsnachwuchses der Fakultäten/Fachbereiche für Sozialwesen auf dem Gebiet der Sozialen Arbeit. Forschungen, die in den angelsächsisch orientierten Ländern längst zum Standard der dortigen Faculties of Social Work gehören.

Dazu gehört auch, dass man sich seitens der Sozialen Arbeit als Wissenschaft vor allem unter den ProfessorInnen bzw. Lehrenden über die Terminologie einig wird. Klare Begrifflichkeit ist die Voraussetzung einer Wissenschaft. Des Weiteren sollte Soziale Arbeit als Wissenschaft das Berufsprofil und die Frage nach der Professionalisierung klären. Denn auch auf diesem Gebiet besteht noch Unklarheit und verursacht entsprechend bei den PraktikerInnen Unsicherheit.

Im Folgenden sollen nun noch drei mit der Frage des Images Sozialer Arbeit zusammenhängende Problembereiche (Berufsorganisation, Öffentlichkeitsarbeit, Professionalisierung) in Bezug auf eine berufspolitische Organisierung näher betrachtet werden.

6.5 Fachgewerkschaft für Soziale Arbeit (DBSH)

Aufgabe

Das Telefon im Gewerkschaftsbüro klingelt und Kollegin Müller ist am Apparat: „Ich habe ein Problem mit meinem Vorgesetzten … Mobbing … und überhaupt ist die gesamte Finanzierung unseres Projektes gefährdet … Mir droht die Kündigung … Er will einen Auflösungsvertrag … Was mache ich jetzt? Ich stehe auf der Straße … Kann ich zum Arbeitsgericht? Woher bekomme ich einen Rechtsbeistand?" Man versucht zunächst zu beruhigen und die Situation noch einmal genau zu klären – Fakten, Vermutungen, Ängste auszuräumen. Was ist konkret zu tun? Wie sind die Fristen? Wir besprechen, wer der Rechtsbeistand sein könnte etc. (DBSH-Profil. Aktion 1000 plus).

Solche Anrufe und Anfragen sind tägliche Realität in einem Gewerkschaftsbüro und sie kann jeden von uns treffen. KollegInnen, die nicht organisiert sind, stehen dann meistens allein mit ihren Fragen und Ängsten.

Finden Sie nun heraus, wohin Sie sich mit diesen Fragen konkret hinwenden könnten und wie Sie vorgehen würden. Wie könnte man das Image der Sozialen Arbeit durch eine Berufsorganisation deutlich heben? Wie ist Ihr Kenntnisstand über die verschiedenen Berufsverbände? Welchem Verband würden Sie sich anschließen? Kennen Sie Ihre Wahlmöglichkeiten?

Der Wert jeder Arbeit, also auch der Sozialen Arbeit, ist abhängig von der Bedeutung, die ihr die Gesellschaft zumisst. Allerdings muss man sagen: Solange die Soziale Arbeit ihre Funktionsbereiche nicht besser definiert, d. h. ihre gesellschaftlichen Wertschöpfungsfaktoren nicht öffentlich plausibel macht und formuliert hat, wird sie es schwer haben, den ihr zukommenden gesellschaftlichen Rang zu erhalten.

Die sozialen Fachkräfte dürfen nicht ihre Hände in den Schoß legen und klagen, dass ihnen diese Anerkennung von der Gesellschaft und bessere Bezahlung verweigert werden. Vielmehr müssen sie selbst aktiv werden. Um das Ansehen von Sozialer Arbeit in der Öffentlichkeit zu verbessern, ist die Organisation einer berufspolitischen Vertretung bzw. eines Berufsverbandes und die Mitarbeit darin unerlässlich.

Die Schwierigkeit berufspolitischer Vertretungsarbeit liegt vor allem in der Vielschichtigkeit und Differenziertheit des Berufsfeldes, die nur schwer eine Interessengleichheit finden lassen. Dennoch hat es immer wieder Versuche gegeben, die MitarbeiterInnen von sozialen Diensten in Berufsverbänden zu organisieren.

Geschichte

> „Nachdem sich bereits 1902 die Berufsarbeiter der Inneren Mission zu einem Verband zusammengeschlossen hatten, entstanden im Jahre 1916 der Verband Katholischer Deutscher Sozialbeamtinnen und der Deutsche Verband der Sozialbeamtinnen. Die letztgenannten Verbände schlossen sich 1918 zu der Arbeitsgemeinschaft der Berufsverbände der Wohlfahrtspflegerinnen zusammen, dem sich zwei Jahre später auch der aus dem Verband der Berufsarbeiter der Inneren Mission neu organisierte Verband Evangelischer Wohlfahrtspflegerinnen anschloss. Alle drei in dieser Arbeitsgemeinschaft zusammengeschlossenen Verbände wurden im Dritten Reich zwangsaufgelöst. Die Nachfolgeorganisation des damaligen interkonfessionellen Verbandes ist der Deutsche Berufsverband der Sozialarbeiter und Sozialpädagogen (DBS), zu dem 1963 die ursprünglich getrennten Verbände für Sozialarbeiter und Sozialarbeiterinnen zusammengefasst wurden. Aus dem bis 1972 bestehenden Berufsverband katholischer Sozialarbeiter und Sozialpädagogen (BKSS) ist nach Aufgabe der Konfessionsgebundenheit der Berufsverband der Sozialarbeiter/Sozialpädagogen (BSS) entstanden. Dieser Verband schloss sich 1978/79 mit dem Berufsverband der Heilpädagogen (BHD), dem Verband der Praxisberater/Supervisoren (VPS) und der Arbeitsgemeinschaft der Sozialarbeiter in Beratung und Therapie zum Berufsverband der Sozialarbeiter, Sozialpädagogen und Heilpädagogen (BSH) zusammen." (Bohle/Grunow 1981, 157)

Deutscher Berufsverband

Einen einheitlichen und damit gesellschaftspolitisch tatkräftigen Berufsverband gab es bisher nicht. Um dieses Manko zu beheben, versuchte man einen neuen Anlauf: Am 24.7.1993 wurde ein gemeinsamer Berufsverband gegründet: *Deutscher Berufsverband der Sozialarbeiter/Sozialarbeiterinnen, Sozialpädagogen/Sozialpädagoginnen, Heilpädagogen/Heilpädagoginnen (DBSH)*. In diesem Verband haben sich SozialarbeiterInnen, SozialpädagogInnen, HeilpädagogInnen und ErzieherInnen zusammengeschlossen (Zeller 1999).

Heute bezeichnet er sich als *Deutscher Berufsverband für Soziale Arbeit e. V.* und ist Mitglied der *International Federation of Social Workers (IFSW)*. In der Satzung des DBSH ist zu lesen:

§ 2 Zweck und Ziel

„(1) Der DBSH vertritt die gesellschaftsbezogenen, fachspezifischen und berufspolitischen sowie die arbeits- und tarifrechtlichen Interessen seiner Mitglieder.

(2) Der DBSH setzt sich im Rahmen der Interessenvertretung seiner Mitglieder insbesondere für folgende Ziele ein:

1. Verbesserung der Bedingungen Sozialer Arbeit,
2. fachliche Profilierung und leistungsgerechte Anerkennung der sozialen Berufe,
3. Zusammenarbeit der in § 5 dieser Satzung genannten Fachkräfte (und deren Verbände),
4. Zusammenarbeit aller in sozialen Arbeitsfeldern beschäftigten Fachkräfte.

(3) Der DBSH setzt sich im Rahmen seiner Berufsethischen Prinzipien für die Verbesserung der Lebens- und Arbeitsbedingungen aller Bevölkerungsgruppen ein.

(4) Der DBSH berücksichtigt bei allen Vorhaben und Entscheidungen die unterschiedlichen Lebenssituationen von Frauen und Männern.

(5) Der DBSH ist weltanschaulich nicht gebunden und überparteilich. Er dient ausschließlich und unmittelbar gemeinnützigen Zwecken.

§ 3 Aufgaben

(1) Der DBSH nimmt insbesondere berufspolitische und gewerkschaftliche Aufgaben wahr.

(2) Berufspolitische Aufgaben sind insbesondere:

1. Darstellung des Berufsauftrages Sozialer Arbeit,
2. Mitwirkung bei den Studien- und Ausbildungsgängen,
3. Mitwirkung bei der Fortentwicklung der wissenschaftlich begründeten Profession der Sozialen Arbeit,
4. Weiterentwicklung und Sicherung von Fortbildung,
5. Umsetzung der fachlichen Standards und Qualität der Profession Soziale Arbeit in die Praxis,
6. Einflussnahme auf die gesellschaftspolitische Entwicklung, Gesetzgebung und Verwaltung,
7. Zusammenarbeit mit entsprechenden internationalen Verbänden und Organisationen.

(3) Gewerkschaftliche Aufgaben sind insbesondere:

1. Auskunft und Vertretung in Fragen des Tarif-, Besoldungs-, Arbeits und Sozialrechtes,
2. tarif- und besoldungspolitische Interessenvertretung.

(4) Der DBSH wendet zur Durchsetzung seiner arbeits- und tarifrechtlichen Aufgaben die erforderlichen Mittel an, ggf. auch den Arbeitskampf.
Näheres regelt die Arbeitskampfordnung."

(DBSH 2009, 19)

Zur historischen Entwicklung der berufspolitischen Organisationen in der Sozialen Arbeit

1903	Verband d. Berufsarbeiterinnen der Inneren Mission, Umbenennung in:	
1921	Verband der ev. Wohlfahrtspflegerinnen	1920 Zusammenschluss zur „Arbeitsgemeinschaft der Wohlfahrtspflegerinnen Deutschlands" (AG)
1916	Verband der Sozialbeamtinnen (DVS)	
1916	Verein katholischer deutscher Sozialbeamtinnen	
1918/20	Erlass der Ausbildungsordnung und erste staatliche Anerkennung für den Beruf der Wohlfahrtspflegerinnen	
1921	Deutscher Verband der Wohlfahrtspfleger, Vorläufer für den	
1925	Bund Deutscher Sozialbeamten (BDS)	
1929	Verband katholischer deutscher Sozialbeamten	
1929	Bund der Berufsorganisationen des Sozialen Dienstes	
1930	Verband evangelischer Wohlfahrtspfleger	
1933	-Fachschaft der Wohlfahrtspflegerinnen/Volkspflegerinnen unter der DAF (Deutsche Arbeitsfront unter den Nationalsozialisten)	
1945	Deutscher Berufsverband der Sozialarbeiter, Sozialpädagogen e.V. (DBS)	
	Bund evangelischer Fürsorgerinnen und Fürsorger	
	Berufsverband der Sozialarbeiter, Sozialpädagogen und Heilpädagogen (BSH)	
1994	-Zusammenschluss der Berufsverbände DBS und BSH zum Deutschen Berufsverband Soziale Arbeit (DBSH) mit Sitz in Essen	

(Zeller 1999)

Halten wir fest

Für die gesellschaftliche Anerkennung der Sozialen Arbeit und deren besseren Vergütung ist die Mitgliedschaft in einer Fachgewerkschaft unerlässlich.

6.6 Öffentlichkeitsarbeit

Öffentlichkeitsarbeit (engl.: public relations = Beziehungen zu den Medien der Öffentlichkeit) meint den selbstinitiierten Versuch, der eigenen Tätigkeit zu öffentlicher Wirksamkeit zu verhelfen, nach dem Motto „Tue Gutes und lasse andere darüber reden!" Öffentlichkeitsarbeit ist also genau das Gegenstück der caritativen Überzeugung: Wenn du etwas gibst, soll die rechte Hand nicht wissen, was die linke tut (Müller 1994b, 23).

Ein amerikanischer Werbefachmann belegt die Notwendigkeit von Werbung und Öffentlichkeitsarbeit mit folgendem Bild: Enten legen ihre Eier in aller Stille, Hühner gackern dabei. Erfolg: Keiner kauft Enteneier, alle wollen Hühnereier (Gernert 1993, 285).

?

Aufgabe

Achten Sie einmal darauf, wie häufig soziale Einrichtungen in Ihrer Tageszeitung etwas über ihre Arbeit schreiben und ob dabei die Berufsbezeichnung „SozialpädagogIn/SozialarbeiterIn" genannt wird. Wie ist Ihr Eindruck?

offensive Öffentlichkeitsarbeit

Wenn man bedenkt, dass die Wohlfahrtsverbände insgesamt mehr als 1.000.000 hauptamtlich Beschäftigte angestellt haben, verwundert es, wie wenig soziale Einrichtungen in der Öffentlichkeit bekannt sind. Durch gezielte und gute Öffentlichkeitsarbeit müsste sich der Wert der Sozialen Arbeit für die Zukunft einer humanen Gesellschaft besser vermitteln lassen. Eine *offensive* Öffentlichkeitsarbeit ist also dringend notwendig.

Dass Öffentlichkeitsarbeit Erfolg haben kann, machten die öffentlichen und medienwirksamen Diskussionen über die Arbeitssituation im Krankenhaus- und Pflegebereich deutlich. Was für die helfenden Berufe in diesem Sektor möglich war, müsste auch für die sozialen Berufe gelingen. Soll Öffentlichkeitsarbeit jedoch Wirkung zeigen, muss klar sein:

- Das viele Kritisieren und Problematisieren in den eigenen Reihen muss aufhören.
- Ganz wesentlich ist das eigene Verhalten und Erscheinungsbild von SozialpädagogInnen/SozialarbeiterInnen.
- Wichtig ist auch das Erscheinungsbild einer Einrichtung. Ein ziemlich baufälliges Gebäude, ungepflegtes Äußeres wie Inneres dürfte nicht zur Imagepflege des Berufsstandes beitragen.

Erst wenn diese Dinge abgestellt bzw. an einem eigenen Selbstbild und an einer eigenen Selbstdarstellung gearbeitet wird, kann man auch in der Öffentlichkeit für einen Berufszweig und deren Einrichtungen werben.

Ein Beispiel für die Wirksamkeit von Öffentlichkeitsarbeit: SozialpädagogInnen/SozialarbeiterInnen beklagten sich, dass immer weniger Studenten ihr Praktikum in Einrichtungen der offenen Jugendarbeit durchführen wollten. Sie machten dafür u. a. auch die Fachhochschule verantwortlich, die Studierende auf dieses Arbeitsfeld zu wenig vorbereite.

Die Fachhochschule lud daraufhin alle interessierten Einrichtungen der offenen Jugendarbeit ein, sich und ihre Arbeit vor den Studierenden (werbewirksam) darzustellen. Von den eingeladenen 38 Einrichtungen der Stadt nahmen neun Einrichtungen die Einladung an. Diese fanden unter den Studierenden mehr Interessenten, als sie einstellen konnten.

Fazit: Eine Einrichtung, die sich attraktiv darstellen kann, findet auch MitarbeiterInnen. Wer dies nicht kann oder wenigstens versucht, darf sich nicht beklagen bzw. sollte bei sich anfangen zu überlegen, wo die Gründe für die Unattraktivität liegen und diese beseitigen.

Kompetenzen

Will man Öffentlichkeitsarbeit betreiben, sind Kenntnisse und Kompetenzen notwendig:

- Man muss wissen, wie man eine Öffentlichkeit schafft, mit der man in Kommunikation treten will.
- Öffentlichkeitsarbeit muss im Zeitalter der Medien Qualität haben. Mit handgemalten und mit Blümchen, Herzchen und Sprechblasen versehenen Plakaten kann man wohl kaum das Image von Sozialer Arbeit aufpolieren.
- Fortbildung in Sachen Presse- und Öffentlichkeitsarbeit ist notwendig, um sich für die Bedeutung interner wie externer Kommunikation sowie für die Möglichkeiten von Öffentlichkeitsarbeit in Bezug auf die Effektivierung der eigenen fachlichen Tätigkeit zu sensibilisieren.
- Öffentlichkeitsarbeit ist ein integraler Bestandteil sozialer Arbeit und sollte nicht nur zu besonderen Anlässen stattfinden. Vielmehr sollte man kontinuierlich über die Einrichtung und die Arbeit berichten. Das bedeutet, nicht nur die eigenen Angebote, sondern auch aktuelle Diskussionsinhalte darzustellen und die eigene Organisation, sowie deren Strukturen und Entscheidungen transparent zu machen. Voraussetzung hierfür ist allerdings die Klärung der Ziele und des eigenen Selbstverständnisses, da nur auf der Grundlage konkreter Vorstellungen, die auf bewussten Entscheidungen aufbauen und als Konsens vorliegen, ein Konzept für die Öffentlichkeitsarbeit realisiert werden kann.

(Greese et al. 1993, 134; Engelhardt 1993, 23)

Defizite in der Öffentlichkeitsarbeit

Puhl stellt als Ergebnis ihrer Untersuchung zur Öffentlichkeitsarbeit im Bereich der Sozialen Arbeit fest:

- Studierende kommen im Verlauf ihrer Ausbildung mit Öffentlichkeitsarbeit wenig in Berührung, so dass sie das Handwerk nicht ausreichend beherrschen, obwohl die Öffentlichkeitsarbeit an den Fachbereichen Sozialer Arbeit einen hohen Stellenwert genießt (Puhl 2004, 153–175).
- Es gibt kaum Fachbücher zur Öffentlichkeitsarbeit in der Sozialen Arbeit (Puhl 2004, 101; Puhl 2002, 779–794; Hamburger 2003, 755–777).
- Die für die Öffentlichkeitsarbeit zuständigen (bestimmten) MitarbeiterInnen sind nur zu einem geringen Teil für die Aufgabe qualifiziert (Puhl 2004, 143, 151, 179).
- Soziale Arbeit hält sich insgesamt gesehen gegenüber der Öffentlichkeitsarbeit deutlich zurück (Puhl 2004, 182).

Als Methoden der Öffentlichkeitsarbeit schlägt Puhl Fundraising, Socialsponsoring, Socialmarketing und Socialmanagement vor (Puhl 2004, 111–126).

!

Halten wir fest

Soziale Arbeit ohne Öffentlichkeitsarbeit sollte nicht mehr denkbar sein. Sie setzt allerdings voraus, dass die Einrichtung über ihr Erscheinungsbild nachdenkt und dass sich die Berufsgruppe Soziale Arbeit medienpraktische Kompetenzen aneignet.

6.7 Verberuflichung und Professionalisierung

?

Aufgabe

Hier werden die Begriffe „Verberuflichung" und „Professionalisierung" eingeführt. Bitte überlegen Sie, was unter Verberuflichung und Professionalisierung verstanden werden könnte.

6.7.1 Verberuflichung

Beruf

In der Literatur ist man sich einig, dass zwischen „Beruf" und „Profession" zu unterscheiden ist, auch wenn die umgangssprachlichen Bedeutungen zusammenfallen.

Nicht jedes Berufshandeln, mit dem man Geld verdient, ist professionell. Unter Beruf versteht man eine aus dem übrigen Lebenszusammenhang ausgegrenzte Arbeitstätigkeit gegen Bezahlung.

> „Die Entwicklung einer Arbeitsverrichtung zum Beruf ist mit einer Systematisierung des entsprechenden Wissensbestandes und einer zunehmenden Sozialorientierung (‚Vergesellschaftung') verbunden. So wurden in dem Maße, wie z. B. vorschulische Kindererziehung nicht mehr von der Mutter, der Oma oder der Nachbarin wahrgenommen wird, sondern von berufstätigen Kindergärtnerinnen, die Kenntnisse über die Sozialisationsprozesse von Kindern im Vorschulalter Gegenstand systematischer Bearbeitung und die Erziehungsarbeit bleibt nicht mehr Privatsache der je Betroffenen, sondern wird als gesellschaftliche Dienstleistung bewusst. Die ‚Verberuflichung' ist zwar eine Voraussetzung der ‚Professionalisierung', keineswegs aber mit ihr identisch." (Sachße, 1984, 287–288)

Die Geschichte der Sozialen Arbeit könnte man auch mit dem Titel „Von der Liebestätigkeit über Verberuflichung zur Professionalisierung" überschreiben. Die Etablierung zu einem eigenständigen Beruf kann man in fünf Schritten aufzeichnen:

- Eine wesentliche Rolle in der Entwicklung des Berufs spielt die soziale Ausgestaltung der Wohlfahrtspflege. Seit der Jahrhundertwende (19./20. Jh.) entwickelte sich eine Fülle von neuen Aufgaben neben der gesetzlichen Armenpflege: Gesundheitsfürsorge, Jugendfürsorge, Säuglingsfürsorge, Tuberkulosefürsorge, Jugendpflege usw. Für diese Ausweitung der Arbeitsgebiete war es zunehmend schwerer, ausreichend viele ehrenamtliche HelferInnen zu finden.
- Der zweite Schritt zur Verberuflichung bestand in der Etablierung von praktischen Anwendungstechniken. Erst diese Entwicklung eigener beruflicher Methoden hob Soziale Arbeit über die Laientätigkeit hinaus und verlieh ihr eine gewisse fachliche Eigenständigkeit.
- Ein entscheidendes Kriterium für einen Beruf ist die Entwicklung eines spezifischen beruflichen Ethos. Gute Gesinnung und ein „mitfühlendes Herz" allein reichen nicht für eine qualifizierte Arbeit (Münchmeier 1981, 133, 138).
- Zur Verberuflichung entschieden beigetragen hat der Umstand, dass die Aufgaben ein solches Niveau an Kompliziertheit erreicht hatten, dass ihre Bewältigung ohne eine spezielle Ausbildung nicht mehr gewährleistet werden konnte.

6.7.2 Professionalisierung

Profession

„Professionalität heißt, auf eine Kurzformel gebracht, die Tätigkeit nutzen zu können, breit gelagerte, wissenschaftlich vertiefte und damit vielfältig abstrahierte Kenntnisse in konkreten Situationen angemessen anwenden zu können. Oder umgekehrt betrachtet: in eben diesen Situationen zu erkennen, welche Bestandteile aus dem Wissensfundus relevant sein können. Es geht also darum, im einzelnen Fall das allgemeine Problem zu entdecken." (Tietgens 1988, 37)

Unterscheidungsmerkmale

In der Literatur ist man sich nicht einig, ob die sozialen Berufe als Profession gelten können.

Die wichtigsten Merkmale, die eine Profession von einem Beruf unterscheiden, sind:

- „Eine theoretisch fundierte Spezialausbildung als Voraussetzung und Grundlage, die einen Expertenstatus verleiht;
- die Verpflichtung der Professionsangehörigen auf einen bestimmten ethischen Berufskodex;
- die Organisation der Professionsangehörigen in einem Berufsverband, der Prüfungen und Berufszugang maßgeblich (mit)bestimmt und kontrolliert;
- die Ausübung der Berufstätigkeit im Dienste der Öffentlichkeit und des Gemeinwohls;

- die Verfügungsgewalt der Professionsangehörigen über gewisse Entscheidungskompetenzen und die Zuschreibung von Prestige und Fachautorität;
- die Verfügung über ein in der Regel überdurchschnittliches Einkommen." (Rohde 1989, 449–450)

Gemessen an diesen Kriterien gelten nur wenige Berufe als so genannte „klassische" Professionen, etwa Juristen, Mediziner, Theologen, Architekten und Hochschullehrer.

Bezüglich der Sozialen Arbeit kann man von Professionalisierung als aktuellem Prozess sprechen. Soziale Arbeit verfügt inzwischen über berufsspezifische Definitionen, Konzepte, theoretisches Wissen und über Handlungs- bzw. Praxistheorien mit Prinzipien und Methoden (Kap. 5). Und sie verfügt über einen großen Markt an Aus- und Weiterbildungsangeboten. Zudem existieren berufsethische Prinzipien. Die Internationale Vereinigung der SozialarbeiterInnen (IFSW) hat eine Deklaration über ethische Prinzipien in der Sozialarbeit 1990 in Buneos Aires verabschiedet, in der zwei Grundwerte allgemeine Anerkennung fanden: Personalität des Menschen und Notwendigkeit der Solidarität. Soziale Berufe sind inzwischen also durchaus in großen Teilen mit den Merkmalen der alten so genannten „klassischen Professionen" vergleichbar.

Berufsethik

?

Aufgabe

Was für einen berufs- bzw. gesellschaftspolitischen Nutzen hat eine Diskussion um die Professionalität? Wie sehen Sie das?

Professionalität

Die Diskussion um Professionalität zielt auf einen entscheidenden Punkt: Es geht um die Frage nach dem Prestige, dem Image der Berufsgruppe in der Gesellschaft. Das Bild der Sozialen Arbeit war lange Zeit in der Öffentlichkeit unscharf. Es liegt jedoch im Interesse des Berufsstandes, seiner Zielgruppe wie auch der Öffentlichkeit Klarheit in das Berufsbild zu bringen und nach vermehrter gesellschaftlicher Anerkennung der fachlichen Autorität von Sozialer Arbeit zu streben.

!

Halten wir fest

Verschiedene Kriterien regeln die Zugehörigkeit zur Profession. Ziel der Diskussion um die Profession ist Statuserhöhung, gesellschaftliche Anerkennung und angemessene Bezahlung.

6.8 Funktionen der Sozialen Arbeit in der Gesellschaft

6.8.1 Sozialpolitik und Soziale Arbeit

Soziale Arbeit umfasst, wie wir gesehen haben, eine indirekt vorbeugende, unterstützende, eine direkt helfende und auch eine politische Dimension. Durch Letztere besteht eine Verbindung zur Sozialpolitik.

Im Grundgesetz ist das Sozialstaatsgebot in Artikel 20 Abs. I festgeschrieben. Sozialstaatliche Grundsätze lassen sich auch aus einzelnen Prinzipien wie der Schutz der Menschenwürde (Art. 1), Sozialbindung des Eigentums, Schutz von Ehe und Familie ableiten.

Die fünf Säulen staatlicher Sozialgesetzgebung

- 1883 Einführung der Krankenversicherung
- 1884 Einführung der Unfallversicherung
- 1889 Einführung der Alters- und Invalidenversicherung
- 1927 Arbeitslosenversicherung
- 1995 Pflegeversicherung .

Sozialstaat

In der Weiterentwicklung der Weimarer Verfassung zum Grundgesetz der Bundesrepublik Deutschland wurde die Bundesrepublik als „demokratischer und sozialer Bundesstaat“ (Art. 20 GG) charakterisiert. Hier kommt Folgendes zum Ausdruck:

> „Anerkennung der elementaren individuellen Freiheitsrechte, die in der Geschichte der bürgerlichen Gesellschaft stets um den Eigentumsgedanken kreisten, und ihre gleichzeitige Einbindung in die Zielvorstellung der Realisierung größtmöglicher sozialer Gerechtigkeit, eine Aufgabe, die dem Staat übertragen wurde." (Dorenburg et al. 1987, 205)

Um dieser grundgesetzlich festgelegten Verpflichtung des Staates nachzukommen, wurde das Aufgabenfeld der Sozialpolitik geschaffen.

> „Unter dem Begriff ‚Sozialpolitik' werden all jene Leistungen und Maßnahmen zusammengefaßt, die zur Beeinflussung von Lebenslagen von Seiten des Staates (Sozialstaates) entwickelt werden. Die Personen oder Bevölkerungsgruppen, deren Lebenslagen beeinflußt werden sollen, sind nach spezifischen sozialpolitischen Kriterien abgegrenzt (Risiken wie vor allem Krankheit, Unfall, Arbeitslosigkeit, Alter, besondere Versorgungsbedürftigkeit). Die klassischen Leistungen der Sozialpolitik sind in der Regel monetäre Leistungen im Rahmen der Einkommens- und Vermögensverteilung." (Böhnisch 1982, 7)

> „Die Sozialpolitik und das ihr zugehörige Arbeits- und Sozialversicherungsrecht sind Ausdruck der Verrechtlichung des Verhältnisses von Lohnarbeit und Kapital. Bei der Sozialpädagogik/Sozialarbeit – bzw. ihrer historischen Vorgängerin, der sozialen Fürsorge – handelt es sich dagegen um die Verrechtlichung einer besonderen Beziehung zwischen dem Staat und der Masse der Lohnabhängi-

gen (Fürsorgepflicht des Staates). Von Anfang an wurde das Fürsorgerecht als hoheitliche Funktion des Staates und seiner Organe normiert, wurden also jene Fälle definiert, in denen der Staat sich zur (fürsorgerischen oder auch kontrollierenden) Intervention verpflichten lassen, bzw. berechtigt sein wollte. Diese unterschiedlichen historischen Formen der Vergesellschaftung von Sozialpolitik und Sozialarbeit haben die Entwicklung beider Bereiche und ihr besonderes Verhältnis zueinander bis in die Gegenwart bestimmt. Dieses besondere Verhältnis besteht darin, daß die Sozialpolitik der Sozialpädagogik immer wieder Probleme zur pädagogischen Betreuung und Verwaltung zuschiebt." (Böhnisch 1982, 6)

Unterschiede Soziale Arbeit – Sozialpolitik

Das Verhältnis von Sozialpolitik und Sozialer Arbeit wird in der Literatur unterschiedlich gesehen. Soziale Arbeit ist, was die Institutionen und Organisationen der Sozialen Arbeit als Dienstleister tun, Sozialpolitik ist die Tätigkeit der staatlichen und kommunalen sozialpolitischen Instanzen. Die Träger der öffentlichen Sozialhilfe und die Verbände der freien Wohlfahrtspflege betreiben Soziale Arbeit; Sozialleistungsträger, die Parteien, Wirtschaftsverbände, das Parlament und die zuständigen Arbeits- und Sozialministerien betreiben Sozialpolitik. Zur Sozialen Arbeit gehören alle Leistungen nach dem Bundessozialhilfegesetz und dem Kinder- und Jugendhilfegesetz, zur Sozialpolitik diejenigen Aufgaben, die in die Kompetenz des Bundesministeriums für Gesundheit und soziale Sicherung gehören.

Soziale Arbeit ist als ein Teil der Sozialpolitik zu verstehen. Die Denkweise auf Seiten der Sozialen Arbeit ist jedoch eine andere als die der Sozialpolitik.

Dass Soziale Arbeit ein Teil der Sozialpolitik ist, kann man gut dort erkennen, wo angesichts der Finanzkrise der öffentlichen Haushalte an den sozialen Diensten gespart wird: Stellenstopp beim Fachpersonal, Senkung der Personalkostenzuschüsse, Stellenstreichung, Schließung von Einrichtungen und Tendenzen der Reprivatisierung machen dies sehr deutlich.

Böhnisch führt im Kontext des Verhältnisses zwischen Sozialpolitik und Sozialer Arbeit vier Aspekte auf, die für die deutsche Entwicklung typisch sind:

- eine besonders hohe Tendenz der Bürokratisierung und Verrechtlichung;
- die prinzipiell sozialintegrative Ausrichtung der Sozialen Arbeit;
- die in Deutschland besonders komplizierte Verstrickung von Sozialpolitik und Sozialer Arbeit: der Doppelcharakter von Hilfe(leistungen) und Kontrolle;
- die eigenartige Lähmung und sanfte Unterwerfung der Wohlfahrt unter den Politikanspruch des Sozialstaates (Böhnisch 1984, 51).

Grundsatzprogramm des DBSH

Im Grundsatzprogramm der Fachgewerkschaft der Sozialen Arbeit Deutscher Berufsverband Soziale Arbeit e.V. (DBSH) finden wir über den Zusammenhang zwischen Sozialer Arbeit, (Sozial)politik, ökonomischen Bedingungen und gesellschaftlichen (Macht)Verhältnissen folgende Grundsatzüberzeugungen ausformuliert:

Auszüge aus dem Grundsatzprogramm des DBSH

„1. Visionen

Der DBSH setzt sich ein für eine Gesellschaft,

_ in der die zentralen Werte der Menschenwürde und der sozialen Gerechtigkeit verwirklicht sind,

_ in der alle Menschen in Wahrnehmung ihrer persönlichen Verantwortung das Recht und die Möglichkeit zur Selbstverwirklichung, Selbstbestimmung und individuellen Gestaltung ihres
Lebens haben,

_ in der solidarisches Handeln als Zeichen sozialer Verantwortung gegenüber den Schwächeren praktiziert wird,

_ in der unterschiedliche Lebensformen möglich sind, sofern diese nicht andere körperlich, geistig oder seelisch schädigen,

_ in der Gewalt gegen Menschen geächtet und Konflikte ohne Gewalt gelöst werden,

_ in der Menschen frei von Unterdrückung in jeder Form leben können,

_ in der bezahlte Arbeit für alle, die arbeiten können, vorhanden ist.

2. Rahmenbedingungen für die Profession Soziale Arbeit

Aufgaben und Funktionen der Profession Soziale Arbeit stehen in direktem Zusammenhang mit Politik, Wirtschaft und Gesellschaft.

Sozialpolitik und Soziale Arbeit sind neben strukturellen und rechtlichen Rahmensetzungen Instrumente zur Einlösung des Sozialstaatsprinzips und zur Vermeidung von sozialen Konflikten.

Sozialpolitik und Soziale Arbeit haben damit die Aufgabe, soziale Problemlagen bestimmter Personengruppen zu vermeiden, zu lindern oder zu lösen. Zu ihren Zielgruppen zählen u. a. kranke, pflegebedürftige, arbeitslose, behinderte Menschen in materiellen und psychosozialen Notlagen, Straffällige, Familien mit Erziehungsproblemen usw. Eine durch den Zusammenschluss zur Währungsunion zu erwartende Anpassung der unterschiedlichen sozialen Sicherungssysteme wird das soziale Sicherungssystem Deutschlands vor große Herausforderungen stellen.

Mit der Entwicklung globaler Märkte und Wirtschaftsformen haben sich auch Probleme wie Armut und Arbeitslosigkeit „globalisiert". Neben der traditionellen Trennung zwischen „reichen" und „armen" Ländern spiegeln sich zunehmend auch in den weiter entwickelten Staaten selbst diese Verhältnisse: Die Schere zwischen Arm und Reich öffnet sich zusehends.

2.1 Verhältnis zwischen Profession – Politik/Wirtschaft

Die Qualität, die Möglichkeiten und die Legitimation der Profession Soziale Arbeit ist immer im Zusammenhang mit Politik und Wirtschaft zu sehen.

Die Profession Soziale Arbeit ist Teil des gesellschaftlichen Handelns. Sie steht in einer Wechselbeziehung von aktivem Einfluss auf und Beeinflussung durch Politik, Gesellschaft und Lebenswelt.

2.1.1 Politik und Profession

Als Ergebnis von Diskussionen in der Gesellschaft werden Fachkräfte der Profession Soziale Arbeit mit der Lösung sozialer Probleme beauftragt. Die Politik schafft dazu die Rahmenbedingungen.

Berufliche Soziale Arbeit hat einen doppelten Auftrag: einerseits die Stützung bestehender Strukturen und Normen der Gesellschaft oder deren Veränderung, andererseits die Begleitung und Hilfe für diejenigen, denen individuelle Notlagen, personale Probleme und/oder vorhandene gesellschaftliche Widersprüche eine befriedigende Lebensgestaltung nicht möglich machen.

In dieser Doppelfunktion steht Soziale Arbeit im Spannungsfeld zwischen gesellschaftlichen Ordnungsinteressen und den Interessen von einzelnen Menschen und Gruppen. Die Beschäftigten erleben diesen Konflikt ständig in ihrer Arbeit. Sie haben den Auftrag, den BürgerInnen Partizipation in dieser Gesellschaft, in ihrem Gemeinwesen, zu ermöglichen.

2.1.2 Wirtschaft und Profession

Das Verhältnis zwischen Wirtschaft und der Profession Soziale Arbeit ist gespannt. Ziele der Wirtschaft sind vor allem monetärer Erfolg durch Umsatzsteigerung und Steigerung des Gewinns. Eine soziale Verpflichtung ist daher durch aktive Einflussnahme auf die Politik zu erreichen. Die soziale Marktwirtschaft will gerade dieser sozialen Verpflichtung Geltung verschaffen.

„Im Gegensatz dazu sieht sich die Profession Soziale Arbeit dem humanistisch-christlichen Menschenbild und einer aufgeklärten und idealistischen Orientierung verpflichtet. Demnach ist der Grundsatzprogramm des DBSH Mensch mehr als nur eine Erwerbsquelle oder ein Produktionsfaktor.

In der Alltagsarbeit erfahren die Fachkräfte unmittelbar die Auswirkungen wirtschaftlichen Handelns. Soziale Arbeit versteht sich als Menschenrechtsprofession. Die inhaltliche Arbeit bewegt sich in einem Spannungsfeld zwischen kritischer Parteilichkeit mit Betroffenen/Klientel/NutzerInnen und gleichzeitiger finanzieller Abhängigkeit von Wirtschaft und Politik und Verantwortung für die Gesellschaft.

(…)

Die Profession Soziale Arbeit hat in ihrer differenzierten Berufsgeschichte und langjährigen Tradition stets zur Lösung sozialer Konflikte beigetragen. Dies ist auch in Zukunft eine originäre Aufgabe.

Die zunehmenden sozialen Probleme in Deutschland fordern auch weiterhin von der professionellen Sozialen Arbeit ständige Entwicklung ihrer Handlungskonzepte.

Der DBSH setzt sich dafür ein, diesen Prozess mit fachlichem und politischem Gewicht zu begleiten.

_ Der DBSH stellt fest, dass die Profession Soziale Arbeit einen wesentlichen Beitrag zum Ausgleich gesellschaftlicher Widersprüche und damit zur Bewahrung des sozialen Friedens leistet.

Der DBSH bemüht sich um eine Verdeutlichung des Wirkens Sozialer Arbeit und ihrer gesellschaftspolitischen und volkswirtschaftlichen Bedeutung.

_ Der DBSH setzt sich dafür ein, dass berufliche Soziale Arbeit und ehrenamtliche Tätigkeit zielgerichtet neben- und miteinander bestehen. Er bekämpft jedoch alle Bestrebungen, professionelle Soziale Arbeit zu entqualifizieren.

_ Der DBSH betrachtet die Einführung von Qualitätsmanagement und Qualitätssicherungs-Modellen als Möglichkeit zur Stärkung der NutzerInnenorientierung und der Verbesserung von Qualität und Effizienz der Sozialen Arbeit. Dies kann jedoch nur dann gelingen, wenn dies nicht vordringlich als Instrument gesehen wird, um finanzielle Kürzungen durchzusetzen.

_ Der DBSH strebt eine gemeinsame Interessenvertretung aller Angehörigen der Profession Soziale Arbeit an.

_ Die Profession Soziale Arbeit benötigt in der Beratung und Hilfe den gesetzlichen Schutz der Vertrauensbeziehung. Deshalb setzt sich der DBSH dafür ein, dass in vielen Tätigkeitsfeldern das strafprozessuale Zeugnisverweigerungsrecht gültig wird.“ (DBSH 2009, 15ff.)

6.8.2 Dienstleistung

Sozialpolitik und Soziale Arbeit müssen im Zusammenhang mit weiteren wichtigen Begriffen gesehen werden, darunter: *Dienstleistungsgesellschaft* und *Dienstleistung, positive und negative Macht.*

B. Müller stellt sieben Sektoren/Felder dar, die heute den *Sozialstaat* und *Kulturstaat* bzw. die Dienstleistungsgesellschaft ausmachen:

Versicherungssystem

- „Das System der Versicherung der klassischen Lebensrisiken: Alter, Krankheit, Unfall, das sich aus den Anfängen der Bismarckschen Sozialgesetzgebung entwickelt hat. Der Übersicht halber schlage ich die Vorsorge solcher Risiken hierzu, die nicht nach dem Versicherungsprinzip funktionieren, sondern nach dem Versorgungsprinzip … oder nach dem Fürsorgeprinzip, wenn andere Systeme nicht greifen. Letzteres zu verwalten, ist in besonderem Maße Domäne sozialer Arbeit.

Gesundheitswesen

- Das Gesundheitswesen, gemeint als die Summe aller ärztlichen und pflegerischen Dienste. Im weitesten Sinn kann man auch den Rehabilitations- und den Bereich der Einrichtungen für Behinderte dazu rechnen sowie die immer stärker sich ausbreitende Szene der vielfältigen Selbsthilfegruppen.

Erziehungswesen

- Das Erziehungswesen, womit alle Bereiche des Schulsystems, der Hochschulen, der Fort- und Weiterbildung, aber auch der außerschulischen Jugend- und Erwachsenenbildung gemeint sind …

Rechtswesen

- Justiz und Rechtspflege, wozu man im weiteren Sinn den Justizvollzug einerseits und die polizeiliche Tätigkeit andererseits rechnen kann …

Wirtschafts- und Arbeitsförderung

- Die Wirtschafts- und Arbeitsförderung, hier verstanden als die Summe aller staatlichen, aber auch privaten Tätigkeiten, die darauf abzielen, arbeitsbezogene Risiken abzufedern, Chancengleichheit zu geben oder Starthilfen zu vermitteln …

Finanzssystem

- Die Systeme der Verwaltung privater Gelder (Sparkassen- und Banksysteme). Da es sich hier um einen weitgehend staatsfreien Sektor handelt, verwundert es vielleicht, ihn in dieser Reihe aufgeführt zu finden. Es lassen sich aber nicht nur historisch enge Zusammenhänge, etwa von Sparkassen mit den Bestrebungen sozialer Arbeit, feststellen. Vielmehr gibt es heute auch, z. B. auf dem immer wichtiger werdenden Feld der Schuldnerberatung, Überschneidungsbereiche. Zudem definieren viele Geldinstitute, insbesondere solche mit kommunal geprägter Trägerschaft, als ihre Aufgabe auch die Unterstützung sozialer und kultureller Aktivitäten, was Berührungspunkte zu sozialer Arbeit ergibt.

- Schließlich der gesamte Bereich der kulturellen Infrastrukturen und der Kulturförderung, insbesondere soweit er in kommunaler Hand ist. Berührungspunkte bzw. Tätigkeitsfelder, die auch mit sozialer Arbeit zu tun haben, entwickeln sich insbesondere, seit die Idee eines erweiterten Kulturbegriffs ... immer mehr Verbreitung findet und seit sich in den Kommunen herumspricht, daß ökonomische Prosperität, Vielfalt kultureller Angebote und Lebensqualität der Bewohner einen untrennbaren Zusammenhang bilden.“ (Müller 1992, 103)

Kulturförderung

Welche Aufgabe übernimmt in diesem Zusammenhang die Soziale Arbeit? Das professionelle Handeln müsste grundsätzlich in zwei Richtungen zielen: sowohl in die Richtung, das jeweilige System für diejenigen Personen und Probleme zu öffnen, die aus ihm herausfallen, zum anderen in die Richtung, die faktische Nutzbarkeit des jeweiligen Systems für diejenigen, denen diese Nutzung versagt bleibt, zu verbessern bzw. erst einmal herzustellen. Diese Rolle als Scharnier zwischen Sozialstaat bzw. Dienstleistungsgesellschaft und unterprivilegierten Personengruppen – SozialpädagogInnen/SozialarbeiterInnen als *Systemöffner* und *Ressourcenarbeiter* – verweisen darauf, dass soziale Berufe *Dienstleistungsberufe* sind.

Dienstleistungsberuf

Bei Dienstleistungen handelt es sich immer um Tätigkeiten, die auf die Gewährleistung gesellschaftlicher Normalzustände bezogen sind. Diese charakteristische Aufgabenstellung der Dienstleistungsarbeit lässt sich am besten mit Begriffen wie „synthetisierende Arbeit“ oder „Vermittlungsarbeit“ oder „Normalisierungsarbeit“ kennzeichnen (Offe 1987, 175).

Dienstleistungsgesellschaft

Wir leben in einer *Dienstleistungsgesellschaft*. Weit über die Hälfte aller Erwerbstätigen sind im Dienstleistungssektor beschäftigt.

Macht

Der Begriff Anpassung ist also vom Grundverständnis her positiv. Er besagt eine vom Individuum und Umwelt gemeinsam erbrachte Leistung des aufeinander Abgestimmtseins. Die negative Sicht kommt wahrscheinlich von der Verbindung „Anpassung und Macht“ bzw. „Anpassung und Ohnmacht“. Deswegen soll in einem zweiten Schritt der Begriff „Macht“ geklärt werden.

Eine gesellschaftliche Funktion der Sozialen Arbeit ist die Kontrolle. Kontrolle ist aber auch immer eine Frage der Macht. Staub-Bernasconi versucht eine realitätsgerechte, differenzierende und nicht klischeebesetzte Auseinandersetzung mit der Machtproblematik. Sie unterscheidet zwischen „positiver Macht“, d. i. legitime Macht, und „negativer Macht“, d. i. illegitime Macht.

positive Macht

Unter einer *positiven Macht* versteht sie eine *Begrenzungsmacht*, die Begrenzungsregeln aufstellt. Bei den Begrenzungsregeln geht es um menschliches Zusammenleben nach fairen Regeln und eine positive Konkretisierung von Multikulturalität.

Eine Machtstruktur, die aufgrund solcher Begrenzungsregeln funktioniert, kann als bedürfnisnahe und deshalb menschengerechte Machtstruktur bezeichnet werden und ist in dieser Ausprägung zu bejahen (Staub-Bernasconi 1994, 32; Bango 2001, 164–180; Heiner 1994, 24–40, 69–71). Im Alltag gibt es viele solcher begrenzenden Regeln, die gar nicht als solche wahrgenommen und bewusst erfahren werden. Die Kontrollinstanz der Begrenzungsmacht versteht sich als Verwalter von kostbaren Gütern sowie des Schutzes der Unversehrtheit des Menschen.

„Die Kontrolleure sind Treuhänder und Treuhänderinnen. Insofern sie Ressourcen verwalten, verteilen sie diese aufgrund der dargestellten Prinzipien begrenzender Macht. Und diese Prinzipien sind von der Idee der Erfüllung menschlicher Grundbedürfnisse und legitimer Wünsche getragen.

Macht ist deshalb nötig, weil viele Güter und Ressourcen Knappheitsgesetzen unterliegen und Menschen ihre Freiheit auch dazu missbrauchen können, sich diese Ressourcen subtil oder gewaltsam anzueignen und andere davon auszuschließen. Freiwillige Begrenzungen werden hier positiv belohnt. Die Entscheide gelten für alle; das Entscheidungsverfahren ist für alle kontrollierbar und damit transparent." (Staub-Bernasconi 1994, 32, 38)

negative Macht

Unter einer *negativen Macht* versteht Staub-Bernasconi eine *Behinderungsmacht*, „... die Behinderungsregeln aufstellt. Diese disziplinieren nach unten und sie entgrenzen, d. h. sie deregulieren nach oben im Sinne einer Umverteilung von Ressourcen nach oben. Eine Machtstruktur, die aufgrund solcher Regeln funktioniert, muss als menschenbehindernd bezeichnet werden. Die Machtinhaber gehen davon aus, dass sie das Gesamtinteresse repräsentieren und dass das, was ihnen nützt, entsprechend allen nützt.

Die Kontrollinstanz, die Behinderungsprinzipien durchzusetzen hat, ist vom Abweichungs-, Straf- und/oder Rachegedanken für sozial abweichendes Verhalten her konzipiert und hat darüber hinaus unterschiedslos als inflationär bezeichnete Bedürfnisansprüche von Menschen abzuwehren. Entsprechende Tatbestände werden als Verletzung der Besitzansprüche und -rechte der Besitzenden oder als Verletzung der moralischen Ideen und Normen in bezug auf das ‚Wesen des Menschen' oder das ‚Wesen der Gesellschaft', der ‚Gemeinschaft' definiert ... Die Durchsetzungsregeln und/oder -praktiken sind selektiv, d. h. nicht für alle Menschen gleich. Transparenz bezüglich Entscheidungsfindung ist nur teilweise oder gar nicht gewährleistet". (Staub-Bernasconi 1994, 32, 37, 39)

Halten wir fest

- *Soziale Arbeit ist ein Teil der Sozialpolitik.*
- *Anpassung* ist für den Menschen notwendig und deshalb positiv. Negativ wird Anpassung dann, wenn der Mensch der *Macht* ohnmächtig ausgeliefert ist.
- Man kann legitime und illegitime Macht unterscheiden.
- Die positive (legitime) Macht versteht sich als Verwalter und Schützer der Güter und Ressourcen der Menschen.

6.8.3 Das berufsethische Mandat der Sozialen Arbeit

Die internationale Definition der Sozialen Arbeit

Die internationale Definition der Sozialen Arbeit

Soziale Arbeit als Beruf fördert den sozialen Wandel und die Lösung von Problemen in zwischenmenschlichen Beziehungen und sie befähigt die Menschen, in freier Entscheidung ihr Leben besser zu gestalten. Gestützt auf wissenschaftliche Erkenntnisse über menschliches Verhalten und soziale Systeme greift Soziale Arbeit dort ein, wo Menschen mit ihrer Umwelt in Interaktion treten. Grundlagen der Sozialen Arbeit sind die Prinzipien der Menschenrechte und der sozialen Gerechtigkeit.“ (DBSH 2009, 13)

Diese internationale Definition professioneller Sozialer Arbeit ersetzt die Definition der International Federation of Social Workers (ISFW) von 1982. Die professionelle Soziale Arbeit des 21. Jahrhunderts versteht sich aber als dynamisch und sich weiterentwickelnd. Von daher sollte keine Definition als endgültig angesehen werden.

Vom „Doppelmandat" über das „Tripelmandat" zum berufsethischen Mandat (Berufsmandat)

Berufsmandat

Ethisches Bewusstsein ist ein grundlegender Teil der beruflichen Praxis von SozialarbeiterInnen/SozialpädagogInnen. Ihre Verpflichtung, ihre berufsethischen Grundlagen zu kennen und zu beachten, ist ein wesentlicher Aspekt der Qualität der Dienstleistung, die denjenigen angeboten wird, die sozialarbeiterische Dienste brauchen und nutzen.

SozialarbeiterInnen/SozialpädagogInnen verfügen über kein politisches oder gar rechtsanwaltschaftliches Mandat. Aber die Profession trägt soziale Verantwortung. Deshalb können wir von einen berufsethischen „Mandat“ sprechen.

In der Fachliteratur begegnen wir noch immer dem inzwischen aus der „Mode gekommenen“ Begriff „Doppeltes Mandat“. Dies bedeutet auf der einen Seite konkrete Hilfe(leistungen) und auf der anderen die Ausübung (hoheits)staatlicher Kontrollfunktionen durch die Berufsgruppe (z. B. am Jugendamt, in der Bewähungshilfe etc.). Diese undifferenzierte Funktionsaufteilung gilt in Fachkreisen inzwischen aber als überholt. Im Zuge der Professionalisierung und v. a. Internationalisierung der Sozialen Arbeit prägte Silvia Staub-Bernasconi den Begriff „Tripelmandat“, das sich aus drei Aspekten zusammensetzt:

1. Wissenschaftlich begründete **Erklärungstheorien und Methoden/Arbeitsweisen**, die häufig aus den wissenschaftlichen Bezugsdiszplinen entnommen werden (z. B. Soziologie, (Sozial)Psychologie etc.)

2. Berufskodex, d. h. den berufsethischen Prinzipien der Sozialen Arbeit (vgl. www.dbsh.de und www.ifsw.org), die in professionellen, berufsethischen Entscheidungsprozessen vom jeweiligen gesellschaftlichen Zeitgeist und Druck der Arbeitgeber und Trägerinstitutionen unabhängig machen sollen,

3. Internationale Menschenrechtsinstrumente (Sozial- und Zivilpakt 1966/1973; Menschenrechtskonventionen, z. B. Kinderrechts- oder Flüchtlingskonvention; Europäische Sozialcharta) als tragende Legitimationsbasis Sozialer Arbeit. Diese stellt auch die in der Fachliteratur meist wenig explizit diskutierte Frage nach den gesellschaftlichen, politischen und ökonomischen Machtverhältnissen innerhalb der Sozialen Arbeit (Staub-Bernasconi 2007; Zeller 2006b; 2007).

Hier wird jetzt zur Vereinfachung vorgeschlagen, die Bezeichungen „Doppeltes Mandat" und „Tripelmandat" künftig zugunsten der Begrifflichkeit „Berufsethisches Mandat" oder einfach „Berufsmandat der Sozialen Arbeit" mit fünf berufsethischen Grundprinzipien zusammenzufassen.

Berufsmandat der Sozialen Arbeit

Das „Doppelmandat" (Hilfe und Kontrolle) und das „Tripelmandat" (Wissenschaftsorientierung, Berufskodex, Menschenrechte) bilden mit den fünf berufsethischen Grundprinzipien des DBSH zusammen das Berufsmandat mit wiederum **fünf Hauptaspekten**

– Hilfeleistungen

– Kontrollfunktionen

– Wissenschaftsorientierung/Erklärungstheorien

– Berufskodex (berufsethische Prinzipien des ISFW bzw. DBSH)

– Menschenrechtsinstrumente

(vgl. dazu Staub-Bernasconi 2007; Zeller 2006c; 2007)

Sehen wir uns für die Förderung einer Berufsidentität und die Aufrechterhaltung eines Berufsbildes der Profession jetzt einmal die allgemeinen Grundsätze beruflichen Handelns und den Berufskodex der Sozialen Arbeit (fünf berufsethische Prinzipien) näher an:

Berufskodex/ Berufsethische Prinzipien des DBSH

Der Berufskodex der Sozialen Arbeit

Die fünf berufsethischen Prinzipien des Deutschen Berufsverbandes Soziale Arbeit e. V. (DBSH)

(Beschluss der Bundesmitgliederversammlung des DBSH
vom 21.–23. November1997 in Göttingen)

„Allgemeine Grundsätze beruflichen Handelns

Die Mitglieder des DBSH erbringen eine für die demokratische Gesellschaft unverzichtbare Dienstleistung. Sie üben ihren Beruf unter Achtung ihrer beruflichen Werte aus. Die Dienstleistung kann von jedem Menschen, unabhängig von Herkunft, Geschlecht, Alter, Nationalität, Religion und Gesinnung, in Anspruch genommen werden.

Die Mitglieder des DBSH begegnen jeder Art von Diskriminierung, sei es aufgrund von politischer Überzeugung, nationaler Herkunft, Weltanschauung, Religion, Familienstand, Behinderungen, Alter, Geschlecht, sexueller Orientierung, Rasse, Farbe oder irgendeiner anderen Neigung oder persönlichen Eigenschaft, eines Zustandes oder Status. Weder wirken sie bei solchen Diskriminierungen mit noch dulden oder erleichtern sie diese.

Die Mitglieder des DBSH ermöglichen, fördern und unterstützen durch ihr professionelles Handeln in solidarischer Weise

_ die Initiative der beteiligten Menschen, deren eigene Lösungen und ihre Mitwirkung,

_ die Einbindung der beteiligten Menschen in ein Netz befriedigender und hilfreicher Beziehungen,

_ bei den beteiligten Menschen Einstellungen und Fähigkeiten, mit denen sie zur Verbesserung der Welt beitragen können. Berufsethische Prinzipien des DBSH

Die Mitglieder des DBSH haben den beruflichen Auftrag, die strukturell bedingten Ursachen sozialer Not zu entdecken, öffentlich zu machen und zu bekämpfen.

Die Fachlichkeit der Mitglieder des DBSH besteht in wissenschaftlich begründetem Handeln mit berufseigenen Verfahren.

Die Mitglieder des DBSH treten für die Verwirklichung der Rechte sozial Benachteiligter öffentlich ein. Sie sind gehalten, politische Prozesse in Gang zu bringen, mitzugestalten, sowie die hierfür benötigten Kräfte zu mobilisieren.

Die Mitglieder des DBSH erforschen soziale Not. Gestützt auf die Erkenntnisse der Sozialforschung, machen sie öffentlich auf individuelle wie kollektive Problemlagen aufmerksam, verdeutlichen deren Ursachen und wirken auf Lösungen hin. Dabei arbeiten sie auf lokaler, nationaler und internationaler Ebene mit den am Problem beteiligten Menschen zusammen.

Die Mitglieder des DBSH sollen aktiv in der Sozialplanung mitwirken.

Die Mitglieder des DBSH wirken beim Beschaffen der für ihre Arbeit notwendigen Ressourcen mit. Mit zur Verfügung gestellten Ressourcen ist sorgfältig und wirtschaftlich umzugehen.

Die Mitglieder des DBSH dokumentieren die in Ausübung ihres Berufes gewonnenen Erkenntnisse und getroffenen Maßnahmen. Dies dient der Planung und Reflexion des Arbeitsprozesses.

Die Mitglieder des DBSH holen kollegiale Beratung ein, wenn die Situation zusätzliche Fachkompetenz erfordert. Dies erfolgt unter anderem durch berufsspezifische Supervision.

Die Mitglieder des DBSH eignen sich die aktuellen fachspezifischen wissenschaftlichen Erkenntnisse an (Fortbildungspflicht). Darüber hinaus sind sie zu Innovation und Forschung bereit.

Die Mitglieder des DBSH missbrauchen ihre Stellung nicht zur eigenen Vorteilsnahme.

1. Verhalten gegenüber den KliententInnen

Die Mitglieder des DBSH achten die Privatsphäre und Lebenssituation der Klientel. Die Mitglieder des DBSH erkennen, respektieren und fördern die individuellen Ziele, die Verantwortung und Unterschiede der Klientel und setzen die Ressourcen der Dienststelle dafür ein.

Die Mitglieder des DBSH informieren ihre Klientel über Art und Umfang der verfügbaren Dienstleistungen sowie über Rechte, Verpflichtungen, Möglichkeiten und Risiken der sozialen Dienstleistungen und schließen darüber einen Kontrakt. Eine vorzeitige Beendigung dieses Kontraktes ist nur in Ausnahmefällen zulässig.

Diese erfolgt, wie die Verlängerung des Kontraktes, dessen Unterbrechung oder eine Vermittlung an andere Fachstellen ausschließlich im Benehmen mit der Klientel.

Die Mitglieder des DBSH wahren in ihren beruflichen Beziehungen oder Verpflichtungen Rechte, Güter und Werte der Klientel.

Die Mitglieder des DBSH nutzen ihre Beziehungen zur Klientel nicht zum ungerechtfertigten Vorteil. Sie gestalten ihre Beziehungen zur Klientel ausschließlich berufsbezogen.

Die Mitglieder des DBSH respektieren die Lebenssituation und Unabhängigkeit der beteiligten Menschen, bemühen sich um Verständnis und führen die Dienstleistung im Rahmen eines Kontraktes gewissenhaft und zuverlässig aus.

Die Mitglieder des DBSH sind verpflichtet, anvertraute persönliche Daten geheim zu halten. Sie geben diese Daten nur weiter, wenn sie aus gesetzlichen Gründen offenbart werden müssen. Personen, deren Daten weitergegeben werden, sind darüber zu unterrichten.

Die Mitglieder des DBSH erheben und speichern nur jene Daten und Fakten, die für die Durchführung und Rechenschaft über die Intervention nötig sind. Die Verpflichtung zur Geheimhaltung besteht auch nach Abschluss der beruflichen Beziehung.

Die Mitglieder des DBSH ermöglichen der Klientel angemessenen Zugang zu allen sie betreffende Aufzeichnungen. Wenn Klientinnen/ Klienten Zugang zu den Unterlagen erhalten, muss ausreichend Sorge dafür getragen sein, dass die der Verschwiegenheit unterliegenden Informationen über Dritte geschützt sind.

Diejenigen Mitglieder des DBSH, für die kein Zeugnisverweigerungsrecht besteht, bemühen sich um die Befreiung von der gesetzlichen Zeugnispflicht, wenn ihre Aussagen das Vertrauensverhältnis zur Klientel gefährden und dem keine ernstliche Gefährdung Dritter entgegensteht.

2. Verhalten gegenüber Berufskolleginnen und Berufskollegen

Kollegiales Verhalten für Mitglieder des DBSH bedeutet Wertschätzung und Anerkennung der Berufskolleginnen und -kollegen.

Dies setzt die Identifikation mit dem eigenen Berufsstand voraus. In diesem Sinne sind Mitglieder des DBSH dazu verpflichtet, dem beruflichen Nachwuchs Traditionen des Berufsstandes zu erschließen.

Kollegialität der Mitglieder im DBSH wird wirksam,
_ in der Anerkennung der Kolleginnen und Kollegen, die mit unterschiedlichen Aufgaben betraut sind,
_ im gegenseitigen Beistand bei der Ausübung des Berufes,
_ in der Absprache bei Hilfeprozessen, in denen bereits Berufskolleginnen und -kollegen tätig sind,

_ in der aktiven und kritischen Beteiligung an der Ausbildung des beruflichen Nachwuchses,
_ in der beruflichen Selbstorganisation.

Kritik ist in geeigneter und verantwortlicher Form zu üben und zu nutzen.

3. Verhalten gegenüber Angehörigen anderer Berufe

Die Komplexität der Problemstellungen im sozialen Bereich macht das Zusammenwirken von Angehörigen unterschiedlicher Berufe unabdingbar.

Die Mitglieder des DBSH vertreten gegenüber den Angehörigen anderer Berufe ihre spezifische Fachlichkeit und achten die Fachlichkeit anderer Berufe. Bei Konflikten zwischen unterschiedlichen fachlichen Standpunkten zeigen sie sich parteilich für das Wohl der Menschen, denen der Hilfeprozess dienen soll. Dabei berufen sie sich auf die Grundsätze der Berufsethik des DBSH.

Die Mitglieder des DBSH schaffen und gestalten das interdisziplinäre Zusammenwirken. Dies erfordert insbesondere die eigene Arbeit transparent zu machen, zu begründen und nachvollziehbar darzustellen; den spezifischen Beitrag der Sozialen Arbeit kenntlich zu machen und aktiv zu leisten; die Grenzen, die sich aus der Fachlichkeit und beruflichen Orientierung ergeben, zu wahren.

Die Mitglieder des DBSH setzen sich mit Weisungen und Anforderungen auf der Basis der eigenen Fachlichkeit und der berufsethischen Prinzipien kritisch auseinander.

4. Verhalten gegenüber Arbeitgeber/ innen und Organisationen

Die Mitglieder des DBSH überprüfen, ob die Zielsetzungen, Strategien und Maßnahmen möglicher Kooperationspartner/innen auf die Förderung der beruflichen Praxis gerichtet sind und im Einklang mit den „Berufsethischen Prinzipien des DBSH“ stehen. Nur bei Vorliegen schwerwiegender Gründe kooperieren sie mit Institutionen und Organisationen, die diese Voraussetzungen nicht erfüllen.

Die Mitglieder des DBSH überprüfen vor Abschluss eines Arbeits- oder Dienstverhältnisses, ob der/die Arbeitgeber/in die Voraussetzungen zur Verwirklichung ihrer spezifischen Fachlichkeit bietet oder diese in einem angemessenen Zeitraum zu schaffen bereit ist.

Nur in Ausnahmefällen gehen sie ein Arbeits- bzw. Dienstverhältnis ein, das diese Voraussetzungen nicht erfüllt. Sie haben das Recht und die Pflicht, den/die Arbeitgeber/in schriftlich über schwerwiegende Mängel oder Überforderungen zu informieren.

Die Mitglieder des DBSH sind zu konstruktiver und innovativer Zusammenarbeit mit dem/der Arbeitgeber/in verpflichtet. Bei einem Konflikt suchen sie mit dem/der Arbeitgeber/in zuerst institutionsinterne Möglichkeiten zur Beilegung.

Das Erreichen der berufsspezifischen Ziele wird durch eigene fachliche Erfolgskriterien bestimmt.

5. Verhalten in der Öffentlichkeit

Die Mitglieder des DBSH stellen ihren Berufsstand als gesellschaftliche Kraft dar, die auf wissenschaftlicher Basis mit den ihr eigenen Mitteln und Möglichkeiten eine für die Gesellschaft notwendige und wertvolle Dienstleistung erbringt. Abwertungen des Berufsstandes treten sie entgegen.

Die Mitglieder des DBSH machen ihren Auftrag, die Grundlagen und die Durchführung ihrer Arbeit sichtbar und transparent. Dabei stellen sie die Leistung ihres Berufsstandes in der Öffentlichkeit positiv dar und vertreten diesen nach außen.

Die Mitglieder des DBSH treten der Ausgrenzung und Abwertung der Menschen entgegen, die die Dienstleistung in Anspruch nehmen.

Die Mitglieder des DBSH fördern das Ansehen ihres Berufes."

(DBSH 2009, 9–11)

6.9 Zusammenfassung

Das Studium Soziale Arbeit findet bei Studierenden eine starke Nachfrage und hat sich zu einem großen Beschäftigungsfeld ausgeweitet. Mit dieser Ausweitung der Betätigungsfelder und mit den neuen Bachelor- und Masterabschlüssen im Zuge des Bolognaprozesses differenziert sich die Soziale Arbeit allerdings immer weiter aus.

Die Aufgaben der Sozialen Arbeit werden von freien und öffentlichen Trägern übernommen. Der öffentliche Träger soll erst dann Maßnahmen anbieten, wenn die freien Träger geeignete Einrichtungen, Dienste oder Veranstaltungen nicht anbieten oder rechtzeitig schaffen können.

Zu den Hauptvertretern freier Träger zählen die Jugend- und Wohlfahrtsverbände.

Das Ansehen der Sozialen Arbeit in der Öffentlichkeit ist überwiegend positiv. Durch offensive Öffentlichkeitsarbeit kann die Berufsgruppe allerdings noch einiges zu ihrem gesellschaftlichen Image beitragen. Denn erst

„... dann, wenn eines Tages in der Öffentlichkeit und in den Medien in einem Atemzug nicht nur MedizinerInnen, PsychologInnen, JuristInnen, sondern eben auch (SozialarbeiterInnen/SozialpädagogInnen, d. V.) nach ihrer Einschätzung zu einem sozialen Ereignis gefragt und dabei auch gleichberechtigt zur Kenntnis genommen werden, erst dann wird die Soziale Arbeit mit ihrer Sichtweise jene Autonomie erlangt haben, die sie eigentlich aufgrund ihrer Größe und Bedeutung heute schon dringend benötigt." (Rauschenbach 1993, 29)

SP

Fassen wir die Ausführungen dieses Kapitels in die Frage zusammen: *Was heißt Soziale Arbeit?*

Das Arbeitsfeld der Sozialen Arbeit ist sehr differenziert und z. T. durchaus schwer überschaubar. Es bezieht sich auf Menschen aller Altersstufen und individuellen sowie sozialen Problemlagen.

Durchgeführt wird Soziale Arbeit von öffentlichen (Jugendamt) und freien Trägern (Wohlfahrtsverbänden, Jugendverbänden und anderen freien Vereinigungen). Ihre Aufgaben und ihre Zusammenarbeit regeln v. a. das Sozialgesetzbuch (SGB) sowie das Kinder- und Jugendhilfegesetz (KJHG).

L

Lernfragen

1. Aus welchen Anfängen entwickelten sich die ersten Ausbildungsstätten für Sozialarbeit/Sozialpädagogik?
2. Was waren die Gründe, die zur Überleitung der Höheren Fachschule in die Fachhochschule und schließlich zu den derzeitigen BA/MA-Studiengängen führten?
3. Welche Probleme gab und gibt es z. T. auch heute noch bezüglich der Qualifikation der HochschullehrerInnen?
4. Gibt es eine zuverlässige Systematik zur Einteilung des Berufsfeldes der Sozialen Arbeit?
5. In welche zwei Bereiche kann man die Jugendhilfe einteilen?
6. Wo wurde das erste Jugendamt eingerichtet und von wem?
7. Was ist das besondere Charakteristikum des Jugendamtes?
8. Wie regelt das KJHG das Verhältnis der öffentlichen zu den freien Trägern?
9. Welche §§ des KJHG regeln den Aufbau und die Organisation des Jugendamtes?
10. Wie kann man freie Wohlfahrtspflege definieren?
11. Wie heißen die sechs Wohlfahrtsverbände?
12. Wie heißt die Dachorganisation der Spitzenverbände?
13. Gibt es neben den Spitzenverbänden weitere gemeinnützige Verbände?
14. Worin liegen die Gründe für die Entstehung und die Vorteile von Selbsthilfegruppen?
15. Warum ist der Gesetzgeber an der Pluralität der freien Jugendhilfe interessiert?

16. Was müsste in der Praxis, Studium und Wissenschaft getan werden, um das Image der Sozialen Arbeit zu verbessern?
17. Worin liegt der Nutzen, sich einer Fachgewerkschaft anzuschließen?
18. Welche Ziele und Aufgaben verfolgt die Fachgewerkschaft DBSH?
19. Was lässt sich über die tatsächliche gewerkschaftliche Beteiligung von SozialpädagogInnen/SozialarbeiterInnen aussagen?
20. Worüber muss die Profession nachdenken, wenn sie Öffentlichkeitsarbeit betreiben will?
21. Was erfordert Öffentlichkeitsarbeit?
22. Was versteht man unter Verberuflichung und was unter Professionalisierung?
23. Welches sind die fünf Schritte zur Etablierung von Sozialer Arbeit als eigenständigen Beruf?
24. Was versteht man unter Sozialpolitik?
25. Wie ist das Verhältnis von Sozialpolitik und Sozialer Arbeit?
26. Was versteht man unter Dienstleistungen?
27. Aus welchen Grundaspekten besteht das Berufsmandat der Sozialen Arbeit?
28. Welches sind die berufsethischen Grundprinzipien des DBSH?
29. Wie lautet die internationale Definition der Sozialen Arbeit?

Weiterführende Literatur

Cloos, P, Zücher, I. (2002): Das Personal der Sozialen Arbeit. Größe und Zusammensetzung eines schwer zu vermessenden Feldes. In: Thole, W. (2002) (Hrsg.) Grundriss Soziale Arbeit. Ein einführendes Handbuch. Leske + Budrich, Opladen, 705–724

Deutscher Berufsverband für Soziale Arbeit e. V. (DBSH) (Hrsg.) (2009): Grundlagen für die Arbeit des DBSH e. V. (Sonderheft). Essen/Berlin

– (Hrsg.) (1999): Die Zustimmung zur Sozialen Arbeit ist höher, als von der Politik vermutet. Erste Ergebnisse einer empirischen Befragung zum Stellenwert der Sozialarbeit in der Bevölkerung. Essen

Hamburger, F (2002): Soziale Arbeit und Öffentlichkeit. In: Thole, W. (2002) (Hrsg.) Grundriss Soziale Arbeit. Ein einführendes Handbuch. Leske + Budrich, Opladen, 725–744

Olk, Th., Otto, H.-U. (Hrsg.) (1987/1989): Soziale Dienste im Wandel. Band 1: Helfen im Sozialstaat. Band 2: Entwürfe sozialpädagogischen Handelns. Luchterhand, Neuwied

Puhl, R. (2004): Klappern gehört zum Handwerk. Funktion und Perspektive von Öffentlichkeitsarbeit in der Sozialen Arbeit. Juventa, München

Salustowicz, P. (1995): Soziale Arbeit zwischen Disziplin und Profession. Deutscher Studien Verlag, Weinheim

Zeller, S. (2004): SozialarbeiterInnen sind keine „Hundedresseure oder Parkwächter" oder: Das Selbst- und Fremdbild der Sozialen Arbeit in der Öffentlichkeit. In: Lutz, R. (Hrsg.) Rückblicke und Aussichten. Soziale Arbeit im Wandel. Oldenburg, 187–196

7 Was heißt Soziale Arbeit?

Werbung

Sie begegnen uns öfter als Sie glauben,
denn wir **SozialpädagogInnen/SozialarbeiterInnen**
sehen anders aus als Sie denken!

Oder hätten Sie uns …

im Kindergarten, in der Grundschule, in der VHS,
in der Weiterbildung, im Jugendamt, im Sozialamt,
im Gesundheitsamt, in Beratungsstellen,
in Begegnungsstätten, in Krankenhäusern,
in Zentren für ältere Mitbürger, in Jugendklubs,
in Heimen und Internaten, in Personalabteilungen,
in der Kirche, in der Arbeit mit Behinderten, bei den
Pfadfindern, im Freizeitbereich (z.B. im Museum) und
im Strafvollzug

… vermutet?

An **uns** kommen Sie eigentlich **nicht** vorbei!!!

Wir sind für **Sie** da, als eigenständiger Lern-, Bildungs-,
und Erziehungsbereich neben Familie und Schule/Beruf!

Wir fördern und unterstützen Ihre Fähigkeiten!
Wir sind da, **bevor** es zu spät ist!

Soziale Arbeit kommt auf Sie zu!!!

Abbildung 37

Was Soziale Arbeit heißt, kann man nicht mit einem Satz erklären, darauf verweisen viele Autoren, die sich mit dieser Frage beschäftigt haben.

Definitionsprobleme

- Wer heute von Sozialer Arbeit „... spricht, kann nicht erwarten, daß sein Gegenüber auch dasselbe darunter versteht wie er. Denn sowohl in der Alltagssprache als auch in der Fachliteratur wird dieser Begriff sehr unterschiedlich und vieldeutig gebraucht." (Marburger 1979, 7)
- „Jedermann verbindet mit dem Wort „Schulpädagogik" Vorstellungen, die vielleicht nicht allzu grob voneinander abweichen; jedenfalls weiß jedermann, wovon nach einem solchen Titel etwa die Rede sein wird: von der Schule nämlich und dem, was in ihr geschieht. Ähnlich, wenn auch nicht ganz so gut, geht es der Berufspädagogik, vielleicht noch der Heilpädagogik. Das ist nun bei der Sozialpädagogik (Sozialarbeit, J. Sch.) – schon des möglicherweise unglücklich gewählten Wortes wegen – entschieden anders. Nicht genug, daß schon das Wort durchaus offen läßt, wovon die Rede sein soll – was ist das „Soziale"? läßt es sich überhaupt aus irgendeiner Erziehung, wo und wie auch immer sie geschehen mag, herauslösen und als ein gesondertes Feld der Erziehung bestimmen? – es wird als Terminus in der Fachliteratur in sehr verschiedenem Sinne gebraucht, auf jeweils ganz andere Sachverhalte bezogen, als ein Begriff je anderer Art konzipiert." (Mollenhauer 1964, 13)
- „Im Gegensatz zum Lehrer etwa, dessen Berufsbild sich verhältnismäßig an der (allerdings in sich ebenfalls differenzierten) Institutionen orientiert, ist der Sozialpädagoge/Sozialarbeiter in einer Vielzahl von Institutionen und unterschiedlichen Berufsfeldern tätig, und die Beschreibung seines Berufsbildes ist deshalb nicht in gleicher Geschlossenheit und Klarheit möglich. Alle Versuche, den sozialpädagogisch/sozialen Berufsauftrag als einheitlichen darzustellen oder zu kennzeichnen, bleiben deshalb notwendig abstrakt und auch vage. Konkret und genau wäre nur eine Aufzählung und Darstellung der einzelnen Berufsfelder und möglichen Berufspositionen, die aber ebenso zwangsläufig unvollständig (und das wäre in anderem Sinne doch auch wieder ungenau), vor allem aber rein additiv und ohne Relevanzkriterium bleiben müßte. In diesem Dilemma bleiben bisher alle derartigen Versuche." (Pfaffenberger 1986, 2)

Der Versuch, Sozialpädagogik und Sozialarbeit zu definieren, wird in der Literatur unterschiedlich gelöst: manche Autoren lösen die Frage nach der Begriffsbestimmung pragmatisch, andere umgehen sie, schließen sie aus oder setzen letztlich stillschweigend voraus, dass jedermann weiß, was mit diesem Begriff gemeint ist.

In den vorausgegangenen Kapiteln ist versucht worden, Teilaspekte von herauszuarbeiten. In der Literatur gibt es sehr viele Versuche, Soziale Arbeit zu definieren. Aus der Vielzahl der Definitionen werden hier einige exemplarisch ausgewählt. Es dürfte allerdings klar sein, dass es keine eindeutige Definition gibt, dafür ist das Arbeitsfeld viel zu differenziert und vielgestaltig.

Definitionsvielfalt

Mit einer einzigen Definition kann man nicht auch nur annähernd das Gesamte der Sozialen Arbeit umfassen, jede Definition verdeutlicht eher bestimmte Aspekte. Erst die vielen Definitionen und die Zusammenfassungen der einzelnen Kapitel mögen in etwa verdeutlichen, was Soziale Arbeit heißt.

- **Heiner, Maja:** „Soziale Arbeit verwenden wir als Überbegriff für Sozialarbeit und Sozialpädagogik. Er umfaßt alle beruflichen Tätigkeiten der Sozialarbeiterinnen und Sozialpädagoginnen, also ressourcenerschließende, erziehende, beratende, bildende, partizipationsfördernde, sozial vernetzende, ermächtigende, alltagsbegleitende, pflegerische, betreuende, verwaltende, planende, organisierende und auswertende Aktivitäten, und zwar solche, die gegenwärtig im Arbeitsalltag der Fachkräfte zu erledigen sind, als auch andere Aktivitäten, die sich aus theoretischen Entwürfen zur Sozialen Arbeit ergeben könnten. Diese Aktivitäten finden in unterschiedlich dichten Lebenswelt- bzw. Interaktionssituationen statt: Sie reichen von regelmäßig, zeitlich begrenzten Gesprächen mit Einzelnen, Familien, Kleingruppen und Gemeinwesenversammlungen bis zur Alltagsgestaltung in Zentren, Heimen oder Kliniken." (Heiner 1994, 288)

internationale Definition

Unter dieser langen historischen Entwicklung der Sozialen Arbeit zur Profession und unter dem Aspekt sozialer Verantwortung als Menschenrechtsprofession für die Bewältigung sozialer Problemlagen sei an dieser Stelle noch einmal an die internationale Definition Sozialer Arbeit erinnert:

- Internationale Definition der Sozialen Arbeit, die zusammen mit dem Berufsmandat als berufsethisches Leitbild gelten kann: „Soziale Arbeit als Beruf fördert den sozialen Wandel und die Lösung von Problemen in zwischenmenschlichen Beziehungen und sie befähigt die Menschen, in freier Entscheidung ihr Leben besser zu gestalten. Gestützt auf wissenschaftliche Erkenntnisse über menschliches Verhalten und soziale Systeme greift Soziale Arbeit dort ein, wo Menschen mit ihrer Umwelt in Interaktion treten. Grundlagen der Sozialen Arbeit sind die Prinzipien der Menschenrechte und der sozialen Gerechtigkeit." (DBSH 2009, 13)

Was ist Soziale Arbeit?

Sozialarbeit und *Sozialpädagogik* haben die *gleichen geschichtlichen Wurzeln* und haben in dem Fachbegriff Soziale Arbeit eine notwendige Verknüpfung gefunden. Im Mittelalter unterschied man noch nicht zwischen Hilfe für Erwachsene und Kinder bzw. Jugendliche. Mit dem ausgehenden Mittelalter konzentrierte man sich jedoch gesondert auf Kinder und Jugendliche und versuchte sie vorbeugend vor Verwahrlosung zu schützen.

Diese beiden Linien, Erwachsenen- und Jugend-Fürsorge, haben sich eine Zeit lang auseinander entwickelt – jeweils eigene Hilfe-Modelle wurden entworfen. Nach dem Zweiten Weltkrieg haben sie sich dann zunächst allmählich, mittlerweile jedoch wieder soweit aufeinander zu bewegt (sie konvergieren), dass man heute von Sozialer Arbeit spricht.

1. Soziale Arbeit ist zum einen öffentliche (staatliche und private) Kinder- und Jugendfürsorge, die zum Ziel hat, durch vorbeugende und erziehe-

rische Hilfsmaßnahmen Kinder und Jugendliche vor Verwahrlosung zu bewahren.
2. Soziale Arbeit ist zum anderen Umsetzung der gesetzlich und administrativ organisierten öffentlichen Hilfsmaßnahmen für Hilfsbedürftige und Ratsuchende.
3. Das Aufgabenfeld der Sozialen Arbeit entwickelte sich im Laufe der Zeit weiter und versteht sich heute als öffentliches Hilfsangebot für Menschen aller Altersstufen.
4. Unter Sozialer Arbeit versteht man heute sehr unterschiedlich strukturierte und konzipierte Einrichtungen und soziale Dienste. Sie umfasst in ihrer Komplexität und der Verschiedenartigkeit ihrer Tätigkeitsfelder unterschiedliche Methoden, Handlungsebenen und Berufsgruppen.

Soziale Arbeit ist heute die professionelle Ausgestaltung dessen, was die Sozialpolitik in gesetzlichen Rahmenbedingungen den BürgerInnen an Rechten und Pflichten zugesprochen hat.

Sowohl was die Zielgruppe als auch die Aufgaben anbelangt, hat sich das Selbstverständnis von Sozialer Arbeit heute deutlich verändert. Und der Prozess der Ausdifferenzierung und Veränderung der traditionellen Berufsfelder der Sozialen Arbeit ist noch im vollen Gange und in seinen Konsequenzen kaum absehbar.

Zielgruppe der Sozialen Arbeit sind Menschen aller Altersstufen. Es geht in erster Linie um Soziale Beratung, Erziehung, Bildung, Betreuung, aber v. a. auch um das Bemühen, um präventiv tätig werden zu können. Zur Realisierung dieser Ziele ist Soziale Arbeit in Theorie und Praxis bemüht.

Neben Familie und Schule ist Soziale Arbeit eine in der modernen Gesellschaft notwendige und gesetzlich geregelte öffentliche Dienstleistungsinstanz.

Sie bietet allen Altersschichten Sozialisationshilfen für die Bewältigung der im Laufe der lebenslangen Sozialisation auftretenden individuellen und sozialen Konflikte; Hilfen, die sowohl eine Änderung des Individuums, eine Erweiterung seiner Kompetenzen anstreben, als auch die Beseitigung der diesem Konflikt zugrunde liegenden häufig systemimmanenten Ursachen.

Die **Ziele** der Sozialen Arbeit beziehen sich vor allem auf zwei Bereiche:

1. Hilfe zur Selbsthilfe (individuelle Funktion);
2. Verbesserung bzw. Veränderung der gesellschaftlichen Bedingungen (gesellschaftliche Funktion).

Soziale Arbeit ist ein akademischer Beruf mit dem Abschluss Bachelor of Arts (BA) oder Master of Arts (MA).

Durchgeführt wird Soziale Arbeit von öffentlichen (z. B. Jugendamt) und freien Trägern (Wohlfahrtsverbänden, Jugendverbänden und anderen freien Vereinigungen). Ihre Aufgaben und ihre Zusammenarbeit regelt u. a. das Kinder- und Jugendhilfegesetz (KJHG) oder das Sozialgesetzbuch (SGB).

Was heißt Soziale Arbeit bzw. wie könnte man sie umschreiben? Hier ein *offener Definitionsversuch*:

SP

Soziale Arbeit als Praxis/Beruf ist eine …

- geschichtlich aus der alten Armenpflege, Wohlfahrtspflege, Fürsorge, Jugendfürsorge, Kindergärtnerinnen- und Jugendleiterinnenausbildung entstandene,
- in unserer Gesellschaft notwendige,
- neben Familie, Schule/Beruf gleichberechtigte,
- in unterschiedlichen Institutionen vor allem präventiv, beratend, und organisierend arbeitende,
- im KJHG und SGB gesetzlich geregelte
- gesellschaftlich öffentliche Institution,
- in der es in der Regel um freiwilliges Lernen unter professioneller, kompetenter Anleitung geht,
- mit dem Ziel, Handlungs- und Erlebnisfelder zur Verfügung zu stellen,
- um Menschen aller Altersstufen eine ganzheitliche Förderung ihrer Persönlichkeit zu ermöglichen.

Soziale Arbeit als Studium und Lehre ist eine …

- an (Fach-)Hochschulen zu erwerbende Profession,
- in der es um das Erlernen von Handlungs- und Schlüsselkompetenzen geht;
- mit dem Abschluss BA oder MA, um in einer breitgefächerten Berufswelt tätig werden zu können.

Soziale Arbeit als Wissenschaft/Theorie ist eine …

- an den Hochschulen noch weiter durch Forschung auszubauende eigenständige emergente Handlungswissenschaft unter Zuhilfenahme wissenschaftlicher Bezugsdisziplinen,
- die sich auf eine Vielzahl von Theorie-Modellen stützen kann.

Man spricht von ‚Sozialer Arbeit als Wissenschaft' (Theorie), ‚Sozialer Arbeit als Praxis' (Beruf) und ‚Sozialer Arbeit als Studium' (Lehre).

Die drei Bereiche (Soziale Arbeit als Praxis, Ausbildung und Wissenschaft) zusammen machen Soziale Arbeit aus. Jedes Berufsfeld hat eigene Aufgaben, die von den Aufgaben der anderen Bereiche manchmal deutlich, manchmal weniger deutlich zu unterscheiden sind. Jeder der drei Bereiche bezieht sich in eigenständiger Weise auf denselben Gegenstand Sozialer Arbeit und ist zugleich mit den anderen Bereichen zirkulär verbunden (Engelke 1999, 10–11).

Sozialpädagogik ist zugleich ...		
Praxis	**Ausbildung**	**Wissenschaft**

Soziale Arbeit ist ein vielschichtiger Begriff, er beinhaltet unterschiedliche Aspekte. Um etwas Klarheit in diese Begrifflichkeit zu bringen, vor allem auch im Zusammenhang zur Sozialarbeit, wird folgende Trennung vorgeschlagen:

Praxis

- *Soziale Arbeit als Praxis*
- Beruf: SozialarbeiterIn/SozialpädagogIn (BA) oder (MA)
- Einrichtung: soziale Einrichtungen
- Träger: öffentliche und freie Träger; Sozialverbände, Vereine etc.
- Tätigkeit: Soziale Arbeit

Ausbildung

- *Soziale Arbeit als Ausbildung/Studium*
- Oberbegriff: Studium/Ausbildung an (Fach-)Hochschulen (Fakultäten/Studiengänge/Fachbereiche für Sozialwesen oder Fakultäten/Studiengänge/Fachbereiche für Soziale Arbeit)
- Schwerpunkt: Soziale Arbeit
- Abschluss: (Fach-)Hochschule/Universität: Bachelor- und Masterabschlüsse (BA/MA)

In vielen (Fach)Hochschulen wird der Studiengang mit dem Oberbegriff „Sozialwesen" bezeichnet. Dieser Begriff findet jedoch immer mehr Kritiker; denn was ist das „Wesen" des Sozialen?

Wissenschaft

- *Soziale Arbeit als Wissenschaft/Theorie (emergente Handlungswissenschaft)*
- Wissenschaftliche Bezugsdisziplinen: Human- und Sozialwissenschaften, Psychologie, Politologie, Pädagogik, Jurisprudenz etc.
- Forschungsbereich: wissenschaftlicher Bereich soziale Berufsarbeit und Ausbildung

Zusammenfassend würde das bedeuten: SozialarbeiterInnen/SozialpädagogInnen haben Soziale Arbeit mit speziellen Studienschwerpunkten in aufeinander aufbauenden (Lern)Modulen studiert, die auch die wissenschaftliche Grundlage für die Berufsausübung bieten.

Literatur

Abele, A., Becker, P. (Hrsg.) (1991): Wohlbefinden. Theorie – Empirie – Diagnostik. Juventa, Weinheim

Achter Jugendbericht (Hrsg) (1990): Der Bundesminister für Jugend, Familie und Gesundheit. Bonn

Ackermann, K.-E. (1983): Die Entwicklung der sozialpädagogischen Fragestellung im Werk von Klaus Mollenhauer. In: Wollenweber (Hrsg.) (1983a), 93–120

Ansen, H. (2006): Soziale Beratung bei Armut. Ernst Reinhardt, München/Basel

Badry, E., Buchka, M., Knapp, R. (Hrsg.) (2007): Pädagogik. Grundlagen und sozialpädagogische Arbeitsfelder. 5. Aufl. Ernst Reinhardt, München/Basel

–, –, – (Hrsg.) (1992): Pädagogik. Grundlagen und sozialpädagogische Arbeitsfelder. Luchterhand, Neuwied

Bango, J. (2001): Sozialarbeitswissenschaft heute. Lucius & Lucius, Stuttgart

Barabas, F., Erler, M. (1994): Die Familie. Juventa, Weinheim

Baron, R. (Hrsg.) (1983): Soziale Arbeit und soziale Reform. Beltz, Weinheim

Becker, P. (1991): Theoretische Grundlagen. In: Abele/Becker (Hrsg.), 13–49

Belardi, N. (1980): Pädagogik. Sozialpädagogische Arbeitsfelder. Bd. 1. Diesterweg, Frankfurt/M.

Berger, R. (Hrsg.) (2001): Studienführer Soziale Arbeit. Sozialarbeit – Sozialpädagogik – Sozialwesen. Votum, Münster

Bock, T. (1993): Stichwort „Sozialarbeit/Sozialpädagogik". In: Deutscher Verein für öffentliche und private Fürsorge (Hrsg.), 835–838

Böhnisch, L. (1997): Sozialpädagogik der Lebensalter. Juventa, Weinheim

– (1994): Gespaltene Normalität. Juventa, Weinheim

– (1992): Die „neue Jugendfrage". In: Rauschenbach/Gängler (Hrsg.), 119–131

– (1984): Vom Sozialstaat verlassen? Sozialpädagogisches Handeln ins gesellschaftliche Ungewisse. In: Müller/Otto/Peter/Sünker (Hrsg.), 77–99

– (1982): Der Sozialstaat und seine Pädagogik. Luchterhand, Neuwied

Böllert, K. (1995): Zwischen Intervention und Prävention. Luchterhand, Neuwied

Böttcher, H. (1975): Sozialpädagogik im Überblick. Herder, Freiburg/Br.

Bohle, H., Grunow, D. (1981): Verberuflichung der sozialen Arbeit. In: Projektgruppe Soziale Berufe (Hrsg.): Sozialarbeit: Problemwandel und Institutionen. Expertisen II. Juventa, München, 151–176

Bornemann, E. (1978): Sozialerziehung in akademischer Forschung und Lehre. In: Wollenweber (Hrsg.), 9–34

Buchka, M. (1992): Sozialpädagogik im Wandel der Zeit. In: Badry/Buchka/Knapp (Hrsg.), 137–154

Buchkremer, H. (1982): Einführung in die Sozialpädagogik. Wissenschaftliche Buchgesellschaft, Darmstadt

Bullinger, H., Nowak, J. (1998): Soziale Netzwerkarbeit. Eine Einführung. Lambertus, Freiburg

Bunge, M. A., Mahner, M. (2004): Über die Natur der Dinge: Materialismus und Wissenschaft, Hirzel, Stuttgart

Capra, F., Exner, A., Königswieser, R. (1992): Veränderung im Management – Management der Veränderung. In: Königswieser/Lutz (Hrsg.), 112–121

Chassé, K. A., Wensierski, H.-J. v. (Hrsg.) (2004): Praxisfelder der Sozialen Arbeit. Eine Einführung. Juventa, Weinheim

Cloos, P, Zücher, I. (2002): Das Personal der Sozialen Arbeit. Größe und Zusammensetzung eines schwer zu vermessenden Feldes. In: Thole (Hrsg.), 705–724

Danckwerts, D. (1981): Zur Theorie der Sozialarbeit und Sozialpädagogik. In: Kerkhoff (Hrsg.), 33–60

Dann, H. -D. (1991): Subjektive Theorien zum Wohlbefinden. In: Abele/Becker (Hrsg.), 97–117

Deutscher Berufsverband für Soziale Arbeit e.V. (DBSH) (Hrsg.) (2009): Grundlagen für die Arbeit des DBSH e.V. (Sonderheft). Essen/Berlin

Dettling, W. (1993): Jugendhilfe in Deutschland. Entwicklungen – Probleme – Perspektiven. In: Gernert (Hrsg.): Das Kinder- und Jugendhilfegesetz. Boorberg, Stuttgart, 21–31

– (1999): Die Zustimmung zur Sozialen Arbeit ist höher, als von der Politik vermutet. Erste Ergebnisse einer empirischen Befragung zum Stellenwert der Sozialarbeit in der Bevölkerung. Essen
Deutscher Verein für öffentliche und private Fürsorge (1993) (Hrsg.): Fachlexikon der sozialen Arbeit. Eigenverlag, Frankfurt/M.
Dewe, B., Ferchhoff, W., Scherr, A., Stüwe, G. (1993): Professionelles soziales Handeln. Juventa, Weinheim
–, Otto, H. -U. (1987): Professionalisierung. In: Eyferth/Otto/Thiersch (Hrsg.), 775–811
Dorenburg, H., Reis, C., Steinert, H. (1987): Grenzen der Verrechtlichung sozialer Beziehungen – Sozialpolitik, Sozialarbeit und gesellschaftliche Alternativen. In: Olk, T., Otto, H.-U. (Hrsg.): Soziale Dienste im Wandel I. Helfen im Sozialstaat. Luchterhand, Neuwied, 199–229
Dritter Jugendbericht (Hrsg.) (1972): Bundesminister für Jugend, Familie und Gesundheit. Bonn-Bad-Godesberg

Ehrhardt-Kramer, A. (1993): Der Beitrag der Fortbildung zur Professionalisierung in der sozialen Arbeit zwischen Anpassung und Innovation. In: Pfaffenberger, H., Schenk, M. (Hrsg.): Sozialarbeit zwischen Berufung und Beruf. LIT, Münster, 173–187
Engelhardt, M. (1993): Öffentlichkeitsarbeit im sozialen Bereich. Sozialmagazin 11, 19–24
Engelke, E. (2009): Die Wissenschaft Soziale Arbeit. Werdegang und Grundlagen. 3. Aufl. Lambertus, Freiburg
– (2003): Die Wissenschaft Soziale Arbeit. Werdegang und Grundlagen. Lambertus, Freiburg
– (1999): Soziale Arbeit als Wissenschaft. 3. Aufl. Lambertus, Freiburg
–, Borrmann, S., Spatscheck, C. (2009): Theorien der Sozialen Arbeit. Eine Einführung. 4. Aufl. Lambertus, Freiburg
Erath, P. (2006): Sozialarbeitswissenschaft. Eine Einführung. Kohlhammer, Stuttgart
Erler, M. (1993): Soziale Arbeit. Juventa, Weinheim
Eyferth, H., Otto, H.-U., Thiersch, H. (Hrsg.) (1987): Handbuch zur Sozialarbeit/Sozialpädagogik. Luchterhand, Neuwied

Feustel, A. (Hrsg.) (1997/2000/2004): Alice Salomon. Frauenemanzipation und soziale Verantwortung. Ausgewählte Schriften. 3 Bände. Luchterhand, Neuwied
Fischer, W., Löwisch, D.-J., Ruhloff, J. (1976): Arbeitsbuch Pädagogik III. Schwann, Düsseldorf
Franke, D., Henseler, J., Reyer, J. (Hrsg.) (2005): Sozialpädagogik: Vom Therapeutikum zur Weltgesellschaft. Historische und systematische Beiträge. Schneider Hohengehren, Baltmannsweiler
Friedländer, W., Pfaffenberger, H. (1966): Grundbegriffe und Methoden der Sozialarbeit. Luchterhand, Neuwied
Furck, C.-L. (1966): Aufgaben der Sozialpädagogik in der Gegenwart. In: Mollenhauer (Hrsg.), 46–66

Galuske, M. (2007): Methoden der Sozialen Arbeit. Eine Einführung. Grundlagentexte Sozialpädagogik/Sozialarbeit. 7. Aufl. Juventa, Weinheim
–, Müller, C. W. (2002): Handlungsformen in der Sozialen Arbeit. Geschichte und Entwicklung. In: Thole (Hrsg.):, 485–508
Geck, L. H. A. (1963): Über das Eindringen des Wortes sozial in die deutsche Sprache. Schartz, Göttingen
Geiser, K. (2000): Problem- und Ressourcenanalyse in der Sozialen Arbeit. Eine Einführung in die Systemische Denkfigur und ihre Anwendung. Verlag für Soziales und Kulturelles, Luzern
Gernert, W. (1993): Öffentlichkeitsarbeit in der Jugendhilfe. In: Gernert (Hrsg.): Das Kinder- und Jugendhilfegesetz. Boorberg, Stuttgart, 285–290
– (1988): Sozialarbeit auf dem Prüfstand. Lambertus, Freiburg
Giese, D. (1978): Rechtsfragen der Beratung. In: Giese, D., Melzer, G. (Hrsg.): Die Beratung in der sozialen Arbeit. Deutscher Verein für öffentliche und private Fürsorge, Frankfurt/M., 13–68
–, Retaiski, H. (1993): Stichwort „Beratung". In: Deutscher Verein für öffentliche und private Fürsorge (Hrsg.), 136–138
Giesecke, H. (1990): Einführung in die Pädagogik. Juventa, Weinheim
– (1984): Wozu noch Jugendarbeit. deutsche jugend 10, 443–449
– (1980/1971): Die Jugendarbeit. 5. Aufl. Juventa, München
– (Hrsg.) (1973): Offensive Sozialpädagogik. Vandenhoeck & Ruprecht, Göttingen
– (1966): Gesellschaftliche Faktoren des sozialpädagogischen Bewußtseins. In: Mollenhauer (Hrsg.), 86–98
Göppner, H.-J., Hämäläinnen, J. (2004): Die Debatte um Sozialarbeitswissenschaft. Auf der Suche nach Elementen für eine Programmatik. Lambertus, Freiburg
Greese, D., Güthoff, F., Noack, B. (Hrsg.) (1993): Allgemeiner Sozialer Dienst. Votum, Münster
Groddeck, N., Schumann, M. (Hrsg.) (1994): Modernisierung Sozialer Arbeit durch Methodenentwicklung und -reflexion. Lambertus, Freiburg
Groenemeyer, A. (1999): Soziale Probleme, soziologische Theorie und moderne Gesellschaften. In: Albrecht, G., Groenemeyer, A., Stallberg, W. (Hrsg.)

Handbuch soziale Probleme. VS,, Wiesbaden, 13–72
Gruber, H.-G. (2005): Ethisch denken und handeln. Grundzüge einer Ethik der Sozialen Arbeit. Lucius & Lucius, Stuttgart
Gruner, W. (2002): Öffentliche Wohlfahrt und Judenverfolgung. Wechselwirkung lokaler und zentraler Politik im NS–Staat (1933–1942). Oldenbourg, München
Grupe, O. (1982): Bewegung, Spiel und Leistung im Sport. Hofmann, Schorndorf

Hamann, B. (1975): Zur Frage der Konstituierung der Sozialpädagogik als erziehungswissenschaftliche Disziplin. Pädagogische Rundschau 11, 881–896
Hamburger, F. (2003): Einführung in die Sozialpädagogik. Kohlhammer, Stuttgart
– (2002): Soziale Arbeit und Öffentlichkeit. In: Thole (Hrsg.), 725–744
Hege, M. (1981): Die Bedeutung der Methoden in der Sozialarbeit. In: Projektgruppe Soziale Berufe (Hrsg.): Sozialarbeit. Ausbildung und Qualifikation. Expertisen I. Juventa, München, 145–161
Heiner, M. (2010a): Soziale Arbeit als Beruf. Fälle – Felder – Fähigkeiten. 2. Aufl. Ernst Reinhardt, München/Basel
– (2010b): Kompetent handeln in der Sozialen Arbeit. Ernst Reinhardt, München/Basel
– (2004a): Professionalität in der Sozialen Arbeit. Theoretische Konzepte, Modelle und empirische Perspektiven, Kohlhammer, Stuttgart
– (Hrsg.) (2004b): Diagnostik und Diagnosen in der Sozialen Arbeit. Ein Handbuch. Frankfurt/M.
–, Meinhold, M., Spiegel, H. v., Staub-Bernasconi, S. (1994) (Hrsg.): Methodisches Handeln in der Sozialen Arbeit. Lambertus, Freiburg
Heinze, R., Olk, Th. (1987): Wohlfahrtsverbände. In: Eyferth/Otto/Thiersch (Hrsg.), 1262–1277
Henseler, J. (2000): Wie das Soziale in die Pädagogik kam. Juventa, Weinheim
Hering, S., Münchmeier, R. (2000): Geschichte der Sozialen Arbeit. Eine Einführung. Juventa, Weinheim
Herriger, N. (2002): Empowerment in der Sozialen Arbeit. Eine Einführung. 2. Aufl. Kohlhammer, Stuttgart
– (1986): Präventives Handeln und soziale Praxis. Juventa, Weinheim
Hollstein-Brinkmann, H. (1993): Soziale Arbeit und Systemtheorie. Lambertus, Freiburg
–, Staub–Bernasconi, S. (Hrsg.) (2005): Systemtheorien im Vergleich. Was leisten Systemtheorien für die Soziale Arbeit? Versuch eines Dialogs. VS Verlag für Sozialwissenschaften, Wiesbaden
Holtmeyer, G. (1981): Institutionen. In: Kerkhoff (Hrsg.), 107–129
Homfeldt, H.-G. (2002): Soziale Arbeit im Gesundheitswesen und in der Gesundheitsförderung. In: Thole (Hrsg.), 317–330
–, Lauff, K., Maxeiner, J. (1977): Für die sozialpädagogische Schule. Juventa, München
Hompesch-Cornetz, I., Hompesch, R. (1987): Sozialpädagogik und Therapie. In: Eyferth/Otto/Thiersch (Hrsg.), 1028–1044
Hornstein, W. (1973): Bildungsplanung ohne sozialpädagogische Perspektiven. In: Giesecke (Hrsg.), 90–122
Hottelet, H. et al. (1978): Offensive Jugendhilfe. Klett, Stuttgart
Hurrelmann, K. (2006a): Gesundheitssoziologie. Eine Einführung in sozialwissenschaftliche Theorien von Krankheitsprävention und Gesundheitsförderung. 6. Aufl. Juventa, Weinheim
– (2006b): Handbuch Gesundheitswissenschaften. 4. Aufl. Juventa, Weinheim
– (1990): Familienstreß, Schulstreß, Freizeitstreß. Gesundheitsförderung für Kinder und Jugendliche. Beltz, Weinheim

Iben, G. (1969): Die Sozialpädagogik und ihre Theorie. Zeitschrift für Pädagogik 4, 385–401

Jarmai, H., Königswieser, R. (1992): Problemdiagnose. In: Königswieser/Lutz (Hrsg.), 18–21.
Junge, H., Lendermann, H. B. (1990): Das Kinder- und Jugendhilfegesetz (KJHG). Einführende Erläuterungen. Lambertus, Freiburg

Karsten, M.-E., Otto, H.-U. (Hrsg.) (1996): Die sozialpädagogische Ordnung der Familie. Juventa, Weinheim
Kerkhoff, E. (Hrsg.) (1981): Handbuch. Praxis der Sozialarbeit und Sozialpädagogik. Bd. 1. Schwann, Düsseldorf
Klassen, M. (2010): Soziale Problemlösung als Aufgabe der sozialen Arbeit des Case- und Sozialmanagements, Studia Universitätsverlag, Innsbruck
– (2009): (System)Theorien der Sozialen Arbeit. Studia Universitätsverlag, Innsbruck
– (2004): Was leisten Systemtheorien in der Sozialen Arbeit. Ein Vergleich der systemischen Ansätze von Niklas Luhmann und Mario Bunge. Haupt, Bern
Kleve, H. (2009): Die Praxis der Sozialarbeitswissenschaft. Eine Einführung, Schneider Hohengehren
Klika, D. (2000): Herman Nohl. Böhlau, Köln
Knoll, A. (1993): Die Gestalt der Sozialarbeit. Hrsg.: Evangelische Fachhochschule Rheinland-Westfalen-Lippe. Bd. 20, Bochum
Köhler, G., Schneider, J. (Hrsg.) (1989): Zukunft der Fachhochschulen – Fachhochschulen der Zukunft. Dreisam, Freiburg/Br.

Königswieser, R. (1992): Widerstände gegen systemische Unternehmensführung. In: Königswieser/Lutz (Hrsg.), 1–9
–, Lutz, C. (1992) (Hrsg.): Das systemisch-evolutionäre Management. Orac, Wien
Konrad, F. -M. (1993a): Sozialpädagogik. Begriffsgeschichtliche Annäherungen von Adolph Diesterweg bis Gertrud Bäumer. neue praxis 4, 292–314
– (1993b): Sozialarbeit und Pädagogik. Soziale Arbeit 6, 182–189
Kottler, A. (2004): Psychosoziale Beratung in der Klinischen Sozialarbeit. Bedarf und Kompetenzen. Jacobs, Lage
Kramer, D. (1983): Wohlfahrtspflege im Dritten Reich. Frauen in Beruf und Ausbildung. In: Baron (Hrsg.), 37–51
Kranz, I. (1941): Die sozialen Frauenberufe, Dissertation an der Universität Köln
Kreft, D., Müller, C. W. (Hrsg.) (2010): Methodenlehre in der Sozialen Arbeit, Ernst Reinhardt, München/Basel
Kühn, D. (1994): Jugendamt – Sozialamt – Gesundheitsamt. Luchterhand, Neuwied
– (1993): Historische und organisationssoziologische Aspekte des kommunalen Jugendamtes. In: Gernert (Hrsg.): Das Kinder- und Jugendhilfegesetz. Boorberg, Stuttgart, 368–378
Küster, E.-U. (2002): Qualifizierung für Soziale Arbeit. In: Thole (Hrsg.), 817–842
Kuhlmann, C. (2007): Geschichte Sozialer Arbeit, Wochenschau Studium. Schwalbach/Ts.
– (2000): Alice Salomon. Ihr Lebenswerk als Beitrag zur Entwicklung der Theorie und Praxis Sozialer Arbeit. Beltz, Weinheim
Kupffer, H. (1984): Was heißt Sozialpädagogische Handlungskompetenz? In: Müller/Otto/Peter/Sünker (Hrsg.), 231–245

Landwehr, R., Baron, R. (Hrsg.) (1995): Geschichte der Sozialarbeit. Beltz, Weinheim
–, – (Hrsg.) (1983): Geschichte der Sozialarbeit. Beltz, Weinheim
Leube, K., Müller, C. W. (1985): FürSorge. In: Müller (Hrsg.), 47–75
Lowy, L. (1983): Sozialarbeit/Sozialpädagogik als Wissenschaft im angloamerikanischen und deutschsprachigen Raum. Lambertus, Freiburg
Ludewig, K. (1992): Systemische Therapie. Klett-Cotta, Stuttgart
Lüders, Chr., Winkler, M. (1992): Sozialpädagogik – auf dem Weg zu ihrer Normalität. Zeitschrift für Pädagogik 3, 359–370
Luhmann, N. (1984): Soziale Systeme. Grundriss einer allgemeinen Theorie, Suhrkamp, Berlin
Lüssi, P. (1992): Systemische Sozialarbeit. Haupt, Bern
Lukas, H. (Hrsg.) (1979): Sozialpädagogik/Sozialarbeitswissenschaft. Spiess, Berlin
– et al. (1977): Sozialpädagogik/Sozialarbeit – Eine Einführung. Spiess, Berlin
Lutz, R., Simon, T. (2007): Lehrbuch der Wohnungslosenhilfe. Eine Einführung in Praxis, Positionen und Perspektiven. Juventa, Weinheim

Marburger, H. (1979): Entwicklung und Konzepte der Sozialpädagogik. Juventa, München
Mason, T. (1977): Sozialpolitik im Dritten Reich, Arbeiterklasse und Volksgemeinschaft. Westdeutscher Verlag, Opladen
Mayring, Ph. (1991): Die Erfassung subjektiven Wohlbefindens. In: Abele/Becker (Hrsg.), 51–70
Meinhold, M. (1994): Ein Rahmenmodell zum methodischen Handeln. In: Heiner/Meinhold/v. Spiegel/Staub-Bernasconi (Hrsg.), 184–217
–, Spiegel, H. v., Staub-Bernasconi, S. (Hrsg.) (1994): Methodisches Handeln in der Sozialen Arbeit. Lambertus, Freiburg
Melzer, G. (1978): Methoden und Gesprächsführung in der Beratung. In: Giese, D., Melzer, G. (Hrsg.): Die Beratung in der sozialen Arbeit. Deutscher Verein für öffentliche und private Fürsorge, Frankfurt/M., 69–146
Meng, J. (2006): Evidence–Based Social Work Practice, Wissenschaftlich fundierte Versorgungspraxis der Sozialen Arbeit. Paulo Freire, Oldenburg
Menschenrechte und Soziale Arbeit. Ein Handbuch für Ausbildungsstätten der Sozialen Arbeit und für den Sozialarbeiterberuf. New York, Genf 1994, Ravensburg 1997 („Manual")
Merten, R. (Hrsg.) (2000): Systemtheorie Sozialer Arbeit: neue Ansätze und veränderte Perspektiven. Leske + Budrich, Opladen
Metzinger, A. (1993): Zur Geschichte der Erzieherausbildung. Lang, Frankfurt
Miller, T. (2001): Systemtheorie und soziale Arbeit. Entwurf einer Handlungstheorie. 2. Auf. Lucius & Lucius, Stuttgart
Mörschner, M. (1988): Sozialpädagogik und Schule. Ernst Reinhardt, München/Basel
Mollenhauer, K. (1987/1959): Die Ursprünge der Sozialpädagogik in der industriellen Gesellschaft. Beltz, Weinheim
– (1983): Vergessene Zusammenhänge: Über Kultur und Erziehung. Juventa, München
– (1978): Funktionsbestimmung der Sozialpädagogik. In: Wollenweber (Hrsg.), 49–59
– (1973): Sozialpädagogik. In: Groothoff, H.-H. (Hrsg.): Pädagogik. Fischer Lexikon, Frankfurt/M., 291–300
– (1971): Erziehung und Emanzipation. Juventa, München

– (Hrsg.) (1966): Zur Bestimmung von Sozialpädagogik und Sozialarbeit in der Gegenwart. Beltz, Weinheim
– (1964): Einführung in die Sozialpädagogik. Beltz, Weinheim
Mollenhauer, Klaus als Sozialpädagoge. neue praxis 5, 1998, Heftthema
–, Müller, C.W. (1965): „Führung“ und „Beratung“ in pädagogischer Sicht. Quelle & Meyer, Heidelberg
Mühlum, A. (Hrsg.) (2004): Sozialarbeitswissenschaft: Wissenschaft der Sozialen Arbeit. Lambertus, Freiburg
– (1994): Zur Notwendigkeit und Programmatik einer Sozialarbeitswissenschaft. In: Wendt (1994), 41–74
– (1981): Sozialpädagogik und Sozialarbeit. Deutscher Verein für Sozialpädagogik und private Fürsorge, Frankfurt/M.
– et al. (1986): Umwelt – Lebenswelt. Diesterweg, Frankfurt/M.
Müller, B. (1993): Sozialpädagogisches Können. Lambertus, Freiburg
– (1992): Soziale Arbeit und die sieben Schwestern. In: Otto, H.-U., Hirschauer, P., Thiersch, H. (Hrsg.): Zeit-Zeichen sozialer Arbeit. Luchterhand, Neuwied, 101–110
Müller, C. W. (1994a): JugendAmt. Geschichte und Aufgabe einer reformpädagogischen Einrichtung. Beltz, Weinheim
– (1994b): Methoden in der Sozialen Arbeit. Sozialmagazin 6, 13–24
– (1992): Paradigmenwechsel in der Sozialpädagogik und Sozialarbeit? Soziale Arbeit in Geschichte und Perspektive. In: Vahsen (Hrsg.), 49–65
– (1988): Wie Helfen zum Beruf wurde. Bd. 1. Eine Methodengeschichte der Sozialarbeit 1883–1945. 2. Aufl. Beltz, Weinheim
– (Hrsg.) (1985): Einführung in die Soziale Arbeit. Beltz, Weinheim
Müller, S., Otto, H.-U., Peter, H., Sünker, H. (Hrsg.) (1984): Handlungskompetenz in der Sozialarbeit/Sozialpädagogik II. Theoretische Konzepte und gesellschaftliche Strukturen. AJZ Verlag, Bielefeld
Münchmeier, R. (1992): Institutionalisierung pädagogischer Praxis am Beispiel der Jugendarbeit. Zeitschrift für Pädagogik 3, 371–384
– (1981): Zugänge zur Geschichte der Sozialarbeit. Juventa, München
–, Hering, S. (Hrsg.) (2004): „Liebe allein genügt nicht“: historische und systematische Dimensionen der Sozialpädagogik. Leske + Budrich, Opladen

Nahrstedt, W. (1973): Entstehung und Aufgabe der Freizeiterziehung. Pädagogische Rundschau 1, 91–119
Nestmann, F. (2008): Die Zukunft der Beratung in der sozialen Arbeit. Beratung Aktuell. Fachzeitschrift für Theorie und Praxis der Beratung 2, 1–15
–, Engel, F., Sickendiek, U. (Hrsg.) (2007): Das Handbuch der Beratung 1 und 2: Disziplinen und Zugänge. Ansätze und Methoden, Dgvt-Verlag, Tübingen
Nieke, W. (1984): Zum Begriff der professionellen pädagogischen Handlungskompetenz. In: Müller/Otto/Peter/Sünker (Hrsg.), 129–145
Niemeyer, Chr. (2003). Sozialpädagogik als Wissenschaft und Profession. Juventa, Weinheim
– (1998): Klassiker der Sozialpädagogik. Einführung in die Theoriegeschichte einer Wissenschaft. Juventa, Weinheim
Noack, W. (2001): Sozialpädagogik. Ein Lehrbuch. Lambertus, Freiburg

Obrecht, W. (2001): Das Systemische Paradigma der Sozialarbeitswissenschaft und der Sozialen Arbeit. Hochschule für Soziale Arbeit Zürich
Oelerich, G., Scharrschuch, A. (Hrsg.) (2005): Soziale Dienstleistungen aus Nutzersicht. Zum Gebrauchswert Sozialer Arbeit. Ernst Reinhardt, München/Basel
Oelschlägel, D. (1987): Ausbildung für Sozialarbeiter/Sozialpädagogen. In: Eyferth/Otto/Thiersch (Hrsg.), 161–171
Offe, C. (1987): Das Wachstum der Dienstleistungsarbeit: Vier soziologische Erklärungsansätze. In: Olk, T., Otto, H.-U. (Hrsg.): Soziale Dienste im Wandel I. Helfen im Sozialstaat. Luchterhand, Neuwied, 171–198
Offenberg, M. (1928): Wohlfahrtsschule und deutsches Volkstum. Richtlinien für die Lehrpläne an preußischen Schulen
Olk, Th. (1986): Die professionelle Zukunft sozialer Arbeit. Zur Veränderung des beruflichen Selbstverständnisses in einem schwierigen Arbeitsfeld. In: Oppl/Tomaschek (Hrsg.), 107–136
Opp, G., Fingerle, M. (Hrsg.) (2008): Was Kinder stärkt. Erziehung zwischen Risiko und Resilienz. 3. Aufl. Ernst Reinhardt, München/Basel
Oppl, H., Tomaschek, A. (1986) (Hrsg.): Soziale Arbeit 2000. Bd. 1. Lambertus, Freiburg
–, Weber-Falkensammler, H. (Hrsg.) (1986): Ganzheitliche Arbeit im Gesundheitswesen. Bd. 3. Diesterweg, Frankfurt/M.
Ortmann, K., Waller, H. (2005): Gesundheitsbezogene Sozialarbeit: Eine Erkundung der Praxisfelder. Schneider Hohengehren, Baltmannsweiler
Otto, B. (1992): Der Mensch als problemlösendes Wesen. Deutscher Studien Verlag, Weinheim
Otto, H.-U., Sünker, H. (Hrsg.) (1986): Soziale Arbeit und Faschismus, Bielefeld
–, Thiersch, H. (Hrsg.) (2005): Handbuch zur Sozial-

arbeit/Sozialpädagogik. 3. Aufl. Ernst Reinhardt, München/Basel

Pankoke, E. (1986): Sozialarbeit im Schatten von Modernisierungskrisen. Zur Problem-, Programm- und Organisationsentwicklung sozialer Dienste. In: Oppl/Tomaschek (Hrsg.), 31–42
Pantucek, P. (2006): Soziale Diagnostik. Verfahren für die Praxis Sozialer Arbeit, Böhlau. Wien
Peters, D. (1984): Mütterlichkeit im Kaiserreich. Die bürgerliche Frauenbewegung und der soziale Beruf der Frau. B. Kleine, Bielefeld
Pfaffenberger, H. (2004): Entwicklung der Sozialarbeit/Sozialpädagogik zur Profession und zur wissenschaftlichen und hochschulpolitischen Disziplin. In: Mühlum (Hrsg.), 73-90
– (1986): Diplom-Sozialpädagoge/Diplom-Sozialpädagogin. Diplom-Sozialarbeiter/Diplom-Sozialarbeiterin. Blätter der Berufskunde. Bd. 2. Hrsg. Bundesanstalt für Arbeit. Bertelsmann, Nürnberg
– (1981): Soziale Feldarbeit – Soziale Gruppenarbeit – Soziale Gemeinwesenarbeit. In: Kerkhoff (Hrsg.), 3–16
– (1977): Stichwort: Sozialarbeit/Sozialpädagogik. In: Schwendtke, A. (Hrsg.) (1977): Wörterbuch der Sozialarbeit und Sozialpädagogik. Quelle & Meyer, Heidelberg, 235–236
– (1968): Das Theorie- und Methodenproblem der sozialpädagogischen und sozialen Arbeit. In: Röhrs (Hrsg.), 30–52
Pfeifer-Schaupp (Hrsg.) (2002): Systemische Praxis. Modelle – Konzepte – Perspektiven. Lambertus, Freiburg
Proksch, R. (1994): Allgemeine gesetzliche Grundlagen. In: Textor (Hrsg.), 21–42
Puch, H. -J. (1994): Organisation im Sozialbereich. Eine Einführung für soziale Berufe. Lambertus, Freiburg
Puhl, R. (2004): Klappern gehört zum Handwerk. Funktion und Perspektive von Öffentlichkeitsarbeit in der Sozialen Arbeit. Juventa, Weinheim
– (Hrsg.) (2003): Sozialarbeitswissenschaft. Neue Chancen für theoriegeleitete Soziale Arbeit. Juventa, Weinheim
– (2002): Von der „Bravo“ bis zum „Spiegel“. Die Popularisierung sozialpädagogischer Themen in Zeitschriften. In: Thole, (Hrsg.), 779–794

Rauschenbach, Th. (1993): Soziale Berufe im Umbruch. Sozialmagazin 4, 17–29
– (1992): Sind nur Lehrer Pädagogen? Zeitschrift für Pädagogik 3, 385–417
– (1991): Sozialpädagogik – eine akademische Disziplin ohne Vorbild? neue praxis 1, 1–11
–, Gängler, H. (Hrsg.) (1992): Soziale Arbeit und Erziehung in der Risikogesellschaft. Luchterhand, Neuwied
–, Ortmann, F., Karsten, M.-E. (Hrsg.) (1993): Der sozialpädagogische Blick. Lebensweltorientierte Methoden in der Sozialen Arbeit. Juventa, Weinheim
Reichsgesetzblatt zu Berlin (RGBl) 7. April 1933
Richter, H. (1993): Sozialpädagogik zwischen Normativität und Pluralität. neue praxis 4, 361–369
Richter, J. (2001): Frühneuzeitliche Armenfürsorge als Disziplinierung. Lang, Frankfurt/M.
Röhrs, H. (Hrsg.) (1968): Die Sozialpädagogik und ihre Theorie. Akademische Verlagsgesellschaft, Frankfurt/M.
Rössner, L. (1973): Theorie der Sozialarbeit. Ernst Reinhardt, München/Basel
– (1970): Sozialpädagogik. In: Speck, J., Wehle, G. (Hrsg.): Handbuch pädagogischer Grundbegriffe. Bd. II. Kösel, München, 466–480
Rohde, B. (1989): Sozialpädagogische Hochschulausbildung. Lang, Frankfurt/M.

Sachße, Chr. (1984): Die Pädagogisierung der Gesellschaft und die Professionalisierung der Sozialarbeit. In: Müller/Otto/Peter/Sünker (Hrsg.), 283–295
–, Tennstedt, F. (1988): Geschichte der Armenfürsorge in Deutschland. Bd. 2. Fürsorge und Wohlfahrtspflege 1871–1929. Kohlhammer, Stuttgart
–, Tennstedt, F. (1980): Geschichte der Armenfürsorge in Deutschland. Bd. 1. Vom Spätmittelalter bis zum 1. Weltkrieg. Kohlhammer, Stuttgart
Salomon, A. (ca. 1944): Character is Destiny. An Autobiography. Unveröff. Manuskript USA. 1983 übersetzt und hrsg. von Baron, R. und Landwehr, R.: Charakter ist Schicksal. Lebenserinnerungen. Mit einem Nachwort von Joachim Wieler. Beltz, Weinheim
– (1933): Die wissenschaftlichen Grundlagen der sozialen Arbeit. Die Frau 4, 222–227
– (1927): Die Ausbildung zum sozialen Beruf. Carl Heymanns, Berlin
– (1926a): Soziale Diagnose. Carl Heymanns, Berlin (2. Aufl. 1927)
– (1926b): Soziale Therapie. Ausgewählte Akten aus der Fürsorgearbeit. Für Unterrichtszwecke zusammengestellt und bearbeitet von Siddy Wronsky und Alice Salon unter Mitwirkung von Eberhard Giese, Carl Heymanns, Berlin
– (1921): Leitfaden der Wohlfahrtspflege unter Mitwirkung von Siddy Wronsky. Teubner, Leipzig (3. Aufl. 1928)
– (1919): Einführung in die Volkswirtschaftslehre. Ein Lehrbuch für Frauenschulen. Leipzig (8. Aufl. 1928)
– (1908): Soziale Frauenbildung. Teubner, Leipzig

Salustowicz, P. (1995): Soziale Arbeit zwischen Disziplin und Profession. Deutscher Studien Verlag, Weinheim

Schaser, A. (2000): Helene Lange und Gertrud Bäumer: eine politische Lebensgemeinschaft. Böhlau, Köln

Schefold, W. (2002): Sozialpädagogische Forschung. Stand und Perspektiven. In: Thole (Hrsg.), 875–896

Scherpner, H. (1966): Geschichte der Jugendfürsorge. Vandenhoeck & Ruprecht, Göttingen

– (1962): Theorie der Fürsorge. Vandenhoeck & Ruprecht, Göttingen

Schilling, J. (2008): Didaktik/Methodik Sozialer Arbeit. 5. Aufl. Ernst Reinhardt, München/Basel

– (2004): Schlüsselkompetenzen in der Schul-Sozialarbeit. Zeitschrift für Jugendsozialarbeit: Jugend, Beruf, Gesellschaft 2, 115–121

– (2000): Anthropologie. Menschenbilder in der Sozialen Arbeit. Ernst Reinhardt, München/Basel

– (1991): Jugend- und Freizeitarbeit. Luchterhand, Neuwied

Schmidt, H. -L. (1981): Theorien der Sozialpädagogik. Schindele, Rheinstetten

Schmidt-Grunert, M. (2009): Soziale Arbeit mit Gruppen. Eine Einführung. 3. Aufl. Lambertus, Freiburg

Schmocker, B. (Hrsg.) (2006): Liebe, Macht und Erkenntnis. Silvia Staub-Bernasconi und das Spannungsfeld Soziale Arbeit. Lambertus, Freiburg

Schumann, M. (1994a): Modernisierung durch Methodenbildung. Ein Überblick. In: Groddeck/Schumann (Hrsg.), 12–25

– (1994b): Methoden als Mittel professioneller Stil- und Identitätsbildung. In: Groddeck/Schumann (Hrsg.), 41–67

Schürmann, E. (2004): Öffentlichkeitsarbeit für soziale Organisationen: Praxishandbuch für Strategien und Aktionen. Juventa, Weinheim

Schwarzer, W. (Hrsg.) (2004): Lehrbuch der Sozialmedizin. Für Sozialarbeit, Sozial- und Heilpädagogik. 5. Aufl. Borgmann, Dortmund

Schweitzer, J. (1987): Therapie dissozialer Jugendlicher. Juventa, Weinheim

Sickendiek, U., Engel, F., Nestmann, F. (2008): Beratung: Eine Einführung in sozialpädagogische und psychosoziale Beratungsansätze. 3. Aufl. Juventa, Weinheim

Sidler, N. (1989): Am Rande leben, abweichen, arm sein. Konzepte und Theorien zu sozialen Problemen. Lambertus, Freiburg

Soziale Arbeit in den 80er Jahren. Hrsg. (1984): Schriften des Deutschen Vereins für öffentliche und Private Fürsorge. Eigenverlag, Frankfurt/M.

Spiegel, H. v. (2008): Methodisches Handeln in der Sozialen Arbeit. Grundlagen und Arbeitshilfen für die Praxis. 3. Aufl. Ernst Reinhardt, München/Basel

Stahel, A. W. (1983): Sozialarbeit im Kontext wirtschaftlicher, kultureller und sozialpolitischer Zusammenhänge. In: Staub-Bernasconi/Passavant/Wagner (Hrsg.), 59–75

Stallberg, F. (1987): Soziale Probleme. In: Eyferth/Otto/Thiersch (Hrsg.), 935–947

Staub-Bernasconi, S. (2007): Soziale Arbeit als Handlungswissenschaft. Systemische Grundlagen und professionelle Praxis – Ein Lehrbuch. Haupt UTB, München

– (2002): Soziale Arbeit und soziale Probleme. Eine disziplin- und professionsbezogene Bestimmung. In: Thole (Hrsg.), 245–258

– (1995): Systemtheorie, soziale Probleme und Soziale Arbeit: lokal, national, international oder: vom Ende der Bescheidenheit. Paul Haupt, Bern

– (1994): Soziale Probleme – Soziale Berufe – Soziale Praxis. In: Heiner/Meinhold/v. Spiegel/Staub-Bernasconi (Hrsg.), 11–101

–, Passavant, Ch. v., Wagner, A. (Hrsg.) (1983): Theorie und Praxis der Sozialen Arbeit. Haupt, Bern

Strasser, J. (1987): Sozialstaat. In: Eyferth/Otto/Thiersch (Hrsg.), 1083–1101

Szynka, P. (2006): Theoretische und Empirische Grundlagen des Community Organizing bei Saul D. Alinsky (1909–1972) – Eine Rekonstruktion. Akademie für Arbeit und Politik der Universität Bremen, Bremen

Textor, M. R. (Hrsg.) (1994): Allgemeiner Sozialdienst. Beltz, Weinheim

Thiersch, H. (1993): Ganzheitlichkeit und Lebensweltbezug als Handlungsmaximen der sozialen Arbeit. In: Greese/Güthoff/Noack (Hrsg.), 140–154

– (1992a): Lebensweltorientierte Soziale Arbeit. Juventa, Weinheim

– (1992b): Das sozialpädagogische Jahrhundert. In: Rauschenbach/Gängler (Hrsg.), 9–23

– (1986): Die Erfahrung der Wirklichkeit. Juventa, Weinheim

– (1973): Verwahrlosung. In: Giesecke (Hrsg.), 24–44

–, Grunwald, K. (Hrsg.) (1995): Zeitdiagnose Soziale Arbeit. Juventa, Weinheim

–, Rauschenbach, Th. (1987): Sozialpädagogik/Sozialarbeit: Theorie und Entwicklung. In: Eyferth/Otto/Thiersch (Hrsg.), 984–1016

Thole, W. (Hrsg.) (2002): Grundriss Soziale Arbeit. Ein einführendes Handbuch. Leske + Budrich, Opladen

–, Galuske, M., Gängler, H. (Hrsg.) (1998): KlassikerInnen der Sozialen Arbeit. Luchterhand, Neuwied

Thommen, B. (1985): Alltagsspsychologie von Lehrern über verhaltensauffällige Schüler. Huber, Bern

Tietgens, H. (1988): Professionalität für die Erwach-

senenbildung. In: Gieseke et al. (Hrsg.): Professionalität und Professionalisierung. Klinkhardt, Bad Heilbrunn, 28–75
Tuggener, H. (1983): Der Klient – Versuch über den Bedeutungswandel eines Begriffs. In: Staub-Bernasconi/Passavant/Wagner (Hrsg.), 39–57
– (1971): Social work. Beltz, Weinheim

Vahsen, F. G. (Hrsg.) (1992): Paradigmenwechsel in der Sozialpädagogik. Böllert, Bielefeld
Vorländer, H., (1988): Die NS-Volkswohlfahrt. Darstellung und Dokumentation einer nationalsozialistischen Organisation. Harald Boldt, Boppard/Rh.

Waller, H. (2007) Gesundheitswissenschaft: Eine Einführung in Grundlagen und Praxis. 5. Aufl. Kohlhammer, Stuttgart
– (1991): Sozialmedizin. Grundlagen und Praxis für psychosoziale Berufe. 2. Aufl. Kohlhammer, Stuttgart
Wendt, W. R. (1995): Soziale Arbeit im Wandel ihres Selbstverständnisses. Beruf und Identität. Lambertus, Freiburg
– (Hrsg.) (1994): Sozial und wissenschaftlich arbeiten. Status und Positionen der Sozialarbeitswissenschaft. Lambertus, Freiburg
– (1990): Ökosozial denken und handeln. Grundlagen und Anwendungen in der Sozialarbeit. Lambertus, Freiburg
– (1985): Geschichte der sozialen Arbeit. Enke, Stuttgart
– (1973): Der Beitrag der Systemtheorie zur Strategie und Planung der sozialen Arbeit. Blätter der Wohlfahrtspflege 3, 72–75
Wieler, J. (1987): Er-Innerung eines zerstörten Lebensabends. Alice Salomon während der NS-Zeit (1933–1937) und während des Exils (1938–1948). Lingbach, Darmstadt
–, Zeller, S. (Hrsg.) (1995): Emigrierte Sozialarbeit. Porträts vertriebener SozialarbeiterInnen. Lambertus, Freiburg
Wilhelm, Th. (1966): Zum Begriff der „Sozialpädagogik“. In: Mollenhauer (Hrsg.), 9–31
Winkler, M. (2002): Klaus Mollenhauer. Beltz, Weinheim
– (1993): Hat die Sozialpädagogik Klassiker? neue praxis 3, 171–185
– (1988): Eine Theorie der Sozialpädagogik. Klett, Stuttgart
Wörterbuch der Pädagogik (1977). Bd. 2. Herder, Freiburg/Br.
Wolf, A. (1977): Zur Geschichte der Sozialpädagogik im Rahmen der sozialen Entwicklung. Auer, Donauwörth
Wollenweber, H. (Hrsg.) (1983a): Modelle sozialpädagogischer Theoriebildung. Schöningh, Paderborn
– (Hrsg.) (1983b): Sozialpädagogische Theoriebildung. Schöningh, Paderborn
– (Hrsg.) (1978): Sozialpädagogik in Wissenschaft und Unterricht. Schöningh, Paderborn

Zander, H. (1987): Armut. In: Eyferth/Otto/Thiersch (Hrsg.), 132–147
Zeller, S. (2009a): Theorie der Sozialen Arbeit als „emergente Handlungswissenschaft“. Soziale Arbeit 6, 213-321
– (2009b): Jüdische Ethik und ihr (unbeachteter) Zusammenhang mit dem Prozess der Professsionalisierung der Sozialen Arbeit in Deutschland. In: Feustel, A.; Knapp, G. (Hrsg.): Die Vertreibung des Sozialen. edition text+kritik, Stuttgart, 54–70
(2007): Alte Armut – neue Armut. Ein Konzept zur Armutsprävention aus dem 16. Jahrundert. Soziale Arbeit 5, 174-182
– (2006a): Juan Luis Vives (1492–1540). (Wieder-) Entdeckung eines Europäers, Humanisten und Sozialreformers jüdischer Herkunft im Schatten der spanischen Inquisition. Lambertus, Freiburg
– (2006b): Die *„Human Rights Profession“* als berufsethische „Realutopie“ und die Menschenrechtsinstrumente. In: Schmocker (Hrsg.), 525–542
(2006c): Sozialarbeit bei Katastropheneinsätzen. Krisenmanagement in Israel. Soziale Arbeit 12, 449–454
– (2004): SozialarbeiterInnen sind keine „Hundedresseure oder Parkwächter“ – oder: Das Selbst- und Fremdbild der Sozialen Arbeit in der Öffentlichkeit. In: Lutz, R. (Hrsg.): Rückblicke und Aussichten. Soziale Arbeit im Wandel. Paulo Freire, Oldenburg, 187–196
– (1999): Daten zur Entwicklung der Berufsverbände für Sozialarbeit, Sozialpädagogik und Heilpädagogik. Der lange Weg zum Einheitsverband. Broschüre Deutscher Berufsverband für Sozialarbeit, Sozialpädagogik und Heilpädagogik e. V. (DBSH), Essen
– (1998): Nicht Almosen, sondern Gerechtigkeit. Jüdische Ethik und ihre historischen Wurzeln für die Professionalisierung in der Sozialen Arbeit. Neue Praxis 6, 540–556
– (1994): Geschichte der Sozialarbeit als Beruf. Bilder und Dokumente (1893–1939). Centaurus, Pfaffenweiler
– (1987): Volksmütter. Frauen im Wohlfahrtswesen der zwanziger Jahre. Schwann, Düsseldorf
– Zentralblatt für die gesamte Unterrichtsvewaltung in Preußen 76/1934, H. 16

Sachregister